读字

◎ 谢飞东　聂晖/著

作家出版社

作者简介

谢飞东 性简静，乐山水。常宅居斗室，研读经史子集，勤习琴诗书画。偶周游列国，搜尽奇峰异水，探索文明源流。先后任履一书院执行院长、重庆南岸政协书画院副秘书长、中国楹联学会会员暨书法专业委员会委员，中华诗词学会、重庆书法家协会、重庆作家协会会员。全国音乐考级优秀指导教师。

多次应邀在美国、英国、印尼、马来西亚、印度、新加坡、日本、韩国等国内外高等院校、文化艺术机构作学术交流、讲座及展览。

与聂晖合撰书法文字学专著《读字识中国》，全国畅销，被国家图书馆收藏。参著《连横诗词选注》《乐读国学》等。创作古琴曲《巴渝舞》《候人歌》《听雨》等。

曾受新华网人物专访、中国青年报采访。

聂　晖 古琴家、诗人、书画家。中国书协、中华诗词学会会员。先后任重庆大学艺术学院造型艺术中心副主任、履一书院院长、重庆青年书法家协会副主席，重庆书画院创作部副主任，曾获全国妇女书画赛金奖、第三届国际（日本）书画展金奖。应邀英国、美国、新加坡、马来西亚、印尼，中国北京、上海、重庆、江苏、浙江、澳门等地举办个人诗书画展、古琴音乐会27场。应邀日本众议院、英国玛丽女王大学、美国华盛顿大学，北大、首都图书馆等讲学300余场。著有聂晖诗书画印作品集《造化心源》《汉字之美》。参著《连横诗词选注》《乐读国学》等。与谢飞东合著书法文字学《读字识中国》等。受新华社等人物专访，被《国际日报》誉为琴诗书画兼修的"中国才女"。

别具蹊径的汉字研究

——读《读字》

林　木

这是一本很有趣的书。作者把中国汉字的构形奥妙、汉字意味及与特定汉字相关的历史故事作了一个趣味别致的梳理。

汉字的历史与中华民族传统文化紧密相关。从汉字的历史看，从那些五六千年前仰韶文化彩陶的刻划符号中开始的中国文字的发展进程中，我们的先辈们就以六种不同的思路和角度，以象形、指事、会意、形声、转注、假借的方式，逐步地创造出今天还在使用的复杂的汉字系统。其中还包括文字创立和发展中的许多历史故事。这就是生动而真实的汉字的历史。

在20世纪中国全盘反传统及全盘西化的历史中，汉字是首当其冲要被革除其命的。20世纪初几乎所有的思想家、革命家都把汉字当成敌人，欲革除汉字而后快。1918年，钱玄同在《新青年》杂志4月号发表文章《中国今后之文字问题》认为："中国文字论其字形，则非拼音而为象形文字之末流，不便于识，不便于写；论其字义，则意义含糊，文法极不精密……此种文字，断断不能适用于二十世纪之新时代。""废孔学，尤不可不废汉文；欲驱逐一般人之幼稚的、野蛮的、顽固的思想，又不可不先废汉文。"陈独秀赞成"且存汉语，而改用罗马字母书之"。大学者胡适亦"极赞成"此种观点。著名史家傅斯年主张"汉字绝对应当用拼音字母替代，汉语绝对能用拼音字母表达"。蔡元培也赞成采用拉丁字母代汉字。被誉为"无产阶级文化革命旗手"的鲁迅来得更激烈："汉字不灭，中国必亡。"他还说："方块字真是愚民政策的利器……汉字也是中国劳苦大众身上的一个结核，病菌都潜伏在里面，倘不首先除去它，结果只有自己死。"1933年，由在苏联学习工作的瞿秋白倡导的中国文字拉丁化运动在中国出现。1941年1月，陕甘宁边区政府成立"新文字工作委员会"，正式宣布新文字与汉字有同等的法律地位。同年，在延安出版的《Sin Wenz Bao》(《新文字报》)第一期上，发表了毛泽东的题字："切实推行，愈广愈好。"新中国成立后，毛泽东再次为文字改革定调："文字必须改革，要走世界文字共同的拼音方向。"……有着数千年历史而至今还在使用的汉字，在这一个又一个的20世纪思想家、革命家乃至国家最高领导人的一致挞伐下似乎要遭灭顶之灾！直到今天，汉字的改革，汉字的繁简，仍然是人大提案乃至海峡两岸争议的大事。

然而，文字，作为一个流传数千年约定俗成的稳定的民族文化的符号体系，作为思想文化的直接载体，它自有其超越政治、超越党派、超越思想、超越时代的特定性质。

汉字中包含着中华民族的习俗、智慧、思想及习惯，自有其不可取代的超稳定的性质和极为坚强的历史文化力量。这就是何以连上述那些在中国现代史上呼风唤雨的重要人物想废汉字也办不到的真正原因。而在今天电脑时代，多种汉字输入法的灵巧运用，为古老的汉字再次带来勃勃生机。本来，汉字的影响，除中国自身外，在整个东亚地区，在越南、朝鲜、韩国、日本至今不绝。随着中国经济的强大崛起，数百所孔子学院在世界各国的出现，汉语汉字的学习又已成为世界性的文化现象。

如此看来，研究汉字，本该是件非常重要而涉及面极广的工作。但多年来，文字学研究从来都是文字学学者的事，他们纯学术的研究成果，大多又只在文字学研究圈内流转，而与普通民众无缘。但本书两位分析研究汉字的作者不是纯粹的汉字研究学者，他们首先是艺术家，是书写文字的书法家，又是用文字去创作的诗人，他们甚至还是古琴演奏家。因为上述原因，两位天天与汉字打交道又挚爱传统文化的艺术家产生了探究汉字秘密的兴趣。他们用艺术的天性、特定的专业技巧和独特的专业角度，去探索一个本来非艺术的纯学术领域，得到的成果，居然使一个纯学术容易枯燥的工作变成了一个兴意盎然的艺术的研究。

他们别具创意地把中国文字的结构与中国人仰观俯察、近取诸身、远取诸物的观察现实的方式相联系，匠心独具地从汉字的复杂结构和构形要素出发，把汉字系统确定为二百四十个字根。再按照与字根对应的事物对字根进行分类，形成五个大类二十四个中类一百二十个小类，以囊括天地人万事万物。同时再配以生动具体的大量文字字形图例，让人对汉字的起源、发展与演变有一个生动直观的印象。同时，他们再把汉字与相关的汉文化相联系，文中穿插了若干生动有趣的小故事、优美耐读的经典诗词以及中西文化对比的内容，使全书文化艺术信息含量较大，可读性、趣味性增强，是别具蹊径的文字学研究专著，又是难得一见的普及性文字学大众读物。

《读字》一书生动有趣，深入浅出，把本来应该属于每个国人的文字知识还给了大家，这是功德无量的大好事情。在汉字仍在改革发展乃至因此而争议的今天，在汉字正在全世界流行的当代，这种面对大众的汉字研究，其意义就不仅在普及了。

2012.7.22于成都东山居竹斋

林木，四川大学教授，四川师范大学美术学院院长，中国美术家协会理论委员会委员，国家近现代美术研究中心专家委员会委员。

目 录

引　言

一、文化之根在文字

　　文化是一个国家、一个民族的灵魂。文化表现于人们的生活方式、传统习俗，文化更凝固于传统著作、经史子集。清以前历代文献就超过两万种（而精选文献组成的《四库全书》，收书3503种、79309卷，存目书籍6793种、93551卷，分装36000余册，约10亿字），要读完实非易事。因此，庄子两千多年前就感叹"吾生也有涯，而知也无涯。以有涯随无涯，殆已"。典册、书籍之物质载体是竹木简牍，是笔墨纸砚，而其内容载体则是文字。因此，我们认为，由文字入手，读其音，解其形，悟其义，品读中国文化，实为一条捷径。

　　汉字是形音义的结合，其形有书法美，讲造型布局；其音通音乐美，有韵律节奏；其义富哲理美，蕴思想内涵。国学大师陈寅恪说："依照今日训诂学之标准，凡解释一字即是作一部文化史。"因此，本书名为《读字》，实则由品读汉字而品读中国文化。

　　从文字入手也不容易。中国汉字数量超过九万个，能够全部认识九万汉字的人可能没有，哪怕是博学鸿儒。因此，老师叫不出学生的名字，播音员读白字，大可不必惊诧万分。但是，通过汉字使用频率统计，历代常用字却在三千至六千字之间。通过对这些汉字进行分解，我们发现，汉字是由一百六十个左右的基本部件组合而成。每个部件就是一个独立的象形字，我们称它为字根。由于文字演进、变化，字根增减、变形，字根数量有所增加。本书经过分析比较，确定字根为二百四十个。按照字根对应的事物进行分类，形成五个大类二十四个中类一百二十个小类，囊括天地人事物，包含三千五百常用汉字及五百古汉语常用字。

　　汉字属于表意文字，表意的方式又分为三种，即形义（象形字）、会义（会意、指事），音义（形声字，既表意又表音）。本书从图像起步，从甲骨文、金文、篆、隶、楷五种书体，按顺序梳理文字发展变化脉络，对于简化字还提示其来源，涉及古代简化字、俗体字和行草书。

　　本书可供中小学生识字认字、家长教师辅导教学之用；亦可供文字、文化爱好者、工作者了解文字、研究文化之用；还是书法家、书法爱好者正确书写古体字（甲金篆隶繁体字）的重要工具书。

二、文字之根在象形

书画同源。这是我们一个非常重要的观点。

最早的文字用图画来表示，就是我们现在所说的象形字。古人看见一个动物，把动物的图形画下来，读者就知道这是何种动物，为这个动物命名就产生了抽象概念，这个动物的图画就表示这个动物的名称、概念，这就是书画同源。将图形抽象化、轮廓化、线条化，从而书写的"字"与绘图的"画"区别开来。其发展顺序是（以"象"为例）：

具体事物 ——— **具体形象** ——— **抽象概念** ——— **文字**

（象）

祖辛鼎

汉字虽然有九万多字，但千变万化，都是由二百四十个象形字演变来的。二百四十个象形字两两组合，就可以合成240×240，即57600个汉字。当然，这只是理论上的计算。实际上，不是任何两个字根都能组合成字，也不是两个字根只能组合成一个字（如日和木两个字根，可以组成杲、果、東、杳等字；口和木两个字根，可以组合成呆、束、杏、困等字）。此外，还有三个以上字根组合成字，如想、矗等。

三、两百字根涵万事

古人造字，仰观于天，俯察于地，近取诸身，远取诸物。

古人认为世界的演化是道生一，一生二，二生三，三生万物。

万物三分为人、社会、自然。个人包括个人的身体和生活，社会包括经济活动和上层建筑。因此万事万物就可以分为五大类，即人的身体、人的生活、社会经济、社会政治、自然界。为便于"读字"，本书将这五大类各分五个中类（其中自然界分为四个中类），即为二十四个中类。二十四个中类各分五个小类，即成一百二十小类。

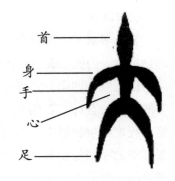

1.人的身体

人的身体首先是一个整体概念，即身。第二类是与身相对的首，常说身首异处，首即是头部。身首之外，还有四肢，即手和脚；还有身体的内脏器官，即心血骨肉。因此，人的身体包括五类：首、身、手、心、足。

2.人的生活

生就是人类两性结合，繁衍生育后代，人从出生到成长、生病、死亡，即两性结合到人生老病死的全过程。活则是指人要存活必不可少的活动，即衣食住行。因此，人的生活分为生、衣、食、住、行五类。

3.人类社会的经济活动（经济基础）

人类从猿到人进化，由天生天养、被动适应大自然，到逐渐地自给自足、主动改造生存环境，经历了漫长的过程。经济活动的相关内容，表现为财产的积累和增长。人类获得财产的手段首先是狩猎，利用天罗地网捕捉野兽。其次是畜牧业的发展。人类狩猎活捉的动物，就先喂养在田地里，需要时再杀掉。在饲养过程中，一些动物逐渐失去野性，成为人类的家畜，这即是过去所说的六畜，即马牛羊鸡犬猪。在此过程中，农业也逐渐发展起来，五谷丰登，六畜兴旺，是人寿年丰、家庭幸福的主要标志。最后发展起来的是手工业，并从家庭手工业发展到手工作坊，再到现代工厂、工业化大生产。因此，经济活动的相关内容，包括财产、狩猎业、畜牧业、种植业（农）、手工业五类。

4.人类社会的政治活动（上层建筑）

《左传》说："国之大事，在祀与戎。""祀"指国家的公祭仪式，"戎"是国家的军事行动或战争。在国家没有出现之前，氏族或部落主要就是这两件大事。祀很复杂，有严格的程序和具体规定，这些规定叫礼。古人在重大活动如祭祀、庆典时，常常载歌载舞。同时，歌舞也是向异性求爱的主要途径。动物发情，一般就会叫，如猫叫思春、蛙鸣求偶等；而人类亦如是，现在很多少数民族仍有歌舞示爱的习俗。古代文化，音乐很发达，因此，礼乐常常并称。随着文字的出现，或刻于骨、或写于玉、或铸于鼎，文化得以代代传承。因为财产的积累，私有制的产生，国家出现，国王、皇帝出现，政治更为重要。国家伴随着军事和法律得以强化。因此，社会的上层建筑相关内容重点谈五个方面，即礼、乐、文化、政法、军事。

5.自然界

自然界就是人类社会以外的天地万物。天有日月星辰、风雨雷电，地有山石水土、动物植物。因此，我们将自然界分为天、地、植物、动物四类来讲。

以上二十四类，还可细分为一百二十小类。每小类包含一个以上、十个以内数量不等的字根，合计二百四十字根。当然，每一类字根的多少，也表明古人在这方面认识的精细程度，字根越多，表明区分越细致，认识越深刻。比如，食、住、农业、音乐、军事五类的字根特别多，反映了古人民以食为天、有家才能安、精耕细作、知足常乐、保家卫国的思想十分突出。

以下的二十四回，我们将按照这二十四类的顺序，将二百四十字根、四千汉字一一品读。

二百四十字根分类表

章回	大类	小类	字根
一	身	正	大
		侧	人身
		俯	勹
		坐	尸
		跪	卩女
二	首	首	首页面而冉彡
		目	目
		口	口牙齿
		自	自
		耳	耳
三	手	正	手
		侧	右又彐
		指	爪
		甲	白
		多	卅兴
四	足	腿	足
		止	止
		倒止	夂
		两倒止	牛
		两止	癶
五	心	毛	毛
		皮	皮克革
		肉	肉（月）
		骨	骨歹
		心	心
六	生	性	乃士
		生	巳子囟
		老	长
		病医	疒久
		死	亡
七	衣	衣	衣乍
		冒	冒免允
		丝	糸（纟）
		巾	巾
		终	冬
八	食	炊	鬲鼎曾会
		舀	勺匕斗
		饮	爵壶畐酉
		食	皿凡豆食卤
		煮	臼午者庶
九	住	家	安广匚高余
		门	门囱良开
		井	井
		用	用东其勾帚
		住	几
十	行	舟	舟
		车	车厄两
		行	行
		道	辶
		建	廴
十一	财	贝	贝
		玉	玉
		金	金
		朋	朋
		串	串
十二	猎	网	网
		毕	毕
		单	单
		弋	弋

		绳	己
十三	畜	马	马
		牛	牛
		羊	羊
		犬	犬
		豕	豕
十四	农	田地	田
		作物	来叔瓜韭
		生长	不生齐
		耕种	力乂
		收藏	辰仓啬
十五	工	土捏塑	瓦
		丝编织	虫予录癸互
		木制造	工斤
		石打凿	丁凿
		金锻铸	段寿
十六	礼	占卜	卜兆
		祭祀	示帝
		祖	且
		鬼	鬼
		陵	亚宁
十七	乐	金	今南庚壳业
		石	声
		丝	琴乐
		竹	龠于
		革	壴
十八	文	知识	乂
		数字	一七八
		干支	乙丙卯
		书画	聿
		典册	册
十九	政	疆域	国邑

		皇帝	皇王
		刑刀	辛
		刑具	幸
		刑具之人	九亢央尤方
二十	军	刀匕	刀
		干戈	干戈
		弓矢	弓矢入
		矛盾	矛甲
		军旅	中旗𠂤
二十一	天	日	日
		月	月
		气	气
		雨	云雨
		电	电
二十二	地	水	水回泉
		火	火主
		土	土小
		石	厂
		山	山阝
二十三	植	草	草花
		木	木世
		竹	竹
		禾	禾
		米	米
二十四	动	鸟	鸟隹燕飞非羽西
		虎	虎虎豹熊象鼠兔鹿
		龙	龙它也虫黾蠃万
		鱼	鱼龟再
		角	角番
合计			二百四十字根

第一篇　人的身体

第一回　顶天立地人为本
　　　　安身立命必先仁

字为人造。人最熟悉的必定是自己的身体，人最常见的必定是人体的形象。因此，我们读字就从人字开始读起。

人是什么形象？有五种形象（人最常见的五种姿势）：正、侧、俯、坐、跪。即正面站立的形象、侧面站立的形象、俯身的形象、坐的形象、跪地的形象。如下表：

甲	金	篆	简隶	楷	品读
				大	正面站立的人形，本义可能是指成年人。古时胎儿为巳，小孩为子，侧立为人，大字则是手脚伸展、顶天立地、能担当的大人。
				人	侧身而立的人形，正反无别。人的变形源于篆书突出纵势，突出两竖笔。隶书注重横势，将两竖笔改为撇捺。
				身	金文像一个怀孕的妇女，鼓着大肚子的形状，最为传神。这个原始意义一直保留至今如身孕、身怀六甲。引申为自身、自己。该字也可以理解为指事字，人的躯干部位加一指事符号圈，表明是人的身体。
				勹 （匍）	人俯身的形象。从勹甫声为匍，会意人匍匐在地，引申为占有。
				尸	古代祭祀时，要找一个活人代表死者，坐着受祭。这个活人就叫尸，甲金文都像一个人用臀坐着的侧影。篆隶拉长了下肢而变形。

				卩 （令）	人跪地的形象。令从卩从倒口，意为用口发布命令，下面是一个跪伏在地上的人在听令。倒口也可理解为屋盖。
				女	甲文像一个两手交叉于胸前屈膝而跪的妇女形状。古专指未嫁女子，后引申为女性。古代母系社会，不少姓氏从女如姜、姒、嬴、姬等。

"大"字是象形字，甲骨文（简称甲文，下同）是一个人正面站立、手脚张开的形象。金文中甚至可以感觉到成人健壮有力的肌肉。篆隶楷变形不大。

"大"字是人的形象，但其义却是表示抽象概念的大小之大。古人为什么要用一个正面站立的人表示大？

我想到一个传说已久的故事，这个故事最早出自三国时期。

> 天地混沌如鸡子，盘古生其中。万八千岁，天地开辟，阳清为天，阴浊为地。盘古在其中，一日九变，神于天，圣于地。天日高一丈，地日厚一丈，盘古日长一丈，如此万八千岁。天数极高，地数极深，盘古极长。（徐整《三五历纪》）

这个故事中，天地相距九万里（天每天高两丈，乘以三百六十五天，乘以一万八千年，则为八万七千六百里，约九万里），而盘古日长一丈，高达四万多里，这种顶天立地、开天辟地的形象，够不够得上一个"大"字？

这个故事书面记载于三国时期，至于民间口口相传，则不知始于何时。更早表达人大这种观点的是老子。

> 有物混成，先天地生。寂兮寥兮，独立而不改，周行而不殆，可以为天地母。吾不知其名，强字之曰道，强为之名曰大。大曰逝，逝曰远，远曰反。故道大，天大，地大，人亦大。域中有四大，而人居其一焉。人法地，地法天，天法道，道法自然。（《道德经》上篇第二十五章）

道先天地而生，而人与天、地、道并为域中四大。可见，古人认为人够得上一个"大"字。

我们比较一下大、天、立三字在古文中的写法。

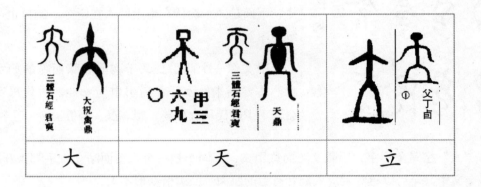

"天"字就是在"大"字顶上加一横，或加一点，或画一圈；均作为指事符号，表示人头顶上就是天。而立字则是大字下面加一横，一横也是指事符号，表示人双脚站在地上就是立。人处天地间，顶天立地，的确够得上一个"大"字。

中国对人的认识，与西方文明对人的认识有所不同。中国敬鬼信神，但孔子强调，"敬鬼神而远之"，"未能事人，焉能事鬼"。古代不认为人比鬼神低下卑微多少。古人祭祀时，用一个人坐在神位上代表鬼神或祖先接受祭拜，也从一个侧面反映人鬼神的地位没有太大的区别。中国历来认为"人"是宇宙之精华，万物之灵长。而西方经过漫长的中世纪，直到文艺复兴时期莎士比亚（1564～1616）才借哈姆雷特之口喊出这句话。

《圣经》有原罪说，认为人来到世上就是有罪的，必须赎罪。这来源于《旧约·创世记》的一个故事。

上帝按照自己的形象用泥土捏造了一个男人，即亚当。又用亚当的肋骨造了一个女人，叫做夏娃。两人在伊甸园中饿食水果、渴饮甘泉，生活无忧无虑。夏娃受了蛇的诱惑，吃了智慧果，并给亚当也吃了几个。两人立刻变得聪明了。但是，这却违背了上帝意志。上帝惩罚蛇用肚皮走路，啃泥过活。并让蛇和女人结仇，世代为敌，女人打蛇的头，蛇咬女人的脚跟。上帝让女人受到怀胎生育的苦楚，必须依附于丈夫。上帝惩罚男人必须面朝黄土、汗流浃背才能生活；因为亚当是泥土所做，最后也要归于尘土。随后，两人被赶出了伊甸园。

佛教也宣扬众生皆苦的理论。认为人的一生常受八种苦难折磨，即生、老、病、死、怨憎会、爱别离、求不得、五蕴炽盛。要消除这些痛苦，就必须灭绝欲望。受到这种思想影响，宋代朱熹提出了"存天理、灭人欲"的主张。明代朱元璋建立政权后，将朱熹作为朱家圣人，将朱熹理论奉为正统，将朱熹的《四书集注》作为科举考试标准教材，使得中国人性受到极大压抑。

以人为本，顶天立地，先民们将这种朴素的思想浓缩到了一个"大"字。"大"真是一个大写的人，就像英文大写的我（I，上下各一横，可以代表天地，中间一竖代表人）。其实，正面站立的人头顶为天，脚踏实地为立。另有一个字——亟，则是一个侧面站立的人，顶天立地的形象。

甲	金	篆	简帛	楷
𠄌	𤔨𣢏𣢏𣢏𣢏	亟	亟	亟

"亟"在甲骨文中很简洁，就是一个侧立的人字上下各加一横，顶天立地，表示极端这个意思。后来，金文增加了"口"及表示以手持物的"攴"。隶书、楷书则将亻上加一横连笔写为"了"字，其义也逐渐引申为急切、迫切。由表示空间的极向表示时间的极延伸。

人字原为侧面站立的人形。作偏旁放在左面则变形为亻，称单立人或单人旁。侧立的人形还可能变形为疒（病）、临（右上部）。我们现在规范字中，位于上部的人字，可能源于三种情况，即人（介）、入（於）、盖子（合，这种情况，往往人下部有一横或一点，如今、食、全、命、令）。放在下部，则演变为儿字。这些在以后章节中陆续介绍。

以人为字根，通过人字的重叠、变形，组合成从、比、北、化四个字：两人同向左为从，两人同向右为比，两人一左一右相背为北，两人一上一下为化。这四字似乎也揭示了小孩子的成长过程。小的时候听话，父母走到哪儿，他就跟到哪儿，跟在大人屁股后面，听从招呼，俗称"跟屁虫"，这是"从"字。逐渐长大，自我意识觉醒，就与大人有了比较，比照大人有所选择了。民间俗称"九臭十难闻"，就是说九岁、十岁的小孩子不大听话了，这是"比"字。继续长大，进入青春期，自我意识更强，与大人常常意见相左，有时故意要不一样，显示个人成长独立，称为逆反心理，这是"北"字。继续长大，渐渐理解了父母、师长，潜移默化，真正成人，就是"化"字。化字左边是面向左的人，右边是右旋一百八十度的亻。正像太极图中的阴阳鱼形象。

两人组合，还有一个字，即人 + 二 = 仁。我们说百家争鸣，孔曰成仁、孟曰取义、老子道德、庄周逍遥等等。孔子思想的核心可以概括为一个"仁"字。孔子说仁者爱人。我们理解，二人就是指自己和他人，二人交往，就产生了人际关系，而人际关系的基本准则就是"仁"。像对待自己一样对待他人，就是爱人，即仁。古代仁应是对贵族的一种要求，主要是要求身居上位者应该平等地对待下人，这就是仁爱之心。

讲了两个"人"字的组合变化，我们可以简单了解一下造字法。造字除了字根的组合之外，利用字根本身的翻转、旋转也可以造出新字。

一是翻转，包括左右翻转，如厃丸，司后，从比；还有上下翻转，如大屰，巳厶，首县。

二是旋转，包括右转九十度，如目臣、山阝、皿凡、易皿、水益（上部），右转一百八十度，如人匕（化字左右两字根）。

文字的演变还受书法即书写艺术的影响。人字的演变就体现这个特点。

篆书尚纵势，突出两竖笔。隶书重横势，突出横笔，将两竖拉平形成撇捺，简书甚至接近两横。楷书求斜势，字形方正，撇捺均为斜笔。

尚纵势，所以绝大多数动物如虎、豹、象、犬、豕、鱼、龟等都写作头上脚下的形状，只有鹿等颈长脚长瘦身的动物才写作横势。目、臣等字也是强调纵势，把眼睛变成了竖目。

重横势一是将竖笔写短。比如篆书中的宀，两边的竖笔变长，像房屋，成为包围结构。隶书中，两竖变短。到楷书中，左竖变为点，右竖变为钩了。二是横笔写长。比如虎、鬼、走作字根位于左边时，将最后一钩延长，形成半包围结构，如魁、彪、趑等。在简书中，足字旁也有把最后一笔写得很长，形成包围结构，只是后来没有沿袭。而最典型的字根要数走之底，即辵，隶楷中写作辶，突出了最后一个横笔，形成半包围结构，如边、连等。

大、人是站姿，勹是俯身的姿势，尸、卩、女则是坐姿。

现在跪与坐不同；古代，跪也是一种坐姿。因为古人与我们今天对"坐"的称谓不一样。

古人的坐其实分为三种：臀坐、盘腿坐、跪坐。臀坐就是我们现在的坐姿：坐在高凳上，屁股着凳，双膝高耸或与臀平，双腿垂直于地面。因为唐代才从外国传入高脚凳，所以古人采取臀坐，是祭祀祖先或神灵时，由一人坐在受祭的位置上，代表祭拜对象接受祭拜。这个人称为"尸"，所以这种坐姿称为尸坐，也叫蹲踞或高坐。东方少数民族习惯尸坐，殷周人就用尸称呼他们，后来演变为夷，即东夷。盘腿坐也是臀部着地，不同的是两脚交叉，盘腿而坐，就是现在寺庙中佛像的坐姿。因此，盘腿坐又称为交坐，交字就是一个人两腿交叉的形象。这是古代南方少数民族的坐姿。
《礼记·王制》记载："南方曰蛮，雕题交趾。" 题如标题，是文章最上面；就本义而言，题即是人的头部（详见"页"）。雕题是文面，交趾即盘腿。秦汉在百越之南（今之越南）设交趾郡，可能就是以此命名。古人的服装上为衣下为裳，不是现在两个裤管的裤子，而是类似女性的裙子。秦代以前，无论男女，都没有穿内裤的习惯。因此，采用盘腿坐的方式，一不注意就会走光，遮不住羞。所以中原地区的人采用第三种坐姿——跪坐，也叫跽坐，即膝盖着地，臀部坐在脚后跟上。古人席地而坐，即是跪坐，跪拜之礼也源于此。因此，坐姿可以作为衡量一个地方、一个民族的礼仪程度、文明程度的标志。中原民族把盘腿坐的民族称为蛮夷。现代日语中仍然把盘腿坐称为胡坐，就是承袭汉唐的称呼。

　　女字与卩字，都是人跪地的形象。女字在卩字基础上，突出了两只手交叉于胸前，有人认为这两只手其实就是胸部的形象。因此，女字也可视为由卩字派生出来的二级字根。女人胸部比男人发达，古人突出此部位，以区别于男人。当然，在古代，女与人这两字作偏旁时，常可相互替代。女字作为字根，又派生出母、毋、每、妻、委等二级字根或会意字。

第二回 信口开河难为凭
　　　　 多看多听自圣明

　　常说身首异处，身是躯干，首是头部。头部有五官，即目舌口鼻耳，舌在口上，是口字变形衍生的二级字根，故五官归并为四类，另外头部整体形象归为一类。

甲	金	篆	简隶	楷	品读
				首	即头，甲文像一个有眼有口又有头发的人头。头是人身上最重要的部位，头又是在身体的顶端，所以后来引申出首要、重要、开端、开始。
				页	甲文像人跪在地上，上为首，突出了人的眼睛、头发。有学者认为页、首古为一字。页像头及身，首像头及发。从页的字都与头部有关，如项、额、颜、领、硕、烦。
				面	甲文是一个面部轮廓，中有一只眼睛，表示人脸形。作声符如缅。
				而	古今同形，均为面颊须毛的象形字。上面一横表示面颊的下弧线，下边的四个竖画是须毛下垂的形状。古代有一种刑为耐刑，就是剃掉人的须毛。
				冉	冉是毛发柔软下垂的形象。构字如苒、姌（rǎn）。

彡	彡	彡	彡	彡	指胡须毛发、装饰彩画的笔纹，也指光芒发射。主要用于会意。如须表示人脸上的胡须，髟表示老人长发，彤表示彩画器物，易表示光芒四射的阳光。
𩑶	𩑶	須	須須	彡(须)	须指人面部的胡须。页表示人的面部，彡表示长须。金文面部与须髯连在一起，篆隶分开。
目	目	目	目目	目	甲金文为一只横置的眼睛形状，篆书变作竖起来的眼睛。从目字与眼睛有关。
口	口	口	口	口	甲文为嘴的象形。一人一口故作为人的计数单位，如人口、三口之家。
齒	齒	齒六	齒	齿	甲文只有齿字，无牙字，像上下两排牙齿形。此时牙齿均称齿，后来门牙叫齿，两侧叫牙。金文齿增加声符止，成了形声字。金文牙为象形字，像牙齿交错之形。
牙	牙	牙	牙	牙	兒、㒵上部都是齿。而臽指陷阱，上为人，下为陷阱的形象。插、舂中的臼指舂米的工具，叟上部则源于两只手。
自	自	自	自自	自	甲文是鼻子的象形，原是鼻的初文。现在一般人都还有以手指鼻代表自己的习惯。自借作自己、自然之意后，以自加声旁畀为鼻表示鼻子。
耳	耳	耳	耳	耳	甲金文是一个耳朵象形，篆之后渐失其形。

人面部最靠前的器官是鼻子。动物出生时鼻子先出来，故祖先称为鼻祖。人出生时头部先出来，故叫做首先。我们说自己时常用手指自己的鼻子，自就是鼻的本字。

鼻子既然突出于面部，走路不注意撞到墙上就会先碰到鼻子，有枪打出头鸟之嫌，称为碰壁或碰鼻子、碰一鼻子灰。两人对骂激动之时，就指着对方鼻子骂。

鼻子引人注目，因此也常遭殃，最惨的事莫过于劓。劓（yì）就是鼻子旁边加一把刀，用刀把鼻子割下来，非常残忍。古代从夏朝起，就有五种刑罚，即墨、劓、刖（féi，也作腓）、宫、大辟。墨刑即在额头上刻字涂墨；劓刑是割鼻子，古之罪字就是上自下辛，表示用刀割鼻，秦始皇认为此字和皇字近似，便改为上罒下非，就是我们今天用的罪字。刖刑即砍脚，刖刑。甲骨文此字被误作陵字。宫刑是毁坏生殖器，司马迁为替李陵辩护而遭受此刑，生不如死，本想轻生，但想到死有轻于鸿毛，有重于泰山，最终忍辱负重，写成《史记》，流传千古。大辟是死刑，用"辛"使人身首异处。我们回到劓刑，历史上有个典型案例，发生在战国。

> 魏王遗楚王美人，楚王说之。夫人郑袖知王之说新人也，甚爱新人，衣服玩好，择其所喜而为之；宫室卧具，择其所善而为之。爱之甚于王。王曰："妇人所以事夫者，色也；而妒者，其情也。今郑袖知寡人之说新人也，其爱之甚于寡人，此孝子所以事亲，忠臣之所以事君也。" 郑袖知王以己为不妒也，因谓新人曰："王爱子美矣。虽然，恶子之鼻。子为见王，则必掩子鼻。"新人见王，因掩其鼻。王谓郑袖曰："夫新人见寡人，则掩其鼻，何也？"郑袖曰："妾知也。"王曰："虽恶，必言之。"郑袖曰："其似恶闻君王之臭也。"王曰："悍哉！"令劓之，无使逆命。（《战国策·楚策四》）

从此之后，掩袖一词成为嫉妒的代名词。唐代骆宾王在《为徐敬业讨武曌檄》中写道："入门见嫉，蛾眉不肯让人；掩袖工谗，狐媚偏能惑主。"用掩袖来比喻武则天就是此意。

鼻下为口，口中有牙有齿。甲骨文只有齿而没有牙字，是口有门牙的形象，因此，齿本义是门牙，古人说唇齿相依，唇亡齿寒，是因为门牙和嘴唇联系很紧密。而牙是指口腔两侧的牙齿。

口字现在写作小方框，与大方框相区别。口为国字框或围字框，表示疆域、边界。如囚、圉等字。而邑字上部的小方框，或、域字中间的小方框，与口同义。在金文或篆书中，这些方框都是一个圆圈，只是大小不同。而员字上面的口是鼎的圆口的形象，金文篆书都是写作圆圈，同时兼表鼎口之义。

口字在小篆中，上面一横低于两竖，即两竖是出头的。而员、或、囚等字四角都没有出头。

口中还有舌，舌不仅是味觉器官，还是发声的关键。古人把发音分为牙音、舌音、喉音。我们把说话不清的人称作"大舌头"，即人的舌头大了，在口中不灵活，所以吐字不清楚。我们把喜欢飞短流长、传播小道消息的女人称为"长舌妇"。如果一个人被割掉舌头，就不能说话了，害字就是割舌的形象。如果一个人口才好，说得滔滔不绝、天花乱坠，我们称为舌灿莲花、唇枪舌剑。赤壁之战前，诸葛亮为联吴抗曹，出使东吴，舌战群儒，说服投降派。而在战国时期，百家争鸣，尤其是纵横家如苏秦、张仪，凭借三寸不烂之舌，往往不战而屈人之兵，正如《战国策》所言：

> 一人之辩，重于九鼎之宝；三寸之舌，强于百万雄师。（《战国策·东周》卷一首篇）

人只有一个鼻子、一个嘴巴、一个舌头，但人有两只眼睛、两只耳朵。

眼睛是面部最引人注目的器官。在甲骨文中，面、首、页都包含目字。面字就是画一个面部轮廓，中有一只眼睛，表示人的脸形。首字则像一个有眼有口又有头发的人头。页字像人跪在地上，上为首，突出了人的眼睛、头发。有学者认为页、首古为一字。首像头及发，页像头及身。从页的字都与头部有关，如项、额、颜、领、硕、烦。

眼睛引人注目，最能传神，因此，人们常说"眼睛是心灵的窗户"。我们看陌生人时，最关注一个人的眼睛。当人的情绪波动时，也最容易表现在眼睛上。高兴时眉开眼笑，眼睛笑成了豌豆角；悲伤时双眉紧锁，泪眼婆娑；生气时怒发冲冠、横眉竖目。林黛玉别父进贾府，宝玉看见黛玉时的第一印象就是：

> 两弯似蹙非蹙笼烟眉，一双似喜非喜含情目。态生两靥之愁，娇袭一身之病。泪光点点，娇喘微微。闲静时如姣花照水，行动处似弱柳扶风。心较比干多一窍，病如西子胜三分。（曹雪芹《红楼梦》第三回）

眉目传情，因此，张僧繇画龙点睛，龙能直上九天。相反，如果画蛇添足，则是多此一举。

眼睛在面前，只能看前面、侧面，所以眼观六路。而耳朵在两侧，可以全方位听见声音，故称耳听八方。耳朵是听觉器官，听字本从耳，今简化为从口斤声的形声字，强调他人用口说话，至于听者是否用耳朵听则不一定了，所以古语有听而不闻之说。听强调动作，闻强调结果。正如英语里的listen和hear的区别。

人有两只眼睛、两个耳朵、一个口。所以要多看多听，然后了解事实真相，做出正确的判断，才能做到一言九鼎，明辨是非，公断纠纷。这就是圣（圣）贤的本义。圣从耳从口，壬声，今简化后与圣字（篆书从土从又，会意以手挖地）合二为一。贤（贤）左上本为臣，表示眼睛，现简化为两竖。

　　耳朵还是战功的象征。古代打猎时，如果一个人猎获野猪等大型动物时，搬运不了，就割下左耳，表明此猎物已有主人，回去就可以请人来取。此为取字由来。取从耳从又，又表示手，正是以手取耳的意思。打仗也同样如此，最初以人首记功，如形容某人厉害，就说他能够"百万军中取上将首级，如探囊取物"。但人头不便携带，便以人耳记功。

　　敢的左下部像耳，但其左部源于豕的变形，即倒豕。本意是人与野猪搏斗，是勇敢的表现。

第三回　举手投足百媚生
　　　　此时无声胜有声

　　白居易形容杨贵妃回眸一笑百媚生，六宫粉黛无颜色。可谓举手投足尽显风情，无声胜有声。我们这一回就谈手。

　　俗话说"心灵手巧"。人类灵巧的双手会制造工具，使人与动物区别开来。

　　源于手部的字根有五类，即手的正面形象、侧面形象、手指、指甲、双手。

甲	金	篆	简隶	楷	品读
				手	人手的正面形象，金文、篆书都像伸出五指的手形，构字如擎、掰、拜。位于左面时常简化为扌，如把、拖、持、握、抱。
				又	右手的侧面形象。以三指代表五指，与现代的卡通漫画相似。在卜辞中既表示左右的右，也表示有无的有。金文收笔处出现肥笔发展出隶书的捺。 左右手在甲文中有区别。又彐是右手的侧面形象。左𠂇是左手的侧面形象。右同又。 又在简化字中是万能的简化符号，如鸡、凤、双。
				𠂇 (右)	𠂇源于手的侧面形象，右字源于右手形，引申为左右的右，或加示作为保佑的佑，也借作表示再一次的又，金文右下之口既表示嘴，也表示一种器具，后引申为方位词。
				彐 (君)	彐源于又，即手的变形。君字古今结构相同。上为一手持笔，即尹字，表示制定政策的人；下为口，表示能说话算数的人。会意统治者，专指帝王。

				爪	手爪的形象。后引申为人指甲或动物的爪子。从爪一般写在字的上方如采、受、舀。金文爪、叉互通。"爪"突出指端指甲，当是《说文》叉字所本。
				白	人的手指甲(也有人说像水滴，或像大米，或像日只有顶部露出，太阳没有完全下山，还是白天)。甲文、部分金文中白、伯同为一字，篆书分开。《说文》解伯为长也，白为西方色也。隶书沿用。
				廾(弄)	廾源于双手，弄字金文是双手玩弄着玉器。本义是玩，引申为玩弄、摆弄。
				兴	四手抬物，表示四手共举一件器物。本义为起，引申为举、发动、兴建、兴盛、兴趣，表同心协力。

　　甲骨文有右手有左手，却无手字。现在发现金文中才有手字，五指齐备，是左右手的总称。源于手的字根有上述八个，还有诸多变形，可谓千变万化，丰富多彩。而且会意字多，非常有意思。从一只手到两只手、三只手，最多的字有五六只手。如有字，是手上持肉的形象。友，是两手相向，表示志同道合，即同志为友。爰，是一手持一物救援一人，仿佛人持竹竿救助落水之人的形象。争，是双手争抢一物的形象。鬥，是两人两手争斗的形象。执，是一人双手被铐的形象。共，两手只抬一物之形。拱，篆文是左右手合拢拱手行礼，是古时礼节。如抱拳、作揖。僧道则常是竖右掌于胸前为礼。與字则是四只手，会意给予。四只手的还有興（兴）、舆等字。五只手就是舉（举）字，上部为声符與，下部一手，表示举手。古时文盲多，不识字，不会填选票，所以举手表决，选举领袖。

　　关于友、有、酉，还有一个小故事。

　　话说李自成起义，兵逼北京。崇祯皇帝寝食不安，便微服出巡。碰到一个测字先生。崇祯便让他测测大明的气运。测字先生让他出个字，崇祯说友。测字先生说：不好，友字是反字上面出了头，表示反贼要出头。崇祯吓了一跳，急忙说，你听错了，我说的不是朋友的友，是有无的有。测字先生思索片刻，

20

又说：更不好，有字上面是大字少一捺，下面是明字少了半边，大明都去了一半，大明江山危矣。崇祯吓得冷汗直冒，急忙说，我说错了，不是有无的有，我要测的是子午卯酉的酉。测字先生微微一笑，说，更不好啊，尊字去头去脚就是酉，我们大明的九五之尊恐怕死无全尸啊，崇祯一听，险些当场昏倒。回到宫中，思前想后，深感大厦将倾，回天乏术。于是在一棵歪脖子树上投缳自尽。

测字先生果真预测准确。其实，这是测字先生的综合判断，非是凭空预测。如果对预测感兴趣，不妨看看第十六回，了解一下占卜。

奴隶社会阶级对立，等级制度森严，动手的都是劳动人民。统治阶级则不会动手做事。

君子动口不动手，因为君子是上等人，只需动动嘴皮子，安排下人负责做事。下人做事，主要靠手。我们看后字和司字，古为同一字，后分化，后就是动口的君上，司就是动手的臣下。

由上可以看出，后与司从口从手，只是方向不同，是镜像对称。即"后"字向左右翻转即为"司"。两者字形有联系，意义上自然也有联系。后在上古时代即夏朝、商朝称君主，如夏后启、后羿。后来，用以指帝王的妻子，如皇后、太后。至于时间先后、空间前后、子孙后代的后，在繁体字中是另一个字"後"。司则是按照君主即后的要求负责具体工作、主管具体事务。如司南（古代用磁石做成的辨别方向的仪器，为现在指南针的始祖）、司空（古代中央政府中掌管工程的长官）、司徒（古代中央政府中掌管土地和徒役的长官，后为丞相。楷书之祖钟繇曾在魏国任司徒）、司马（古代中央政府中掌管军务的长官）、司寇（古代中央政府中掌管刑狱、纠察的长官，孔子曾任鲁国司寇，并诛杀巧言令色的少正卯）。现在还在使用这个意义，如司令、司车、司机。不过有趣的是，我们把开公共汽车、火车的人称为司机，把工厂车间里操纵机器设备的人叫司车，把两者的称呼颠倒了。

我们比较熟悉后羿射日的故事。其实这个故事原为两个故事，前者是传说，后者是史实。我们先看传说。

尧时十日并出，草木焦枯，尧命羿射十日，中其九日，日中九乌皆死，堕其羽翼，故留其一日也。（选自《楚辞章句》卷三《天问》的注文）

射日的羿，后人尊称为大羿，就如同人们尊称治水的禹为大禹一样。羿的妻子叫恒娥，因汉代时避汉文帝刘恒讳，改恒为常，后人又加女字旁为嫦，所以称为嫦娥，恢复原名称姮娥。嫦娥吃了丈夫从西王母那儿讨来的不死之药后，飞到月宫。但琼楼玉宇，高处不胜寒，嫦娥向丈夫倾诉后，又说："明日是月圆之时，你用面粉作丸，团团如圆月形状，放在屋子的西北方向，然后再连续呼唤我的名字。三更时分，我就可以回家来了。"第二天，羿照妻子的吩咐去做，嫦娥果由月中飞来，夫妻重圆。中秋节做月饼供嫦娥的风俗，也是由此形成。

传说中射日的大羿是在尧帝时期，而历史上偷天换日的后羿则在夏朝太康（禹的孙子）时期。后羿本称司羿，羿是射之义，司羿就是负责射箭的人，也叫夷羿。夷是大弓两字合成，表示善于射箭。总之，这个司羿是个神射手，他是黄河下游东夷族有穷氏首领。因为当时夏的统治者太康喜好打猎，不理政事，羿趁机驱逐了太康，立太康之弟仲康为夏王，自己掌握实权。仲康死后，其子相继位，羿又驱逐了相，自己当了国王。当时称国王为后，因此，司羿就称为后羿。这就是史书上称作《太康失国》和《后羿代夏》的故事。但后羿又重蹈太康的覆辙，四处打猎，将政事交于寒浞打理，终被寒浞所杀。后来，相之子少康又恢复了夏朝政权，称"少康复国"。

第四回　跋山涉水万里程
登高降低足下行

　　《老子》第六十四章："合抱之木，生于毫末；九层之台，起于垒土；千里之行，始于足下。" 无论跋涉、登降，都离不开脚。源于足的字根我们归纳为五个，即足、止、屮、夂、癶（登字头）。这五个字根都与止有关，或者说另四个字根是"止"衍生出来的二级字根。因为常见常用，我们将其归入二百四十个基本字根之中。

甲	金	篆	简隶	楷	品读
				足	甲文是腿的形象。上部是大腿和小腿，下部是脚掌和脚趾。金文上下断开，上部类化为圆圈，下部简化为止。做偏旁时为下部写作提，如跋。
				止	甲文是脚的形象，脚掌和脚趾的生动形象，也是趾的古字，指脚。后专用作停止意义后才另造一个趾字。古文字止常表现足趾的行动，如武、步等。
				屮（韦）	屮源于倒止或侧止。构字如韦、桀、舞等。韦（韋）中间是表示范围、疆域的圆圈（不是口），周围的止是脚，表示绕城护卫。为加强行走义，金文又增加了行字，表示巡逻四方。同时，在韦外边加口成围字。又因韦是几只脚在不同方向走动而表示违背之违。可以看出，韦、围、卫、违四字同出一源。
				夂（降）	夂也源于倒止或侧止。与改、枚等字右部的"攵"不同（攵是反文旁，源于手持物之形）。夂构字如降、隆、逢等。
				癶（登）	登字头源于双止，与祭、然上部均不相同。祭上部是以手持肉的形象，然上部是犬肉之意。

中国是文明之国、礼仪之邦，一言一行均有讲究。站有站相，坐有坐相，走路也不例外。我们结合《释名》和《尔雅》，由慢到快，看看古人行走有什么区别。

徐行为步：一左一右、一上一下的两止组合而成，表示徐行、缓行、慢行。如安步当车、漫步，相当于现在的慢走，如散步。

常速为行：行本是十字路口的形象（出行章专门介绍），后用于表示行走之义，指正常速度两脚前进，一只脚紧挨着另一只脚处落地。

疾行为趋：比行要快，相当于现在的小跑。王勃《滕王阁序》："他日趋庭，叨陪鲤对。"所用典故出于《论语》："（子）尝独立，（孔）鲤趋而过庭。"孔鲤是孔子的儿子，见到父亲就要即趋，以示尊敬。因为按照礼节，在他人面前趋，是恭敬的表示。我们现在常用的贬义词趋炎附势，即讽刺那些见到权贵就跑前跑后、小心伺候的人。趋也有例外，《曲礼》规定三不趋：即帷薄之外、堂上、执玉。

疾趋为走：在金文中走字为 𧺆，像一个人甩开双臂跑步的形象，本义相当于现在的跑。《木兰诗》："雄兔脚扑朔，雌兔眼迷离。双兔傍地走，安能辨我是雄雌。"此处的走，即是跑之义。按照现在的竞走规则，只要两脚同时离地就不是走而是跑了。

快走为奔：在金文中奔字为 𡘻，与走相比，走下为一止，奔下为三止。像一个人甩开双臂，恨不得用三只脚飞跑的形象。《释名》以"变"释奔，我们可以理解为遇到变故，碰到急事，拼命地跑去处理。步、行、趋、走、奔，上面只是从速度上做了区别，它们还可以从适用的地点来区别，即堂下为步，堂上为行，门外为趋，中庭为走，大路为奔。

如果从适用的地点来看，我们还可以看看跋、涉、登、降的区别。

上山为跋为登为陟。下山为降。跋字左为足，表示行走，犮是声旁兼会意。犮是犬字腿上加一点，表示狗腿被打伤，走路一瘸一拐。人上山也是一脚高，一脚低。登字甲文是双手捧着食物——豆，双脚登阶向上敬献神祇的形状。陟字左边是阝，是山字右转九十度的形状，也是阶梯的形象。右边是步字，即一左一右，一上一下，往上走的形象。因此，陟从字形看就是上山的形象。与陟相反，下山为降。降字右边是夅，为步字的倒写，是两脚一前一后往下走的形象。

遇水怎么办？邓小平同志告诉我们："摸着石头过河。"古人出行，遇浅水就是摸着石头走过去。这就是涉字。遇山则陟，遇水则涉。李白有诗句：涉江弄秋水。我们从涉字的字形来看，形象生动。

甲	金	篆	楷
			涉

　　浅水可涉，深水咋办？那就游泳。泳、永同源，都是人在水中游的形象。当然，正如荀子《劝学》所说："君子性非易也，善假于物也。"游泳太累，还是以舟渡河最好。要知永、舟，请参见相关章节。

第五回　肉身凡胎俗念生
　　　　克己修身心为根

前面四回讲了人的外部，即身、首、手、足，这一回我们来讲人的内在构成。

从外到内，人的身体表面是毛发，毛发依附皮肤而存在。发肤下面是肉，肉下是骨。毛发和肌肤属于外在，骨肉属于内在，是身体的主要构成部分。除了毛皮骨肉四个物质构成外，我们还有一个既指物质又指精神的部分，即心。这一回我们就讲五类字根，即毛、皮、肉、骨、心。

甲	金	篆	简隶	楷	品读
				毛	早期金文毛字，是人头上长出毛发的形象，下部一点表示头部，后泛指禽兽的毛。
				皮	金文皮字左为突出头部和肚子的兽体，右为手形，表示剥除下来的皮。又说像手拿皮铲形象（克字甲、金文中都是皮铲的形象）。皮铲原是上古时代先民用以剥制兽皮的工具，金属制成，铲柄上还有一个穿指的环耳，右边是拿皮铲的手。从皮的字有不平之义，如波、坡、颇、跛。
				克	克字上为十表示直下之义，下为突出头部和肚子的兽体，表示从兽头开始往下剥除兽皮。
				革	古代皮革有别，有毛者为裘，无毛者为皮，熟皮者为革。革即是经过处理的皮。金文革字中为头体足俱全的兽皮，两边各一手，表示鞣制兽皮。
				肉	甲金文像一块肉，篆书变形，隶书变得比甲金篆更为复杂，应是为了区别月字。篆书月和肉不同，要注意区别。肉中间两点连上边，不连下边。月则是中间一点两边不连，第二点两边都连接。

				骨	骨是骨头的形象。初文为冎，篆书上部为骨，下为骨上附着的肉。骨字变形有肯、剐、別等。
		(死)	(死)	歹	歹古今字形相近，均像残缺的骨头形状。这种情况对人对动物都表示死亡，所以歹有恶、坏、死等义。从歹的字多与死有关，如残、殃等。
				心	甲文为心脏轮廓形象，金文无变化。篆文心字拉长，隶书注重横势，将最后一笔变为横笔捺出。心作偏旁，位于左边压缩为竖心旁，位于恭、添、舔下部为变心底。

一、毛皮

人的身体，里为骨肉，表为毛皮。常言说"皮之不存，毛将焉附"。早期金文毛字，是人头上长出毛发的形象，下部一点表示头部，后泛指禽兽的毛。也有人认为毛是土地（土）上长出的草的形象（两个"屮"，即"丰"）。晚期金文和小篆省去了（土）。隶书变形较大，从此不见"屮"（草）形。人皮上长毛，地皮上长草。不毛之地就是寸草不生。如果把地球当做人的话，地皮上的草就是地球的毛。在盘古开天辟地的故事中，地上的草木就是盘古的毛发变成的。盘古死后：

> 气作风云，声为雷霆，左眼为日，右眼为月，四肢五体为四极五岳，血液为江河，筋脉为地里，肌肉为田土，发髭为星辰，皮毛为草木，齿骨为金石，精髓为珠玉，汗流为雨泽，身之诸虫，因风所感，化为黎甿。（徐整《三五历纪》《五运历年纪》）

毛构字时作形旁居左，作声旁时居右或下，遵循形声字左形右声、上形下声的普遍规律。在隶变过程中，形旁毛字拖笔延伸，形成半包围结构，如毯、毡、毽。作声旁时构字如牦、蚝、旄、髦、毫等。

二、骨肉

人们常说骨肉相连、骨肉亲情、亲生骨肉，可见骨和肉的关系十分亲密。古人认为小孩的骨来源于父亲，肉来源于母亲。看过哪吒闹海故事的人，都知道哪吒是莲花化身，没有血肉之躯。因为他大闹龙宫，龙王要哪吒的父亲承担责任。哪吒于是割肉还母，剔骨还父。俗话说，儿是娘身上掉下来的一块肉。我们就先说肉字。

甲骨文的肉字 ⊅ 是会意字。刀字中间加了一竖，会意用刀切肉。不是很好理解，金文做了改进，画出肉的形象——⊘，像一块从动物身上切下的大腿。小篆 ⊘ 承续金文 ⊘ 字形，并将内部两折笔拉直，与"月" ⊘ 在字形上近似，肉字是两斜竖不封口，而月字的规范写法是右边为一点，左边为一斜竖封口。隶书 肉 将金文 ⊘ 的 ⊀ 写成 八，从而区别开肉与月。但在楷书中，肉字底、肉字旁与月字没有区别，在书法创作中应特别注意。另外，肉字还简化写作夕，即内部两折 ⊀ 简写为一点。如手持肉就是"有"，两块肉就是"多"，过去的肉就是"腊"肉。

朋是两块肉吗？不是，而是两串玉或贝，与串、贯相近。

只有肉而无骨的动物称为软体动物。大多数动物有血有肉有骨。肉长在骨上，因此，金文、篆、隶骨字下部为肉字底，上部为骨。不同之处在于金文 骨 的上部像人死亡后的枯骨 ⊀，小篆、隶书 骨 的上部像头骨 ⊓。说到骨字，我们印象深刻的故事除了哪吒剔骨还父之外，还有关羽刮骨疗伤。原文如下：

> （华）佗乃下刀，割开皮肉，直至于骨，骨上已青；（华）佗用刀刮骨，悉悉有声。帐上帐下见者，皆掩面失色。公饮酒食肉，谈笑弈棋，全无痛苦之色。（《三国演义》第七十五回）

我们吃骨头上的肉时，通常用牙齿撕咬，即啃骨头；或用刀剔、刮。分析比较小篆中的四个字：骨、呙、别、肯，可以进一步认识骨肉关系。另外还有列、死。

骨	呙	别	肯
⊕	⊓	⊛	⊓

上为骨头，下为肉𠕄，是骨肉相连的完整形象。	上为骨头𠕎，下为半块肉𠕄，是骨上的肉被剔除一部分的形象。	只有骨头，下边没有肉了。是骨上的肉被完全剔除的形象。	下边是肉，上边骨已不完整。是啃骨头时从骨上啃下肉的形象。

古人讲千刀万剐，剐原作咼，后加刀旁成剐字。表示用刀剔骨头上的肉。与此字同义的字是别。人们常说生离死别。别究竟源自何处，本义是什么？

根据许慎《说文解字》及清代段玉裁注解，别是分解之义，即用刀剔掉骨头上的肉。对生者是一种酷刑，即剐刑，俗称千刀万剐、凌迟处死。对死者是一种礼遇，即天葬，现代藏族仍然普遍存在。人死后，亲属将其尸体抬到专用的天葬场，肢解喂养鹫鹰，尸体被吃光就是吉祥，死者亲属引以为荣。骨字头𠕎旁边加一把刀，以示用刀将骨上的肉剔除干净，就是别字的本义。别既然有生死离别、骨肉分离之义，那么，别当然是伤心之事了，所以南北朝时期的文学家江淹《别赋》开篇就是"黯然销魂者，唯别而已矣"！别字经过隶变、楷化后，字形变化，字义也有引申。由骨肉分解引申出分别、区别、辨别、特别、个别等义。此外，一些名词若含有"另一个"或"特异"之意，区别于本来的事物可在前面加一个别字。如别传，即是在本来的传说之外的另一个传记。类似说法如别名、别号、别径、别将、别殿、别墅、别体、别字。

咼字加女字旁为娲，读音为哇。中国有女娲造人的神话，同时还有一个伏羲兄妹造人间的传说。故事中说，伏羲和女娲是兄妹关系，天降洪水，兄妹俩爬进一个大葫芦里，躲过了劫难。而其他人全部遇难。最后两人结婚，繁衍了人类。洪水灭世在东西方人类灾难的传说中都比较相近。那么，伏羲、女娲类似于亚当、夏娃。在第一回我们讲了上帝造人的故事。夏娃就是上帝用亚当的一根肋骨制造的。用一根带点肉的骨头造的女人，就是娲字。夏娃的娃字用女娲的娲更形象、更准确。

娲 ＝ 女 ＋ 咼

当然，这只是笔者的戏言了。其实，从娲字的演变来看，应与锅字同源。

冎	锅	娲	鬲
	锅原为鬲，为了与鬲字区别，在鬲的基础上加了金字旁，并将鬲变形为冎，就成了锅字。鬲原为古代一种三足的蒸煮食器。详见第八回饮食篇。	籀（zhòu）文中，娲为女字加鬲字，表示最早使用鬲烹煮食物的女人。	

娲与锅两字中的冎字，并不是剔除一部分肉的骨头，而是源于鬲字，是鬲字的变形。锅字也写作鬲，娲字在籀文中为。

三、心

早期金文、像人体内椭圆形心脏器官的线描图案，图案突出了该内脏上端的动脉入口管道、静脉入口管道，图案中间的一点，表示血液。在中国，心是一个很特殊的字，它既是五脏之一，其是否跳动，是判断人之死活的主要指标；同时，又有着其他五脏所不具有的重要意义。我们来看思字，上为田，下为心。现代科学证明，人的思考是在大脑。由此，有人认为中国古人不懂科学，认为思考就是心田的活动。其实，从小篆来看，是由和组成的，就是囟，囟门就是婴儿头顶骨未合缝的地方。也就是说古人早就知道思与大脑有关。可它与心有没有关系呢？我们有很多人，平时很会说，可一到让他上台讲时，大脑就一片空白，咧咧半天，讲不出话来了。人还是那个人，脑袋还是那颗脑袋，为什么台上台下差别那么大呢？原因，大家不想都能明白，就是紧张，就是这颗心，它跳动太快了，它强烈地影响着人的大脑。随着科技的发达，1967年人类有了首例心脏移植手术。有报道称，在移植原主人的心脏后，一些患者的性格、爱好与心脏原主人出现惊人的相似之处。

西方媒体称，美国女公民西尔万娜·佩斯卡把给她做心脏移植手术的医生告上法庭，医生感到很震惊，因为手术做得相当成功，病人的感觉也不错，她还有什么不称心的呢？原来这位任性的妇女从护士那里听说移植给她心脏的那个人是个殉情男子。西尔万娜顿开茅塞，终于弄清楚为什么过去一直性格开朗与精力充沛的她，一下子变得比如此郁郁寡欢，连她工作的餐馆都因她性格的改变而要炒她的鱿鱼。最可怕的是她越来越有一种想爬上自家住的那栋高楼往下跳的欲望，据说其心脏正在她胸中跳动的那名男子就是这么了结自己一生的。

达尔文就曾提出情感生化特征的假说。我们的"性情"，或者说性格，不是像过去认为的那样储存在大脑中，而是藏身心脏里。所以说是它在思考、感觉，并同整个集体协同动作。

中国人自古对心的认识就远超生理部件，把它看成是人的神明主宰！孔子讲，三十而立，四十不惑，五十知天命，六十耳顺，七十从心所欲不逾矩。心是最终的主宰。人与人最大的不同在于心态的不同。

世界上并不缺乏美，而是缺乏发现美的眼睛。眼睛是心灵的窗户，有什么样的眼睛就有什么样的心灵，有什么样的心灵就会有什么样的眼睛。有一颗感恩心的人，就善于发现美，心中总是充满感动与给予。而缺乏感恩心的人，老是觉得别人欠他的，心中有种无法解脱的恨，所以老是抱怨，心中装满牢骚。爱抱怨的人就像一个垃圾堆，成天散发恶臭，影响周围的人，而且这种恶臭是含毒素的。更糟的是，就像久入兰室不闻其香一样，身处其旁的人不觉其臭，不知不觉就中了毒，又成为一个发毒器，整天散发毒素。所以一定要小心身边爱抱怨、爱发牢骚的人，他们就像病毒一样，很有可能把你拖下水。

人总是要变的，变是常态，不变才是非常态。有人说，人在不断地进化呀。可笔者认为：人类在不断进化，但人心不一定是在不断进化，有时可能是越来越势利，越来越烦躁。知识文化可能在进步，但心境、心态就难说了。有人说，俗务多了影响了心境心态。可笔者认为，如果心胸够宽阔，俗务对他的影响就相对小，反之则大。如同一粒小石掉到小杯子里，则会水花四溅，水波涌动，久不能止。而同样一粒小石掉到大湖里，则水波不惊，几乎看不出有什么变化。这就是区别。所有事物都一样的，所有的事如果放到时间和空间的大概念下，则一切都变得很渺小。万事都有利有弊，谋事在人，成事在天，当事已成定局，则多想到它的积极面而欣然接受，这样人就不会有不快乐了。心中有则眼里见，心中无则眼难见。心中有花自在香，怀欣赏之心则美尽收，怀厌恶之情则丑毕现。

心的力量是强大的，别看人心隔肚皮，有很多时候，你不说，别人也能体会。不仅是人，禽兽也有这样的灵性。《列子·黄帝篇》讲述了这样一个寓言：

> 海上之人，有好鸥鸟者，每旦之海上，从鸥鸟游，鸥鸟之至者，百住而不止。其父曰："吾闻鸥鸟皆从汝游，汝取来，吾玩之。"明日之海上，鸥鸟舞而不下也。
>
> （参考译文：海上有个很喜欢鸥鸟。他每天清晨来到海边，和海鸥一起游玩。海鸥成群结队地飞来，有时候竟有一百多只。后来，他的父亲对他说："我听说海鸥都喜欢和你一起玩，你乘机捉几只来，让我也玩玩。"第二天，他照旧来到海上，一心想捉海鸥，然而海鸥都只在高空飞舞盘旋，却再不肯落下来了。）

后来这个故事被谱成了古琴曲《鸥鹭忘机》，一名《忘机》，曲谱最早见于明朱权所编的《神奇秘谱》（1425年刊行）。据朱权所说，此曲为宋代刘志方所作；乐曲系表现"海翁忘机，鸥鹭不飞"的内容。笔者亦特别喜欢抚此琴曲。渔翁初于鸥鹭是忘机的，他爱鸥鸟是天性显现，后被亲人利益心影响、干扰，便有杂念，让鸥鹭都有所体察而远离。所以人需要不断地修炼，让心宁静，不为利益所动。不要小视内心的恶念，即便你不说，别人也能察觉到。正所谓相由心生。我们看寺庙里，所有的佛像，都是眼往下看的。有人说是在俯视众生，其实不然，他是眼观鼻、鼻观心，他是在观自在。拥有的越多，欲望越大，承受的压力也越大，也就越需要修养内心。

一次与朋友交谈中，知道他最近写作压力很大。我便说，用力会累，试着用心，也许会好一点。因为动人心者莫过于情，而情是心字旁，所以，用心感动自己也就能感动别人了。

有心的人经历事情后得到的是思考，是感悟，收获的是智慧。而无心的人经历事情后，得不到思考，只留下些许记忆。心中有魔的人，经历事情后，得到的是不满与愤恨。笔者曾为此作过一首小诗《心灵驿站》：

> 心灵是站点/际遇是货车/每一次都会有货物卸下/是美是丑全在主人要什么/有的主人下的怨恨多/久之，心灵成为多恼河/有的主人下的恩情多/久之，心灵成为爱情海/有的主人下的垃圾多/久之，心灵成为垃圾站/有的主人下的经典多/

久之，心灵成为藏经阁/选择全在自己

身在红尘忙碌，心放旷野散步。神游天地不羁，道在其间开悟。我们需要在凡尘俗世中静听来自心灵深处的声音，修养智慧的灵魂，珍惜当下的拥有，才能不负此生，不负此心。

心是人体最重要的器官。以前把心跳停止、呼吸停止作为死亡的标志，现在逐步推行脑死亡。有心跳而无脑电波的人称为植物人，虽说基本上无法醒来，但仍有植物人十年醒转的报道，可见心跳在希望仍在。

心不仅指心脏这一实物器官，还是一个抽象概念。人的五脏肝、心、脾、肺、肾，除了心，都从肉（此处月为肉字旁变形而来，目也是肉字底，如臀等字）。说明心字造字较早，心这一概念出现较早。从五行（金木水火土）来说，心为火。火是五行中最难控制的，一不注意就燃大了，烧毁一切。所以古代特别注意控制心火，强调养性修心。（中国传统文化核心理念有四个：基本理念是阴阳五行，解决人与自然的关系是天人合一，人法地，地法天，天法道，道法自然。人学习天，天行健，君子以自强不息；人学习地，地势坤，君子以厚德载物。解决人与人的关系是中和、中庸。解决人的身与心的关系是克己修身。修身的关键是修心，身体长生不可得，故以修心立德求长生，下一回将介绍。）

儒家强调仁义，强调修身养性。按照《论语》记载，孔子认为，有一个要求可以终身奉行，就是恕：己所不欲，勿施于人。他还说，他的道一以贯之，即忠恕。忠即心中，恕即如心。即是按照本心做事，将心比心，以己度人，推己及人。

道家强调天人合一，讲阴阳变化，讲辩证法。道教以道家学说为依据，强调人要感知天地，呼应天地。

佛教从印度而来，在本土化过程中吸收儒道二家思想，除了苦修外，还要顿悟。小乘佛教侧重个人自身的超脱，以苦集灭道"四谛"为基础，强调苦修，讲究戒律清规。大乘佛教更强调悲天悯人，普度众生。因此，最受大众欢迎的佛家人物是大慈大悲观世音菩萨。慈是给人快乐，悲是解人痛苦。具体做法包括十项：感谢恩人，原谅仇人；帮助苦人，救济穷人；调伏狂人，启迪愚人；感化恶人，鼓励善人；警策懒人，觉醒迷人。佛教的经典之一是五千字左右的《金刚经》，而核心则是二百六十字的《心经》。

我曾经拜访一位朋友的菩提园，将上述思想概括为一副对子：

想忠恕，思感应，念慈悲，三教同源通大道；

读《论语》，讲辩证，诵诚谛，一朝顿悟证菩提。

　　應字是繁体，今简化为应。上联九个心字底，说明三教同源，都讲修心。下联九个言字旁，千言万语，欲证菩提，必须要证悟。证是言旁，悟是心旁。修道即是修心，明心见性，找到真我，即吾心，就是心悟，就是得道。

　　《西游记》是宣传佛教思想的通俗读本。主人公孙悟空，即是悟字辈，心字旁。八戒名悟能，沙僧名悟净。孙悟空的授业恩师是须菩提祖师，祖师的道场在方寸山斜月三星洞。斜月三星，就是一个斜钩三点，心字也。

　　《西游记》中孙悟空为何是猴子而不是龙啊、虎啊或者狗啊、猫啊？

　　重庆大足石刻有一个《锁六耗图》，全称《缚心猿锁六耗图》，龛正中主像为一个鬈发人，跌坐莲台上，怀抱宁静躺卧的猿猴（代表心）。在鬈发人所坐的莲台下，刻六条绳索。其终端各缚犬、鸦、蛇、狐、鱼、马六种动物，对应人的眼耳鼻舌身意，也就是我们常说的心猿意马。因此，《西游记》讲孙悟空从石猴出世到取经成佛，就是佛教调伏心猿、得道成佛的过程。大足石刻还有《牧牛图》，以连环画的形式，通过十组雕刻，反映了修心的过程。牧牛人代表修道人，牛代表修道人的心。以老百姓最熟悉的牛表示心，达到教化目的。无怪乎大足石刻被称为"刻在石壁上的佛经"，的确是世界文化遗产。

　　因此可以说，中国传统文化强调修心，其目的是让人静下来。静为躁君，重为轻根。静以修身，静极生慧。宁静致远，淡泊明志。即便赤日炎炎，心静自然凉。虽然有人说读万卷书、行万里路，但更多的人相信"不出户，知天下"。因此，中国社会重内修，重人治。现代西方文化则相反，它的目的是让人动起来，极端的甚至去争去抢，血流成河，为达目的，不择手段。因此，必须重外律，讲法治。以日常生活和艺术为例，中国的茶，宁心静气，沁人心脾。西方的咖啡，让人兴奋，难以入眠。中国古琴，追求清微淡远，韵在弦外，回味悠长。西方摇滚音乐，声嘶力竭，不死不休。还有一些舞蹈，摇头甩胸，扭腰摆臀，强调真性情。真则真矣，美和善就差了。正如一句玩笑：长得丑不是你的错，但你走到大街上来吓人就是你的不对了。随便说一下：人的长相，三十岁以前靠父母遗传，三十岁之后靠自身修炼。因此，三十岁之前长得丑不是你的错，三十岁之后还丑就是你的错了。

　　当今社会，推崇西方功利主义哲学，以"利"（金钱、资本）调动人、驱使人、激发人，推动了经济发展，物质繁荣，社会进步。但利令智昏，欲火易燃难控，一旦被刺激出来很难收得回去。我们达不到"本来无一物，何处惹尘埃"的超脱，只能"朝朝勤拂拭，莫使惹尘埃"。我自撰一联挂在书房，时常警醒自己：

> 琴韵书香娱暇日，
> 诗情画意净尘心。

韵和香都有日字，对应的情和意都有心字。琴诗书画，休闲自娱；朝朝暮暮，不忘修心。

我们必须不断修心，调整心态，顺入而不逆入，顺天应人而不倒行逆施，用智慧解决问题而不用性格解决问题，心灵才能纯净，家庭才能安宁，社会才能太平。

第二篇　人的生活

第六回　生儿育女孝为先
尊老爱幼福绵延

本回谈人的生长过程，即生老病死。

人不是孙悟空，不可能凭空从石头缝中蹦出来。即便是石猴，也是因为女娲娘娘坐过这块石头。人的出生，首先是男女两性的结合，然后怀孕生育。孩子呱呱坠地后，父母还要把他们养育长大、教育成人。时间流逝，黄毛丫头、毛头小子一天天长大，一天天变老，还会遇到病痛折磨，最后如上帝对亚当的惩罚：死亡而归于尘土。我们这一回就从两性、生育、成长、病医、死亡五个方面解读汉字。

甲	金	篆	简隶	楷	品读
士	士	士	士	士	甲文为雄性生殖器象形（有学者解为兵器）。构字如牡、羝、牲、牡，表示雄性动物，后统一为"牡"字。士本指成年男子，先秦时期又称贵族的最低等级，次于大夫。
了	了	弓	乃	乃	甲金篆均可看出正是乳房的侧面形象。隶书增加一撇，变弧为直。是奶的初文。
巳	巳	巳	巳	巳	甲金篆书是胎儿象形，本指未出生的胎儿。也像蛇（也、它）形，故借作地支第六位，对应十二生肖的蛇。隶书变圆头为方形，身体变为长弯钩，失去胎儿形状。
子	子	子	子	子	甲文像裹在襁褓里的孩子形状。古代不论男女均可称子，商代为父辈对子辈的通称。今专指儿子。
		囟	囟	囟	像婴儿头顶骨未合缝的地方，俗称脑门囟儿。构字如思、细。康殷先生认为源于西，是囟的省形，可作参考。

				长	甲金文是一个弓腰扶杖、长发被风吹起的老人形象。头发修长就是长的本义。引申为生长、长者、长辈、首长等义。篆书下匕应是拐杖的讹变。
				病	甲文是人大汗淋漓、躺在床上的形象。金文沿袭，后加声旁丙。人字则变形为厂。因此，疒实际上源于人与床的组合变形。
				久	如果从灸字分析，应是源于人的腿部ㄟ，是甲文足⻊的简写。也有学者解读为人的变形，或解为殳（长柄器物，后写作厥）。我们将之作为基本字根之一，与医疗手段灸相联系，故归入生老病死一章。
				亡	甲金文像人被截去手的形状。是对奴隶逃亡的惩罚，失去手也有亡义。篆隶已变形。亡羊补牢的故事老少皆知。亡是失去、逃跑之意，当然也有死亡之意。也有说像刀上一撇表示断失。

一、孕育

士源于雄性器官，雌性器官用什么表示呢？匕字。构字如牝，与牡相对。匕还构字如尼、此、雌等。古代男婚女嫁、男娶女嫁，女称嫁，家有女则安。婚和娶源于古代的抢亲习俗。黄昏时分、日落西山，男子邀约亲友一帮，将看中的女子抢回去，进入洞房，生米煮成熟饭。所以，婚娶都是形声字，但都兼会意。昏表示黄昏时分举行婚礼。在我的老家一带，二十世纪九十年代以前，结婚都要明媒正娶，也是一种公示。娶亲时，男方都是头一天下午抬着彩礼到女方家，第二天上午把姑娘娶回去。可能是古代黄昏时分抢婚的遗俗。取本是割耳表明猎物所有权或战功的方式。取女则是获得女子的所有权，即娶，所以古代三从四德有"既嫁从夫"。因此产生了嫁鸡随鸡、嫁狗随狗的观念。

子女结婚了，父母最大的希望是早日抱孙子，亲戚朋友也祝愿早生贵子。所以我结婚时同事布置新房，还在床上摆上枣子，寓义早生贵子。女子怀孕，称为身孕。有学者认为身字就是孕妇挺着大肚子的形象（我们认为是指示字，圆圈表明是腹部、躯干），孕字与身字近似，更为形象。

甲	金	篆	楷
			身
			孕
			字
			孚
			俘
			巳
			厶

"字"上为宀，是房屋的形状，也表示女性子宫，下边是子，表示女性生子。因为生育是出嫁后的事情，所以古时对未嫁之女称为待字闺中或未字（此外，古人有姓，出生即定。有名，满月由父所命。有字，成年时尊长所赐，是名的延伸。"待字"也表示未到赐字的年龄，是未成年之义。两说不矛盾，殊途同归）。也可将"字"理解为怀孕，表示女性怀胎，孕育子嗣。

还有一个有意思的字：孵。表示鸟类等卵生动物孵卵。按照佛教说法，生命有三种产生方式，即卵生、胎生、化生。孵本是形声字，从卵，孚声。我们看金文孚，将下部的子字断开，就是双爪孵蛋的形象，可谓歪打正着。

巳是胎儿的形象，厶则是巳字旋转一百八十度的形象。《说文》将厶解读为倒巳，即脚上头下的胎儿。

金文在厶的基础上另加义符口，象征胞衣，以强调怀胎之意，构成"台"字。因此，台是胎的本字。怀胎为有喜，心里高兴，所以为怡。人生最初是胎儿，是怀在女子身上，所以女、台合为始。而"以"字，早期甲骨文𝈌像头朝下刚出生的婴儿，就是厶字。晚期甲骨文𝈍将婴儿𝈌（厶）与人𝈎连写，表示婴儿（厶）从父母（人）身上掉下来，胎儿长得与母亲相似。以其实就是似的本字。金文𝈌承续早期甲骨文字形𝈌。早期篆文𝈌承续金文字形。晚期篆文𝈏承续晚期甲骨文𝈍字形。"以"字后来借用为介词，再加人旁组成似字。

徐中舒先生认为厶是农具耜之形。经过隶变，厶变为耜右，耜耆等所从的字皆由厶形变化而来。此形与官、遣中的目不同。韩非子认为厶是私的本字，称自环者谓之私，也就是说厶是个环形。这些见解相对比较孤立，尚需确证。

十月怀胎，一朝分娩。生宝宝是好事，但古人认为不洁。我小时候听故事，说太上老君、释迦牟尼都是从母亲的腋下钻出来的。育、毓、居等字都是表示女子分娩的情形。

居、育、毓三字甲金文中形似。上为人形，下为倒子（脑袋向下、脚向上的孩子形象），是女人高坐分娩的形象。居字将倒子类化为古字，李阳冰则将居字下部古字改为几字，会意人屁股坐在凳子上。金文中居有上广下立字形，会意人在屋檐下，表示居住之义。

篆书育字上为倒立的胎儿，下为肉，表示胎儿头部和胎盘一块肉一起降落。隶书变平直。

毓字最完整地表现了分娩形象。金文由女、子、水点组成，会意胎儿头朝下出来，血水流出。篆书变女为每，右上为倒子，下为川表示血水。

因此，巳、厶是胎儿的形象，"子"则是出生后裹在褓裸里的孩子形象，双手挥舞、嗷嗷待哺或要大人抱。小孩不会走路，所以双脚裹在一起。小孩子长大了，两脚可以走路，所以成年人、大人就用"大"字表示。

二、教育

生儿育女，抚养成人，除了身体，更要心智。因此，教育至关重要。《三字经》开篇就说：

人之初，性本善。性相近，习相远。苟不教，性乃迁。教之道，贵以专。

养不教，父之过。教不严，师之惰。子不学，非所宜。幼不学，老何为。

接下来谈一下古代的教育方式。

我们从教学二字说起，首先是教学的对象：两字都含有子字，表示小孩子。其次是教学的内容：在甲金文和篆书中，教字左上部是爻字，学字的上部中间也是爻字。爻代表知识。教字楷书变形，爻演化为孝字头，表示孝敬孝顺。第三是教学的方式：学上部左右原为手爪，表示手把手学习；教字右边是攵，是手持棍子或教鞭的形象，这就是古人教要严格的理念。

古人信奉严师出高徒、黄荆棍出好人严管厚爱的理念。名师出高徒，严师也重要。古代父亲是一家之主，子女有错，家法伺候，家法就是一顿板子。所以古人说严父慈母，慈母多败子。自称父母也叫家严家慈。《红楼梦》专门有一回写宝玉挨打的情节。对不听话的小孩子，按在凳上，脱下裤子，对着屁股就是一顿猛揍。我爷爷读私塾时，先生用的工具是戒尺；我读书时，老师用的是教鞭。至于父母，一般都是用细刷子。打

40

的部位，轻则手心，重则屁股。股字左边为月，实际上是肉字旁，殳为手持棍棒器械之形，股就是挨板子的肉，挨板子最多的地方就是屁股了。股原义是指大腿，现在都基本上用于指屁股。屁股古称臀部，臀字最早即殿字。殿字中的共字其实是几凳，尸表示人尸坐，两根会意人坐的时候坐在凳子上的部位。殳则表示挨板子的地方，两根会意表示人的屁股。因为人往前走，最前端是鼻子，所以常说碰一鼻子灰；屁股是人最后端，所以常说殿后。殿后来作官殿之用，于是加肉字底为臀字，表示屁股。打屁股这种教育方式今天可行不通了，因为现代教育明确禁止教师体罚学生。至于国外，打屁股可能就要上法院受惩罚了，父母则可能被取消监护权。以前有一部电影《刮痧》，就是讲东西教育理念的差异。西方人认为，子女是上帝寄养在自己家的天使，自己没有权利管制，长大成年就该自力更生。所以国外如比尔·盖茨、巴菲特可以裸捐。中国则有富二代、啃老族、月光族。中国人认为子孙是自己生命的延续（参见长生解读），因此，自己的梦想和期待就要儿孙去实现，这就是光大门楣、光宗耀祖。

还有一个改字，也能反映棍棒出孝子的理念。改字左为巳，表示小孩子，后来逐渐写成了己。拿起棒子教育小孩子，使其改正错误。孔子说：三人行，必有我师焉，择其善者而从之，其不善者而改之。又说：人非圣贤，孰能无过。过而能改，善莫大焉。

在古代，打板子不仅是老师对学生的惩罚方式。我们在小说、电影电视中也可以看到，打板子还是一种刑罚。犯人入狱，劈头盖脑先打一顿杀威棒。官老爷审案，动不动就拖下去打三十大板。这个刑罚古代称笞刑，最极端的就是皇帝残暴地杖毙大臣。社会进步，这种刑罚基本被取消。2010年，我们到新加坡作文化交流，主人告诉我们，新加坡还有这种刑罚，对于不遵守社会公德的人，要挨三鞭子。一鞭子下去，皮开肉绽，没有半年时间好不了。对于受过这种切肤之痛的人，终生难忘，绝不会好了伤疤忘了痛。一鞭子好了，经过医生检查，再打第二鞭。曾经有一个美国人在新加坡犯了法，法院判打三鞭子，美国人请总统出面讲情，最后少打了一鞭子。挨鞭子不仅肉体受痛，还是一种精神处罚，即增强人的耻辱感。

随着教育的发展，古人认为学做人比学知识更重要。到王羲之的楷书，教字左边写作孝字了。为何？一是声旁，成形声字；二是百善孝为先，做人先要尽孝。汉代举孝廉、举秀才，孝廉比秀才更重要。在家孝敬父母，在朝忠诚君主，在外友爱朋友。这是古人类推观念的反映，如同修身、齐家、治国、平天下理念，循序渐进，以小见大。

今天，爱幼是人之天性，尊老则尚需加强。

我分析比较了很多人，有的人长相苍老，有的人长驻芳华。因此，人的年龄可分为生理年龄、心理年龄和长相年龄。心理年龄和长相年龄基本一致，此谓相由心生。而人的心理年龄，取决于子女年龄。因此，没有子女的夫妻，往往无忧无虑，青春常在。有了儿女的父母，一颗心往往系在孩子身上，操心吃饱穿暖、身体健康，担心学习成绩、考试升学，有的父母还要操心子女的恋爱结婚，甚至孙子的抚养。父母为子女辛劳付出，面容日渐憔悴，皱纹爬上眼角，双鬓冒出白发，身板不再挺直。因此，凡是生理年龄和长相年龄不合的，我常追问一下他儿女的年龄，儿女小的父母年轻，儿女大的父母沧桑。而不用管他结婚生子的年龄。我有两个朋友，一个五十岁，一个四十岁，但从面相看，五十岁的那个朋友更年轻。比较他们的子女，五十岁的那个朋友，小孩才十岁；另一个，小孩十八岁。

父母把青春献给了儿女，不是夸大其辞，而是事实真相。尊敬老人，孝敬父母，羔羊跪乳，乌鸦反哺，禽兽犹此，况乎人也！

三、医疗

人从出生到成长，年龄一天天增长。人食五谷，孰不生病。我们总结一下古代医疗情况。

我们说背靠大树好乘凉，人背靠木的形象就是休息的休。甲骨文中人和木可以左右互换位置，但人无论在左边还是在右边，都是背靠大树，而不是面向大树。如果写成面向大树，那就错了。甲骨文的病字也有这个特点。人生病后，四肢无力，卧床休息；或疼痛泪如雨下，或冷汗热汗直冒大汗淋漓。因此，古人造病字时，就是表现人靠在床上、不断流汗的情景。人和床也可以左右互换位置，但人都是背靠床，如果面向床，也是错字。（与此类似的还有殷、伊。伊字都是人背对尹，殷字都是人面对殳。）金文在演变过程中，将出汗的小点去掉，又将人字讹变为声旁匕。后来声旁变为丙。小篆简书继承。隶书病字一部分上面无点，一部分上面有点。楷书定型，上面均有点，二王所写的病字便可证明。

甲			金			篆	简隶	楷
𣎆 𣎆			𣎆			休	休	休
𤕷 𤕷 𤕷			𤕷 𤕷 病			病	病	病
疾 疾			疾 疾			疾	疾	疾

病是四肢无力，汗如雨下。估计是内科病。如果是刀剑砍伤或野兽咬伤等外伤用什么字呢？疾字。因此，疾病二字本义有区别，现在作为同义字。

病字是形声字，本字为疒，称病字头，成为疾病类的重要字根。

生病自然要医疗。中国的医学技术发达。《黄帝内经》传说为轩辕黄帝所作，比黄帝还早的是炎帝，也就是神农尝百草故事中的神农皇。草药可治病，药下原为乐字，形声兼会意让人快乐、消除痛苦的草。疗字甲文中也有乐字，是不是古人已经懂得音乐疗法呢？我没有发现更多的依据，但以乐治国则有，如《南风畅》《华胥引》。《尚书》记载："舜抚五弦之琴，歌南国之诗，天下大治。"古人还有"不为良相，便为良医"的说法。尹为医生，伊尹是辅佐商汤开国的贤相。说明治国与治病，道理相通。因此，有乐疗也正常，至少说明乐比较普及常见，比药要早，比疗要早。

以上音乐疗法之说，难以服众。但我们从文字上解读，至少在殷商时期，中国的医药学已比较发达，有药物治疗、外科手术：针灸、药砭。我们重点谈针和灸。

康殷先生解读"殷"字，认为甲、金文都非常形象，是手持针刺人身体以治病的情景。甲骨文手持之物像箭头，是非常尖锐之物，应该是针的形象。这是殷代已有针刺疗法的证明。因此，殷字是医字的初文。治病救人是关心人帮助人，所以后来有加心字底的慇字，慇字便引申为慇勤、慇切等义。其本义于是另造一个医字，殷医同音。

甲骨文中有医字，是战争中挡箭牌的形象，表示阻挡、掩蔽，也表示用于遮蔽之物。本义后来由翳字代表。医引申为未受伤前防箭，受伤后治疗，后加尹字旁，表示用针刺，表示医治。后来医疗技术发展，要用药酒、酒精消毒，遂变形为篆文醫。

与医同音同义的还有一个伊字。

甲	金	篆	楷	品读
𣎴		燦燦	疗	疗甲文为手持药在床前，应是用药治病的情景。篆书一沿袭，篆书二改用火罐治疗，即療字。今简化为疗，将形声兼会意字变为单纯的形声字。
	𣏃	藥	药	

43

𣪊	𣪊	殷	殷	甲金文都是手持针刺人身体以治病的情景。甲骨文手持之物像箭头↑，是非常尖锐之物，应该是针的形象。
	石	醫	医	医字甲文是挡箭牌，后引申为未受伤前防箭，受伤后治疗；后加尹字旁，表示用针刺，表示医治。后来医疗技术发展，要用药酒、酒精消毒，遂变形为篆文醫。遮挡之义用翳表示。
		伊	伊	伊与医同音同义，都是针刺治病。
		尹	尹	
		豰	豰	豰是以针刺豕（猪）的情景，应是为猪治病，与医同音。也可解读为手持棍、辛杀猪。
		燮	燮	燮字中↑与医字中的矢、殷字中的箭头↑均是针形，表示用针刺。针刺前用火烧消毒。燮即由治疗引申为谐和、调和。
		灸	灸	灸是以火烧足之形，足形在金文以后变形为久。尉是手持器械把火上烧热的东西放在人背上烫，像拔火罐。尉是熨的本字。
（示意图）		尉	尉	

四、生死

世人都想长生，无不好生而恶死。秦始皇派人寻找不死药，汉武帝建铜仙人承接露水炼长生丹。然长生不可得，长寿尚可期。所以便有了很多方式来延长寿命。

道教追求通过炼丹、饮食调理来实现长寿。这是养生学的源头。因当时医学不发达，人们对医药成分的了解不够，导致许多人误服丹药中毒而亡。在医学不发达的时期，人的平均寿命都很短。即便是在十九世纪，人的平均寿命才五十岁。而今天，医学发达了，人的平均寿命达到了七十多岁。"人生七十古来稀"的说法要改成"人生七十是平常"了。道教希望炼丹实现长寿，但长生不老之人谁见过？即便二百岁、三百岁的人也无人见过。有一个关于东方朔的故事：有人说人中长一寸可活一百岁。东方朔说，彭祖八百岁，人中岂不是有八寸长？道教拿不出长生不老的人作榜样，临终前就云游四方，闲云野鹤，不知所终；对外就称长生不死，成仙飞升，从而自圆其说。古埃及把死人制作成木乃伊，保持肉身长存，期待他某一天醒过来。

肉体长生的梦想难以实现。佛教、基督教便提出灵肉分离理论。肉身可以死亡、腐化，但灵魂可以脱离肉身而独立存在。佛家以轮回实现长寿，一个人死了，生命并没有终结，灵魂进入了六道轮回，可以变猪变狗，也可变人。基督教则宣扬复活，《圣经·约翰福音》："神爱世人，甚至将他的独生子赐给他们，叫一切信他的，不至灭亡，反得永生。"并且给人们一个天堂、地狱。人死了生命没有完结，灵魂仍存，还要在天堂或地狱里继续过日子。

儒家则综合各家之长，既现实又抽象，既世俗更超越。肉体靠香火传承即传宗接代来实现，子女是父母身上掉下来的一块肉，所以子孙是自己生命的延续，希望儿孙满堂、多子多福。儒家还追求三不朽，即立德、立功、立言。司马迁受宫刑时就想过轻生，为了立言，即究天人之际，通古今之变，成一家之言，忍辱偷生，写成《史记》，成为《二十四史》第一部。追求精神不朽也是现代社会的主要宣传方式。天安门广场的人民英雄纪念碑，让革命烈士永远活在人民心中。与此相近，道家的老子提出"死而不亡者寿"，说得直接点就是臧克家先生的诗："有的人死了，他还活着。而有的人活着，他已经死了。"再说得精练诗意一点，就是"获得不老灵魂"。如同老子、孔子、释迦牟尼、柏拉图、亚里士多德都是真正的长寿之人，当然这样的长寿者是千百年出一个，非普通大众所能企及的。但有志者事竟成，希望能有更多的长寿之人。

前面讲，是人都想长寿。但也有一种情况例外，就是自杀者。现在，这种人还不在少数。据有关报道，人类死亡因素排行榜，自杀名列第四。前三位分别是心血管疾病、癌症、意外事故（如车祸、地震、水灾火灾）。为此，2003年9月10日，世界卫生组织和国际自杀预防协会共同确定当天为全球"预防自杀日"，呼吁人们珍爱生命。日韩自杀率高，中国随着升学、就业压力增大，初中生、大学生自杀已引起教育界重视。中国一外资企业员工跳楼十余次，也引起企业界重视。所有的宗教几乎都有一套自己的长寿法门，但各个宗教都反对自杀，都有类似重罚自杀者的说法，有的宗教现在还禁止堕胎。

第七回　千丝万缕作衣衫
　　　常得君王带笑看

　　衣食住行或称吃穿住行，应当说吃更重要，不吃就会饿死，所以说"民以食为天"。不穿衣可以活。但是人懂得羞耻之后，无衣即无法出门。据说古代有的家庭穷得只有一件出门的衣服。每次走亲访友，只能去一个人。可见衣还是第一位。在古时贵族社会中，当冠不冠是非礼的。《左传》记载：卫国内乱，子路被人砍断了系冠的缨，他说："君子死，冠不免。"于是，停下战斗来"结缨"，被对方杀死。周润发主演的电影《孔子》也反映了这一场景。今天，我们在正式场合仍然注重衣着。如果应当着正装的场合，穿便服出席就显得不庄重不礼貌。曾经有一个笑话：

　　　　有一位传教士到一个偏远地方传教，有一次他去参加一个小孩的满月酒会，西装革履，闪亮登场。到现场一看，却发现所有人都赤身裸体，他倒显得不伦不类。过了一段时间，他去参加一个婚礼，这次他经过激烈的思想斗争，终于鼓足勇气，脱得一丝不挂去赴宴了。到场一看，又傻眼了：所有人穿得衣冠整齐。

　　本章分为五类字根，一是衣；二是冠，即冒、免、允；三是巾，巾可以是头巾，即帽子的一种，也可以是手巾、毛巾；四是丝，做衣冠的材料；五是冬，即终，表示丝的终结。

甲	金	篆	简隶	楷	品读
仓	仓	仓	衣	衣	甲金篆书均是交领衣服的形象，有领、襟、袖。构字时，按照楷书左紧右松、上紧下松的规律，在下和右字形不变，如依、袭。在左变形为"衤"，如袖、衩；分成上下如衷、裹。
乍	乍	乍	乍	乍	风乍起，吹皱一池春水。乍与初同义，表示刚开始。从字形看，是缝制一件衣服刚开始的形象。有人解为会意字，⊢即耒形，L是以耒起土时犁起的土块，会以耒起土之意。《说文》解为从亡从一，应是误读。

𥁕	冒	冒	冒	从金文开始，下为目，上为覆盖物。特别注意，在古代楷书及现代规范字中，冒字上部都不是曰，而是冂 + 二，两横与左右两竖不相连。据统计，99%以上的中国人都会把这个字写错。
免	免	免	免	免	冕的初文。甲金文均可看出上边是帽子，下边是人形。篆隶变形。另一说免是娩的初文，表示女人产子。上面是子宫，下边是小孩。
允	允	允	允	允	甲文像一个头戴高冠的人形，因为商周时平民不戴高冠，仅束发或戴较低的盘形帽，故高冠者表示说话算数的人。金文篆书沿袭。隶书将帽子变形，高冠不明显。衍生字根有夋，组成俊、晙、峻等字。
巾	巾	巾	巾	巾	甲金文像布巾下垂之形。古代衣指上衣，裳指下衣，似后来的围裙，巾专用来系住并盖住围裙，称佩巾，从巾字如帐、帽、幕，与布巾或覆盖有关。
糸	糸	糸	糸	糸	甲金篆书均像一束丝，上下端像丝束扎紧后，留有散开的丝头。从糸的字均同丝、绵有关。左边的糸旁今简化为纟，如线、绵、红、绿；下部的糸不变，如紫、素、系。
冬	冬	冬	冬	冬	冬的甲文是古文终字，像一条丝线两头打结的形状，表示终结。因为冬季是一年之终，故冬终同源。金文也有把日光封起来的写法，表示冬天是寒冷的。篆书在下边加冰，表示冬天寒冷结冰。

左图是古代交领衣服的形象。右为冠、鞋。这种衣服是古代中原地区的正装。《论语》中有孔子评价管仲的话："微管仲，吾其被发左衽矣。"也就是说，如果没有管仲，就会被夷狄同化，披头散发，左衽而衣。

但是，中国的服装被清朝强行改变。各民族人民被迫留长辫子、穿满族服。近三百年的统治，被孙中山领导的辛亥革命终结。此时发型采用西方短发，服装采用中山服（据说源于日本的学生服）。新中国成立后，中山装基本就是国服。今天我们看孙中山、毛泽东画像，我们看邓小平同志的画像、照片，都是着中山装。上世纪八十年代中国改革开放，胡耀邦带头穿西装，与国际接轨。从此，中国融入世界，汉民族没有民族服装了。

然而世事变迁，岂能尽如人意。中国服装是融入世界了，但有一天世界突然说：只有民族的，才是世界的。于是那一年，各国元首在美国聚会，东道主准备了具有美国特色的服装——牛仔服给大家。各国元首身着牛仔服的照片登上各大媒体，为牛仔服在全球销售作了最好的广告。后来各国元首在日本聚会，他们又穿上了东道主准备的和服。

风水轮流转，今年到我家。前两年，各国元首在中国相聚。打开电视，这些领导人穿的服装不是西装，不是中山装，不是汉服。究竟叫什么准确名字，我真不知道，当然我也不愿意花时间去确认它的名字，有人叫它"唐装"，我却一直叫它"地主服"。拍婚纱照时穿过一次，朋友们都说像地主少爷，我便称之为地主服了。如今，中国日益强盛，传统文化逐渐复兴。有不少人在努力恢复中国民族服装。我的朋友中就有一些汉服爱好者，经常着汉服聚会，着汉服过传统节日。

上述主要是围绕男性服装讲的，至于女性服装，现在一般以旗袍较受欢迎。旗，即旗人也，因此旗袍也遭到汉服爱好者抵制。那么，究竟以何为中华民族服装？以何为汉族民族服装？是西服、地主服还是汉服？是强求一致，还是各取所需？值得探讨。

以上谈的是衣，是身上穿的衣。还有头上穿的衣，即头衣，现在称帽子。但上古文献中没有帽字，直至秦汉时期，头衣还没有定名为帽。《说文》中也没有帽字。古代以冠作为帽子的总称。主要有冠、冕、弁三种。

说冠是帽子，是因为它戴在头上。但是冠的形制，与现在的帽子很不一样。它不像帽子那样把头顶全部罩住，其作用也主要是把头发束住，并作为一种装饰。冕是天子、诸侯、大夫的祭服，后来只有帝王才能戴有旒的冕。旒就是冕顶上挂的一串串小圆玉。帝王即位常说加冕。弁则像今天的瓜皮帽，由几块拼接而成。除了冠冕弁之外，还有一种战时戴的头盔，即胄。秦汉以后叫兜鍪，后代叫盔。甲胄、盔甲，甲都是保护身体的，如同衣服；胄，后代称盔，都是保护头部的，如同帽子。胄上为由，由是面具之形，因此，胄不但保护头顶，也能保护面部。戴上胄后别人就看不清他的脸。如果见到尊长，就要取掉胄才能见礼。

贵族戴冠，平民罩巾。苏轼遥想公瑾当年，"羽扇纶巾，谈笑间，樯橹灰飞烟灭"。这个巾字，与我们今天的手巾毛巾不同，而是指头巾，经过制作类似现代的帽子。记得我小时候，父亲用一根一米左右的帕子裹缠在头上当帽子，洗澡时可用作毛巾。其他老年人也这样。现在很少见到这种用法了。这个倒有点类似缠头。因为缠头用丝织品，丝织品曾用作货币，因此，赠人缠头用的丝织品就同给人钱财一样。后来缠头成为送给妓女财物的通称。白居易《长恨歌》：五陵年少争缠头，一曲红绡不知数。可见红绡就是用作缠头。

衣帽巾的材料主要是麻和丝，丝更为贵重。西方人称中国四大发明造纸术、印刷术、指南针、火药改变了世界，促进了文化的大繁荣，促进了大航海时代来临，促进了新大陆的发现，促进了东西方的融合。这是西方人的角度。其实如果从中国的角度看，这四大发明流传到欧洲后，带给中国的更多是灾难。我认为能够代表中国特色的还有四大品牌，一是瓷器，从唐三彩至青花，英语称中国为China，就是瓷器的音译。二是丝绸，陆上、海上丝绸之路促进了东西方交流。三是茶叶，茶叶的交流形成了茶马古道。四是汉字，从一百年前新文化运动至上世纪七八十年代，废除汉字、使用拼音文字的呼声不断，大陆也推行了简化字。近年来，随着中国综合国力增强，我们回过头来看汉字，越看越美，不仅是视觉上的形式美，还有听觉上的韵律美，更有内涵上的思想美。正如陈寅恪先生所说：一个汉字就是一部历史。四者之中，丝绸是解决穿衣的关键。因此，从系的字特别多。未经染色的丝是白色，即素色，染色后则有红、绿、紫。

缝制衣服时，丝线先要打个结，缝制完毕后，还要打个结。一根线，两边有结，表示终结、结束，这就是终字，也是冬字。因为冬是一年的终结。

第八回　李白斗酒诗百篇
　　　　凡夫饱餐高枕眠

民以食为天，食以味为先，味以盐为先。据说楚巴战争就是为了争夺盐井控制权。人生一世，吃穿二字。对于凡夫来说，能吃一口饱饭，自是高枕无忧。对于君子来说，则是食无求饱，居无求安。对于文人来说，生年不满百，常怀千岁忧。五花马，千金裘，呼儿将出换美酒，与尔同销万古愁。对于权贵来说，不仅要吃饱，还要吃好吃得有讲究。饮食最重要的一环就是饮酒。我曾写过一篇《酒品赋》，第一段就是：

> 国人好酒，举世皆知。盖因华夏乃文明之国，礼仪之邦。扫榻迎宾，无酒
> 不成宴席；停杯投箸，酒足更胜饭饱。

古人重视饮食，所以造的相关字特别多，本回分五类讲二十个字根。一是炊具类，用于煮饭熬粥，如鬲、鼎、曽、会。二是舀具类，用于从锅或坛中舀出粥或汤，如勺、匕、斗。三是饮具类，用于喝酒，如爵、壶、畐、酉。四是盛具类，用于装菜盛饭，如皿、凡、豆、食、卤。五是制作类，如臼、午、者、庶。

甲	金	篆	简隶	楷	品读
				鬲	古代三条袋状腿的炊具形象，可用于煮粥。甲文形象，金文增加了盖子，篆书上下断开。后变形为咼。
				鼎	古代青铜炊器，一般圆身双耳三足，后成为只有帝王才可拥有的象征政权的立国重器。鼎既重又大引申为盛大，又比喻三方鼎足而立。构字变形为贝。
				曽	金文篆书中为蒸具，上为气体或气味飘出，下表美味，即甘。篆书变下部甘为曰，楷书变为日。

50

會	會會日會	會會	會會公云	会	会意字。甲文下为仓体，中为仓门，上为仓顶。参见仓字。用储藏谷物的粮仓表示聚集汇合之义。金文在仓中加上小点，聚合储粮之义更为明显。篆书将仓体变为日，隶书从之。今改为简化字会。本义是聚焦，引申为集会、帮会。作声符或兼表意可组成佮、哙、荟、桧、浍、烩。我们认为会字是做饭的炊具，金文三非常形象：下为甘，中为两耳锅，上为盖子。
勺	勺	勺	勺	勺	舀东西的用具，古时多用于舀酒，柄有长短。各种字形大同小异，都像勺中有物。甲文存疑。
匕	匕匕	匕	匕	匕	母畜生殖器、倒立之人、匕首之象形。也是汤匙的匙右半字，原指古代专门从煮肉的鼎内取肉的一种长柄汤匙，如勺。甲文像匕首形，也像汤匙形。
斗	斗	斗	斗	斗	有柄有庤斗的一种用来舀酒的器具，后发展做量器，一石十斗，一斗十升。又把天上布局如斗形的七星称北斗星。简化汉字与斗争的斗合一。
爵	爵	爵	爵	爵	古代一种两柱、三足、有流的饮酒器，甲金文均为象形。爵形如雀，所以音近雀。现出土很多爵形尊，可能是其演变而来。
壺	壺	壺	壺	壶	古代专用以盛酒的器具，上有盖，细颈有耳。甲金文均为象形。
畐	畐	畐	福（福）	畐	甲金篆书均是酒坛形象，隶书将酒坛变形为一口田。
酉	酉	酉	酉	酉	甲金文像装酒的小坛子。也是酒的本字。坛身上的装饰花纹各有不同，借用为十二地支之一。

				皿	古代盛东西有耳的器皿，如盂、盆、盘、盛等与皿有关。
				凡	皿右转九十度形成。
				豆	古代食具豆的轮廓描摹，古代一种高脚的食肉器皿，甲金文口中有一点，表示这里有食物，引申为植物豆。
				食	上为倒口，下为食具，表进食。有的两点表示唾液或上面器具的盖子。另有甲文像高脚器具中堆满了食物。
				卤	盐的初文。甲文看应是《说文》所说，西方盐田也，外框是各种规则的盐田形状，区别于规整之农田，里面的小点代表晒出的盐粒。金文篆书变形，仍有田的痕迹，当然更像装盐的陶罐等容器。表示盐盛于罐中。隶书变下部圆容器为方形。
				臼	象形，石制舂米器具的纵断面，内有齿纹、沟槽。后把像臼形的后槽牙，也称为臼齿，构字如舂等。
				午	杵的形象，也是杵的本字。
				者	煮的初文，与燎同源。上为黍及脱落之粒，下为火或口表甘美。
				庶	与煮音近。古代烧石煮饭，将石头烧红放入炊具的水中加热，以煮熟食物。

饮食类字根复杂繁多，不仅是因为古人重视饮食，还因为很多饮食器具被神化圣化，用于祭祀、礼仪，甚至作为政权的象征。

先说鬲。鬲可能大家都不熟悉，但说到锅，大家肯定非常熟悉，谁家没有锅碗瓢盆。鬲就是人类最早发明的锅。

　　鬲是一种烹煮用的炊具，下面为三只中空的足，甲骨文ᙏ非常形象。金文有点变形，主要是增加了盖子的形象鬲。小篆有些变形，主要是颈部断开、不像整体了，但三足未变鬲。鬲内部空间到足部三分，因此有分开、隔开之义，此义作隔。此义还造膈字，由膈肌痉挛引发的声音叫嗝，俗称打饱嗝。鬲作形旁组成融、鬶等字。在演变过程中，有的鬲字变形为呙，如锅、娲。娲就是指发明鬲、最早用鬲烹煮食物的女人，即女娲氏（参见第五回骨字部）。

　　鬲这种炊具，三只足是空的，吸收热能，但是食物煮熟、食用后清洗很不方便。后来人们就将三足做成实心，演变为鼎。甲骨文ᙏ字上为双耳，下为足，是鼎的形象，但金文的鼎字ᙏ三足两耳，更为形象。小篆鼎变形较大，下像四足，上为鼎身，有点后母戊（过去称"司母戊"，现据考证改名）大方鼎的感觉。

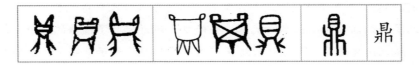

　　鼎是煮饭、烧水用的炊具，所以有人声鼎沸之说。用鼎来做饭的当然不会是一般老百姓，而是达官显贵，故以钟鸣鼎食之家来指代富贵之家。

　　鼎除了做炊具的实用功能之外，更是作为一种礼器，有象征意义。传说夏禹治水成功之后，会诸侯于涂山，得贡金，乃铸九鼎，成为国之神器，国家权力的象征。

　　《山海经补注·序》描述了九鼎图的内容："收九牧之金，以铸鼎。鼎象物，则取远方之图，山之奇，水之奇，草之奇，木之奇，禽之奇，兽之奇，说其形，别其性，分其类，其神其殊汇，骇视警听者，或见或闻，或恒有，或时有，或不必有，皆一一画焉。"由此可知九鼎图内容的丰富，它不但包括华夏大地的名山大川，各地的特有物产比如草木禽兽，以及骇视警听的"神灵奇怪"等，而且说明它们的形状，区别它们的性质，划分它们的类别。九鼎上不但有图物，而且有文字。《山海经新校正·序》说："按其（九鼎）文，有国名，有山川，有神灵奇怪之所际，是鼎所图也。"可以说，九鼎图是见诸多个史籍的最早的青铜质地的原始的中国地图。

夏亡迁商，商亡归周。春秋五霸中不鸣则已、一鸣惊人的楚庄王还曾问鼎中原。所以，问鼎中原与逐鹿中原同义。鼎就成为国家政权的象征。秦灭六国，一统天下后，为显示政权继承的合法性，也想得到九鼎。

司马迁《史记》对九鼎的记叙前后不一。在周、秦二"本纪"中说，秦昭王五十二年（公元前255年），周赧王死，秦从洛邑掠九鼎入秦。但在《封禅书》中说："周德衰，宋之社亡，鼎乃沦没，伏而不见。"由后者分析，九鼎在秦灭周之前，即"宋之社亡"时，已经不见；那么，前者所述秦昭王五十二年，秦从洛邑掠九鼎归秦，显然自相矛盾，令人费解！司马迁之后，东汉的著名史学家班固在所著的《汉书》中，对九鼎的下落，采取兼收并蓄之法，既收录了司马迁的上述两说，同时，又补充了一条史料，说是在周显王四十二年，即公元前327年，九鼎沉没在彭城（今江苏徐州）泗水之下。另有民间传说称，公元前219年，秦始皇南巡经过泗水时在河边停下来命人打捞九鼎。据说当时有人钩到了一只鼎，但刚出水面就有一条蛟龙出现，咬断了拽鼎的绳子，鼎跌入河里，从此消失不见。人们认为这是个不祥的征兆，预示着刚刚建立的秦王朝的短命。

九鼎不见，秦王朝就铸了十二金人（此金实为铜。古代金分五色，黄金才为现在所说金银的金，赤金指铜，参见金字）。秦王朝子婴向刘邦投降时就只献出了玉玺，即和氏璧制造的印章（参见玉字）。从此，玉玺就取代九鼎，作为朝代更迭、革故鼎新、显示政权合法的象征。

鼎乃国之重器，不仅是地位重要，更是本身质量重，没有几吨，也有几百斤吧。力能扛鼎必是大力士，鼎力支持肯定是大力支持。具字就是双手举鼎的会意字。

接下来我们要谈第三种炊具——曾。曾，音蒸，是蒸饭用的炊具，功能相当于现代的蒸锅。《古图录》甗锭总说："甗（yǎn）之为器，上器甑而足以炊物，下若鬲而足以饪物，盖兼二器而有之。"可见甗分为上下两部分，上部为甑，放置食物；下部称

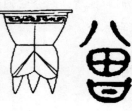

鬲，放水。甑与鬲之间有铜箅。箅上有孔，鬲中水加热后，蒸汽通过箅孔蒸热甑内食物。曾字就是甑的形象，上为蒸饭飘出的香味或气味。中间是盛放食物的部分，下为加热水的部分。

第四种炊具是会。

会字作声符构字如脍，脍炙人口，读作快，如会计。构字如绘，绘声绘色，读作汇，如会议。它还构字读作贵，如刽子手、桧树。桧字最容易读错，本指桧树，读作贵，因为秦桧害死了民族英雄岳飞，遗臭万年，老百姓识字不多，常误读作绘，久而久之，约定俗成，官方也认可秦桧的桧字读作绘了。秦桧本是书法家，其书体称秦体，后被收归国有，即宋体字。同等命运的书法家是北宋蔡京，本是苏、黄、米、蔡四大家之一，却被后人取消资格，以同姓的蔡襄顶替。

十年前，我与友人第一次同游杭州西湖。车至湖边，微风拂面，细雨洗尘。朋友们觉得天气不好，都说去灵隐寺，不游湖了。我独自一人，漫步苏堤，口占一绝以自嘲：

> 我到西湖细雨中，断桥隐隐水蒙蒙。
>
> 人皆入寺拜金佛，我独过堤朝岳公。

进入岳王庙。可能是下雨和心境的原因，感觉游人不多，满目苍凉。至今在我印象中最深的是两副对联：

> 青山有幸埋忠骨，白铁无辜铸佞臣。
>
> 人从宋后少名桧，我到坟前愧姓秦。

据说后一副对联的作者是秦桧同乡、清朝乾隆时期的秦大士（字涧泉，清朝第四十三位状元），写得非常深刻。桧字被秦桧污染，后人不愿再以桧字为名了。桧树呢，也不愿与秦桧为伍。不能改字，只好改音了。真是千秋功与过，自有人评说。

第九回　安得广厦千万间
　　　大庇寒士俱欢颜

　　从居住在天然的洞穴、石窟，发展到筑巢树上，再搭木为房，由草庐茅舍到高楼大厦，人类居住环境大大改善。本回将住房相关字根分为五类：家室、门窗、市井、用具、床几。

甲	金	篆	简隶	楷	品读
				安	会意字。女在屋中。古时男人外出打猎危险，女人在家相对安全。篆书有加一人旁的，是强调，指人的形态，因意义不大，故不常用。穴、宀、向、尚与宀同源。
				广	古代廊房三面无墙。
				区	贮存物品的地方，引申为地域。甲文有三口，代表众多的圆口器物形，上面是横折半包围，代表拐角处。金文用匚把三个口串在一起。篆隶将三个口放在匚中。从字形演变可以领会：区是表示存放物品的一个小地方、小角落。构字还有岖、躯、抠、欧、殴、鸥、呕。
				高	像一所高房子，上有屋顶，下为基层，中间的层次还有窗户的形状，本义是高低的高，引申出高尚、高寿等多种意义。

				余	指伞形房屋，后衍生出伞字。
				门	双为门，单为户。两扇门的象形，有的还加门闩。
				囱	甲金文为囧（jiǒng），像窗的形状。篆书讹变近由字。由是古代竹子编成的圆形器具。与古代竹木交叉做成的窗户相近。隶变后楷书分化成囱与匆两个字。
				良	房屋中走廊的形象。 也像半地穴式居室顶上通光透气通道，与亮同音。
				开	与关字对照可以发现，关是把两扇门的门闩用丝绳套在一起。开是把丝绳解开，把门闩放下来。 金文是双手移动门闩之形，篆书二沿袭。篆书一则将内部写作两个门闩，更象形，门闩一头大，一头小，像女性的发笄，也像刑刀辛。
				井	木构搭建的水井，一说甲文像井栏形状，原是用以捕捉野兽的陷阱的阱字初文，引申作水井的井，中有一点，表明井中有水。
				东	指太阳出来的方向，是假借。甲金文都是上下打结，装满东西的口袋形。是橐（古代有底的口袋叫囊，无底，用绳扎紧两端的叫橐）的初文。篆书规范为日在木中，既是甲金文象形字的沿袭，也是会意日出东方（东属木）。隶书笔画平直成为今文。简化为东。

用	用	用	用	用	像桶一样的容器，古人日常使用物品。有的桶上部安装一个手提的把手、手柄，就成了甬字。甬作声旁可组成桶、涌、勇、通，字形与其有点类似。或者说像占卜用的骨板上烧烤出的裂纹，古人凭借裂纹预测吉凶，确定自己的行动，就是用的本义，即施行、使用、采纳。
其	其	其	其	其	箕的古字，甲文像用竹子编成的簸箕开关的底部。后来增加声符。其字用作代词后另造箕字代表竹编器具名称。
勾	勾	勾	勾	勾	两只木钩上下相钩。
帚	帚	帚	帚	帚	长枝植物束扎成的扫帚形状。
几 不明	几 (处)	几	几	几	甲骨文中有上下重合的两几，金文处字右下为几，是古人用的一种炕几，长方形，较矮。古人无桌椅（至唐代才有高脚凳，称为胡凳），习惯席地而坐或靠伏几上。小篆为几案之象形，现在也是幾的简化字。构字还有其、奠、典、共、巽、選。

　　人们常用"无家可归、丧家之犬"形容没有居所、四处漂泊流浪的人。杜甫客居巴蜀，茅屋为秋风所破，推己及人，祈望广厦千间，大庇天下寒士俱欢颜，风雨不动安如山。家字上为房屋形状，内是猪的形象，生动真实地反映了古代人类与家畜同居的情况。

　　为何有猪才是家？

　　农业畜牧业不发达的时候，狩猎是重要的觅食手段。带上干粮和水，一出门可能就是十天半月。进入深山老林可能住洞穴，也有可能临时搭一个木棚，成为打猎的根据地。就像我们登四姑娘山、登珠穆朗玛峰，在海拔4000米左右有一个大本营，成为休息和补充给养的根据地。因此，古人看到一个木棚一个茅屋，是别人长期居住的家还是临时使用，就看家中有没有猪。有猪，说明是长期居住，无猪，则是临时居住。

我们是否也可以思考，家不仅是一个居所，能够遮风蔽雨、让人休息，还应该养有牲畜，解决吃饱吃好的问题。因此，家应该给人温暖、让人向往。中国古代强调家文化，故修身养性齐家治国平天下。家庭是社会的细胞，近现代家庭萎缩甚至解体，家文化淡化，社会道德水平低下乃至缺乏，道理自明。

还有学者认为，家下边的豕是公猪。母猪要生崽，需要公猪去配种。一般都是公猪上门服务。在对偶婚制没有确立之前，古代实行群婚制、走婚制，同样是男性到女性家中去过夜，与公猪上门服务一样。于是家就是指公猪配种之所，是繁殖后代之地。

其实，我们每个人对家都太熟悉了，也有很深的感情，都可以说出一大堆话，写出一大段文字。以上解读，或许都有一点道理。但是，这都是把家作为会意字。就像王安石《字说》一样，说"波是水之皮"，固然一字可通，但难以类推。许慎《说文》则说家是形声字，下为豭省声，正如汉是难省声一样。"汉"已有出土文物佐证。"家"尚需拭目以待。

家的形旁是宀，类似形旁还有穴、宀、门、匚、凵、广、厂等。要说明的是，厂本是源于石岩岸崖等物象，后抽象为厂。作为家室的厂字头，如厕、厦等，实际上是由广、宀等讹变而来。此外，宀本是覆盖，半包围结构，由于隶书变形，重横势，所以横画加长，竖画缩短，冂形演变为宀形，便于被包围的部分加长横画。匚、凵与冂相联系，方向不同。凵源于古人最早居住的地穴。出、去等字在甲金文中下部就是凵。

有家就有门，如果墙上挂帘子——没门，就只有翻窗进出了。

门户同源，从甲文可见，双扇为门，单扇为户。正因为门和户不同，门为大，常属富贵人家，所以杜甫有诗句"朱门酒肉臭，路有冻死骨"。民间说权贵人家门坎高。户为小，常为寒微人家，古人常称小户人家。因此，古人门户之见很深，特别注重门当户对。可以理解为大门内的人和小户内的人经济条件不一样，兴趣爱好不一样，观点想法不一样，就是门户之见。如果成婚联姻，最好门户相当，彼此对等，就是门当户对。现在有人想当然造出一个大户人家，其实自相矛盾，原因在于没有弄清楚门户的区别，大户就应该是门而不是户。宋代贺铸《青玉案》云："锁窗朱户，只有春知处。"这个朱户里面住的，应该是位富家小姐。户可能是指窗户，也可能是指闺房之户（闺门）。均是小户，不是大门。寒门也是指贫寒之家，这个寒门最初可能也是指破落家族，不是指小老百姓吧。

古代官宦人家的大门外有两根柱子，左边的称"阀"，右边的叫"阅"，用来张贴功状。后世把世代为官的人家称为阀阅、门阀士族。汉武帝独尊儒术之后，官员多以经术起家，门生故吏遍及天下。汉代实行查举制。东汉末期桓灵时童谣唱："举秀才不知书，举孝廉父别居。"出现良莠不齐的原因是官吏之间相互举荐，投桃报李，到东汉中叶逐渐形成了官宦世家、书香门第、大姓豪族。魏晋南北朝时盛行，出现了大型、特大型家族，如晋室东渡，王与马，共天下。淝水之战，谢安、谢玄力挽狂澜。因此，王谢成为超级家族，名人辈出。唐初，崔卢郑王等大家族甚至看不起李唐皇族，因为李家有异族血统。甚至几次拒绝迎娶公主。为了打击这些家族，隋唐开始科举制度，从公元605年起，至1905年结束，持续1300年，建立了世界上非常有效的文官制度。武则天以周代唐，加大科举力度。但录取人数太少，更不可能像今天这样状元比比皆是。即便如杜甫、孟浩然等大诗人，都是科考失意者。门阀制度的形成，对社会而言，扩大了贫富差距，加深了等级对立。但良好的家庭教育、家风门风促进了人才成长、社会进步。俗话说，以财传家，富不过三代。但诗书传家，十世繁荣。

　　家用于住，用于睡觉，即住宿。我们说说宿、因、床。

宿				宿	宿字古今变形较大。甲文一像人跪坐在席子上。甲文二是房子里，人背靠席子，即躺在席子上的形象。金文沿袭。篆书将席子变形。隶变后楷书分为三部分，上宀，中一，下佰。现规范为上宀，下佰。
因				因	口为席子，人大字形睡在上面。后加草头为茵。因借指因为、原因。烟右部的因是简化字，本为垔，与甄左边相同，参见湮、甄。
床				床	《六书通》床字是床的侧视图。左边为床脚，右边一竖表示床的平板。类似造字法还有俎。篆书加木作形旁，成为形声字。楷书上广下木，为会意字。
病				病	病是一个发烧、流汗的人躺在床上的形象，后增加声旁丙。病字头就是人在床上的变形。

第十回　坚车载重行路难
　　　　轻舟已过万重山

　　人类出行，应有道路和工具。最初，地上本没有路，走的人多了，也就成了路。因此，路一般是由人走自然形成的蜿蜒曲折、崎岖不平的小路；而举众人之力建成、平坦宽阔的则称为大道。除了陆路，还有水路。古人出行，遇浅水则涉河而过，即所谓的"摸着石头过河"，遇深水则泅水而过，即游泳。交通工具天然就是双脚了，所以俗话说脚大江山稳。但是，随着生产力的进步，随着"想致富先修路"观念的建立，修桥铺路，路好走了，不必再问路在何方；制造舟车，脚可歇了，所以说坚车能载重，渡河不如舟。

　　本回分为五类，先说工具再说道路，即舟、车、行、建、道。

甲	金	篆	简隶	楷	品读
㇄	㇆	舟	舟	舟	甲金文均为俯视的船形。航、舸与舟有关。从舟之字常讹变为月，如朕；从凡之字也有讹变为舟，如般。
㇀	㇀	車	車	车	甲金文比较复杂，但非常形象，有车的两轮、辕、轭等，几乎是古车的平面结构图。最初主要用于战争，象棋中就有车（读作居）。后成为陆地行走的交通工具。车轮是车最主要的部件，是车子的特征。后来不断简化，篆隶仍然保留了一个车轮。今天简化源于草书，完全失去象形。泛指有圆轮可转动之物，如水车、纺车。
厄	厄	厄	厄	厄	车辕的前端拴着一根横木叫衡，其上加轭，卡在马颈上。轭是个叉形的木枝，稍稍外曲。轭也作扼。车轭卡在马脖子上，厄则为卡人脖子。

				两	古代马车独辕车軛，金文在上部增加一横。
			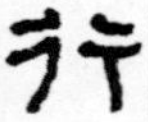	行	象形，两条相交的十字路口，本义为道路，路是人走的，引申为行走，在作行列、银行用时读作航。
				建	画出行路图让别人按图行走到达某处，与见同一音系。甲文象双手持杆竖立于乚内之形，几点表示土粒，乚为曲之初文。春秋金文将人持杆省为聿，下加土旁代土粒。后来乚或作止形，秦系文字作彳形，演变为廴。建本义为竖立，泛指建立、设置。
				道	道路，引申为道理、道德等抽象的途径。道由行（表示四通八达的十字路口）、首（代表人）、止（表示行走）三个字根组成。表示人在道路上行走。篆改行止为辵（chuò），隶简省为辶。下加寸表示以手指引道路，故是向导、领导、导引之意。道与路不同，道往往指宽、直的大道，远远可见对面走来的人的头部，抽象意义也指大道理。路则侧重指小路、门路，往往不是光明正大的大道，而是旁门左道。路是自然而然走出来的，道则是人为修理出来的。现代人往往也用迎宾大道、皇后大道来指长宽大的道路，用解放西路、南京路来指稍小的道路。

一、舟

我们先说舟。

渡河最早是涉，摸着石头过河，这是浅水。深水则泅，即泳。此后才出现舟。中国有造网造卦的圣人伏羲，造人造锅的圣人女娲，造车的圣人轩辕，造字的圣人仓颉，等等，为何发明舟的人没被尊为圣人呢？说舟不重要，中国皇帝为何以舟自喻呢？中国皇帝自称为“朕”，朕的原义就是造舟的情景。

我们从舟字的演变可以看出，舟字出现较早，但受重视不够，常被类化变形。而西方，人人熟知挪亚方舟的故事。

一方水土养一方人，靠山吃山，靠水吃水。从世界上来说，存在不同的文明。从汤恩比到亨廷顿，不同的人对文明的态度不一，是融合还是冲突，不尽相同。

人类历史上出现过多少文明呢？有近三十个，绝大多数已作古，归于尘埃。我归纳为三类：水的文明、山的文明、宗教文明。水的文明分为江河文明和海洋文明。东方四大文明古国均是江河文明。尼罗河孕育古埃及，两河流域形成古巴比伦，印度河、恒河孕育古印度，长江黄河哺育中华儿女。古希腊、古罗马则是海洋文明。山的文明分为山地文明和草原文明。波斯、印加、玛雅、阿兹特克文明都是山地文明，以玉米、土豆为主食，类似中国的贵州地区。草原文明即游牧文明，塞种、匈奴、突厥、蒙古均是。宗教文明主要是世界三大宗教（基督、伊斯兰和佛教）及犹太教。此外，应当关注日尔曼文明和现代工业文明，一共二十个。

地中海联结着亚欧非，孕育出古希腊、古罗马文明，与古埃及、古巴比伦、犹太教、基督教紧密相联。因为与海洋的特殊关系，于是在洪水灭世时，西方人首先想到了挪亚方舟。而与之类似的中国传说，则是坐于大葫芦中，或是大木桶中，或是大水缸中，不能不说文化的差别，形成了人的本能反应。

舟、凡、皿三字易混淆，试作区别。

皿字右转九十度成为凡字。凡与舟字区别：舟内部有三横，一边两横，一边一横，分在两端，中间空。凡是两横，位于中间，两边空。也有的舟只写两横，但一般中间空。此外，两竖也有区别。凡字两竖有弧形，而且呈八字形分开。舟则两竖向一个方向弯曲。

甲	金	篆	楷
			舟
			凡
			皿

二、车

舟渡江河，车行陆地。

前面讲到古人出门一般是靠双脚徒步而行，所以说千里之行，始于足下。现代人出门则主要靠车，平民百姓乘坐公共汽车，权贵富豪摆弄宝马香车。偶尔也见报道，说某富二代、官二代追女明星，直接出手跑车豪宅，财大气粗。因此，车本身倒是次要，重要的是成为身份地位的象征。出门聚会，没有车便感觉低人一等。一位朋友告诉我：有了车就是自卑的开始。因为总发现自己的车差，别人的车好。唯有动不动就放下车窗，大骂横穿公路、不遵守交通规则的行人，借此寻求一点可怜的心理平衡。事实上，在古代，出门有车也是一种身份地位的象征。战国四大公子之一的孟尝君养士三千，因为冯谖自称没什么本事，所以待遇不高。他心中不满，便唱歌发泄。

> 居有顷，倚柱弹其剑，歌曰："长铗归来乎！食无鱼。"左右以告。孟尝君曰："食之，比门下之客。"居有顷，复弹其铗，歌曰："长铗归来乎！出无车。"左右皆笑之，以告。孟尝君曰："为之驾，比门下之车客。"于是乘其车，揭其剑，过其友曰："孟尝君客我。"（《战国策·齐策四》）

后来，冯谖替孟尝君经营封地，赢得民心。孟尝君被罢用后，冯谖又替他经营三窟。于是，梁惠王空出相位，送来黄金，还有一百辆车，聘请孟尝君担任相国。

由此可见，古代达官显贵出门乘车，也是常事。但车在古代具有高技术含量，而且拉车的马也很珍贵。因此，先秦时代，常见千乘之国、万乘之国的说法。一乘就是一辆车及拉车的马，古代主要指战车，乘成为衡量国力强弱的指标，正如今天所说的GDP。

甲	金	篆

我们看甲骨文、金文中的车字，完全是两轮马车的形象。虽然生动逼真，但写起来比较费力。篆隶简化，或者说保留了一个轮子，或者说保留了车体，总之，通过对比，依稀能看出车的痕迹。

车何时发明不得而知。河南安阳出土有商代的马车，神话传说黄帝制造指南车。黄帝姬姓轩辕氏。轩辕两字都是车字旁，与神农、女娲等以发明的东西为名一样，轩辕很可能是最早发明车的人。

"辕"是车杠，即车前驾牲畜的两根直木。而车轮在路上留下的痕迹则称为"辙"。有一个成语叫南辕北辙：

> 魏王欲攻邯郸，季梁谏曰："今者臣来，见人于大行，方北面而持其驾，告臣曰：'我欲之楚。'臣曰：'君之楚，将奚为北面？'曰：'吾马良。'曰：'马虽良，此非楚之路也。'曰：'吾用多。'臣曰：'用虽多，此非楚之路也。'曰：'吾御者善。'此数者愈善而离楚愈远耳。今王动欲成霸王，举欲信于天下。恃王国之大，兵之精锐，而攻邯郸，以广地尊名，王之动愈数，而离王愈远耳。犹至楚而北行也。"（《战国策·魏策四》）

辙用作人名，最有名的是苏辙。他的哥哥名气更大，叫苏轼。他们兄弟两人连同父亲苏洵，并称"三苏"，在唐宋八大家中就占据三席。轼是何意？《左传·庄公十年》有一句话："下视其辙，登轼而望之。"轼是古代车厢前面用作扶手的横木，行车途中对所遇见的人表示敬意就扶轼低头，这个动作也叫轼。

古代从车的字很多，但其义一般分两类。一是指各种类型的车：轻便的车为轻，丧车为软（繁体字为輭，假借为耎。表示像人的胡须那样下垂、柔软），人力车为辇，攻城用车、车厢高耸如鸟巢称为轈。二是指车上的部件，如轮、轴、毂、辆、辖、轼、辐、轸、辕、较、轭、辅等。此外，指与车相关的东西：如辙、轰。正如鸟枪换炮，两轮马车基本上退出历史舞台，被四轮汽车所代替。因此，许多从车的字不大用了，只有少数字因为是名人的名字或是引申义而继续使用。

为了坐车方便，车上有茵。茵本指车舆中铺的席子，后泛指一般席垫。为了遮阳蔽雨，车上有盖。后来以盖代车。如杜甫诗："冠盖满京华，斯人独憔悴。"冠、盖都是达官贵人的代指。

车还有另一大用途，以这个意义构字的今天使用率相当高。那就是表示战车之义，构字成军、阵。

下过象棋的人知道，中国象棋中威力最大的棋子是车，即是战车，横冲直撞，不可阻挡。两军相争、排兵布阵，车是最重要的力量。军本指以战车围成的军阵，引申并泛指军队和军事编制等。古时（特别是春秋战国时期）冲锋时战车在前，驻扎时战车围成圆阵而防卫。军字在金文、篆书都是车和勹组成的会意字。隶书简省，改勹为冖，完全失去初形。（勹是人体变形，本是人曲臂弓腰表示环抱。）

旧时军营、官署的外门也称为辕门，是因为军营外面是战车围成，战车前面的竖木为辕。《三国演义》中，吕布辕门射戟，使袁绍和刘备化干戈为玉帛。

商周时期马主要用于拉车，赵武灵王胡服骑射，才有骑兵出现。之前是车战，而车主要用马牵引，牛羊车较少，因此经常车马连用。

用马驾车，无论文献还是出土文物，以四马一车为常。常说君子一言，驷马难追。驷就是驾四马，骖（cān）为三马，骈（pián）为两马。所以骈文就是讲究对仗的一种文学体裁，句式两两相对，犹如两马并驾齐驱。

四马拉车，中间两匹为服马，夹辕，其颈负轭。两边的马为骖，用皮条与车体相连，也称骖马。

鞙（xiǎn）是马腹带，鞅是套在马颈上的皮带，鞧是套在马臀部的皮带，靳是服马当胸的皮带。

赶马的竹杖叫策，皮条叫鞭，所以叫策马，鞭策是由抽打马而变为对人的鼓励。执鞭是御者，是乘车人的下属，执鞭指服从他人为其驱使。孔子说："富而可求也，虽执鞭之士，吾亦为之。不义而富且贵，于我如浮云。"可见御者地位不高。但御是礼乐射御书数六艺之一。就像今天大学生找工作要驾驶证、计算机操作证、英语四六级合格证等一样。

驾车时除了鞭策，还要发出口令。前进为驾，停止为驭，故称驾驭。也称驾驶。

马车之外，还有牛车、羊车、人力车。

牛车自古就有，但是速度较慢，所以载物为主。马车盛行时，牛车为贱。但是魏晋以后，牛车时尚起来。一是平稳安全，女性偏爱；二是晋室东渡后，政治文化中心移至江南，牛多马少，不得已而为之。

牛车可以理解，羊车有点不可思议了。羊体形小、力气小、速度慢，肯定不适合拉车。但是有的人就异想天开。晋武帝司马炎后宫太多，都不知道选在哪位妃子处过夜。于是乘坐羊车，羊在哪家停下就宴寝。聪明人就用竹叶插在门上，以盐汁洒地而引羊车。竹叶和盐都是羊爱吃的，羊到门口贪吃就不走了。不知这算逸闻趣事呢还是算揭露封建帝王的荒淫无耻。

当然还有人力车，辇（niǎn）就是人推挽的车。后来成为皇帝、皇后的专用车。阎立本曾作《步辇图》。而肩舆即扛在肩上的车，就是今天的轿子、滑竿。每到名山旅游，总能见到滑竿，而且价格奇高。腰舆与肩舆同类，用手举起，高至腰部。

三、行

从右图可以看出，甲、金文中行字是十字路口的形象。其义有二。一是本义，表示四通八达的道路。二是引申义，表示行走，因为路是人走的。

甲	金	篆
𡗝	𡗝	𠀇

从行的字，行位于两边，另一字根位于十字路口中间，如街、衡、衙等，行表示道路之义。行也可作声旁，构字时多简省为彳。

回过头来，我们根据《尔雅》等书，把道路做一个总结。

道：没有岔道的"一"字形道路。按《国语》记载"列树以表道"，道路的两边要栽树，今天的行道树可能源于此。

歧路：大路上分出的小路，即"Y"形路口。成语"歧路亡羊"，表示因岔路太多无法追寻而丢失了羊。王勃有诗句："海内存知己，天涯若比邻。无为在歧路，儿女共沾巾。"

衢（qú）：与街相同，从行（十字路口），指岔路多的交通要道。

冲：繁体为衝，十字路口中间一个重字，表示很重要的道路，冲本义就是交通要道。要冲、冲要则通常专指军事上重要的地方。

蹊：小路，也是步行所用的道路，不通车。《史记》评价飞将军李广时说"桃李不言，下自成蹊"。这个蹊就是指桃李树下自然形成的小路。

径：小路，又称间道。《论语》："有澹台灭明者，行不由径。"意思是说为人方正，走道都要走正路，不走小路，更不可能走后门了。径不能通车，只能步行，也称间行。

亭：亭者停也，路上供行人停下休息的馆舍。最初是为了皇帝的使者和官员走在路上休息，由国家在主要道路上修建，有人看管，备有柴粮。汉高祖刘邦起事前就担任亭长。后代又有长亭和短亭的区别：十里为长亭，五里为短亭。李白词《菩萨蛮》："何处是归程，长亭更短亭。"《西厢记》也有张生赴京、莺莺十里长亭送别的情节。

第三篇　社会的经济基础

第十一回　金玉难比有情郎
　　　　　　十娘怒沉百宝箱

　　人类的活动包括两大类，一类是经济基础，表现为物质财富的创造。另一类是上层建筑，表现为精神财富的创造和财富的分配。本篇我们将介绍经济基础。

　　古代人类社会的经济活动，包括四大类别，即狩猎业、畜牧业、种植业、手工业。这四大活动都是积累物质财富，物质财富交易促使抽象财富——作为一般等价物的货币产生。因此，我们将经济活动分为五类，即财、猎、畜、农、工。

　　这一回谈财富。财字右为才，表读音；左为贝，表财物。古人进行物品交易时，最早是以物易物。随后，出现一般等价物——货币。实物财富千万种，货币种类主要有五种，即贝、玉、金、布、纸。

　　中国最早的货币应是海贝。海贝在史前的仰韶文化、龙山文化、大汶口文化遗址中，在1975年出土的夏代纪年范围内的二里头文化遗址中，在商周墓葬中，屡有发现。《盐铁论·错币》中还有"夏后以玄贝"的记载。对居住于中原地区、黄河中上游的古人来说，海贝来自南方大海，因稀少而珍贵。因此，自从夏代开始，贝作为货币使用，商和西周时成为流通中的主要货币。

　　商品交换日趋频繁，天然海贝逐渐供不应求，于是出现石贝、玉贝、骨贝。贝和玉本来稀少，人们又喜欢用作装饰品，因此不能满足流通需要，于是金属货币登上历史舞台，最开始是青铜，秦汉大量用黄金，明清主要是白银。此外，魏晋也将谷帛做货币，而北宋仁宗天圣元年（1023年），巴蜀地区出现了世界上最早的纸币——交子。

　　梳理了货币发展史，我们再来看相关的五个汉字字根：贝、玉、金、朋、串。

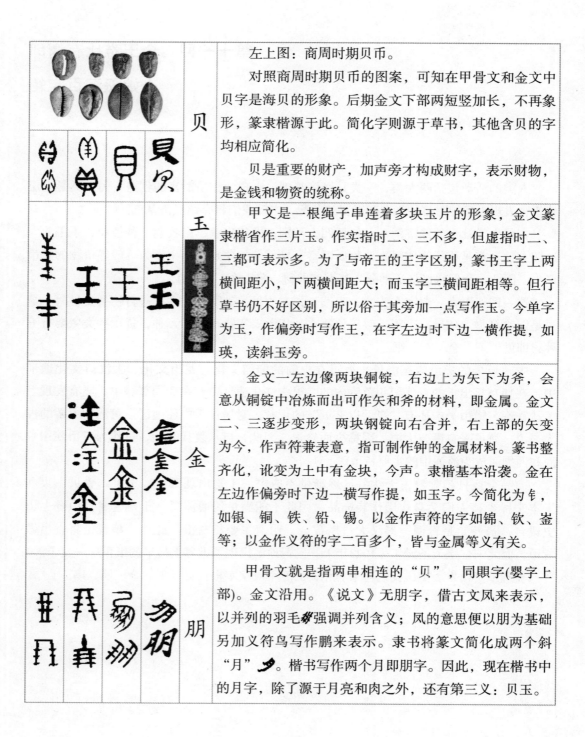

左上图：商周时期贝币。

对照商周时期贝币的图案，可知在甲骨文和金文中贝字是海贝的形象。后期金文下部两短竖加长，不再象形，篆隶楷源于此。简化字则源于草书，其他含贝的字均相应简化。

贝是重要的财产，加声旁才构成财字，表示财物，是金钱和物资的统称。

甲文是一根绳子串连着多块玉片的形象，金文篆隶楷省作三片玉。作实指时二、三不多，但虚指时二、三都可表示多。为了与帝王的王字区别，篆书王字上两横间距小，下两横间距大；而玉字三横间距相等。但行草书仍不好区别，所以俗于其旁加一点写作玉。今单字为玉，作偏旁时写作王，在字左边时下边一横作提，如瑛，读斜玉旁。

金文一左边像两块铜锭，右边上为矢下为斧，会意从铜锭中冶炼而出可作矢和斧的材料，即金属。金文二、三逐步变形，两块钢锭向右合并，右上部的矢变为今，作声符兼表意，指可制作钟的金属材料。篆书整齐化，讹变为土中有金块，今声。隶楷基本沿袭。金在左边作偏旁时下边一横写作提，如玉字。今简化为钅，如银、铜、铁、铅、锡。以金作声符的字如锦、钦、鋬等；以金作义符的字二百多个，皆与金属等义有关。

甲骨文就是指两串相连的"贝"，同賏字(婴字上部)。金文沿用。《说文》无朋字，借古文凤来表示，以并列的羽毛彡强调并列含义；凤的意思便以朋为基础另加义符鸟写作鹏来表示。隶书将篆文简化成两个斜"月"𠃌。楷书写作两个月即朋字。因此，现在楷书中的月字，除了源于月亮和肉之外，还有第三义：贝玉。

贝

玉

金

朋

70

（冊）

串与册同源。甲骨文像绳或棍从物品中间的孔贯穿的形状。古文明确所穿之物为贝。《说文》小篆无串字。串是源于古文的俗体。本义是把相关的事物连贯起来成为整体。作声符兼义符构窜字，作声符构患字。

贯在古文字中最早是毌。金文像绳穿两贝。篆书结合两个字根，上毌下贝，隶书基本相同。主要表示穿、串之义，所以有贯穿、连贯等词。贯也是货币单位。串与贯字义相近，串强调连，串连；贯侧重通，贯通。作声符构惯字。惯篆书从辶从贯，隶变后楷书作遦，俗作惯，今为正体，是贯的分化字。本义为行走，转指习惯。

一、贝

由于夏商周时期政治、经济、文化中心地处中原内陆，距离南方大海遥远，物以稀为贵，古人将贝作为珍贵的饰品，后来发展为原始的货币，并对中国文化、风俗有深刻影响。现行的中国汉字中，大多数与钱币发生关联的事物或行为都有贝字旁，如：财、货、买、卖、贡、贸、贪、贫等等。同时，要注意，我们现在楷书中从贝的字，有些是由鼎演变而来，如员、则等。

二、玉

中国尚玉，玉文化源远流长。很多人的名字中都喜欢取一个玉字，且不分男女。虚构人物比如衔玉而生的富家公子贾宝玉，静如姣花照水、动如弱柳扶风的病态美女林黛玉。历史人物更有中国四大美女之一、珠圆玉润、云鬓花颜的杨玉环；有击鼓战金山的梁红玉；还有立国大夏、定都重庆的明玉珍。但究其根本，玉不过是美丽一些的石头罢了。

三、金

古人喜欢贝和玉，时常把玩、摆弄的都是玉。玩弄二字也都含有玉字。但玉更多地只作为饰品，因其成色、质量差异十分大，不太适合用作货币。所以，金属货币隆重登场。

金本义为铜，常言道金无足赤，人无完人。赤金是铜，可见金本义就是指铜。因为古代科学技术不发达，铜比较好开采、冶炼。我们现在称金文，绝大多数都是刻在青铜器上的文字。金引申泛指金属。古代称五色金，即金、银、铜、铁、铅，对应黄、白、赤、黑、青。

青铜器铸造始于何时没有定论，传说大禹治水成功，四方诸侯献金朝贺，禹按九州区划，遂铸九鼎，成为国家权力的象征。后来九鼎失踪，秦始皇统一六国后，也制造了两样东西取代九鼎。一是以和氏璧刻制传国玉玺，代代相传；二是收缴天下兵器冶铸十二铜人，立在阿房宫的前殿。

大禹九鼎代表九州。秦始皇十二铜人无论是表示十二地支，还是表示一年十二个月，都代表了嬴政希望天下统一、千秋万代的愿望。不幸事与愿违，秦二世而亡。汉武帝为求长生，也铸造了铜仙人。曹魏取代刘汉之后，准备把金铜仙人搬到洛阳。后来留于霸城。唐代诗人李贺曾作《金铜仙人辞汉歌》，留下"天若有情天亦老"的名句。

前文讲到，秦汉已使用黄金作为主要货币。据清代赵翼《二十二史札记》中记载，汉代是中国历史上黄金比较多的一个时期，帝王赏赐诸侯大臣，动辄千金万金。如果放到今天，简直不可思议。因为黄金的大量使用，至少从汉代起，金就专指黄金了。如《史记·文帝本纪》："不得以金、银、铜、锡为饰。"其中的"金"就是特指黄金。我们现代称五金市场，是指金银铜铁锡，与古代相比，以锡代铅。

四、朋与串

据说新中国才成立时，一穷二白，有外国记者问周恩来总理，中国有多少货币储备？想让中国丢脸。周恩来总理微微一笑回答：十八元八角八分。原来是把当时中国发行的各种面值的纸币加起来。外国记者对周恩来总理的机智佩服得五体投地。当然，时代发展，今天中国富强了，货币至少是以前的十倍吧。这几年，不断有呼声要求发行面值为1000元甚至10000元的纸币。我认为大可不必，因为有银行卡，大额支付直接刷卡。再说，老百姓日常消费如果用钱都要成千上万，恐怕真是货币贬值，像新中国成立之前，钱不如纸贵。

回过头来再说古人。少量的贝好计数，能携带；大量的贝如何计数、如何携带呢？那就是用绳子将贝穿连起来，五贝为一串，两串为一"朋"。当然，学术界没有一致的说法，从两只到二十只不等，多数人认为是十个。朋本义是货币单位，由相连的两串贝，引申指相连的人，即朋友。古时同志（志同道合）为友，同师门为朋，后来朋友泛指亲属亲戚外有交情的人。同类的人以恶相济而结成的集团称朋党，后指因政见不同而形成的相互倾轧的宗派。唐代牛李党争、宋代王安石变法形成新党旧党。也许是古代老百姓少，官员也少，所以同一利益集团就像两串贝，称为朋党。而现在老百姓多了，官员相对则更多了，拉帮结派不仅仅是两串贝的样子，而是像一张大网，于是，现在中国人称关系网，外国人称政党。

　　我们说完了货币贝、玉、金及其单位朋、贯，现在回过头再来说它们所代表的金钱财富。二十世纪八十年代，改革开放之初，金钱万能的思想甚嚣尘上。经过热烈讨论、反思，基本达成"金钱不是万能"的共识，但现在市场经济，物欲横流，"没有金钱万万不能"的观念又左右着大多数人。有许多人，将挣钱当做目的而不是为了生活幸福，本末倒置。一位长者经常对我说："良田万顷，日食一升。广厦千间，夜眠八尺。"钱财虽好，不是唯一。与健康、时间、亲情、友情、爱情相比，钱财乃身外之物。面对金钱，需要保持一颗平常之心，得失泰然。

　　小时候看连环画或演义小说，常见宋公明等人仗义疏财，别人感激涕零，他却来一句："钱财如粪土，朋友值千金。"我就想，用最简单的等量代换，岂不成了朋友等于粪土吗？可见，在古人的潜意识中，金钱至关重要。其实，对待金钱，我们认为，只要把握最基本的两点就行：一是取之有道，二是快乐生活。

　　这两条标准都是古人的人生经验。品读《论语》，我越发觉得孔子不是一个古板僵化、满口仁义的道学先生，而是懂得生活情趣、深刻理解人性的智者。他在《礼记》里讲："饮食男女，人之大欲存焉。"他在《论语》里讲："富与贵，是人之所欲也；不以其道，得之不处也。贫与贱，是人之所恶也；不以其道，得之不去也。"既然富贵是人的欲望，他不反对别人求取富贵，更没有看不起富贵人家的酸葡萄心理。但他看重获取财富的手段——以其道，即取之有道。夫子言己："富而可求也，虽执鞭之士，吾亦为之。如不可求，从吾所好。"也就是说，只要能挣钱，当个车夫我也愿意。因为这符合道的要求。反过来，如果违背道的要求，大发不义之财，孔子态度鲜明："不义而富且贵，于我如浮云。"

　　钱财取之有道，能挣则挣，多多益善。但一定要关注第二条标准：快乐生活。钱财不应是银行存折上的数字，而必须服务生活、提升快乐。因为快乐才是人生第一准则。因此，穷要乐，富也要乐。这种乐，更侧重于精神生活。孔子的人生观是积极向上的，子贡问他："贫而无谄，富而无骄，何如？"孔子回答，也可以，但是不如"贫而乐，富而好礼"。他反复称赞颜回："贤哉回也，一箪食，一瓢饮，在陋巷，人不堪其忧，回也不改其乐。贤哉回也。"颜回是孔子最喜欢的学生，排在孔门传人"颜曾思孟"第一位。孔子赞赏颜回，最核心的是颜回面对清贫生活，始终不改其乐，没有怨天尤人满腹牢骚苦大仇深。至于孔子本人，他说"饭疏食饮水，曲肱而枕之，乐亦在其中矣"。事实上他也做到了，当他周游列国，被困陈蔡，七日未曾吃饭，仍然抚琴而歌，泰然自若。

孔子是智者，是圣人，他认为富贵不如快乐。杜秋娘乃一歌女，也知道金钱不是最重要。《全唐诗》收录了她的一首诗：

> 劝君莫惜金缕衣，劝君惜取少年时。
> 花开堪折直须折，莫待无花空折枝。

而歌妓杜十娘的故事，更让人荡气回肠。

> 美貌歌妓杜十娘，厌倦青楼欲从良。得遇青年学生李甲，暗生情愫愿托终身。李甲四处奔波八方借贷，兼有十娘私蓄银两相助，终为十娘赎身。
>
> 李甲担心父亲阻拦，两人泛舟吴越，从长计议徐徐图之。富家公子孙富偶见十娘，惊为天人，欲以白银千两相购，李甲难挡诱惑忘情负义。
>
> 十娘得知被卖，万念俱灰。双方交易之时，十娘打开多年积蓄，宝玉珍珠，何止万金。十娘大骂孙富坏人姻缘，怒斥李甲负心薄幸。最后抱持宝匣，自投江心。可惜如花似玉名姬，一旦葬于江鱼之腹！三魂渺渺归水府，七魄悠悠入冥途。（明·冯梦龙《警世通言》卷三十二摘要）

列位看官，此回已毕，且以一诗作结：

> 宝玉难比有情郎，十娘怒沉百宝箱。
> 明珠暗投谁之过，遇人不淑枉断肠。

第十二回　天罗地网最难防
禽兽毕命人欢畅

一次朋友们结伴出游，在车上依次表演节目，一位同事出了一道题：

你在森林散步，突然发现前面有一头老虎。你转身就跑，老虎紧追不舍。你和老虎哪个跑得快？

有朋友说老虎跑得快，也有朋友说比老虎跑得快，还有朋友说与老虎跑得一样快。讲故事朋友揭晓答案：

老虎跑得快说明你禽兽不如，比老虎跑得快说明你比禽兽还禽兽，至于与老虎跑得一样快的人，那说明你就是衣冠禽兽！

满车的人笑得前仰后合。因为衣冠禽兽就是指穿衣戴帽的畜生。比喻不知礼义、道德败坏、行为像凶禽野兽一样的人，是典型的贬义词，骂人的话。我却想起了衣冠禽兽这个词的本义，指人的衣冠上有禽兽，与衣冠楚楚、衣冠不整、衣冠整洁等词用法一样。衣冠有禽兽的人是文武官员，是对达官显贵的称呼。

衣冠禽兽一词源于明代，当时官员服饰有明确规定：文官官服绣禽，武将官服绘兽。据记载：文官一品绣仙鹤；二品绣锦鸡；三品绣孔雀；四品绣云雁；五品绣白鹇；六品绣鹭鸶；七品绣鸂鶒；八品绣黄鹂；九品绣鹌鹑。武将一品绘麒麟；二品绘狮子；三品绘老虎；四品绘豹子；五品绘熊；六品七品绘彪；八品绘犀牛，九品绘海马。文武官员一品至四品穿红袍，五品至七品穿青袍，八品和九品穿绿袍。因此，称文武官员为"衣冠禽兽"，应是尊称，兴许还含有令人羡慕的味道。正如今天说某人几杠几星，代表他是某个级别的军官。

不幸的是，到了明朝后期，政治腐败，朝廷官员欺压百姓，无恶不作。老百姓对官员深恶痛绝。于是，称官员"衣冠禽兽"就带有贬义了。

这种变化屡见不鲜。比如小姐，比如牛郎。古代卖身的女子称娼，卖艺不卖身的女子称妓。娼为了显示自己高雅，也称妓，妓字就被污染了。小姐本是大家闺秀，妓女为了显示自己高雅，也称小姐。于是小姐二字没人敢用了。公主本是皇帝女儿，现在很多歌城、酒店招聘雅间服务员，广告上称招包房公主。昔日金枝玉叶万千宠爱，今朝强作笑颜迎来送往。真是旧时王谢堂前燕，飞入寻常百姓家。

言归正传，再说禽兽。禽一般指飞禽，兽一般指走兽。汉代《尔雅·释鸟》解读"二足而羽谓之禽，四足而毛谓之兽"。但稍晚一点的《三国志·华佗传》记载："吾有一术，名五禽之戏。一曰虎，二曰鹿，三曰熊，四曰猿，五曰鸟。"怎么这五禽有四种都是兽呢？再看《说文》"禽，走兽总名"；《白虎通》"禽者何？鸟兽之总名"。由此我们可知，更古老的时候，禽是鸟兽之总称。那再古老的时候，禽是何义呢？兽字呢？

欲究字义，先求其本。欲知禽兽二字的本义，我们要从字形的演变谈起，从古代捕捉禽兽的方法、工具说起。

古人狩猎的工具与打仗的兵器差不多。如赤壁之战时，曹操给孙权发通知说："今治水军八十万众，方与将军会猎于吴。"会猎原是会合狩猎之义，此处曹操却借指双方发生战争，是外交辞令。战争的兵器将在后面专章介绍。本处重点介绍五类狩猎工具，即网、毕、单、箭（弋）、绳（己）。

甲	金	篆	简隶	楷	品读
				网	甲文像结绳交织成的渔网形，网的本字，后加糸旁。楷书中买（買）罗等字的罒头实际上原为网。从罒头的字多与网罗、处罚、不幸有关。
				毕	上古所用长柄猎网，捕捉小鸟的工具，上加田表示田猎，反映当时的生产已不完全靠狩猎，逐步进入了田猎阶段。后假借为完毕、结束。
				单	原是古时狩猎、作战的武器。最早是树杈（丫），后来在枝头上绑上石块或绳套，用于砸或套；后来又在分杈处绑上捕网，作战时改为盾牌。从甲文演变可看出这系列变化。金篆隶逐渐演变，一脉相承。单后加戈成战字，加犬成獸（狩，甲文）字。

				弋	甲金篆近似，像一头削尖、一头有树杈的木橜形。因为在木橜上拴绳子悬挂物品，形状与拴绳的箭相似，故这种箭也称为弋。隶书将树杈分开并写作点。
				己	缠绕的绳子，从己的字与绳子捆绑有关，如弗、弟。

一、网

网字古今字形变形不大，都是捕捉鸟、鱼的网的形象。现在常见用网捕鱼。中国南方湖边的百姓也用网捕捉秋天南归的大雁。动物园的鸟山，整座山都用网罩着，鸟儿有翅难飞。古人用网时，先把网张开放在鸟兽的必经之路上，然后众人哄赶。鸟兽慌不择路，自投罗网，猎人自然手到擒来。

根据神话传说，伏羲造网罟教渔猎，即发明了网，利用网可以捕鱼，还可以捕猎鸟兽。多余的鸟兽驯养，成为畜牧文化的源头。因此，伏羲的羲字有羊字头。伏羲还叫包牺氏，牺是牛字旁，因为他是最早开始喂养牛的。伏羲的母亲叫华胥，据考证，胥、雅、疋、夏古代同音，所以华胥就是华夏。我们中华民族称华夏即源于此。伏羲人首蛇身，所以中国称龙的传人。伏羲、神农、轩辕分别是畜牧业、农业、工业（轩辕氏造车，造车在古代是最高技术）的代表，古代称三皇。

从网的字，均可由此会意。但在演变过程中，网字常变为罒，即四字头，如罗、罟、罹等。

最有意思的当数罗字。甲骨文上为网，下为隹，像以网罩住了一只鸟，表示用网捕鸟，动词。组词有门可罗雀。后期罗字增加了纟字旁，正是雪后捕鸟图。

我们沙地上，下了雪，我扫出一块空地来，用短棒支起一个大竹匾，撒下秕谷，看鸟雀来吃时，我远远地将缚在棒上的绳子只一拉，那鸟雀就罩在竹匾下了。什么都有：稻鸡，角鸡，鹁鸪，蓝背……（鲁迅《故乡》，曾节选《少年闰土》作为教材范文）

	甲骨文	金 文	战国文字	小 篆	隶 书
偏旁	网	网	网	网	四
字例	羅 乙4502	買 贾卣	劉 散盘	罍 珎印	网 说文	羅 隶辨

小时候，我也这样支起箩筐，但一只鸟也没有捕到过。倒是父亲为我捕过几只，因为他有爱心，就有耐心。捕到的鸟我想烤来吃，父亲却让我观察后，把鸟放回了大自然。当时很遗憾，现在才感觉人与自然就该这样和谐相处。罗字与网字组成罗网后，就用作名词。表示捕鸟的动作用罹（𠬝）表示，鸟被网罩住，引申为遭难。此外，甲骨文中另外还有一些表示网捕的字，网下有鹿、有马、有兔，甚至有虎。今天虽然没有对应的字，但其字义明白如画。

上述的狩猎方法属于守株待兔式，先把网固定，等待鸟兽自投罗网。网在上，鸟兽在下。还有一种狩猎方法是人拿着网主动出击，就像学生到野外捕捉蝴蝶时，手持一个网兜。这种捕捉方法在汉字中也有体现——毕；用毕网到鸟，就是离、禽、卓等字。我们在下一节解读。

二、毕

甲	金	篆
𤰇	畢	畢

上面就是毕字的变迁。甲骨文下为长柄，上面是网。《说文》解读毕字为田网，即是田猎所用的网。古人用它来捕捉鸟兽，今天则用来捕捉蝴蝶、蜻蜓。鸟被扑网罩住，飞不出去，离开鸟群，就是离字。因此，离的本义就是罹。字形不同之处在于一是

78

扑网，一是罗网。一是在网上，一是在网下。古文字又增加执扑网的手，鸟也变形为两个，一只飞去，一只被捉，表示分离。篆书把网柄和手变形为内，与禹、萬等字下部近似。因为鸟形不明确了，就增加隹字表意。隶变后分别写成离与離，后分化为两个字，字义不同。离表示鸟遭捕获，離表示鸟名。今天简化字两字合一，正是所谓合久必分，分久必合。分是为了表意更清楚，合是为了书写更便捷。

毕上有鸟为离，毕上有人呢，那就是卓字，是罩的本字；也有人解读为禽字；还有人将上面的人形解读为省简的鸟隹。总之，不管如何解读，其义却是一样，表示人或鸟被扑网罩住，其义为擒住、罩住、捉住。

毕上加声旁今字组成禽字，表示擒这一动作。每次打猎回来，清点战利品，禽虎一、豕三。逐渐就演变成了名词，表示擒获的对象。擒获的对象有鸟有兽，因此，禽就成鸟兽的总称。随着表意精确的需要，禽就专指飞禽。

禽字明了，再说兽字。两者造字、字义的变化相似。兽由单字演变而来。单也是一种狩猎工具。

三、单

单是古时狩猎、作战的武器，与干同源（参见征伐章中之干字）。最早是树杈（丫），后来在两杈之上绑上石块或绳套，用于砸或套，字形就是两个小圆形；两个小圆后来演变为两个口字。后来又在分杈处绑

甲	金	篆

上捕网，作战时改为盾牌，这就是单字中间田字的由来。从甲骨文的演变可看出这系列变化。金文篆隶逐渐演变，一脉相承。当然，关于这个单字，究竟是什么样的狩猎工具，学术界、考古界还在争议。但大家一致认可，也是我们需要知道的是，单是一种狩猎工具，加犬成獸（狩，甲文）字；单也是早期战争的重要兵器，加戈成战字。

说到此处，我们看到獸字出现，獸字在篆书时分化出狩字，在楷书时分化出俗体兽字，亦是简化字的来源。

獸字本义是捕猎野兽，由犬和单组成。单表示狩猎工具。犬在獸时表示被猎的对象，在狩时表示捕猎工具，即猎犬。篆书时獸与狩分开。狩成为犬旁守声的形声字，

表示打猎。獸则表示猎物，即野兽。再到后来，更有人将不同季节打猎都用不同的字，如秋狝冬猎。

至此，我们再回到本文开头，禽兽二字，本义乃是擒獸，表示打猎，后来表示打猎捕获的鸟兽，作名词，字为禽和獸。表示打猎这个动作则造字擒、狩。

禽兽终于说清楚了，下面我们接着讲另外两种狩猎工具，即弋和己。

四、箭（弋）

甲	金	篆	隶

我们从弟字谈起。孔子说："四海之内皆兄弟也。"北京奥运会上，中国作为东道主，就是以兄弟之情对待其他国家。弟是指同行辈中年龄较小的男性，兄则是年龄较长的男性。弟的本义则是一种狩猎工具。中间为弋字，弋是一种短箭，箭尾系着一根细长的绳子，平时绳子绕在箭杆上。这就是弟的形象。这种工具专门用于射鸟，鸟被射中后落在远处草丛树林中不易寻找，或者受伤未死带着箭飞走，有了细绳子连着，就易找易捉了。这种射鸟法称为弋射，也称为缴射。箭上所带的绳子就是缴，也就是弟字中间的弓形。这个弓字不是弓箭的弓，而是缠绕的绳子，本是己字，后来讹变为弓字。因为箭射出去后要收回来，缴线要重新绕好。绕线时要次第相绕，不能乱成一团，否则箭射出后会受到阻力飞不远，不能命中目标。因此，由强调顺序之义引申出次第之弟（古时弟即第），再应用于人伦，则引申为次于兄的弟。其原义则由弋代替。缴线收回时一般带有猎物，因此，引申出缴获、收缴之义。

《说文》解弋为橛，象折木斜锐者形。有专家学者持此说，但对构字没有多大帮助。吾暂不取。

弟是短箭上有绳子缠绕之形，如果是箭矢上有绳子缠绕之形，则如夷字，也是弋音。

前面在人身章讲过，夷字在甲骨文中是尸字，指代尸坐的东方民族，即东夷。古时

甲	金	篆

尸与夷同音。后来金文、篆书是大弓两个字根组合而成，表示东方少数民族善于射箭。我们在此可以将夷解读为矢和己组成。表示箭矢上有绳子缠绕，会意箭头后部系有绳索的弋箭，同弟、弋。引申后，又表示可随意打击并掌控的少数民族。

鱼上钩后拖着鱼线跑，钓鱼的人都见过。鸟被弋射后带着箭飞上天我们见不到，但我们却能看见假鸟带着绳子飞上青天。什么鸟？风筝，古代称纸鸢。

鸢字上为弋，下为鸟。就是一只鸟中了弋射之箭，拖着绳子的形象。这就是我们一到春天，在野外放风筝的情景。

《说文》中没有鸢字，但有一个雉字。许慎解读为从隹弋声，表示缴射飞鸟。其实本字应属于会意字。

鱼上钩后要把鱼吊出水，从鱼钩上取下来。鸟弋射后要把缴收回来，即收缴、收获，看看猎物死亡没有，然后取下来挂在腰上（小时候看见那些打猎的人，腰上经常挂着一圈鸟）。这种情景甲骨文中用一个字即吊字表示。吊原为弔，甲文像人身上有带绳子的箭，会意人用带绳子的箭射杀猎物后，检查猎物是否死亡。引申为死亡慰问。《说文》解弔为问终。金文、篆文承续甲骨文字形。篆书整齐化，隶书严重变形。楷书弔将隶书的两点连成一横，规范为弔。俗体楷书吊则将隶书两点一横写作口字，下部写作巾字。现在以吊为规范字，弔反而不用了。因此，吊的本义就难以明了。将猎物或绳子挂在人身上，吊又引申为悬挂，如上吊。吊字上部的口，可理解为圆环，不是口舌的口。圆环上挂巾，会意悬挂之义。

需要注意："吊"与"弟"字形仿佛相近，但所代表的形象和意思不同。

"弟"![字形]字形中绳带![符]缠绕的是"弋"![符号];而"吊"![字形]字形中绳带![符]缠绕的是"人"![符号]。

对弔的这种解读有点牵强，我认为，弔是蛇缠人的形象。

弔	虫	它	也	矢
![甲骨文]	![甲骨文]	![甲骨文]	![甲骨文]	![甲骨文]
![金文]	![金文]	![金文]	![金文]	![金文]

![字]字中的![符]也即是蛇。箭头应是蛇头（在甲金文中虫、它、也都是蛇的形象，我们在动物篇中专题解读）。通过上图对比，我们可以看出，弔中的箭头，从形象上更像蛇头，尤其是金文的弔![符]与甲骨文中的它![符]，蛇头非常逼真生动。因此，![符]两字就像人被蛇缠住的形象。古代地广人稀，草木丛生，蛇虫遍地，出门经常碰到蛇。就连我小时候上学放学，路上也常碰到蛇。《白蛇传》、美女蛇的故事多少也说明人对蛇的恐惧。而女娲据传说就是美人蛇。西方靠海而居，就是美人鱼了。蟒蛇是一种大型蛇类，一般无毒，它攻击猎物时，不是靠扑压上去，咬伤猎物，毒死对手，而是靠缠绕。它伸展身体，一圈一圈地缠紧猎物。猎物每呼吸一次，就会被压得更紧，直至窒息而死，然后蟒蛇再把它整个吞下去。因此，![符]就是人被蟒蛇缠住的形象。我们说形影相吊，也就是说形和影缠在一起，像蛇缠住人一样，没有其他东西，形单影只，孤孤单单。人被蛇缠死，引申为死亡，吊丧。人被绳索吊死，也像人被蟒蛇缠死的形象，因此有吊死、上吊的说法。

猎人把猎物挂在腰上围成一圈，或者把猎物穿成一串挂在腰上。可以想象，猎人如果弋射到一只小野猪，受伤不重，他可能带回家给养起来。一般就是把猪用绳子一圈一圈缠起来，捆绑起来，抱回去；或者用绳子拴一个圈，套在猪腿上或身上，把猪牵回去。其实，如果猎人在地上摆好这样的很多圈套，把猎物赶进去，一定也可以捉到不少猎物。或者在路上牵几排绳子，也可以绊倒猎物，然后捉住他们。这就是俗称的绊马绳。经常在演义小说中见到强盗拦路抢劫，即剪径时一般都这样做。这就是我们要讲的最后一种狩猎工具——绳子及绳子做的圈套（本回主要讲一些原始的、古老的狩猎工

具，至于刀剑弓矢，我们在征伐章中讲）。

五、绳（己）

字	甲	金	篆
一	一	一	一
乙	乙	乙	乙
己	己己	己己	己
厶	厶	厶	厶

绳子的形象千变万化，直为一，折为乙，曲为己，环为口（厶）。一和乙我们在后面文化章讲。本节只谈己和厶。

在上一节里，我们谈了弟、夷、弔（吊）等字。其中的弓形都不是指弓箭的弓（参见征伐章弓字），而是缠绕的绳子，这实际上是己字。从己的字与绳子捆绑有关。如弗，内为两根树枝或弓箭，外为绳索捆绑。会意用绳索捆缚后加以矫正，本义是矫枉拂正，后借作副词表示否定。作声旁如拂、沸、佛、拂、茀等字。此外己还可作声旁如杞字。

字	甲	金	篆
弓	弓	弓	弓
弗	弗弗	弗	弗
杞	杞杞	杞杞	杞

| | | | | 雍 雝 | 雍雝 |
| | | | | 灉 | 灉 |

捕鸟可以用罗网，可以用扑网，还可以用圈套。我们看甲骨文♪、金文，都是鸟被环索套住之形。徐中舒先生认为这种套鸟机关叫连环套，用绳索绕成，放到地上，用法与鸟夹一样。因为绳索柔软，不会弄伤鸟儿。由套鸟之环，引申出环围之义，如拥护、拥抱。鸟被套住不能飞走，雍又由此生出阻碍之义，如壅塞、拥挤。

篆书雍变形较大，左部变形为邕，上部巛是水的变形，中间口是环索，下部巴是殳的变形。隶书进一步变形，楷书作雍。

《说文》解雝为鸟，即雝渠鸟，因为它头部黑色，额上白斑，故俗称张飞鸟。该鸟喜水，常在水边飞鸣作声，其音邕邕而和。是拟声字，其名自呼（以叫声命名的字如鸦、鹊、虎、斧、猫等，现属于语言学范畴，本书不作过多介绍）。因此，金文雝字可解读为雍鸟戏水，荡起一圈圈水波。

灉（yōng），形声字，古河名，约在今中国山东省西部、河北省南部一带。

第十三回　马牛猪狗不如羊
与人为善多吉祥

接下来我们讲畜牧业。中国古代讲人寿年丰，讲五谷丰登六畜兴旺。六畜指马牛羊鸡犬豕。鸡是形声字，鸟形奚声，简化字将奚改为又，又成为一个特定简化符号。鸟放在自然界动物章中介绍，此回我们讲五个字根，即马、牛、羊、犬、豕。

甲	金	篆	简隶	楷	品读
				马	甲文完全是马的一幅画。马耳、鬃毛、尾、长腿等特征一应俱全。此后是逐渐简化、线条化。隶书完全变形，但仍可看出演变痕迹。
	商鼎			牛	牛头象形，突出了弯角、横耳、长脸。牛构字时在左为牜，下横变为提，是左紧。在右或在下为牛，下横长，为右松或下松。羊字也相似。在下或右为羊字，在左为𦍌，在上为羌、羊。犬在左为犭，在右为犬。类似字如木、水等，都是书法左紧右松及上紧下松原则的体现。
				羊	甲文像羊的正面头形，上为下弯的羊角（牛角为上弯）。羊是人类早期驯化的动物之一。因为生性温顺、肉味鲜美、皮可做衣保温御寒，深得人们喜爱。此外，羊跪着吃奶，古人认为是孝道。因此，羊被视为吉祥物。后加与祭祀相关的字符构成祥。
				犬	狗的形象。突出了瘦身、卷尾的特点（犬尾上卷，猪尾下垂）。
				豕	豕字突出了猪的长嘴大肚特点。金文篆隶逐步向符号化发展。

马、牛、羊、犬、豕都是象形字，而且特点鲜明。虽然都是五个动物的形象，我们可以看出不同。牛羊是用有鲜明特征的头部形象表示整体，牛角上弯羊角下弯。马犬豕则是整体形象。前者更简洁更抽象，后者则是大多数动物的造字法，如鸟、隹、燕、焉、虎、豸、能、象、龙、虫、鱼、龟等等，这些将在自然界动物章中介绍。

马排在五畜第一位，可见其重要性。马以速度为主，所以人们希望马到成功。除了食和行，马还是战争重要工具，三国第一武将是人中吕布，第一名驹就是马中赤兔。人们喜欢马，梦中情人就是白马王子。但是骑白马的不一定是王子，还有可能是唐僧。唐僧的白龙马可谓最理想的马。让人想不到的是：奇为骑的初文，是一个人骑马的形象。后将马简化，人也站到马背上了。后来奇用于奇怪与奇偶，另造骑字。

牛字是牛头的形象。牛与羊角不一样，一个向上，一个向下。现在股票交易所外面都喜欢立两个塑像，一头牛，一头熊。牛气、牛市就是股票上涨，正是牛角向上之寓意。反之，熊市则是下跌。牛叫为牟，下为牛，上为口，表示牛张口叫，形为牟，厶是口的变形，音则是牛声，其名其呼，如虎即虎叫，蛙即蛙鸣。

古人以大为美。美字就是由羊和大组成（我们讲美字时讲到，美是大人头上戴着羊角或野鸡羽毛，后来演变为羊大，或会意为羊长大了就美）。大的东西让人印象深刻。牛在家畜中体形大、力气大、脾气大、贡献大，因此，以牛字组成的字或词很多，而其意义与四大有关。

首先是体形大。牛在家畜中体形最大，比马猪都大、重。《西游记》中讲孙悟空七兄弟结拜时按身形比较，牛魔王为大哥，孙大圣身形最小，做了老七。牛体形大，就成了家畜的代表。牲口、畜牲，就是以牛代表家畜了。畜牧、放牧，牧本义是手持鞭子放牛，引申为放养家畜，如牧羊、牧马。古代治理百姓也称牧民，《管子》中有一章就叫《牧民》。有人攻击说，这充分说明古代统治者不把老百姓当人看，而是当牛作马。那养儿防老呢，养字上为羊，下为食，与牧字同义，也是给羊喂食。那么，可否说明老百姓不把子女当人看，而是当羊呢？肯定不是，因此，望文生义地解字说词不行。把牛养在圈中，牛圈称为牢。现在农村养牛仍然如此。古代把牲口作为祭祀之物，称为牺牲。这些牲口行祭前需先饲养于牛圈即牢，故这类牺牲称为牢，后来把关犯人的地方也称牢，即监狱、牢房。按照祭祀等级，从高到低是太牢、少牢、特牲（特牛）、特豕、特豚等等。牛、羊、豕三牲全备为"太牢"。只有羊、豕，没有牛，称为"少牢"。特则是三岁之牛。祭祀时，献上祭品（不一定是牛，以牛代表），口中念念有词，祈求健康平安，称为祷告。这就是告字的本意，上为牛，下为口，会意祷告。牛不仅是家畜的代名词，形象代言人，而且常用作动物的代表。如牝牡，本是母牛和公牛，后来延伸指雌雄动物。杀死动物后要肢解、分解、解剖、解析、两人各分一半，这个半、解都与牛有关，当然，古今解牛第一高手当数庖丁了，据庄子介绍，此人解牛，游刃有余。牛还进一步扩大，不仅包括动物，还包括植物在内的所有物品。物字就是如此。可见，牛因为体形大，又为人们所常见所熟悉所喜爱，所以印象深刻，成为家畜甚至动物的形象代表，几乎直追大象了。

其次是力气大。我们常形容某个大力士力大如牛，或称某人费了九牛二虎之力。前面讲到马，汉武帝举国之力养马，最终驱逐匈奴。马在战场上冲锋陷阵，非常重要。牛对于战争，则主要承担后勤运输任务。如果真拉上战场，也可以收到出奇制胜的效果。《东周列国志》中田单破燕用火牛阵的故事，很多人都知道。殊不知，开国元帅之一的林彪也曾用过火牛阵。

"点火！"林彪一声令下，战士把牛尾上的油棉点燃，一千多头牛受到剧痛，发疯地向敌阵冲去，蹄声敲得地面发震，"哞"的叫声在夜幕下显得格外恐怖，数百名敌军在惊慌失措中被牛踩死。火牛阵初显神效，可是没持续多久，油棉烧完，疼痛减轻，电网后敌人一放枪，这些牛又哗啦啦掉转头往回跑，搞得战士东躲西藏。敌人一个反冲锋，涌到前沿指挥所跟前，离林彪、罗荣桓只剩几十米。形势危急，罗荣桓挥舞双拳喊道："全体人员拿起武器，把敌人压下去。"指挥所警卫员、通信员、炊事员迅速迎敌，贴身肉搏。三纵队司令员肖克一见不妙，二话不说，拔出大刀，大吼一声"跟我来"，带领部队从侧面横击过去，打退了敌人，化险为夷。林彪擦一把冷汗，命令停止攻城。火牛阵为什么失灵，林彪百思不解。事后不久，他带着疑问向毛泽东请教，毛泽东告诉他："火牛阵的关键是要用木棍把两头或三头牛的颈项连在一起，并在外沿用枷子从两侧夹住，这样牛就只能低着头并列向前冲，而我们没用这招，牛一条条散兵游勇式地乱闯，所以不能起到预想的作用。"林彪这才明白过来。（《林彪的一生》）

可见，读书不能简单地望文生义、不求甚解，而要知其然，更要知其所以然。毛泽东的成功，很大程度上取决于其读书读得深、收获大。

牛平常性子温顺，放牛常是小孩子干的事，我小时候每天放学回家有一项固定工作就是牵牛出去吃草。现在也依稀记得更小的时候，父母常把我放在牛背上骑坐。很多画家也特别喜欢画牧童骑牛图。

牛力气大，怎么会这样温顺，小孩也可以牵牛放牧呢？关键就是一个牵字，牵牛鼻子。鼻子是牛的脆弱地方，抓住了要害，事情就好解决。

甲骨文 在牛头 上画了牛鼻圈 ，圈上又系着绳子 。会意将绳子系在牛鼻子上拉牛。篆文 变形较大，将牛鼻圈 写成 ，将牛绳 写成"玄" 。简体楷书牵以"大" 代"玄" ，绳子没有了，完全看不到用绳子牵牛的原形。

牛性情憨厚，但发起怒来，那也非常恐怖，有牛用角将人顶死的事情发生。因此，牛一旦发起脾气来，那就是牛气冲天，天王老子也不怕。犟就是强牛，就是发了脾气的牛，固执不回头。钻牛角尖也是这样。因此，牛不光力气大，脾气也大。难怪，牛气的人谁的账都不买。最后是贡献大：牛虽然脾气大，但那是忍无可忍无须再忍的时候。绝大多数时候，黄牛忍辱负重，水牛默默耕耘，奶牛吃进去的是草、挤出来的是奶，它们对人类的贡献非常大。人与牛有着亲密的关系，结下了深厚的感情。我的父亲就是一个典型代表。他从小当放牛娃，一直到老了，古稀之年，仍然养着一头牛，尽管一年只需要耕种四五亩地。我们常劝他，别养牛了。他说，看见牛心里踏实。古人将马排在六畜第一位，但也不得不承认骏马行千里，耕田不如牛。马占第一，我认为是沾了物以稀为贵的光。华夏民族地处中原，属于农耕文明，马不如游牧民族常见。鲁迅先生就非常崇尚老黄牛精神，他可以蔑视权贵，横眉冷对千夫指，但他对劳动人民深怀感激，俯首甘为孺子牛。

六畜中牛排第二，位于马之后。在十二生肖的排位中，马在第七位，牛在第二位，却又比马靠前了。据神话传说，牛应该是排第一位的，道教之主李老君的坐骑就是牛。在排坐次时，牛冲在第一位，却没注意到狡猾的老鼠从开始时就爬到牛头上，快到终点时突然跳出去抢到了第一位。

因为牛与人的深厚感情，老牛还会帮它的主人找爱人，解决剩男剩女的恋爱婚姻难题。这就是中国四大民间传说之一的牛郎织女（另三个是孟姜女、梁祝、白蛇传）。虽然每年七月初七才得以相见，但两情若是久长时，又岂在朝朝暮暮。只可惜牛郎现在成了男妓代名词，如同娼变为妓，妓变为小姐，让高贵变得低俗。牛郎在天有灵不知道会不会发一通牛脾气？

羊是最受人喜爱的家畜。

一是用处大。羊肉鲜美（鲜和美两字都从羊）。挂羊头卖狗肉，相当于以次充好。说明羊肉更受欢迎。羊皮保暖，可做衣服。因此，羊可解决人的吃穿问题。

二是形象好。无论是故事还是电视，羊通常以山羊公公的形象出现。因为它下颌有胡子。现在有很多人也喜欢留山羊胡子，显得成熟、知性。以貌取人古已有之。以貌取物，也古已有之。龟背裂开形如八卦，乌龟被视为知识分子，《西游记》中乌龟做了东海龙王的丞相。老虎额有"王"字花纹，被作为兽中之王。

三是品行好。羊性温顺，牛急了发脾气，要么犟，要么擂人，羊则不会。羊有团队意识。羊群中有领头羊，其他羊以它为模范。曾有人作过试验，把羊从栅栏里赶出来，头羊跳跃而出，其他羊也纷纷跳出。悄悄地把栅栏取掉，后面的羊子还是会跳着出来。我没有亲见过，果真如此，该是说它智商低呢还是说头羊的模范作用强呢？羊最重要的是孝行，即羔羊跪乳，与乌鸦反哺一样，被作为孝行的楷模，历代传颂。在中国的文化中，"孝"是最重要的要求，很多帝王就是以孝治天下。

因此种种，羊除了表达其动物性以外，更被赋予了很多美好的象征意义，成为一个表示美好的褒义偏旁，组成了吉祥的"祥"，榜样的"样"，忠义的"義"（今简化为义）。飞翔的"翔"，洋气的"洋"，人一刻都离不开的氧气的"氧"。作为人生理想、人类追求目标的"真善美"中有两个字"美""善"都是由羊字构成，可见羊的美化意义之重。

人类与狗的感情深厚，狗的驯化也比较久，是人类打猎护家的好助手。而其叫声谐音"旺、旺"，是兴旺发达的好兆头。狗不嫌家贫，儿不嫌母丑。狗与家的关系居然类似于母子关系。但是，狗的眼里只有主人，其他人都在严防死守之列。因此，别人家的狗就一点不可爱，甚至特别讨厌了。狗仗人势、狗眼看人低、狗东西、狗腿子等等，全是贬义。

猪与狗差不多。《西游记》猪八戒的一生就是一部猪的驯化史。野猪凶猛，山区的人把动物的危险性排行为一猪二熊三老虎。老虎兽中之王，熊则无所不能（能字源于熊的形象），二者不可怕，野猪排第一。那可能就是天蓬元帅的形象，高高在上，壮着酒胆居然敢骚扰嫦娥。野猪被抓住后，生下的小野猪经人工饲养，凶性虽减，但也不敢轻易招惹。就像猪八戒被贬下凡尘，成为猪妖，虽然循规蹈矩，不敢去找嫦娥，但胆子大了也敢抢抢高小姐做压寨夫人。继续驯化野猪，野性渐失，好吃懒做，本领退化。正像跟随唐僧西行取经的猪八戒，没有独挡一面胜过几场，成事不足败事有余，添乱倒有好几回。只知讨好主子唐僧，贪吃贪睡。猪终于被驯化了，这就是取经成功、获封净坛使者的猪八戒。只需吃和睡，万事不操心。难怪有人说，《西游记》中猪八戒这一形象，是吴承恩对明朝不满，专门讽刺腐化堕落的朱家皇族。其实，一代当比一代强，皇二代、官二代、富二代如果只是坐享前人成果，和现在只知吃睡的猪有何区别？如果说有，那就是猪养壮了可以吃肉；无用之人吃肥了真不知道有啥用。

综上所述，马牛猪狗个个重要，人人喜欢。但最让人喜欢的却是羊，所以我认为：

马牛猪狗不如羊，与人为善多吉祥。

第十四回　拔苗助长反遭殃
自强不息万年长

　　中国是农业大国。自从商鞅变法开始，一直奉行重农抑商的国策。士农工商代表了中国各主要阶层的排行榜。即便是士，如陶渊明、谢灵运，也渴望田园生活。陶渊明更是发出了"归去来兮，田园将芜胡不归"的感叹，放弃公职，回归躬耕自给的田园生活。大唐盛世时的王维、孟浩然更是形成了山水田园诗派。因此，与农业有关的字根特别多。禾、米两个字根放在了植物一章，我们本回谈五类字十三个字根。一是田园；二是作物，如麦、菽、瓜、韭；三是生长，如不、才、毛、屯、生、丰、齐；四是耕种，如力、乂；五是收藏，如辰、仓、禀。

甲	金	篆	简隶	楷	品读
田	田	田	田	田	田地的形象，外框是田地的范围，中间十字是田间的阡陌小道。构字如界、畔、畦、畾、僵、畋、亩。
朱	来	朱	来	来	甲文是麦株的形象，上为穗，中为茎，左右生叶，下为根须，与禾相似。《说文》解：麦是天赐予周地的，自天而来，故借用为来去的来。金文中也有来字下面加止字表示动作来去之义。后用"来"字表示来去，下加足的反而成为麦字，专指大麦、小麦。构字莱、睐。
弋（疑）	叔	叔	叔	叔	甲文是带绳的箭的形状，引申为带绳的箭射中猎物后可拾回。金文是持弋掘土收芋之形。叔本指收芋，《说文》解为拾，是引申义。篆书沿用金文，因又、寸意义相同，故有两个写法。隶书相应变形为两种写法，后楷书合并为一种。菽即大豆，叔左部可理解为大豆的形象，下为根、上为芽。
瓜	瓜	瓜	瓜	瓜	左右像藤蔓，中间像瓜果，十分逼真。隶楷虽有变形，仍依稀可辨。构字如瓣、瓠（hù）、瓢等。

		韭	韭	韭	韭菜的形象。篆书中上部与非区别很大。隶变后楷书将其上部写作非，是类化，即同化归并的结果。
		不	不	不	像种子生根发芽，但还未长出地面之形，上面一横是地面之义。与才、在有相通之处。表示否定，非、否之义。也有说像花萼，像草根，有说是鸟飞上天不下来。
生	生	生	生	生	下边一横表示土地，上面表示刚出土的嫩芽，有几片叶子。古今字形相近。不同之处在于中间从无到有，从点到横，从短横到长横。可能是为了与之字区别。表示生长。
		齊	齐	齐	甲金文字形相同，像禾穗齐出的形状。有的金文在下部加两横，表示整齐划一，为篆隶继承之。表示整齐、一致之义。
			力	力	原始农具耒形。因耒耕属粗重劳动，需强力而引申为力量。《说文》称"力象人筋之形"，即手臂的肌肉形。从历代字形看，后期金文和篆书像手臂，其余时候像耒形。构字如勒、劣、肋、胁、励、荔。
乂	乂	乂	乂	义	剪刀之形，表示除草工具。有的甲文下加双手，强化义是手的劳动。有的篆书将双手改为刀，强化割杀之义，此即刈字。
辰	辰	辰	辰	辰	振和震的初文。甲文像贝壳做的镰刀绑在手指的形状。因为商代农民用贝壳做镰刀，在它的背部穿孔，用绳子捆在拇指上，用来收割禾穗。贝壳本是圆弧形，因甲文刻画时转折不便，成为方折。金文贝壳画圆，且加手或止表示动作。篆隶变形。构字振、震、晨、唇等。
仓	仓	倉	倉	仓	仓库的形象。甲金文上部像房盖，下部为仓体，中间像仓门，即户字。篆隶楷将中间的户字变形。今简化为仓。构字如沧、苍、疮、疮、创、呛、枪、抢。

	甲文像粮食收入仓库之形。篆书上为来，指小麦，下为仓库。隶楷书变形。构字如禀、啚（bǐ）、鄙、墙等。

农业生产，最大的不足是生产周期长，影响因素多。尤其是水稻，还受到天气极大影响。古人说靠天吃饭，很有道理。所以在中国，能够呼风唤雨、行云布雨的龙非常受欢迎，中华民族称为龙的传人，皇帝称真龙天子。老百姓盼望着风调雨顺，五谷丰登，甚至将四大天王与之对应。中国大陆、台湾地区的很多寺庙，进门左右一般是哼哈二将形象，然后是四大天王的形象，然后才进入主殿，是佛祖的形象。我们不妨看看四大天王的故事。

按佛经介绍，四大天王各护一方世界：东胜神州、南赡部洲、西牛贺洲、北俱罗洲。在佛教雕像中，四大天王均是武将形象，身穿甲胄。东方持国天王，身着白色，手持琵琶。南方增长天王，身着青色，手持宝剑。西方广目天王，身着红色，手上缠一龙。北方多闻天王，身着绿色，右手持宝伞，左手持神鼠。

宝剑锋自磨砺出，梅花香自苦寒来。因此，南天王因剑锋而主风。琵琶为乐器，弹前要调音，以使五音相和。故东天王因琵琶主调。伞可遮雨，故北天王主雨。龙有逆鳞，所以要顺。故西天王主顺。这就将四大天王与风调雨顺对应起来。

佛教是外来文化，一直在与本土文化融合。儒释道三家也不断相互影响。明代许仲琳的神话小说《封神演义》说，四大天王是"佳梦关魔家四兄弟"，其实是中国人的创造，只是小说内容而已。不过，要弄清楚中国佛、道两教人物，读读《封神演义》，应有所得。

四大天王中最受欢迎的是北方天王。相传他帮助唐朝打败了番兵的进攻，受到军队的敬爱，甚至成为军队的保护神。此后，将他的伞变成塔，又成了托塔天王的形象。后来，又与唐代军神李靖结合，成为托塔李天王李靖。李靖是唐初著名军事家，对李唐统一江南起到了关键作用。同时，他对突厥作战功勋卓著，消除了突厥的威胁。在中国历史上，御敌于国门之外，消除异族威胁的军事家、统帅唯有卫青、霍去病能与之相比。

老百姓对四大天王的顶礼膜拜，求的是风调雨顺。雨露滋润，阳光和煦，禾苗才能茁壮成长。我们看一看作物的生长过程吧。

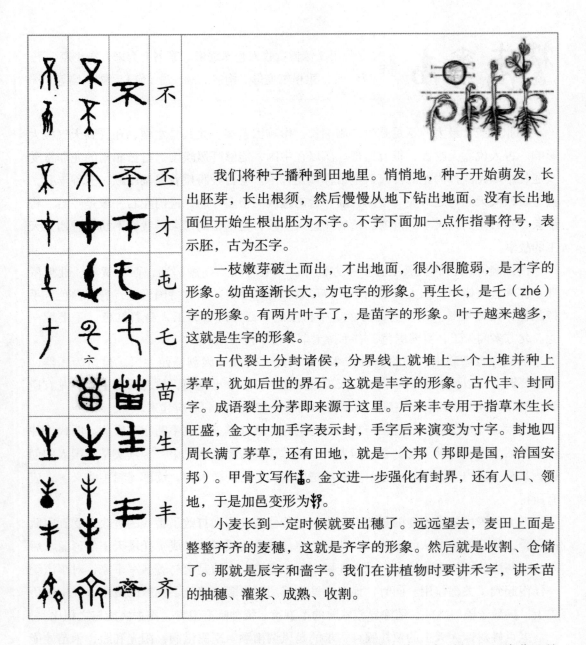			不
			丕
			才
			屯
	六		毛
			苗
			生
			丰
			齐

我们将种子播种到田地里。悄悄地，种子开始萌发，长出胚芽，长出根须，然后慢慢从地下钻出地面。没有长出地面但开始生根出胚为不字。不字下面加一点作指事符号，表示胚，古为丕字。

一枝嫩芽破土而出，才出地面，很小很脆弱，是才字的形象。幼苗逐渐长大，为屯字的形象。再生长，是毛（zhé）字的形象。有两片叶子了，是苗字的形象。叶子越来越多，这就是生字的形象。

古代裂土分封诸侯，分界线上就堆上一个土堆并种上茅草，犹如后世的界石。这就是丰字的形象。古代丰、封同字。成语裂土分茅即来源于这里。后来丰专用于指草木生长旺盛，金文中加手字表示封，手字后来演变为寸字。封地四周长满了茅草，还有田地，就是一个邦（邦即是国，治国安邦）。甲骨文写作𝕏。金文进一步强化有封界，还有人口、领地，于是加邑变形为𝕏。

小麦长到一定时候就要出穗了。远远望去，麦田上面是整整齐齐的麦穗，这就是齐字的形象。然后就是收割、仓储了。那就是辰字和啬字。我们在讲植物时要讲禾字，讲禾苗的抽穗、灌浆、成熟、收割。

总之，农作物生长有自身的规律。只有顺应自然规律办事，定时松土、除草、施肥、杀虫，作物才会丰收。如果违背自然规律，妄图拔苗助长，只会殃及作物，得不偿失。

第十五回　能工巧匠铸辉煌
改天换地世传扬

Made in China，中国制造。

我们这一回讲制造业，在古代就是手工业。中国古代的能工巧匠，运用自己的聪明才智、鬼斧神工，创造了伟大的万里长城、都江堰水利工程、龙门石窟、大足石刻、西安兵马俑、北京故宫、地动仪、陶瓷等举世闻名的工程、建筑或发明创造。

手工制造业涉及到用什么原材料制造、用什么工具制造、按什么工艺制造、制造出什么产品等问题。本回以原材料为标准分为五类：土、丝、木、石、金，从工艺上也分为五类，一是捏造，如瓦；二是编造，如癸、互、惠、予、录；三是制造，如工、斤；四是打造，如丁、凿；五是锻造和铸造，如段、寿。"制"字左边本是未的变形，制造原是以木为原材料，后泛指一切原材料，成为统称。

甲	金	篆	简隶	楷	品读
		𤭯	瓦	瓦	篆书瓦字像是相互吻合而上下都有沟横的瓦形。因为瓦在用作盖房的专用材料名称前，泛指陶器。古文从瓦字如瓷、瓮、瓶、瓯、甋与陶器有关。
𤔔	癸	癸	癸	癸	纺锤旋转的形象。篆隶下部为矢，因矢的撇与上部的撇重复，故省略，成为天。洪字右边有写作癸的，表示水流滚滚。构字与转动有关，如葵、暌。
互 六	互	互	互	互	篆书像古代收丝或绳的器具形，为防止脱散，两横棍并不平行，而是呈十字向，故收起的丝或绳呈交错状。
叀	叀	叀		叀	源于古代纺线用的纺砖。如今不单用，构字有转动之义。如惠、叀、叀。叀今简化为专，如转、砖。

95

			予	予	篆书像交叉的两束丝和抽出的线头。源于纺织时将梭子来回穿送于经间，两手互相推来接去，故有给予义。一说为吕之借形变体分化字，本作吕，或把吕上下两部分粘连在一起，秦系文字又于字形下部加短竖，隶变后失形。
			祿	录	甲金文都是过滤的情景，是染丝提取色料的一道程序。上是挂在梁上的东西，下是滴下的水。隶变后楷书写作录，今规范为录，又作为錄的简化字。作声旁构字为碌、禄、渌、氯、绿。
			工	工	古今同形，像带柄的铲或工字尺。原指巫师、乐师、工匠等有特殊技艺的人。因技艺种类繁多，无法形象表现，乃用工具之形，引申工匠、工作、工艺。
				斤	一种劈砍木头用的斧子，现称锛。斧子的刃与柄平行，锛的刃与柄垂直。经几次讹变失去原义。现借用为斤两的斤。构字时保留原义，如斧、断、斩与斧砍有关。
				丁	钉的初文，甲金文像俯视所见的钉帽形状，后演变为侧视的钉子形。
			對	丵 (对)	丵（zhuó）是凿子的形象，上为齿，下为柄。对字就是将凿子对准划线凿眼之处。
			段	段	金文像打铁之形，厂像打铁用的砧礅，下为两点像铜锭。殳就是手持铁锤击打之形。表示锻打，后本义用锻表示，段借用为分段、切分。
			壽	寿	字形解读各说不一，或像液体蜿蜒流动形，或说像水流田畴形，或说像带汁肉块形。我认为像水流动之形。放在此回更是强调指铸造时，铜锭熔化后流入范模之形。构字如寿，从甲金文到篆书，笔画越来越多，越来越复杂，恐怕是认为笔画越多代表越长寿。《说文》解为久也，指人年老，活得长久。总之表示人寿如流。

用泥土作为原材料加工制造为捏造，也称塑造。捏和塑都有土字，表示以土为原材料。捏造出来的产品是什么呢？按古代神话传说，最早的产品是人。《太平御览·皇王部》引《风俗通》记载了女娲造人的故事。

> 俗说开天辟地，未有人民，女娲（传说是人面蛇身，创造了人类）抟黄土作人。剧务（工作剧烈繁重），力不暇供（用上所有的力量还来不及供应），乃引（牵、拉）绳于泥中，举以为人。故富贵者，黄土人；贫贱者，引绳人也。

后世还有补充，说泥和水混合后造人，泥多者为男人，故男人大多脏兮兮的，身上可以搓下很多污屑。水多者为女人，故女人爱哭，动不动就流泪如泉。《红楼梦》中真假（甄贾）宝玉都说："女儿是水做的骨肉，男人是泥做的骨肉。见了女儿，我便清爽；见了男子，便觉浊臭逼人。"

巧合的是，在《圣经》中，有上帝以土造亚当的故事，在古希腊罗马神话中，有普罗米修斯以黏土造人的故事。这些巧合至少说明一点：人类最早制造工具就是用泥土为原材料。因为相对于金石丝木，土加水很容易造型，水干后容易定型。

造人毕竟只是传说，但古人制造的陶瓷却遗留到了现在。中国人心灵手巧，更是制造陶器的高手。英语称中国为China，本义就是瓷器。瓷器多种多样，我们今天仍然还在使用的有碗、盘、缸、瓦等等。

甲骨文和金文没有发现瓦字，在篆书和秦简中，瓦字为象形，像两片瓦，一片朝上，呈凹形；一片朝下，呈凸形，相互勾连。我认为可把瓦字解读为泥水匠制造瓦用的工具，是一个圆桶形，上下为支架，中间圆桶可以转动。但是现在这种工具极为罕见。而房子顶上用来遮雨的瓦倒还易见到。瓦还作为形旁，表示用泥土制造的产品，如瓷、瓮、甄等。

缶也是泥土制造，上为午，即是搅拌泥土的杵，下为凵，是容器，用来盛装泥土。本是制造陶瓷的一个动态形象。加一个俯身的人，表示人正弯腰搅拌容器中的泥土，就是匋字，后加阝成陶瓷的陶字。而展、窒等字则展现了装窑、烧窑的过程。

以麻绳或丝束为原材料加工制作就是纺织业，称为织造、纺造、编造。当然，如果用竹子编制席子、竹篓等，称为编造。纺织编都是绞丝旁，表示以丝或类似丝之物为原材料。中国是纺织大国，男耕女织，耕是农业，解决吃饭问题；织是手工，解决穿衣问题。耕地最早曾用象，为字就是手牵象耕地的情景。但象食量太大，此后牛被驯化用以耕田。男人耕田，与牛的感情最深。故牛郎织女是中国社会男女分工的典型方式。

古代草木丰茂，木是易得易用的好材料，不但可以构建房屋，如宋、余等字都是木头房屋的形象；还可以作为柴薪，生火煮饭。我们来看制字，古文从未和刀。未表示枝条繁茂之树、枝头绽放新绿、未到枯萎脱落之时；制就是用刀修剪树枝，小点象征砍下的枝条。篆书省略小点，或下加衣，表示裁制衣衫。隶变直、方。特别有意思的是，其他木字下部都改为撇捺，制字左下部为"冂"，却保留了篆书形式。今规范为制。本指修剪枝条，泛指裁衣、裁制、制作、制造。

古	篆	隶	楷
𣏂	𣏂 𣏂 𣏃	𣏃 𣏃	制 製

砍伐林木，需要刀斧。"斧斤以时入山林"。斧与斤（锛）大体相似。斧子的刃与柄平行，斤的刃与柄垂直，后来称斤为锛。斤字用来作重量单位，指斤两、斤斤计较。但是斤构成的字还保留了其本义，如匠、折、析、兵。匠从匚从斤，表示斤这种工具装在框中，代指工匠。斤可伐木，当然也可用于战争杀敌，兵就是双手持斤之形，表示兵器，后又代指使用兵器的人，即士兵。折左边原为中间断开的木，表示用斤砍断木头，即折断。析则是将木头由上而下自中间剖开，即分析、分开。

斧的形象则造出王字和工字。王字侧重于战争之用，后引申指用斧、主宰杀伐之人，即国王。工字侧重于制造之用，后引申为工匠、工作、工艺。工字像带柄的铲或工字尺。其实金文工字既像带柄的铲子，更像斧头。王字比工字多一横。

斧

斤

大	王	王	王 王	王
工	工	工	工 工	工

构建房屋、制作床几，仅有斧斤还不够，还必须有精密测量的仪器，即规矩。规用以画圆，故称圆规；矩用以画方，故方形又称矩形。规矩二字现在是合体字，其最初本

字是何字？规矩的原形又是什么形象？

从山东到新疆，《伏羲女娲手执矩规图》分布十分广泛。右图为北京故宫博物院所藏的伏羲女娲绢画，系1963年4月出土于新疆吐鲁番阿斯塔那古墓，1963年12月由新疆博物馆拨交故宫博物院。经考证，为唐代绢本，设色，纵左222.5cm，右231cm，横上115cm，下94cm。

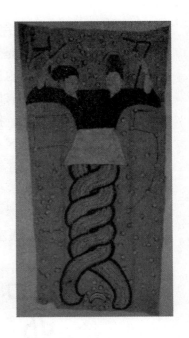

据阿斯塔那古墓考古报告中所示，同期出土的此类绢画共有数十件。在墓室中一般都是画面朝下，用木钉钉在墓顶上。一般认为伏羲所执矩象征地，女娲所执规象征天，用以配合画面上的日月星辰，为墓室营造一个小宇宙。

中国古代存在着盘古、三皇五帝的崇拜，唯独在伏羲女娲图上把矩、规两个几何绘图测量工具画上去，这可能说明伏羲女娲是规矩的最早发明人，即知识产权拥有人。目前考古已经发掘了很多六千年以前的陶器，上面刻有精美的几何图案，有方形、圆形。这是伏羲女娲时期就已经使用规、矩的物证。

在商代的甲骨文中，已有"规""矩"二字："规"字字形，像手执规画圆；"矩"写作"匸"，像曲尺形，有的写成两个直角三角形形状。这说明在殷商时期，规矩作为社会的存在，已成为当时工程技术、绘图放线中普遍使用的工具。两足规画圆，直角矩画方。"工"字的形象从甲金文到篆隶楷都相近。《说文》云："工，巧饰也。象人有规矩也，与巫同意。"可见，工与规矩二字联系紧密。而"巫"字甲骨文字形是两个"工"字相交王，正好是规、矩的复合体。从这个意义上说，伏羲女娲是最早的巫，也是最早的工匠。我们也不难理解"工"原指巫师、乐师、工匠等有特殊技艺的人。而引申指工作、工艺。

以规矩确定方圆，非常准确，所以我们常说"没有规矩不成方圆"。规矩还引申为规则、遵守规则。"规规矩矩""循规蹈矩"就是形容做事老老实实，一板一眼，无法变通，不知变通。

针对木头、石头，还可打造。斧斤只是把木头砍断、剖开，还需要在木头、石头上打孔、钉钉等，才能使木、石之间衔接紧密，制作的房屋、几榻牢固。这就是打造。打造挖孔用凿，衔接用丁。

古人形容一个人不识字，常用"目不识丁"。在古文字中，丁字还真不好认。甲文"丁"字或圆〇或方口，是钉的俯视图，即钉帽的形状，容易与口、日（太阳）混淆。篆书易与个字混淆。古人也说"桥归桥，路归路""丁是丁，卯是卯"，比喻两者有联系，但也有区别。丁和卯有何联系和区别？从天干地支上讲，丁是天干，排在甲乙丙之后，是第四位；卯是地支，排在子丑寅之后，也是第四位。因此，两者同是第四，但一为天干，一为地支，这是区别。而从两者的本义来说，丁是一端尖细，一端粗大的钉子形象。卯则是孔、洞。现在铁路上还有铆钉，就是放入铆眼的钉子。丁可以依靠打击，直接钉入木头、墙体内部。也可以先打孔，再把卯钉放进孔中，在卯的外端打、压出另一头，将欲连接的两样物体衔接更紧密。我们从丁、卯两字的字形就可看出，卯字有一个圆孔，孔中还有两竖，表示压进孔中的铆钉。

〇	口	●	个	ㄐ	丁
卯	夘	卯	卯卯	卯

打造主要针对石头或木头。但我们把打铁也叫做打造。常言道，打铁还须砧碰硬。曾经有一段时间，打造成为流行语。不仅指小敲小打、小修小补，还用于打造航空母舰，打造人民军队。应当说，这些大家伙光靠手工敲敲打打是不行的，必须要改变外形，甚至改变本质。准确来说，是锻造或铸造。

打铁实际上是锻造，通过高温加热把钢铁变软，然后锤打为需要的样式。如果通过高温把钢铁变成水，把铁水引流到制好的范或模子中，冷却凝固定型，那就是铸造了。

铸是形声字，对象是金属，寿是声旁兼表意，寿字金文和篆书包括字根〔图〕，〔图〕像流水，一左〔图〕一右〔图〕两个口字形，代表两个地方，即由此地流到彼地。铸造时就表示由烧铁水的锅中流到范或模中。

说了铸，再说寿。寿表示久。老人过生办寿，祝寿常说：福如东海长流水，寿比南山不老松。这应该是互文的修辞手法，即福寿绵长，如水长流，如松不老。水长流正是寿字字形。甲文为〔图〕，〔图〕作为单纯字根后，早期金文加"口"〔图〕，表示对长命老人道贺。晚期金文〔图〕加"老"〔图〕，表示命长，活到很老；或〔图〕加双手〔图〕，表示双手奉礼，庆贺长命老人。篆文〔图〕合并早期和晚期金文字形。

第四篇　社会的上层建筑

第十六回　祭祀占卜乃大事
宜敬鬼神而远之

每天晚上七点到七点半，全国很多人都在看中央电视台的两个节目，一是《新闻联播》，二是《天气预报》。前者是今天已经发生的大事要事回顾；后者是明天将要发生的阴晴雨雪预测。

今人预测天气，凭借的是气象科学知识。古人也要预测天气，凭借的却是沟通神灵意志。如何沟通神灵的意志呢？一般是借助道具。如龟甲兽骨、蓍（shī）草铜钱。据不完全统计，自1899年发现甲骨文以来，出土甲骨十万多片，专门占雨的卜辞少说也有四五千条。可见古人对预测天气之重视。

古人占卜，将自己不能决定的事情交由神灵帮助。他们认为天地万物皆有灵，天有天帝，地有地祇（社神，现代俗称土地菩萨），风雨雷电皆有神灵。人去世之后埋进坟墓，只是去了另一个世界，他们的意志、灵性仍然存在，他们如果来到人间，就是鬼。既然人有求于鬼神祖先，日常自然就要祭拜。否则平时不烧香，临时抱佛脚就行不通。因此，古人将占卜祭祀作为大事。孔子虽然主张不知生焉知死、敬鬼神而远之、善易者不卜，但是，儒最初就是担任各种仪式的司仪，如果没有祭祀礼仪，儒者很有可能失业。因此，孔子特别强调克己复礼。

本章将占卜、祭祀的工具、对象等相关的字根分为五类。一是占卜；二是神灵，即神仙天帝；三是人灵，即祖先之灵；四是鬼灵，即死人鬼怪之灵；五是陵墓。

甲	金	篆	简隶	楷	品读
⼘	⼘	⼘	⼘	卜	火烧龟甲兽骨占卜时上面的裂纹，像一长一短之形。构字如占、贞、外。
𡭔	𢁮	𢁮	兆	兆	古文是占卜时烧灼龟甲出现的裂纹。篆书整齐化或另加卜突出卜兆之义。本指卜兆，泛指征兆、预兆。

丅亇	示	示	示	示	古人祭祀时的祭台形象。后引申指天所显现出来的某种特殊现象，向人垂示祸福；进一步引申为"示范""展示""告示"等。
釆釆	釆釆	帝帝	帝	帝	甲文像结扎柴草一束的形状，中间小两头大（像篝火晚会堆的柴火），燃烧以祭祀天神。金文在上加一横代天，祭祀沟通天地。篆书沿袭并整齐化，隶变后楷书作帝。
且	且	且	且	且	商周时且、祖通用。甲文是墓碑或牌位的形象。有学者认为从土形转化而来，由崇拜自然神进而崇敬祖先。
畏畏	禍䰠	鬼禝	鬼	鬼	人戴上面具的形象。甲文上为面具，下为人形。金文中有的加示字旁，表示祭祀的对象。后来加厶字，表示私，不敢公开见人、鬼鬼祟祟。面具之形后来演变为由、甲、田、卑上等形，构字戴、異、鬼、卑、畏等字。
亞	亞	亞	亞	亚	先王墓室四墓道形象，祖先死后仍生活的亚世界。一说为原始社会图腾时代一种十字形的环石俯视图，竖立在部落里表示各自的生产方式与特点，亚字象征东南西北，十字形的横直线条，给人平衡稳定之感。
牀	丗	宁	宁	宁	甲金篆书祖先中宁字形墓道象形，仅次于亚规格，部族墓制。也解为贮的本字，隶变后分别写作宁与贮（为简繁体）。今宁做了宁的简化字，专表"安宁"之义，原义由贮表示，作偏旁时简化为宀。参见贮。

一、占卜（卜兆）

占卜用来决定难以决断的事。能决定的事还卜吗？今天三餐吃不吃？不想吃的时候要卜一下。如果想吃，还要卜，那就麻烦了，万一结果是不吃，莫非人就饿死吗？

预测有没有准确性？肯定有，而且超过50%。明天是否下雨，正常情况下，概率都在50%，再根据经验，如今天的天气、日月、风云，准确率可能达到90%。有这样一件事：

有一次足球比赛，冠军队主教练在新闻发布会上说："这次夺冠，我要感谢一个神人，每次赛前他都打电话过来，说我队必胜。"因此，我们抱着必胜的信心，安排战略战术，果然场场胜利，顺利夺冠。

　　听起来，那位神人定是一位预测大师。但是，揭开神秘面纱，这原是一个人人皆能的小游戏。如果十六支队伍参加比赛。我以十六个名字进行预测，说他们都将取胜。有八个队胜了。我又继续预测他们下一场取胜。如此类推，最后对于冠军队，则我的预测全部正确。

　　我们看足球、篮球、乒乓球、羽毛球比赛时，都喜欢预测一下胜负，根据双方各自的实力、比赛的时间地点、裁判等各种因素作出判断，往往准确性相当高。因此，预测不是猜测。猜测只是胡乱判断，预测则有所依据。这些依据我们现在称之为预兆。比如，瑞雪兆丰年。今年冬天下了大雪，明年小麦就长得好。因为杀死了害虫等。这是人们根据多年经验总结的。我们看《三国演义》赤壁之战时，孔明借东风，登台作法，近乎妖道。正如鲁迅先生评价：状刘备之仁近乎伪，状诸葛之智近乎妖。登台作法借东风那是故弄玄虚，关键是孔明如何预测会有东风，又为何是需要东风呢？

　　我们先看第二个问题，为何需要东风。曹操军人是北方人，不善水战，于是把战船连锁，这样如同陆地，利于发挥人多的优势。但是这样就怕火攻。曹操的水军在长江上游，位于西北方；东吴水军在下游，位于东南方。如果火攻，就必须要东南风。当时是农历十月，属于冬季，应吹西北风。若按照五行学说，春天是东风，夏天是南风，秋天是西风，冬天是北风。因此，如果火攻，岂不是烧了东吴自己？所以，曹操高枕无忧，而周瑜也心知肚明，虽有火攻之策，却难以实施，愁急如焚。

　　再来回答第一个问题：孔明如何判断会有东风。曹操兵败赤壁，逃回北方，偶看《易经》，不禁大笑。下属感到奇怪，问他有何可笑。曹操说，我付出赤壁大败的代价，才搞明白了一段《易经》。原来诸葛亮就是熟读《易经》，所以作出了正确预测。一阴一阳之谓道，《易经》的精髓就是阴阳变化之道。俗话说，乐极生悲，否极泰来。农历十月，刚进入冬季，有二十四节气之一的立冬。从卦象看十月对应坤卦，为纯阴之卦，阴极则阳生，因此，立冬前后三天气温转暖，称为小阳春，刮东南风。说到此处，孔明借东风就不神秘了。都说《易经》博大精深，从此处亦可知一二。

二、神灵（示、帝）

由土地崇拜到以石代土，巨石崇拜。祭祀石就是示。土地神即是社神。

加示字表示祭祀的对象，如加申为神、加土为社、加帝为禘、加且为祖、加鬼为魂、加庐为宗、加出为祟等。

加示字还可以表示祭祀的方式。如手持肉以示为祭，用已以示为祀，用豊以示为礼（禮）。祭台不仅是示，还可以用桌子，即几，如已在桌上为巽，酋在桌上为奠。

祭祀的对象主要有三类，即神、祖、鬼。字根即帝、且、鬼。

三、人灵（且）

中国尚古敬老重孝。身体发肤受之父母不可毁损。哪吒的故事可见一斑。《封神演义》中，哪吒闯了祸被逼自杀时，割肉还母，剔骨还父。哪吒的灵魂是灵珠子，本是女娲娘娘的童子。既然身体没有了，如果灵魂重新投胎转世为人，与李靖夫妇就没有关系了。但是因为哪吒没有投胎转世，而是用莲花化生（佛教中有胎生、卵生、化生），身体相貌仍然是哪吒的形象，因此，与李靖的父子关系仍然有效。所以哪吒找李靖报仇被认为是不孝，被燃灯道人收进宝塔。哪吒不得不屈服。

灵魂轮回转世的观念源于佛教，而父子血脉传承的观念源于儒家。中国人的正统观念还是以儒家为主导，因此，哪吒与李靖的父子关系无法解除。

我们说这个故事，主要是说明中国人根深蒂固的尊老敬祖观念。老人去世后，一方面入土为安，妥为安葬。周代以前墓是平的，即在地上挖一个坑，安葬后把坑填平。在坟墓上立一墓碑便于确定位置。一方面在家中也要立一个死者的牌位，以便祭祀。古人一般还要守孝三年，守孝严格的标准是在死者墓旁结庐而居。因此，墓地要看风水，便于守孝之人修建临时用房，避免滑坡、水淹、寒风，方便用水打柴等日常生活。

我们说到了墓碑和牌位，他们是死者即祖宗的代表。

且字甲金篆隶楷五体变化不大，都是墓碑的形象。且被借作副词之后，金文加示字旁成为祖字，表示祭祀的对象，即祖宗、祖先、先辈。因此，甲骨文中且与祖为一字，从金文开始分化为两个字。

在隶楷书中，且还有一个来源，即切肉的案板，组字如宜、俎。两者在甲金文中写法不同。甲骨文中，宜、俎两字都是案板上放着肉的形象，但俎侧重指案板，宜侧重指案板上的肉。案板是一个长方形，下边一横与两竖相连，两端未出头。金文中，俎字是一个独体象形字，左边是案板的腿，右边是案板的桌面。篆书左右断开，右边同化为且字，左边为冰字。成语"人为刀俎，我为鱼肉"，俎就是指切肉用的案板或桌子。

宜则强调肉，金文宜字是祭台或案板上两块肉的形象。两块肉为多，多同时表音。多作声旁有时变音为宜，如移、迻。

四、鬼灵（鬼）

人死后为鬼。《说文》解读为"人所归为鬼"。鬼、归同音。李清照《夏日绝句》："生当作人杰，死亦为鬼雄。至今思项羽，不肯过江东。"但古人也应该没有见到鬼吧？他们心目中的鬼又是什么形象呢？在甲骨文中，鬼字下为人或大，上部为面具之形。表明鬼就是戴着面具的人。古人行军作战时，常戴上面具，一是保护作用，二是显得凶猛狰狞，吓倒敌人。冑字就是人的头盔、面具，从字根来说，冑上部是由字，是面具的翻转；下部是帽子，两根会意像帽子一样的面具。古代常称盔甲或甲胄，甲是指披在身上的部分，盔、胄则指戴在头上的部分。面具显得凶猛狰狞，比较丑恶，因此加声旁酉字就是醜，指人长得难看，现在将其简化为丑。应特别注意，十二地支之一、子丑寅卯的丑没有繁体字，丑陋的丑繁体才是醜字。双手戴面具就是异字，表明人戴上面具就不是原来的人了，有区别有差异了。异作声旁组成翼、冀等字。作形旁加声旁𢦏（载、栽、裁，音灾）为戴字。

在商朝、周朝时期，中国人还没有长生不死的神仙观念，也没有佛教中的轮回转世观念。当时的人认为人死后变成鬼，去了另一个世界，生前的身份还会延续。今天，中国很多的腐败官员或大发不义之财的人移民国外，就将大量的财产通过各种渠道转移到国外，以供挥霍享受。与此相似，古人认为人死了，要多多地准备用品，甚至还要准备人员供他在另一个世界使用。陪葬品、殉葬制度因此而生。因此，那个时候的人并不认为鬼一律都是坏的、害人的，而是像人一样，有好有坏。孔子就说"敬鬼神而远之"。春秋末战国初有一位大师——鬼谷子，即是纵横家鼻祖，是苏秦、张仪的老师，是兵家重要代表人物，据传是孙膑与庞涓的老师。鬼谷子姓王名诩（或利），又名王禅，号玄微子，他隐居在鬼谷，故世人称他为鬼谷子。可见他对鬼谷这个地方并不避讳，世人对鬼谷也不避讳。其实，古人对鬼极度尊崇、敬重。因此，在金文中，鬼字加了示字旁，表示鬼与神、祖、祢一样，都是当时人们祭祀的重要对象。

人类社会在进步，人的观念在变化。到了汉代，人们认为人生活在阳间，人死之后成为鬼，就生活在阴间，对人有害。所以秦汉的小篆中，鬼字在甲骨文的基础上，增加"厶"字。《说文》解为"鬼阴气贼害，从厶"。至此，鬼之形、义基本定形，隶楷变形不大。此后，鬼的负面意义增多。鬼出来就是害人，人们对鬼多怕、畏、惧而少敬。所以民间说平生不做亏心事，半夜不怕鬼敲门。危险大的地方称为鬼门关，耍阴谋诡计不光明正大称为心中有鬼、鬼鬼祟祟。

唐朝宫廷斗争激烈，一片血雨腥风。坐上皇位者往往是杀父子，杀兄弟，六亲不认，满手血腥。因此往往心理压力巨大，始终担心恶鬼纠缠报复。唐太宗李世民发动玄武门之变，杀兄太子李建成、杀弟李元吉，逼迫父亲李渊退位。虽然做了皇帝，但晚上噩梦连床，梦见被他杀死的兄弟化为厉鬼来复仇，于是秦琼和尉迟恭二人晚上在门口守夜，果然，唐太宗不再被噩梦纠缠。但两个大将军不可能天天晚上守门，于是把两人的形象画在纸上，贴在门上。这样，效果仍在。于是他们二人便被后人当做了门神，取代了以前的门神。我们今天还能在民间看到门神一身戎装、威风凛凛的形象。其中一位单手执钢鞭，是尉迟敬德；另一位双手执铁锏，是秦叔宝。

无独有偶，唐玄宗李隆基也是诛杀姑姑太平公主、仗势挤掉哥哥（一般情况是立长不立幼）成为太子、逼得父亲自愿退位。他也梦到鬼。其中一只小鬼想害他，而另一个大鬼出现，把小鬼捉住。唐玄宗因此久病痊愈，便命画圣吴道子画出钟馗像，并在画上批示，要求全国宣传。从此钟馗捉鬼的故事家喻户晓、妇孺皆知。文字记载则以北宋沈括（1031—1095）《梦溪笔谈》为最早。

鬼字是《说文》540部首之一，可作偏旁构成大量形声字，如魂、魄、醜、魏、魔等。鬼字若位于字的左边，组成的字如魁、魅、魃、魑等，在篆书是左右结构，在隶书中却变形为半包围结构。鬼字右边一钩拉长，将右边部分包围其中。这是隶变过程中强化主笔，突出横势形成的。类似的变形还有彪、赵、道等。

鬼字头是面具的形状，人戴面具为鬼，人双手戴面具为異，手持面具为卑。卑字上为面具，下为手。还有人将卑字上部的面具解读为装酒的容器，手持酒壶倒酒，表明是为主人服务的奴仆，地位卑下。

畏字甲文像一个头戴恐怖面具、手持树枝欲击打的形状。金文树枝下移，篆书进一步讹变。《说文》误认为是鬼头而虎爪。隶书变形成为今文。戴面具形的字还有異、戴等。畏本义指丑恶，引申泛指恐惧。

五、陵墓（亚、宁）

商代敬鬼信神、巫术盛行。商人认为人去世实际是进入了另一个世界，所以丧葬规格高，要有日用品、猪羊、人殉葬。我们现在看到的西安兵马俑，就是秦始皇想在死后指挥的部队。那么对于死后住的地方，即墓，古人自然非常重视。既然人分为三六九等，秩序森严，那么墓的标准也各不相同。

帝王的墓称为陵，如埋葬轩辕黄帝的黄帝陵、埋葬唐太宗李世民的昭陵、埋葬唐高宗李治和皇后武则天的乾陵、明代帝王现存的明十三陵。推翻两千多年封建统治、建立中华民国的孙中山先生，其陵墓称为中山陵，由此可见后人对孙中山先生的敬重。

圣人的墓称为林，读音与陵相同，但字不同。如孔子的墓称孔林、武圣关羽的墓称关林。贵族的墓称为冢，我们熟悉的是青冢，即中国四大美女之一的王昭君之墓。杜甫有诗"一去紫台连朔漠，独留青冢向黄昏"。因为边地多白草，惟独昭君墓上草青，故名青冢。《说文》解读"冢，高坟也"。因此，冢指高大陵墓，比坟的土堆高大。

一般老百姓的坟墓就没有专称了，就叫坟墓。当然，坟墓一词用于口语，在书面用语中，坟、墓单用仍有区别。《礼记·檀弓》记载："孔子曰：'古者墓而不坟。'""土之高者曰坟，葬而无坟谓墓。"也有人据此推断说，东周以前的墓葬是"墓而不坟"的，墓而坟是由春秋时期的孔子开始的。可见，虽然都指墓穴，平者为墓；墓上面的封土堆成丘的则称为坟。宋朝诗人范成大有诗"纵有千年铁门槛，终须一个土馒头"，土馒头就是坟。当然，也有人从等级制度上区别坟墓，即一般官员或富人称"墓"，平民百姓称"坟"。表示坟墓之义的还有一个字——茔，《说文》解读为："墓地。从土营省，亦声。"是土葬的典型反映。

书归正传，我们现在来讲亚和宁二字。

				亚
				贮
				宁

108

亚字在甲骨文中就是陵墓的形象，中间是十字路口的形状，即行字，表示四个墓道。四个出口均用横或竖封住。商代的人认为祖先死后，由原来生活的世界进入到另一个世界，即亚世界。此外，有人将亚字解读为古代聚族而居的一组大型建筑的平面图形。造字原因可能是先民以同族居室的图像表示血缘族群的关系。古代同一血族称"亚"，进而又指与血族联姻之族，再引申为"次第"之义。还可能是原始社会图腾时代一种十字形的环石俯视图，竖立在部落里表示各自的生产方式与特点，亚字象征东南西北，十字形的横直交叉线条，给人平衡、稳定之感。

亚字型陵墓是最高规格，有四个墓道；规格略低一点的是两个墓道，这就是宁字的形象。宁字在甲骨文中只有上下两个墓道，左右没有墓道。这种规格的陵墓可能是部族首领或诸侯的墓葬规格。

宁表贮存之义时读作zhù。1956年汉字简化时，此义归入"贮"，此后宁就专作为安宁之义，引申为安静、止息，由问安义引申为已婚女子归望父母，即归宁。这些都读作níng。宁引申为副词，表示宁愿、宁可，即内心安于某种选择，则读nìng。

宩、甯、寧、寜都是异体字，源于商周。甲文从宀，丂声，西周初增加心以增强表现心理活动之义。随之又有省略丁的异体出现，可谓简化、繁化并存。小篆"用"可能是丂的讹变。宩字秦汉后已无用例，属于自然淘汰。1955年淘汰了甯、寜，确定寧为规范字，1956年简化为宁。

第十七回　金石丝竹八音起
寓教于乐人人喜

说到音乐，我们就容易想到俞伯牙、钟子期高山流水的故事，懂音乐的人称为知音，不懂音乐就称为对牛弹琴。其实，大多数人都只知道这个故事的前半段，这个故事还有下半段：

> 汉·牟融《理惑论》："昔公明仪为牛弹《清角》之操，伏食如故。非牛不闻，不合其耳矣。转为蚊虻之声，孤犊之鸣，即掉尾奋耳，蹀躞（dié xiè）而听。"（南朝·梁·僧佑《弘明集》）

如果不顾场合，不顾听众，必定对牛弹琴。因此，演讲就是在适合的场合（时间地点）对适合的人讲适合的话。也有特殊情况。

有一次，某领导出席一个场合作重要讲话。秘书突然发现把另外一个会议的讲话稿给领导了。秘书在台下急得团团乱转，领导在台上却念得眉飞色舞。作完报告，竟然没有任何人发现领导念错了稿子。

这种任何场合都可用的官样文章，就是现代八股文吧！

对牛弹琴，不是牛之错，而是人之错。但是后人不管这么多，反正归咎于牛。无独有偶，西方也把不懂音乐的耳朵称为驴耳朵。为什么呢，这源于古罗马神话故事。

阿波罗是太阳神，也是音乐神和诗神。有一次，潘神（牧羊人、羊群、山林野兽、猎人以及乡村音乐之神）向阿波罗挑战音乐技巧。山神（Tmolus）被选为仲裁。潘吹奏起绪任克欺（Syrinx），优美的乡村曲调让他自己以及他忠实的追随者，当时碰巧也在场的国王迈尔斯（Midas）非常满足。然后阿波罗拉动七弦琴的琴弦。山神即刻将胜利判给了阿波罗，其他人都赞同这个判决。但迈尔斯不服，质疑裁决的公正。阿波罗对迈尔斯不懂音乐却瞎起哄很生气，把他的耳朵变成了驴耳。因此，西方就把不懂音乐的耳朵称为驴耳朵。

言归正传，还是来说音乐。音乐的"乐"字就是快乐的"乐"字。顾名思义，音乐就是给人带来快乐的声音，人快乐时就会唱出歌声发出乐音。

古人精神生活相对简单，娱乐项目比较缺乏。重大活动如祭祀、庆典时，常常载歌载舞，娱神乐人。仪式不同，歌舞形式也不相同，而且约定俗成或有明确规定，因此，古代常常礼乐并称。如说礼乐征伐自天子出、礼崩乐坏。唐代大诗人、高中状元的王维曾担任大乐丞（或为太乐丞，即皇家乐团副团长，团长为大乐令）。据说为了一饱耳福，私自听了专门演奏给皇帝听的乐曲，就被贬为济州（今山东长清县西南）司仓参军。唐代另一大诗人杜甫，因为讥讽蜀地守将花卿乐曲逾礼，写下了一首著名的诗歌：

> 锦城丝管日纷纷，半入江风半入云。
> 此曲只应天上有，人间能得几回闻。

> ——杜甫《赠花卿》

花卿，名敬定，是成都尹崔光远的部将，曾因平叛立过功，便居功自傲，目无法纪，放纵士兵抢劫民众，更僭用天子音乐。杜甫便赠诗予以委婉的讽刺。杨慎《升庵诗话》说："花卿在蜀颇僭用天子礼乐，子美作此讥之，而意在言外，最得诗人之旨。"沈德潜《说诗晬语》也说："诗贵牵意，有言在此而意在彼者，杜少陵刺花敬定之僭窃，则想新曲于天上。"当然，我们现在常常用后两句诗，赞美别人演奏技艺高超。

音乐人人爱听，少男少女则借歌舞向异性表达爱意。动物发情，一般就会鸣叫，如猫叫思春、蛙鸣求偶；雌性熊猫求爱时喜欢爬到高树上引诱雄性熊猫，遇到看顺了眼的就下地面谈恋爱。人类延续了这种行为，很多民族现在仍然保留歌舞示爱的习俗。

既然人们喜欢"乐"，古之圣人治理百姓、教化万民时就寓教于乐。据说伏羲造琴，初为五弦，周文王周武王各增加一条弦，成为流传至今的七弦古琴。孔子教学时，"诗三百，篇篇弦而歌之"。因为《诗经》风雅颂三种体裁就是当时民歌和官方祭祀或庆典歌曲。我们今天各种重大节庆如春节、国庆，都要举行庆典歌舞演出，各种交易会、电影节等，开幕闭幕都会组织歌舞节目。

同一乐器有高音低音，即哆来咪发唆拉西；不同乐器音色不同，如战鼓雄浑低沉，长笛清亮高亢。但在一个乐队演奏时要做到和而不同。因此，和原是指音乐的和谐，后来引申为修身齐家治国的标准。常说小人同而不和，君子和而不同；或说家和万事兴；以和为贵；和实生物，同则不继。2008年北京奥运会开幕式上，活字印刷表演专门展现了和字。

我们这一回专门讲乐器。古代的乐器按制作材料分为八种，称为八音。即金（钟、镈）、石（磬）、丝（琴、瑟）、竹（箫、篪）、匏（笙、竽）、土（埙、缶）、革（鼗、雷鼓）、木（柷、敔）八类。由于一些字根在其他回讲，本回主要分五类，即金、石、丝、竹、革类。

甲	金	篆	简隶	楷	品读
				今	甲金篆隶变化不大，都是口向下，中间有钮和舌的铃铛形状。用铃响表示现在、此时此刻。
				南	古代南方的一种打击乐器，故称南。甲金篆形似，上为吊挂乐器的绳索，下边是乐器，陶制筒形。隶书上部变成十字，失去原形。还有人解读为中为市，即草木繁茂的样子，表示南方草木生长好。作声旁如楠、喃。
				庚	字形中的田是鼓身，中间一竖是可用手拿的手柄。两边的短竖像细绳，上面则是鼓上的饰物。这是一种手摇转动发声的乐器。就像我们小时候玩的拨浪鼓。唐像一个供奉在神坛上的鼓。康是摇动时发出的声音，如鼓与彭。作声旁构赓字。
				壳	悬挂着的青铜钟，用以敲打的部分，即外壳。
				业	《说文》解为大版，也就是古代乐器架子横木上的大版，类似我们今天的三角形支架、挂钩等物，形如锯齿，用来悬挂编钟、鼓磬等乐器。后引申书籍的夹板，再引申学习内容及职业等。金文上边的短竖形如锯齿，下边是有纹饰的架子形状。
				声	甲文左上的为乐器磬，右为手执棒槌敲磬状，中为代表耳朵及声音的形状。本义指敲磬乐发出的声音。

				乐	此有两解。一说乐（樂）与药（藥）同源。下为木，上面为结的果子，可作药用。吃了药，病好了自然快乐。为了区别两字，药上面加了草字头。另一说则指乐器。上边是两束丝形，表示弦，下边为木表示木质弦乐。后面上边中间加一白字，表示用指甲弹拨琴弦。
				琴	甲文像手执琴拨子等物弹奏一种弦乐器。金文则是左右有五弦的琴架，下为声符金。篆下是变形的琴架，上面是搁置琴弦的琴马。另有琵琶等。
				龠	龠（yuè）为我国最早的吹奏乐器。金文上为倒过来的口字形，表示往下吹。此乐器为竹管编扎而成，上端有吹口，后发展为排箫。篆增加了吹口与竹管。
				于	表示发吁声时鼓起之肚，省后表示吁出的长气。
				壴	鼓的形象。今只作偏旁。构字如尌、喜、彭等。

一、金属乐器

金属乐器比其他材料的乐器出现要晚，是人类进入青铜时代之后才产生的。由于青铜贵重，金属乐器反而后来居上，成为八音之首（汉代之后琴为八音之首）。从古到今常见金属乐器就是钟。古代敲钟报时，所以叫时钟。形容人的声音响亮叫声如洪钟，警醒世人常用警钟长鸣，佛家则用晨钟暮鼓惊醒世间名利客。

我们现在常见的是铃铛，马脖子上常挂几个，走起路来叮叮当当，耳畔传来铃声，就知马队来了，要注意避让。正如现在车鸣喇叭、船鸣汽笛。铃铛有两种，一种是圆形、封闭，只有下面开一口，内置一个铁丸，摇动时铁丸滚动出声。另一种像喇叭花，下端开口，中间吊一个坠子，摇动时吊坠撞击内壁出声。这种铃铛就像钟。钟外形大同小异，不同的是撞法。有的中间有坠子，下面挂一长绳子，拉动绳子，吊坠撞击钟的内壁出声。这种钟一般挂得高。另一种是中间没有坠子，要用棒槌撞击钟的外壁。俗话说做一天和尚撞一天钟，就是这种撞法。

我们看看铃和钟的形象。

左图就是我们读小学时课本掩耳盗铃故事的插图。其实，《吕氏春秋》记载的故事，偷的是钟。因此，右面的图才正确。

甲	金	篆	隶	楷
☖☖	☖☖	今	今	今
（甲骨文字形）	（金文字形）	南	南	南

今字甲金篆隶楷变化不大，都是图中铃铛的形象，口向下，中间有钮和舌。铃响表示现在、此时此刻。今作声旁构字如金、禽、更、吟、衿等。

南字甲金篆书形似，像绳子上吊起的钟（或铃铛，中间有吊坠）的形象。甲骨文┃上为吊挂乐器的绳索┃，下边是乐器┃。后期甲骨文┃在钟体内部强化了吊坠形象，或表示用棍棒敲击乐器。篆文南基本承续金文字形。隶书南将篆文的绳结┃写成十。

114

我们推测这种乐器就是今天见到的出土文物编钟。因为古代南方楚国将这种钟一组一组挂在一起，作为一种打击乐器，因此，将这种乐器借作南。

弄清楚了今与南的联系，我们对很多字就豁然贯通。

毄字，甲骨文是一手持棒槌击打乐器"南"的形象，表示敲钟，引申为敲打、打击。敲打的部位是钟的外壳，所以毄作名词就指钟的外壳。毄字后来作了偏旁，其本义就加一个表示壳形的形旁几字，写作殻来表示。殻俗体写作壳，今简化字壳即源于此。敲字，应属于后造的形声字来表示敲打之义。

穀即毄与禾构成，毄为壳，加禾旁表示带壳的谷物。如果去掉糠壳，就是米了。

前面我们讲过，钟一般是击打外壳。但也可以击打内壁。击打外壳是敲或殼，击打内壁则是更和庚字。

甲	金	篆	隶	行	草	楷
字形	字形	字形	更	更	更	更

更字的甲骨文是手持棒槌击打钟（今）内壁的形象。引申为在整点时刻敲钟报时。金文将甲骨文的钟形写成"丙"（锣形乐器）。篆文承续金文字形。隶书更则将两部分合并连写成"更"，钟的形象完全消失。我们为何说更是打今的形象，主要是根据今、南、更、敲（殼）等字甲骨文的象形特点。其次，我们可以从更、粳等字的读音得到佐证。

以前看电视时，见有人把打更读作打 jīng（四川话与今音相同），觉得奇怪。查《新华字典》，更没有 jīng 这个读音。后来听北方朋友说话，也读作三 jīng 半夜。查周德清的《中原音韵》，不仅仅一个"更"字，就连耕田的"耕"也是读作"jīng"。

更有力的佐证则是粳的读音。按照标准普通话的发音粳米的"粳"读作"jīng"，不读"gēng"。在《中原音韵》里，"gèng"和"粳"同属一个韵。

因此，我们可以说，更在甲骨文中是上今下支，是形声兼会意字。更表示时间就是今音，打今，半夜三今（现在普通话读jīn，是变化）。作程度副词表示更加时读"gèng"，表示更换、更替时读庚一声。

甲骨文本身就是相当完整、严密的汉字体系。很多象形符号经过归纳简省，因此书写过程中以讹传讹必定存在。我们的一己之见，供大家参考。

我们再看庚字。

庚就是吊钟，下端挂绳子，拉绳子，钟则响。

有学者认为庚是拨浪鼓的形象。也无不可。意义没有太大差别。我把庚视为今，吊钟，更容易看出文字之间的联系。

庚字还组成字康、唐、庸、镛。庚借为天干之后，本义加用为庸，表示常用庚。因为常用，借作平常、平庸，另加金旁表示大金钟，即镛。因此，镛即庚。《说文》解读为大钟。

赓，表示贝声如庚连续不断。庚为声符，兼表意。异体为续。现两字有分别。赓为补偿、抵偿。续表丝相连接。

甲	金	篆	楷
（字形）	（字形）	（字形）	庚
（字形）	（字形）	（字形）	唐
（字形）	（字形）	（字形）	康

从内击钟为更，从外击钟为敲，如果用悬挂的大木棒击打就是撞。我们见过一些古刹，如苏州的寒山寺、镇江的金山寺、重庆的华岩寺，真正体会撞钟而不是敲钟。

说了这么久的钟，最后说一说钟字。

相比今、南、更等字，甲骨文未见钟字，金文钟字为形声字，表示金属材料所做、发出咚咚声音。现在的钟字是简化字。

繁体为鐘和錘。常说撞钟，因此，钟鼓、乐器的钟字，与撞相关，都用童作声旁。古代常用盲童持杵（或辛）打钟。作姓的钟为锺，右为重，是壶形而开口较大的容器，可盛酒食。

编钟一个钟敲一个音，如果要演奏一首乐曲，就把不同音高的钟摆在一起，就可以演奏音域较宽的乐曲。河南、武汉等地都有编钟表演。我国第一颗人造地球卫星上天，携带的乐曲就有一首是出土编钟演奏的《东方红》。

二、石质乐器

甲	六	篆

磬字甲骨文 左边像绳子 上挂着石磬 。右边是一只手拿着长长的棒槌 ，表示击打。这正是击磬奏乐的写照。磬后来加石旁，表明最早的磬是石材。考古发现新石器时代便有磬了，因此可以说磬是中国最古老的乐器之一。磬因大小厚薄长短不同，发音有高低变化。因此，周代出现编磬，十二块为一组，对应十二律。编钟可能就是沿袭编磬的做法。顺便说一下，此十二律不是十二平均律。律学有纯律、三分损益律和十二平均律。明代朱载堉明确提出十二平均律，西方五十二年后发表相似理论，之后发明钢琴。

在磬 下面加一个听字 ，构成声字 。左上为乐器磬，右为手执棒槌敲磬状，中为代表耳朵及声音的形状。本义指敲打磬乐发出的声音。因此，声有乐声之义。古时五声就是指宫商角徵羽，相当于简谱12356。现代人自谦不会唱歌常说"我五音不全"。古人认为声和音有区别。老子《道德经》第二章讲辩证法：

> 天下皆知美之为美，斯恶已。皆知善之为善，斯不善已。有无相生，难易相成，长短相形，高下相倾，音声相和，前后相随。恒也。是以圣人处无为之

事，行不言之教；万物作而弗始，生而弗有，为而弗恃，功成而不居。夫唯弗居，是以不去。

音声相和，说明音和声相对而存在。生于人心者为音，所以音是人舌之形；生于器质者为声，所以声字从磬。还有说法是单响是声，合声为音。兽有声而无音，鸟有音而无声。唯有人才有声有音。据说晚清中兴之臣曾国藩著述的《冰鉴》一书，是关于相人识人的作品，对声音作了详尽解说：

> 人之声音，犹天地之气，轻清上浮，重浊下坠。始于丹田，发于喉，转于舌，辨于齿，出于唇，实与五音相配。取其自成一家，不必一一合调，闻声相思，其人斯在，宁必一见决英雄哉！
> 声与音不同。声主"张"，寻发处见；音主"敛"，寻歇处见。辨声之法，必辨喜怒哀乐；喜如折竹，怒如阴雷起地，哀如击薄冰，乐如雪舞风前，大概以"轻清"为上。声雄者，如钟则贵，如锣则贱；声雌者，如雉鸣则贵，如蛙鸣则贱。远听声雄，近听悠扬，起若乘风，止如拍琴，上上。"大言不张唇，细言不露齿"，上也。出而不返，荒郊牛鸣；急而不达，深夜鼠嚼；或字句相联，喋喋利口；或齿喉隔断，嗫嗫混谈。市井之夫，何足比较？
> 音者，声之余也，与声相去不远，此则从细曲中见耳。贫贱者有声无音，尖巧者有音无声，所谓"禽无声，兽无音"是也。凡人说话，是声散在前后左右者是也。开谈多含情，话终有余响，不唯雅人，兼称国士；口阔无溢出，舌尖无窕音，不唯实厚，兼获名高。

实际上大多数场合声音二字用法没有多大区别。现在我们把唱歌就叫做声乐，演奏乐器称器乐，统称音乐。

三、丝质乐器（琴、乐）

钟为君王庙堂之器，钟鸣鼎食；鼓为将军沙场之用，一鼓作气。丝竹则为民间之乐。丝是弦乐类乐器的通称，常见如琴瑟、琵琶、二胡等。乐器店常称琴行，琴常是乐器的代表。我们就来解读琴字。

甲	金	篆	隶	行	楷
			琴	琴	琴
			樂	示	樂

琴字甲骨文像手执琴拨子等物弹奏一种弦乐器。左边为乐字，我们就先谈乐字，再说琴字。乐字是一种弦乐的形象，上边是两束丝形，表示弦，下边为木表示木质弦乐。这与我们今天见到的琴瑟琵琶形象相合。金文在丝弦中间加了一个白字，白是指甲的形象，表示用指甲弹拨琴瑟。常言道说话费精神，弹琴费指甲。

乐又读音药。因此，有研究者认为乐与药同源。下为木，上面为结的果子，可作药用。良药苦口利于病，药到病除真快乐。为了区别两字，乐字上面加草字头为药字。简化字乐源于草书。

应该确定为琴字还是乐字或是敔字，学术界还有争论，我们认为观其形，知其义，该字应是表示演奏乐器，同时借用为乐器本身，琴是乐器的统称，我们把解读为琴应无大碍。籀文则是左右有五弦的琴架，下为声符金。篆书简化了象形特征，用两个王（玉）代表多排的弦枕和弦线（也可解读为玉做的琴徽，故也可称瑶琴、玉琴。岳飞《小重山》词有句：欲将心事付瑶琴，知音少，弦断有谁听）；下是变形的琴架。隶书将篆文半圆形的琴架写成"今"，成为形声字。

为甲骨文，前者应指乐器琴，后者指演奏乐器，为手持琴拨弹琴。金文字形演变。变为，改攴为白，不用琴拨，直接用指甲演奏，表明演奏技艺进步，不假于物。乐器则演变为琴字，上形下声，五弦更形象。篆文变化，直接用两个王（玉）代表琴弦，不用丝形。声旁用今字代替金，更简洁。

琴在汉代，成为士大夫文人专属乐器，成为八音之首。五四以后，西方乐器引进，因琴传承久远，谓之古琴。士大夫们修身养性的必由之径为琴棋书画，琴为首。古琴被誉为修身之"道器"，是因其确有静心养气之功效。我亦十分钟爱古琴，常于清晨或深夜抚琴，沉心静气，常有所悟，曾作一新诗，题目就是《静音》：

弦落于静谧之夜／音响于慧明之时／万籁寂静／思停于苍茫大海／念动于混沌宇宙／无拘无束／洁净，如一轮明月／从容，如老僧入定／大音稀声

另有一首七绝：

> 垂眸只见七弦琴，信手全凭一颗心。
> 静里得音穿古道，定中发力动衣襟。

陶渊明好琴，常弹无弦琴，但识琴中意，何劳弦上声。李白游遍天下，一张琴，一把剑，一壶酒，快然自足。欧阳修号六一居士，其中就有一张琴。在此不一一列举。

四、竹质乐器（竽、龠）

丝竹主要是民间乐器。刘禹锡《陋室铭》"无丝竹之乱耳"，白居易《琵琶行》："岂无山歌与村笛，呕哑嘲哳难为听。"好像竹类乐器难登大雅之堂。汉代以后，箫为隐士之乐。琴箫常合奏，如金庸小说《笑傲江湖》。然而在古代，竹类乐器也曾辉煌一时。

> 齐宣王使人吹竽，必三百人。南郭处士请为王吹竽，宣王说之，廪食以数百人。宣王死，湣王立，好一一听之，处士逃。（《韩非子·内储说上》）

这就是滥竽充数的故事。其实古代交通不便，一方水土养一方人。楚国常见竹，不稀罕。北方竹少，以竹为宝。因此，竹制乐器在北方受欢迎。我们看春秋战国时期各地的主要乐器：秦国为筝、缶，蜀楚为琴，赵为瑟，齐为竽，燕为筑。

我们就先从竹制乐器竽开始说起。三个字，乐器本身为 竽，吹奏乐器为吹，吹奏达到要求为和（因为是多管乐器，各管音相和最重要）。

甲	金	篆	隶	楷
龠	龠	龠	龠	龠
于	于	于	于	于

			和1	和
			和2	和

竽的乐器：龠。此为我国最早吹奏乐器。金文上为倒过来的口字形，表示往下吹。此乐器为竹管编扎而成，上端有口，后发展为排箫。篆书增加了吹口与竹管。

竽的演奏：于右为肚子鼓出表示发吁声时鼓起之肚，省后表吁出的长气。以此构字有乎、亏、兮、平等。

乎，甲骨文字形 在号角 （于）上加三点指事符号，三点指事符号代表吹奏的气流通过号角发出的声音。乎表示号角吹得紧急、响亮，代表部落的紧急"呼叫"，"乎"是"呼"的本字。金文加一撇。篆文加一撇减一点。隶书写成于（于，号角）加两点 。号角吹不出任何声音叫"亏"，表示完全缺乏中气；号角吹得无力叫"兮"。号角吹得音调悠长、稳定、没有起伏变化叫"平"，号音平直，表示平安无事，没有警情。号角高亢并紧急叫"乎"，是招呼部落紧急聚集的号角，表示招呼、呼唤。

演奏要求：和（龢的简化字）。金文 ＝ （"禾"的误写）＋ （口，吹），表示吹奏用"排笛"，发出谐调共振的乐音，即和谐。篆文 将金文"木" 写成禾管 ，是声旁。隶书调整左右顺序。

五、革类乐器（壴）

《荀子·议兵》："闻鼓声而进，闻金声而退。"

击鼓和鸣金是古代军事指挥的号令。击鼓就是敲战鼓，"鸣金"就是"鸣钲（zhēng）"，并非"鸣锣"。《说文解字》说"钲，似铃，柄中上下通"。钲是古代的一种乐器，用铜制成，颜色似金。

"击鼓鸣金"的来历，据说源于黄帝。黄帝在与蚩尤作战时制造的是革鼓。他从东海流波山上猎获了一种叫做"夔"的动物，它的形状像牛，全身青黑色，发出幽幽的光亮，头上不长角，而且只有一只脚。这种动物目光如电，叫声如雷，十分威武雄壮。当时黄帝为它的叫声所倾倒，就剥下它的皮制成八十面鼓，让玄女娘娘亲自击鼓，顿时声似雷霆，直传出五百里。这就是后世"击鼓进军"的来历。曹刿论战时更提出，一鼓作气，再而衰，三而竭。

甲	金	篆	楷	
			壴	鼓字甲文左是上有饰物的鼓形及承鼓的支架，右边是手持鼓槌的手，即以槌击打的意思。引申作鼓劲、鼓掌、鼓动，又用为突出、胀大，如鼓起肚子。
			鼓	喜字甲文像把鼓放在专门安置鼓的台座形上。表示有喜庆的事要奏乐庆贺。上为鼓的本字。彭则表示击鼓发出彭彭之声。
			喜	
			尌	十年树人，百年树木。树原为尌，表示把鼓立起来。可能大鼓是滚起走，要击打时就立起来，即树立。甲金文也可理解为在鼓上插饰物，表示树立。篆隶加木旁表示树木，专表木本植物。后引申为木本植物的总称。此字还可解为手在器皿中栽种草木或育苗，表示树有种植、栽种之义。简化字源于俗体楷书。
疑			树	
			彭	贲甲文像鼓上有装饰一样。详见喷等。
			贲	

综上所述，乐器与演奏乐器，在古时甲骨文中常是一字，既表示演奏乐器的动作，也表示动作的对象即乐器本身。后因表意精确的需要，逐渐分化。同时因读音的需要，形声字增加。试列表如下：

琴		钟				磬	鼓	
琴	奏乐	今	南 吊今	庚 吊绳	更 打今	磬	壴	鼓 击鼓

生命在于律动。生命存活最重要的体征是心跳，心跳是人的原动力，由心律动带动气血的流通。所有的艺术门类中，音乐是最人人心的，最能打动人的，因为每个人内里就有个旋律与它相应。音乐使人里应外合，内外和谐，及通天之道。

第十八回　伏羲画卦文明始
　　　　　　经典文化传万世

　　文化包罗万象，相关字根分五类。一是知识，爻；二是数字；三是干支，即天干地支；四是书写方式，即书画；五是书写载体，即典册。

甲	金	篆	简隶	楷	品读
				爻	古今字形相近。为重叠相交之形，因重复而表示仿效，也是构成易卦的长短横画，故有表示知识文化之义。教学均有此字符。
				乙	绳索，构字如乱、轧、札、扎、乞等。另外忆、亿等字，则是以乙代替意，是简化字。
				丙	钻木取火用的木片，故与火有关，丙丁遭大旱。或说是石上有洞的形状，用以安装手柄，是柄的原字。我认为是像锣的一种金属乐器。
				卯	两物衔接时孔、洞的形象，中间插入铆钉，使联结更紧密。
一	一	一	一	一	一是原始记数符号和算筹（用竹木做的小棍），字形都是一横画。一字叠加可组成二、三、四（篆书改为四）等字。大写壹是壶的变体（参见饮食章壶字）。

十	十	ち	七	七	切的初文。后分化为两个字。甲金文均写作十字（甲金中十为一竖），像一横从中切断的形状。借指数字六加一的和。要特别注意古时七和十写法相似，区别在于十要么横长竖短，要么竖长横则为一点，七的一竖长，楚简、篆隶将竖弯曲。篆隶另加刀字写作切，将七、切分开，各表其义。
八	八	八	八	八	一刀两断，切开自然分开。所以七与八相连，七表示切开的动作，八表示切开的结果。本义是分开、分别。历代均是以一左一右下部分开的两笔表示八字，是分的本字。后借用为数字八，而在八下加刀字表示用刀切开，成左右相背之形。古代将《曹全碑》等左右飞扬的隶书称为八分书，即取此义。作声旁如叭、扒、趴。
		肃	聿	聿	笔的初文。甲金都像以手执笔写字状。因为毛笔大多以竹子做笔杆，故加竹头为笔。
		册	册	册	纸张未产生前，古人写字主要是用竹木简牍，再串编成册。甲文册字正是一绳串联的根根简牍。隶楷也有此痕迹。又因栅栏的制作与编简册相同，故册也是栅的初文。

一、知识（爻）

中国文化源远流长。人文始祖伏羲发明八卦。八卦的形象，朱熹总结得很好，便于记忆：

乾三连，坤六断。震仰盂，艮覆碗。离中虚，坎中满。兑上缺，巽下断。

乾：乾三连	坤：坤六断	震：震仰盂	艮：艮覆碗

离：离中虚	坎：坎中满	兑：兑上缺	巽：巽下断

八卦是阴阳学说的开端，中国文化的源头。阴阳变化，阳极生阴，除了纯阴纯阳，都是阳中有阴，阴中有阳。也就是其他爻凡是阴爻，中间一画都是阳，反之则是阴。我们从乾卦看起。

乾卦为纯阳，表示天。乾字左及右上为声旁，即倝，是翰、斡、韓、韩等字的声旁。乙是绳子的形象，也是龙的形象。我们可以理解为飞龙在天，就是乾。阳极阴生，从乾卦变化出三个阴卦，即巽、坎、兑。天之动为风，从最下一爻往上变，一阴两阳为巽，为风。巽下为共，共字上两横下两点，正是巽卦形象☴。风继续动就是狂风暴雨，所谓山雨欲来风满楼。所以巽卦再变（中间不变，阴中有阳），最上面一爻变为阴，形成中阳爻，上下阴爻☵，此为坎卦，表示水。在天为雨，在地为水。我们看甲文水字，正是坎卦旋转九十度而成。所以文字的产生有八卦说、结绳记事说、书画同源说，各有道理，各有侧重。八卦说能解释少数字，如益字，篆书上部是横放的水字，隶书上部就是坎卦的形象。水满则溢，益是溢的初文。雨水再动，水往低处流，流则为江河，不流则为湖泽。坎卦再变，又从最下面一爻变起，坎卦最下面是阴爻，把它变为阳爻，这就是兑卦☱，表示泽。兑字上部两点，中间口字有两横，也是兑卦的形象。古代长江中下游有大泽，如云梦泽。泽就是大湖，如今天的太湖、洞庭湖、鄱阳湖等。如果兑卦再变，中间不能变，那就又是变上面一爻。兑卦最上面是阴爻，把它变为阳爻，大家看，它就成为三阳爻，成为乾卦。这就是阴极生阳，从终点又回到起点。

阴阳相对而存在。说过由纯阳卦向阴卦的变化，我们再看阴卦的变化。阴极阳生，我们就从纯阴之卦坤卦说起。

坤卦为纯阴，表示地。坤从土从申，申是闪电的形象，古人认为闪电最神圣，于是祭祀，加示字旁，就是神字。因此，申引申为神圣、高大之义。绅，《说文》解为大带，即古时士大夫束在衣外的大带，引申为穿绅的人，即地方上有地位有权势的人，如土豪劣绅。伸，是人伸展开来的形象，比正襟危坐的人高大。阴极阳生，阴之动为震。天是阳，为动，天有日月星辰，运动不止。地是阴，为静，地有山石田土，岿然不动。日月运动，是圆的。大地不动，是平的。桌子表面是平的，可以承载杯子；桌子脚是平的，所以才稳定。车辆轮子是圆的，可以运动。所以古人认为天圆地方，圆主动，方主静。大地不动，一动就是地震，2008年四川汶川八级特大地震，大半个中国都有震感。1976年唐山大地震，也众所周知。地之动即是地震，我们从坤卦最下一爻变起，变阴为阳，这就是震卦，卦象仰盂。地震不能经常发生，我们经常能感觉到大地震动，往往是打雷的时候。雷声隆隆，大地震动。所以震卦指雷。震卦再变。前文说了，中间不能变，阳中有阴，除了纯阳之卦，阳卦中间是阴爻，所以我们变第三爻，即最上面一爻，本是阴爻，变为阳爻。这就是离卦，表示火。电闪雷鸣，闪电亮起，如同天火。天火有时会把地上的树木、房屋击中，引起燃烧。西方神话传说中普罗米修斯盗取天火，人类才有了火种。这可能源于人类最原始的认知，认为火源于雷电。离卦再变，又从下面第一爻变起，离卦下为阳爻，变为阴爻，成为艮卦，表示山，与泽相对。地是平的，向上突出为山，向下低陷为泽。山泽相对。艮卦为阳极，阳极再变则生阴。中间不变，变最上面一爻。艮卦上为阳爻，变为阴爻，就成为纯阴之爻，即坤卦，终点又回到起点。

八卦据传说始于伏羲。八卦再相互组合，就成为八八六十四卦。这就是《易经》的来源。传说《易经》经历了夏商周三代变化。夏为《连山易》，以山卦为首。商为《归藏易》，以坤卦为首。周为《周易》，以乾卦为首。《易经》是中国群经之首，万经之母，说它是中华文化的源头实不为过。易字何义，有三解。一是变易，即变化。如易容即变脸。二是互易，即对立统一的双方相互转化，阴阳变化。如交易，两者互换。如交流电转换为直流电。三是不易。即是不变。易相对于不易而存在。易是运动，是绝对；不易是不动，是相对。人易容，化身千面，仍是他本人。观世音菩萨慈悲为怀，济世救人，化身万千，不变的是，本体仍是观世音。万变不离其宗也。

八卦是中国文化的源头，因此爻作为知识、文明的象征。教、学、觉都包含爻这一字根。

				文
				教
				学
				觉

二、数字

数学是自然科学的王冠。

能够用数学模型定量表示出来的学科才称得上科学，不能用定量、只有定性的学科不能称为科学。以艺术和美学而言，我们中国人认为美是仁者见仁、智者见智，情人眼里出西施。因此，中国艺术讲感觉、不重精确。而西方艺术，如雕塑、绘画等，重视数学。公元前六世纪古希腊数学家毕达哥拉斯发现一个规律，后来古希腊哲学家柏拉图将此称为黄金分割，再后来德国美学家泽辛把这一比例称为黄金分割律。文艺复兴时期的艺术大师米开朗琪罗、达·芬奇把黄金分割融会于他们的绘画与雕塑。而我们中国人也承认黄金分割是美的数学模型。可以说，抽象的最高境界就是数字。所以说万法归一。在书法中，启功先生发现黄金分割定律在起作用。他在《论书绝句》第九十九首中这样表述其欣喜的心情：

　　　　用笔何如结字难，纵横聚散最相关。
　　　　一从证得黄金律，顿觉全牛骨隙宽。

启功认为一旦懂得黄金分割律，书法就像庖丁解牛一样，游刃有余了。什么是黄金分割律？整体与较大部分之比等于较大部分与较小部分之比。用数学公式表示为：

A/（A+B）=B/A

0.618 /（0.618+0.382）≈ 0.382/0.618

8 /（8+5）≈5/8

黄金分割是怎么发现的呢？

一天，毕达哥拉斯从一家铁匠铺路过，被铺子中那有节奏的叮叮当当的打铁声所吸引，便站在那里仔细聆听，似乎这声音中隐匿着什么秘密。他走进作坊，拿出一把尺量了一下铁锤和铁砧的尺寸，发现它们之间存在着一种十分和谐的关系。回到家里，毕达哥拉斯拿出一根线，想将它分为两段。怎样分才最好呢？经过反复比较，他最后确定1∶0.618的比例截断最优美。无论什么物体、图形，只要它各部分的关系都与这种分割法相符，这类物体、图形就能给人最悦目、最美的印象。人体各部分之间的比例也符合这一规律。中世纪意大利的数学家菲波那契测定了大量的人体后得知，人体肚脐以下的长度与身高之比接近0.618，其中少数人的比值等于0.618的，就被称为"标准美人"。因此，艺术家们在创作艺术人体时，都以黄金律为标准进行创作。如古希腊神话中太阳神阿波罗、女神维纳斯的体形，完全与黄金律相符。作为建筑艺术，也遵循着这一规律。古希腊的巴底隆神庙严整的大理石柱廊，就是根据黄金分割律分割整个神庙的，因此看上去显得威武、壮观，成为繁荣和美德的象征。0.618在数学中叫黄金比值，又称黄金数。这是意大利著名画家达·芬奇给它的美称。欧洲中世纪的物理学家和天文学家开普勒（J. Kepler 1571—1630）曾经说过："几何学里有两个宝库：一个是毕达哥拉斯定理（我们称为商高定理、勾股定理）；另外一个就是黄金分割。前面那个可以比作金矿，而后面那个可以比作珍贵的钻石矿。"

如右上图，把一个正方形方格纵横各画十三个正方形小方格，即正方形每条边均分为十三等份，字的重心在中间第五和第八，即字的交叉点"其上其左俱为五，其下其右俱为八"，这四个交叉点就是汉字的结构中所注重的地方，也是汉字的重心和聚处。启功先生在谈到这一问题时专门强调：

第一，不要注意中宫，而要注意四个五比八的交叉点；第二，就是不要真正的横平竖直。凡是注意中宫这个观念和一定要横平竖直观念的，他再写一辈子也写不好。

根据黄金律的要求，汉字的结字重心应安排在中宫点偏上偏左的一个小范围内，按此法则写出来的字不仅体势舒展，端庄稳重，而且能够获得合适的透视角度，便于布置字面的疏密虚实，增加体势的立体感，避免出现四平八稳的僵硬和呆板。

言归正传，中国古代记数自然是用数字，但同时，也常用天干和地支来表示顺序。甚至还用五行、八卦、九宫，甚至千字文（天地玄黄宇宙洪荒）等来表示顺序，但不普遍。我们先看数字，下一节再谈天干地支。

道生一，一生二，二生三，三生万物。或者说无极而太极，太极生两仪，两仪生四象，四象生八卦。说起来复杂，我们简单一点来说，事物是一个整体，简称一，一刀切下去分为两部分，即一生二，命名为阴、阳。二分法是西方哲学、逻辑学中的排他律。一个集合包含A和非A，非此即彼。小孩子看电视，只分好人和坏人。二分法非此即彼，不是朋友就是敌人，过于绝对，二者之间还有中立者。美国总统竞选，我们可以看到，得中立者胜。因为两党各有自己的拥趸，这些铁杆粉丝不会朝三暮四，对方拉拢不了。双方可以争夺、拉拢的只有中立者。因此，对事物的认识，如果只停留在一分为二的层面，还不够。只有认识到中，才能把握度，不偏之谓中，不易之谓庸，故曰中庸。这就是二生三，即阴、阳、中。运用一分为二和中的观念，事物就可以无限地细分下去，用数学表示就是 $2n$ 和 $2n+1$，可以表示一切整数。二两分即为四，称四象，即上下左右、东南西北。四者之间，同样加一个中，即为五行。

四象五行如果说只是平面，六合就是立体闭合空间。合即盒，盒子有上下左右前后。六甲文就是一间茅屋的形象。下面，我们把一到万的数字梳理一下。

甲	金	篆	楷	品读
一	一	一	一	一是一根算筹或一根手指的形象。也可表示天或地，大头上加一为天，大脚下加一为立，表示人立地上。不、屯上面一横、生下面一横也是指地。夫上面一横为发簪。
二	二	二	二	两个一重叠为二。二构字如仁、佞、些、云。二也有多的意思，如些、冬、於、林。
三	三	三	三	三个一叠合为三。类似构字很多。如骉、鑫、品、晶等，达几十字。
三	四	四	四	甲文四为四个一叠加。后以鼻泗的形象表示。《六书通》四正像鼻中流涕。
五	五	五	五	两横交叉，禁止通行。五原义为禁止，读音与毋相同。
六	六	六	六	六原为草庐的形象，后借用为数字。草庐的庐则是另造的形声字。
十	十	七	七	七原表示切，借用为数字七，加刀表示切割。
八	八	八	八	一刀两断，左右分开。切为动作，分为结果。切原为七，分原为八。故八的大写捌就有用手别开之义。
九	九	九	九	九是手臂扭曲的形象。当是"肘"的本字。

		十	十	一是一根算筹横放，十是一根算筹竖放。后在竖上加点，经历了从无到有，从点到横，从短到长的演变。与壬生中横一样。
		廿	廿	廿即二十，是两根算筹竖放。演变中将下部连在一起，并演变出上部的横。
		卅	卅	卅即三十，构字与廿相同。
		百	百	百是一白合文。在古文字中还有二白、三白合文。
		千	千	侧面站立的人，腿上加一指事符号。有人会意为人腿上毫毛多，多达上千。
			万	繁体万字是一种可怕的蝎子类的节肢动物，后曾写作虿。甲骨文强调了它身上的斑纹、钳肢、毒钩等特征。这种虫繁殖力惊人，转眼间便会发展到万子千孙。先民以此动物作为数字万。金文在尾部加手，后演变为小篆萬字。金文也有简化字万。

三、干支

干支分为天干和地支。

为何称为天干？干是主干，古人认为最大的天体是太阳，天干就是太阳。古代认为天有十日，分别命名为甲乙丙丁戊己庚辛壬癸，称为十天干。每天一个太阳出来值班。十天一个轮回。商代的帝王都是以出生之日的天干为名，例如武丁、盘庚、受辛（商纣王）。据甲骨文记载，商代以十天为一个循环，叫"一旬"。公务员旬末可以休息一天，做做个人清洁卫生。王勃等人滕王阁聚会，胜友如云，就是十旬休暇的日子。就像

132

西方以七天为一个周期，周末应该休息一样。至今中国人还把一个月分上、中、下三旬。

每天一个太阳值班，天地运行得好好的。突然在尧帝时期，十个太阳一起跑出来了，大地热得不能承受。于是尧命大羿射落九个太阳，只剩下一个太阳（参见手字部大羿射日的故事）。

十个太阳哪里来的呢？按照神话故事里说："羲和，帝俊之妻，生十日。"不仅太阳是帝俊的儿子，月亮也是帝俊的女儿。日月的母亲都是羲和，也叫常羲。神话传说"帝俊妻常羲，生月十有二。"月光不热，于人无害。因此，没有射月的神话传说。那么，天干是十个太阳的名字，地支是不是十二个月亮的名字呢？这就需要进一步考证。现在一般认为，地支是一天的十二个时辰。

下面，我们把干支二十二字小结一下。

字	原形	品读
甲	盔甲	前面讲过大羿射日的故事，也知道后羿代夏、少康复国。少康之子名叫伯杼，他在复国过程中知道东夷人善射，于是发明了盔甲，因此征服了"东海"地区的诸多势力，如"三寿""九狐"等部，扩大了夏王国对东夷地区的控制，有力加强了华夏文化向东融合。胄字上部由字为倒过来的甲，是头盔。
乙	绳子	盔甲分为前后两块，用绳子捆绑在人身上。介字就是人前后披甲的形象。乙字就是捆甲的绳子。己也是绳子，弟中的弓是己的变形，也是绳子的形象。
丙	乐器	一种金属乐器，像锣。也有人认为像古代斧头、刀剑等工具上安装的柄，或说甲为鱼甲、乙为鱼肠、丙为鱼尾。
丁	钉子	如同现在的铁钉形象，上大下小，古代多为竹钉。器物两部分利用凹凸相接的凹入的部分称卯，即卯眼，是孔。凸出的部分为榫，为了联结更紧密，用丁楔入。故俗语说丁是丁、卯是卯。
戊	戈	戈的一种，大戈上有斧称戊；最大的戈称戉。后称为戟。如三国第一猛将吕布的方天画戟。力拔山兮气盖世的项羽、樊哙、薛仁贵等人都使用此兵器。
己	绳子	与乙字形义相近，均是绳子。己本义是丝的头绪，用以缠束丝，假借为自己的己后，本义加丝旁为纪。如纪律、纲纪。

字	原形		
庚	钟		钟形乐器，与今、南同源，庚形钟像钟内有吊坠，下有绳子，拉绳则击钟。也有人说是鼓，类似于今天的拨浪鼓。唐、康源于此字。
辛	刑刀		上大下小，给犯人刺字的刑刀。篆书刑字左边为两个干，也是上大下小的刑刀形状，与门闩、发簪形似。构字如辟、宰、辜、辠等。
壬	纺锤		由工字变形而来，中间一横从无到有，从点到横，从短到长。
癸	纺车		纺车旋转的形象。篆书变形类化，下部为矢。隶变后楷书写作天。

字	原形	生肖	农历月份	时间	品读
子	小孩	鼠	十一	23—1	刚出生不会走路，张开双臂要人抱的婴儿形象。婴儿也写作㜽，与鼠形近，故子对应鼠，夜深人静，老鼠出来活动之时就是子时。
丑	扭曲的手	牛	十二	1—3	扭的本字。丑作地支第二位后，丑加手为扭表示手爪扭曲。按神话传说牛应排十二生肖第一的，老鼠使用诡计夺了第一，老实的牛屈居第二。
寅	箭矢	虎	一	3—5	早期甲文写作矢字。后在箭杆两侧加双手或限制符号，表达矫正之义。
卯	孔洞	兔	二	5—7	参见丁，两物衔接时有孔的部位。卯有衔接、保留之义。清晨朝日初升，黑夜和白天的连接点。
辰	收割工具	龙	三	7—9	手指上捆上蚌壳，以作为收割稻麦的工具。三月三龙抬头。故农历三月属龙。
巳	胎儿	蛇	四	9—11	像有头有身而双手未展开的胎儿，胎儿卷曲也像蛇的形状。蛇称小龙，故排序于龙之后。
午	杵	马	五	11—13	舂米用的杵。舂字上部中央就是午的形象。五月是一年中阳气最盛之时，有端阳节，即端午节，有夏至。
未	嫩叶	羊	六	13—15	树木末梢刚长出的嫩叶。六月草木未凋，生长旺盛。也正是一天之中红日西斜但未落下之时。

申	闪电	猴	七	15—17	闪电的形象，后造电字表示本义。申音近狲。狲狲即猴。孙悟空的姓就是从狲来的。
酉	酒坛	鸡	八	17—19	吃晚饭喝酒之时。这个时候也是鸡进圈的时候。再晚鸡就看不见了，故夜盲症民间称为鸡摸眼。
戌	戟	狗	九	19—21	大戈上有斧为戌，最大的戈为戌，后称戟。狗能守家护院，俗称看门狗。
亥	豕	猪	十	21—23	豕的变形，被杀掉的猪的形象。因为猪最笨，故排于十二生肖最末一位。

　　阴阳五行演变出八卦九宫、天干地支，古代的占卜学、预测学以此为核心。比如算命先生算八字就是根据每个人出生的年月日时，将每个时间的天干地支写出来就是八个字，根据八个字的五行生克变化，再于命上起运。运是运动，运气。看什么时候有桃花运、什么时候有霉运等，预测吉凶，趋吉避凶。古人包括现在的台湾、香港地区，还特别注重结婚、搬家等重要事情要选择良辰吉日。只有中国大陆经过新文化运动到"文革"，这个中国历史上的第四次"文化大革命"（另三次为秦始皇焚书坑儒，汉武帝罢黜百家独尊儒术，康乾文字狱），革除了这个习俗。古人结婚搬家确有选择日子的必要，如农忙季节，请人帮忙都不行；如果大雨倾盆，雷电交加，烧火煮饭、客人行住都不方便。我理解，古人选择日子时，必须首选农闲季节，因为古人科学落后，办事全靠人堆；其次，要天公作美，最好艳阳高照。今天我们结婚请客，同样也要选时间。首先不能选周一到周五吧，一是找不到朋友帮忙，大家要上班；二是赴宴的客人少，虽说节约了饭钱，但落个请客不诚心的骂名，还不如不办。古时选择黄道吉日称作"看期"，实际上就是按照八卦九宫的运行规律，再对应五行就行了。不明真相，觉得复杂高深。

　　试举一例，古人预测每一年的大体情况，有五句话："甲乙是丰年，丙丁遭大旱，戊己损田园，庚辛人不静，壬癸水连天。"外行云里雾里，不得要领。其实，甲乙五行属木，适合植物生长，就是丰收之年。丙丁属火，就会遭遇大旱灾。戊己属土，经常动土就会损坏田园。庚辛属金，金主刑杀，可能有战争，老百姓充当炮灰。壬癸属水，易受水灾。

　　阴阳五行理论是中国哲学的基础，中医要用到，算命看期要用到，我们学习历史也要用到。比如甲午战争、戊戌变法、庚子赔款、辛丑条约，我们只要记住自己出生年的干支，按照六十年一个周期，就可推测出公元纪年，胜过纯粹地死记硬背。

四、书画

尹喜为函谷关关令时见紫气东来，知有圣人将至。不久老子驾青牛至函谷关，迎入官舍，北面师事之。居百日，尹喜以疾辞官，复迎老子归楼观本宅，斋戒问道，并请老子著书，以惠后世。于是老子乃著道德五千言以授之。老子遂去，不知所终。

言之不文传之不远。试想，两千五百年前，如果不是尹喜把住函谷关，留住出关归隐的老子，请他著书，世间就不会有《道德经》，道家文化会如此深刻地影响着中国每一个人吗？反过来说，可能还有更多的"老子"没有遇见尹喜，怀揣才华飘然离世，没留下什么痕迹，不然，中国的文化构成还不知道是什么样的呢。由此，可以想见文字和记录是多么地重要。

古代先民记事，先是通过一些简单的符号，或是简笔画，然后抽象成笔画，逐渐发展到更复杂也更准确的文字。所谓书画同源，就是从文字的产生说起的。文字作为人类智慧的结晶，记录和传承着历代先民的经验，其实用价值是不言而喻的，而具体到中国的汉字，它是迄今为止连续使用时间最长的主要文字，也是上古时期各大文字体系中唯一传承至今的文字，有学者认为汉字是维系中国南北长期处于统一状态的关键元素之一，亦有学者将汉字列为中国第五大发明。

书、画最早诞生于实用，而它从诞生那天起，其审美性也在不断地发展着，而随着社会的文明进步，其审美性逐渐独立出来，成为专门的艺术，成为人们抒情达意、修身养性的重要途径。而诗词歌赋更成为其形式与内容完美结合的不可分割的一部分。笔者曾以琴棋书画、诗词歌赋为题作了一副长联：

上联：吟太白诗，养浩然气，诵稼轩词，壮报国情，品汉卿曲，恤民生苦，读东坡赋，怀赤子心，百代文章引人含英咀华，育志士不尽。

下联：抚仲尼琴，沐幽兰香，与尧帝棋，谋天下势，法右军书，得灵性通，游范宽画，入清雅境，万世经典为士修身养性，滋仁者有方。

书法按汉字的发展历程分为篆、隶、楷、行、草。还有一种是从书写载体来分类，待会在典册中具体来谈。什么是书法？写字就是书法吗？写得好的字就是书法吗？书法不仅是写字。写字只是书法中的字法一项。书法艺术包含笔法、字法、文法、章法、墨法五法，与五行木火土金水相对应。笔法即用笔之法如握笔、使转、提按、顿挫。字法则是点画组合成字的法则，比如隶楷中左紧右松、上紧下松、突出主笔、雁不双飞等规则。文法则是组字成文之法。书法作品不是文字的简单堆砌，而应当文辞通顺、意境优美，内容完整、健康，适时应境。章法是作品的整体面貌，包括形制选择、谋篇布局、分行布白、颜色搭配、印章选用等。墨法则是通过枯湿、浓淡、燥润，体现感情变化、韵律节奏、气息格调。今天爱好书法的人有四种类型，一是大众型爱好者，二是美术型书法家，三是技术型书法家，四是文人型书法家。所有的人都重视字法，除大众型爱好者外，真正的书法家都重视墨法。美术型注重章法，技术型注重笔法，但两者都忽略文法。文人型书法家更注重五法的融会贯通，这也是中国书法的传统精髓。

现在，我们来说说中国的绘画，按其表现方式分为写意、工笔，按绘画的内容又分为人物、花鸟和山水。其中，写意山水被认为是中国画的最高境界。何也？西方画山水的画称为风景画，而中国画叫山水画，是不会叫风景画的。因为是心画，画的是心中的景，所以画的是作者的境界，画的是理想世界，画的是人格。我认为山水画的审美有三要素：一是要气韵生动；二是要可居可游；三是格调高雅。气韵生动者养情，使情绪得到调节。可居可游养意，实现卧游。而格调高雅养心，令人神清气畅，乐而忘忧。

> 俞弁《逸老堂诗话》序："读经史百家，忽然有悟，朗诵一过，如对宾客谈论，而无迎送之劳，一乐也。展玩法书名帖，追想古人笔法，如与客弈棋临局，而无机心之劳，二乐也。焚香看画，一目千里，云树霭然，卧游山水，而无跋涉双足之劳，三乐也。以此三乐，日复一日，盖不知老之将至，何必饫膏粱，乘轻肥，华居鼎食，然后为快哉？"

五、典册

有了数字、文字和书写方式，我们接着说书写载体。

现在发现的文字，从书写载体看，主要有七类：土甲（骨）金（玉）石简帛纸。书写在土质陶器上的称陶文，陶文一般是单字为主，当然，有人认为这些符号是图画，是制作人的记号，类似今天的商标或logo。然后是用刀刻在龟甲和兽骨上，称为甲骨文。

第三是刻在青铜器上，称为金文，有的刻于玉上。刻在石头上，目前最早的是周朝刻在石鼓上的石鼓文，为大篆。其次是秦始皇统一六国后统一文字而刻石的小篆。汉代碑刻主要是隶书，东汉碑刻是隶书高峰。南北朝时期的魏碑主要书体是中楷。唐代碑刻主要是大楷。简牍则上至战国，下至魏晋，纵贯一千余年，书体篆隶楷行草无所不包。汉代有帛书，汉末有纸出现，目前最早的纸质书法作品是陆机的《平复帖》。本来，比陆机早一百多年的钟繇有作品《荐季直表》代代相传，结果八国联军火烧圆明圆，作品被外国士兵抢走。有人高价购得，谁知却被下人偷走埋入地下，寻找到时已完全毁损。流传一千七百年，结果毁于小偷之手，实在遗憾。幸好当时收藏家为作品拍了一幅黑白照片，让我们可以结合《真赏斋》拓本，推测作品真容。

书写工具主要有两样，刀和笔。所以古代以刀笔吏称呼抄写文字的文秘人员。李广之死就是因为与大将军会师误期，李广不愿与刀笔吏对质，自刎身亡。

刀用于在陶金玉石上面刻字。当然，陶如果是在干之前刻画，用指甲、木棍都行，不需用刀。用刀在玉上刻为契，如侯马盟书就是刻在玉上的盟誓，大家共同遵守。契后来表示书写的内容即契约，本义则用契加金，以锲表示，如锲而不舍，金石可镂。用刀在鼎上刻为则，如中山王三器。所以则是刻的动作，也表示以某物为则，则天。则转为名词，表示刻的内容。鼎最初是煮饭用的炊具，后转为权力的象征。鼎上刻的内容要求传于后世，必须遵守。故则表示要人遵守的规则、法则。

笔用于简帛纸上写字。书画即是手持毛笔书画的形象。简是统称，指简牍。从材料区分，简从竹，是竹所制；牍从片，片是木字从中间上下剖开，右半边的形象，故牍是木所制。也有从宽窄区分，窄，只写一行为简；宽，写两行以上为牍。

竹简表面是油质的，不容易刻字，而且容易被虫蛀，所以古人就想出一个办法，就是把竹简放到火上烤，把水分蒸发出来，这道工序就叫"杀青"或"汗青"。后来到了秦代，人们用毛笔在竹青上写字，就免了刀刻这道工序，所以定稿的时候只需要削掉竹青，在竹白上写字就行了，这一道手续也叫"杀青"。因为历史典籍写于竹简上，故也称汗青。如文天祥《过零丁洋》："人生自古谁无死，留取丹心照汗青。"

古人削竹为简，杀青后书写，错误的用刀刮掉，即是删字。然后手持一捧竹简使之齐整，便于汇编成册，发出等等之声，这是竹简制作的最后一道程序，称为等齐，等为拟音字。用绳子把竹简连起来，即为编、册。编强调动作，册强调结果。古代简册珍贵，把它珍品一样供放在几上，即是典字。典上为册，下为几。

第十九回　三皇五帝定国基
　　　　知恩图报幸福时

　　说完礼乐文化，接着说政治法律。政治包括两类字根，一是疆域，即国土和城邑。二是皇帝，即统治者。法律在古代称刑，如"周公治礼，吕侯治刑"，主要指惩罚、刑罚。主要是肉刑，轻则刺字割鼻，重则断足砍头。辛就是刑刀。要执行惩罚，就要限制人身自由，防止逃跑和反抗。限制整个人自由的是监狱，即口。限制局部自由的则有三种，限制颈的是枷；限制手的是铐，古称梏；限制脚的是镣，古称桎。桎梏拲，古称三木。另外，幸是重要的刑具。因此，法律分为三类字根，一是刑刀，辛。二是刑具，幸。三是戴上刑具的人，有五个字根，即颈上戴枷的央、方、尤，手上戴幸的丸，脚上戴桎的亢。

甲	金	篆	简隶	楷	品读
				口 (国)	口表示国家的边界、领土范围。甲文国、或是同一字，像以武器"戈"守卫封地"口"的形状。金文或加"一"表示地，或在口旁加指事线，表示城围。篆隶楷同形。外围表示疆域，中间戈表示武器，一口表示人口。表明国要有人口，要有疆界，还要有武器保卫。
				邑	邑上部为口，表示城，下为人。会意城邑。构字时隶楷变形为右阝，表意与国名、城市、区域或地名有关。
				王	王甲文是一把象征奴隶主无上权力的大斧形状。谁拥有这杀戮兵器就可称王称霸。文字演变过程中线条化。
				皇	皇金文上边是皇冠形（也是日光四射形状，皇冠造型即喻示太阳），下边是表示王权的斧钺形。篆书将上边的皇冠误作为自。另加火表示光芒，成煌字。隶书源于金文，上简省为白字（白也可表示日光），更近本义。

				辛	甲文为一种上大下小、用于刺字等的刑刀形象，后又作十天干之一。本义在辟、宰等字中可见。
				幸	甲文是古代一种刑具的形状，相当于现在的铐，将被拘人的两腕夹在中间，两端用绳扎紧。金文篆隶稍有变形。因为被铐是不幸的事，所以有警示作用。 幸还有一个来源，即大羊组合，作单字即此义。
				丸 (执)	丸是人双手被铐住的形象。执与报、挚同源。甲文是一个屈膝在地、手被刑具（幸）铐上的人形。金文篆隶人与幸分离，但人的双手加了指事符，表示手部被铐住，同时表示用手拿刑具，有了握、持、拿义。
				亢	亢甲金文是人两腿之间戴桎之形，脚上有桎，两腿只能挺直行走，挺直则高，故引申为高。篆书变形，《说文》解读为大字省略，像人颈脉。解其义为颈项，又指咽喉。应是颃字之义。
				央	工左右旋转九十度，即为⊢，表示古代给人戴枷或锁颈的一种刑具。人颈戴枷有央、方、尢三字。央是殃的本字。字形一直变化不大，像一人（大）颈上有⊢之形，因刑具戴在脖子中央，故用来指中央之义，另加一个歹（表示死亡或残骨）表示残害之义。
				尢 (沈)	尢构字如沈，与沉同源。古代祭祀山林称"埋"，祭祀川泽称"沉"。祭祀水神时，将牛羊甚至是人沉入水中当祭品。金文被沉物像戴枷的人形，即尢字。篆书确定为从水尢声的形声字。隶书变形成今文。沈字在隶变后也写作沉，在沉没、沉重一义上与沈相同，后逐渐分离。
				方	大上加⊢为央，人上加⊢为方。但其他解说很多。一是耒耜说，像古时翻土的农具。二是挑担说，像人行前后，担在左右之形。三是船舫说，像两船相并成舫形。《说文》即解为并船也。篆书像人行走甩动双臂的形象。奔走两字上部与方相同。隶书将甩动的双臂变成一横。

一、疆域（囗、阝）

动物都有领地概念。俗话说一山不容二虎，今人还加一句：除非一公和一母。老虎确定地盘的方式就是在边界上撒一泡尿。其他老虎闻到尿味后就知道此地名花有主。除非为了挑战，一般就会退避三舍。而对于一个国家来说，首先就要有地盘，即领土。领土自然有界限，即边界。表示界限的方法很简单，就是划一个圈囗。这个圈或者是一个圆圈，或者是四四方方的正方形如"囗"。我们现在就从或字说起，再讲国字，最后说邑字。

"或"是"域""國"的本字。或在甲骨文中写作甙，由戈（戈，一种武器，如大动干戈，以此代表武力）和囗（囗，表示疆域或城邑）组成。两根会意用武力守卫的疆域或领地。"或"字被借用作副词之后，"疆域"这一意义另造域和国字来表示。金文圀即是在或字基础上再加囗（囗字框，表示界限或城邑），成为"國"字。篆文圀承续金文字形。民间用"囗"（城邑）、"王"（拥有最高军权者）会意，表示由帝王统治的邦域；俗体则以玉代替或，或即域，应是简化声旁。

国表示都城、王城，后来更是作为一个政治概念。现代意义上的中国，在古代，特别是春秋战国之时，用"天下"表示。《大学》强调修齐治平，即修身养性齐家治国平天下。天上有天帝，天下则有天子，是天帝在人间的代言人。国则是小一级的单位，是天子分封给诸侯的有武力守卫的封地。邦也是一个由天子分封的、比国大一点的单位。汉高祖叫刘邦，为避讳，把邦字改为国，邦与国遂成为同义词。

国作为政治概念后，表示具体土地、领地这一意义是在或字基础上加一个土字组成域字。域就是区域、疆域之义。

囗字框表示界限，既是国与国的界限，也是城内城外的界限。因此，囗字形还表示城墙。人在城墙下就是邑字。邑字组成字时，一般都放在右部，简化为阝，现在偏旁读作右包耳。阝在左边时，读作左包耳，是阜的简化，源于山字右转九十度。因此，阝无论左右，只是其形像耳朵，其义与耳朵毫无联系。因此，在书法创作中要特别注意。

囗字框还可以表示监狱，如围、图、圄。此外，它还可以表示席子，如因字。

囗和口字有区别。尤其是在甲骨文、金文、篆书、汉简之中。口字表示人的嘴巴，篆书两竖出头。国字框则是一个大框。即使是或字、邑字的口字形，也是一个圆圈形状，两竖上端不出头。书法创作时要仔细分辨，极易出错。

口字在员、袁等字中也不是表示人或动物的嘴巴，员表示鼎口，因为鼎口部是圆形，因此员就表示圆之义。袁字则是衣字内部有一个口字，表示衣服的领口。这两个字的口字在古文字中也要写作圆圈，与或字、邑字的口相同。

二、皇帝（皇、王）

有了国土，还有国民。《诗经》说：普天之下，莫非王土；率土之滨，莫非王臣。古代是等级社会。最高统治者在史前时代为三皇五氏五帝，夏商周三代称王，秦始皇统一六国后称皇帝。帝王以下依次为卿、相、大夫、士，爵位则有公侯伯子男。最下层是劳动人民。

秦王政统一六国，自认为功绩超越三皇五帝，于是自称始皇帝。因为篆书中皇字上部也是自字，因此，皇皇与皋皋相似，于是秦始皇改皋字为罪字，开帝王改字先河。后隋文帝改随为隋、武则天造曌字等均是步其后尘。

我们就从皇字说起。皇为合体字，下部为王字，是一种斧头的形象。斧在古代为一种重型武器，一般要力量大、等级高的人物才能使用。后代帝王甚至把玉斧作为权力象征。如宋太祖赵匡胤就时时把玩玉斧。昆明大观楼长联就有"宋挥玉斧"之语。赵匡胤能征善战，他五十岁英年早逝时，将皇位传给其弟，而不是其子。历史上就留下了"斧声烛影"之谜。后世怀疑赵光义挥玉斧杀兄长而篡位。金文中皇字皇上部则是人的头部光芒四射的形象。我们看佛教的造像，每个菩萨、佛陀头上光芒四射。因此，皇字上部表示像太阳一样光芒四射、辉煌夺目的人。两个字根会意手持大斧、头放光芒的统治者。

王字是斧头的形象，王在构字时一般作声旁，如往字。往字甲骨文就出现，后来王字变形为主字，是讹变。

皇在古代地位很高。中国神话传说最早就是三皇。三皇说法不一，影响较大的有两说，一说三皇指天皇地皇人皇，但比较模糊。一说指伏羲、神农、轩辕。明代许仲琳《封神演义》采用后一说法，影响也大。民间多从之。

三皇时代之后，是五帝时代。五帝说法也多。按照《大戴礼记》《史记》的说法，确定为黄帝、颛顼、帝喾、唐尧、虞舜。我们先来说帝字。

帝是祭祀天帝时用的稻草人的形象。用稻草人代表祭祀对象，祭祀完毕后焚烧。也有人认为帝是禘或缔的本字。

华夏民族自称炎黄子孙，自认是炎帝、黄帝的后人，那么，三皇五帝中，谁是炎帝、谁是黄帝？炎帝就是神农，黄帝就是轩辕。

按照中国远古时代的传说，在三皇和五帝中间还有一个五氏时期。

五氏就是人类最早的五个发明家。一是有巢氏，发明巢居，使古人由穴居而进入巢居时代。因为穴居难避洪水猛兽。《庄子》载："古者禽兽多而人民少，于是民皆巢居以避之。昼拾橡栗、暮栖木上，故命之曰有巢氏之民。"二是燧人氏，发明钻木取火，使人与其他所有动物永远分道扬镳。因为其他动物始终不会用火，除了飞蛾扑火，一般鸟兽皆畏火。因为能够生火，人吃熟食，人类生活方式呈现划时代的突破。《韩非子·五蠹》记载："民食果蓏蚌蛤，腥臊恶臭而伤害腹胃，民多疾病。有圣人作钻燧取火，以化腥臊，而民说之，使王天下，号之曰燧人氏。"三是伏羲氏，是中华民族人文始祖，是个大发明家。他教民结绳为网以渔，又教导人们挖掘陷阱，捕捉活的动物，驯化它们作为家畜，又教导人们种植桑树养蚕，抽丝纺织。又画八卦，发明音乐。四是女娲氏，传说中女娲造人、女娲补天，听起来神乎其神。但从炼石补天可以看出，她熟练运用火煮东西。其实女娲应是最早使用锅（鬲）烹煮食物的女人。五是神农氏，发明农耕和医药。《白虎通义》记载："古之人民皆食兽禽肉，至于神农，人民众多，禽兽不足，于是神农因天之时，分地之利，制耒耜，教民劳作，神而化之，使民易之，故谓神农也。"西汉《淮南子》记载："神农尝百草之滋味，一日而遇七十毒。"

三、刑刀（辛）

家有家规，国有国法。中国古代一度认为"法不可知，则威不可测"。因此，没有公开的成文法。直到春秋时期，郑国相国子产铸刑书于鼎，是中国历史上首次公布成文法。随后，晋国的赵鞅铸刑鼎。郑国的邓析还自己编制了竹刑（写在竹简上）。中国古代法律主要是刑法，是惩罚，故称法为刑。规范平等主体之间交易的法律很少，因此，民商法不完善。刑字，在金文中刑左为井，右为刀。井即监狱，把犯人关押在井中，正像瓮中之鳖，逃不出去。刀即用以行刑的刀。篆书刑将左边的井变形为两个干，即发笄之形，也是门闩之形，当然，更可能是刑刀辛之形。这种刑刀上为柄，下为刀刃，细而尖。其形象就是辛字。中国记载最早的刑罚是夏代，夏有乱政，而作禹刑。禹刑有五类，即墨、劓、宫、腓、大辟。行刑时都要用到这种刀。

受刑的人持斧斤伐木，即是新字。新字后来借用为新旧之义，加草字头为薪字，表示柴薪之义。

受刑的人，如果被判处五刑中最残酷的大辟之刑，就会身首异处。辟字右部为辛，表示刑刀。左部上为尸，表示人的身体，下部的口字是人头，表示人受刑后颈部劈断，身首异处。因此，辟有断开、分开之义，组词为开辟或劈开。

龙凤商上部究竟是辛还是帝？试分析之。

甲	金	篆	楷	品读
			帝	有学者认为，商、龙、凤等字甲文中有辛字头，另有学者认为是帝字头。我认为都不对。一从字形看，均与帝、辛有区别。二从字义前，如果从辛，龙凤受刑刀是何义？如果从帝，字义倒说得过去。通过反复比较，我认为龙凤商上部应是王字。但是这个王字是倒写的王字。尤其是我们看左边凤字甲文第一字，倒王之形非常易于辨识。这样，无论从字形还是字义都能圆满解释。龙凤分别是蛇鸟的王者。商下部为丙字，上部为王，是商部落、商王朝的名字。
			商	
			龙	
	古文		凤	
			王	
			辛	金文中，商龙上部就变形为辛字头了。
			童	我们从姜字的甲文也可以看出，龙凤商上部不是辛字头。姜上面的辛字头比王字少一横。
			姜	

144

刑具除专用刑刀辛、普通的刀之外，还有斧头、锯子。陵字其实是腓刑，就是用锯子锯断人腿的情景，表示陵迟的陵。后来变形过程中，将锯子类化为左阝，成为陵字，表示丘陵、山陵。

四、刑具（幸）

从甲金文和有关古老的图画文字中，"幸"字是最古老的手铐刑具的象形文字，不过那时手铐是用木料制作，称为"桻"。"幸"字与"桻"字是同一种刑具。我们常在古装武打电影里看到犯罪的人戴着这种枷锁，中间那个框是锁人的头，两边的框是锁两只手的。戴上了枷锁就意味着失去自由。为什么用这种刑具来表达幸福这样一个美好的词呢？

因为幸字本身还有一个来源。即由大羊组成的上下结构的字。上羊下大为美字，上大下羊为幸字。大字后来变形为土字，与赤、走、达等字的变形相同。当然，也有的隶书将大写成犬字。随着汉字的发展，表示手铐的和大羊组成的幸合二为一，成为一个字形。幸作单字时只表示大羊组成的幸运、幸福之义，与刑罚、手铐没有关系。表示手铐之义由桷、桻表示，幸作字根构成执、挚等字时仍表示手铐之义。

幸福这个词：幸是求，福是祭祀神灵的酒肉，后泛指祭祀神灵的物品等，如人们常说的吃"福席"，后引申为受神灵保佑。福是带有神性的，在中国有"福"很重要，有福了就什么都有了，无福时就算什么都有，你也"无福消受"，那还不是白搭吗？"幸福"其实是一种感受，当你感受到时你就觉得幸福，当你没感受到时，你就不幸福。这种感受有时不与你实际拥有的物质多少成正比。前段时间有一项幸福指数调查，调查结果显示高产阶级的幸福指数不及中产阶级。古人很智慧地从造字组词中警示我们要珍惜拥有，感受当下的幸福，不要等失去才后悔莫及。其实每个人都可以拥有幸福，哪怕是再不幸的人。关键是怎样发现你的拥有，怎样培养发现幸福的能力。有这样一则故事：

> 下雨天，一个智者在街上看见一个老太太满面愁容地抹眼泪，问其原因，她说我的女儿是卖草鞋的，下雨了，她的草鞋就卖不出去了。第二天，天气大晴，智者想那老太太一定会很高兴的吧，可他发现老太太又在抹眼泪。问其故，她说，我有两个女儿，我的二女儿是卖雨伞的，今天晴朗了，她的生意一

定不好，唉……智者说：原来如此，那你这样岂不是天天都很痛苦？如果你倒过来，天晴时为卖草鞋的女儿高兴，落雨时为卖雨伞的女儿高兴，不就天天都高兴了吗？老太太听了觉得有道理，于是不管天晴落雨她都变得快乐起来。

老太太只是改变了思维方式，可是幸福的状态却发生了巨大的改变。事物都是有双面性的，事态都是发展的。同一件事，可能带来了一些不幸，但同时又可能带来下一个幸运呢。

　　近塞上之人有善术者，马无故亡而入胡。人皆吊之，其父曰："此何遽不为福乎？"居数月，其马将胡骏马而归。人皆贺之，其父曰："此何遽不能为祸乎？"家富良马，其子好骑，堕而折其髀。人皆吊之，其父曰："此何遽不为福乎？"居一年，胡人大入塞，丁壮者引弦而战。近塞之人，死者十九。此独以跛之故，父子相保。故福之为祸，祸之为福，化不可及，深不可测也。
（西汉时期·刘安《淮南子·人间训》）

福祸得失原本就是同胞体，它们相依相存难以分割，看你怎样去对待。人可能每一天都会有得、有失，如果老想着得到的，就会快乐、幸福；如果老想着失去的，就会忧郁、痛苦。日子还是一天一天地过，不同的是，有的人天天快乐、感恩，而有的人天天痛苦、抱怨。幸福和痛苦是人生的两道门，每个人都有机会选择，只是有时我们太忙，忘记了选择幸福！我们需要培养发现幸福的能力，养成感受幸福的习惯和思维模式。

五、戴刑具之人（丸、宄、央、方、尤）

一个人违法犯罪，就要受到法律处罚。首先，要把犯人抓来关起。危险、重要的犯人还要把手脚捆起来，或者戴上脚镣手铐，有的颈上还要戴上枷锁。
我们先谈谈关押犯人的牢房，或称囚房、监狱。
相传在尧舜禹时代，舜任用皋陶掌管司法。皋陶"画地为牢"，成为最初监管犯罪之人的囚禁场所，我国从此有了监狱。因为"皋陶造狱、画地为牢"的传说，皋陶被尊为狱神。皋陶还与尧舜禹并称四圣，是禹选定的接班人，但因为皋陶比禹先去世，故未能继位。

《封神演义》中也有画地为牢的故事，只是主人公变成了精通《易经》的周文王姬昌。有一个名叫武吉的樵夫，一天挑着柴到西岐城去卖。在南门，正赶上周文王出行。由于道路窄小，他将柴担换肩时掉了一头，翻转扁担时把守门的军士王相耳门上打了一下，当场打死。武吉被军士抓到周文王面前。

> 文王曰："武吉既打死王相，理当抵命。"即在南门画地为牢，竖木为吏，将武吉禁于此间，文王往灵台去了。纣时画地为牢，止西岐有。此时东南北连朝歌俱有禁牢，因文王先天数祸福无差，因此人民不敢逃匿；所以画地为狱，民不敢逃去。但凡人走了，文王演先天数算出，拿来加倍问罪。以此顽猾之民，皆奉公守法，故曰画地为狱。（明·许仲琳《封神演义》第二十三回）

周文王画地为牢，犯人不敢越雷池一步，靠的是先天数。如果犯人逃跑，周文王先天数算出踪迹，抓回来加倍处罚。而齐天大圣孙悟空也有这个本事。我们小时候看电影《三打白骨精》，孙悟空去化斋，取出金箍棒在地上画了一道圈。妖精想来抓唐僧，这个圈却像铜墙铁壁，把妖精阻挡在外面。我们看小说《西游记》，才知道孙悟空画圈是在打杀白骨精之后。孙悟空去化斋，他画了一个圈——

> 请唐僧坐在中间；着八戒、沙僧侍立左右，把马与行李都放在近身。对唐僧合掌道："老孙画的这圈，强似那铜墙铁壁。凭他甚么虎豹狼虫，妖魔鬼怪，俱莫敢近。但只不许你们走出圈外，只在中间稳坐，保你无虞；但若出了圈儿，定遭毒手。千万，千万！至嘱，至嘱！"（《西游记》第五十回）

谁知猪八戒把坐在这个保护圈里称为坐牢。

> 八戒道："师父，你原来不知。古人画地为牢。他将棍子画个圈儿，强似铁壁铜墙，假如有虎狼妖兽来时，如何挡得他住？只好白白的送与他吃罢了。"

说了这么多的神话和传说，我们还是从文字本身来解读古代的监狱、牢房。

甲	金	篆	楷	品读
			牢	牢字本是牛圈。其甲文与厩相似，圈中是牛为牢，圈中是马为厩。而囚困围图圈等字的"口"字框就是表示关押犯人的牢房。前面我们讲到"口"字框表示界限，不仅指国界，还包括城墙、畜圈。从这里我们知道，"口"字框还可以表示监狱，也是隔绝犯人和外界的界限。
			厩	
			围	牢房、监狱不一定是四四方方的一间房子或一个圆圈，也可以是一个井。打猎或作战时，挖好陷阱，将猎物或敌人引进去，掉入陷阱就无法出来。同样，将犯人关在井中，也可以防止其逃跑。在金文中，刑字左边是井字，把人关押在井中，井也是牢房的一种。
			囚	
			困	
			刑	

"口"字框可以表示监狱，那么人在口中就是囚犯了。

古代大户人家常有几重厅堂，每一重之间上面无覆盖，可以采光，形如四合院，中间称为天井，常是儿童乐园。据说有一户人家，天井中间种了一棵树。有一次，一位老夫子看了，对主人说，这棵树不能要。为什么呢，因为四四方方的屋中央有一棵树，是个"困"字，不吉利。主人正准备把树砍掉，他的小儿子急忙反驳说，屋中有树是困字，屋中有人不就是囚字了吗？那我们是不是连房屋都不能住人了呢？父亲听了，觉得有理，便不再砍树了。

"口"字框中间一个人字是囚，一个大字是因。大表示人，其"口"字框却不表示界限，而是表示席子。本义是铺在马车上的垫子。后泛指睡觉的席子。因借用作副词后，加艹为茵表示本义。现在茵字用得最多的是地上铺了草垫的绿茵场。足球是世界第一运动，绿茵场是最大的广告平台。

说完牢房，下面说戴了刑具的人。为防止犯人逃跑，主要锁住犯人的手脚和颈部。

> 凡囚者，上罪梏拲（两手关械）而桎，中罪桎梏，下罪梏。（《周礼·秋官·掌囚》）

顺序从下罪说起。下罪梏。梏是手铐，执就是人戴着手铐的形象，手铐是 。执字的篆书左边是幸字，源于 ，现简化为扌。圉则是人戴着手铐蹲在监狱的形象。在金文和篆书中逐渐变形为幸字。手铐之义则用梏字表示。

甲	金	篆	楷	我们再看一个讯字，甲骨文 像一个人跪在地上，双手反绑在背上，用绳子捆起来，有的没有绳子，正张开口回答问题。金文有点变形。篆书改口为言，省丝字，人形也不直观。隶书将人形变成卂，更失去原形。《说文》解讯为问，本义是审讯战俘，泛指询问、音信。
			讯	
			拲	

中罪桎梏，梏是手铐，桎即脚镣。犯中等罪行的人，除了戴上手铐，还要戴上脚镣。人戴着脚镣的形象是亢字。因为脚上戴着镣铐，所以腿要直着才能走路，人就显得高一些，所以亢有高之义，即高亢。

上罪梏拲（两手关械）而桎。桎梏指脚镣手铐，拲又是什么呢？也是一种手铐，并侧重强调把双手铐在一起，就像人拱手作揖之形，故称为拲。因此，执字左部的幸字应该是拲字。拲桎梏三种刑具均是用木料制作，用于拘束犯人行动自由，是上古即商周奴隶制时代的司法产物，统称"三木"。

三木之外，还有一种刑具——枷。即枷锁，戴在人的颈上。枷的形状抽象为⊢⊣，戴在人的颈上，从正面看，大字颈上戴一个⊢⊣，是央字 ；从侧面看，人字颈上戴一个⊢⊣，是方字 。如果将戴枷的人丢到水中 ，人就会下沉，这就是沉字。沉和沈两字同源，均表示这一情景，于是戴枷的人又变形为尢或冗。

第二十回　图穷匕见干戈起
以和为贵罢军旅

　　《左传》说："国之大事，在祀于戎"。《孙子》曰："兵者，国之大事，死生之地，存亡之道，不可不察也。"我们这一回解读军事、征伐的字。

甲	金	篆	简隶	楷	品读
				刀	甲金篆均像古代早期有柄的刀形。隶书变曲为直，去掉刀柄，只余刀身。古文字中刀刁相同。刀刃处加一画作指事符，即是刃字。
				干	干本是树干，上面两个分杈，用于战争的武器。金文下面一点是指事符号，表示是树干。丫头的丫字与此类似，最早也指树丫，后小女孩两个羊角髻与此相似。
				戈	象形，甲金文均是古代主要的长柄武器形状。
				弓	象形，甲文象张了弦的弓形，自金文起，有的加弦有的不加弦。
				矛	象形，古代武器，长柄，有锐利的尖刀。常与专做防御的盾相对。
				矢	象形，甲金文都象箭形，只是越来越简洁了。

				入	入字头，甲金文上小下大呈尖锐的形状，锐利的东西便于进入，即入的本义。其他如内、氽均是从入，后有的变形为人。
				甲	甲壳，包括战士的盔甲。也借指天干第一位，泛指第一的事物。甲金文甲有多个写法，有十、田等，后为了区别，写作甲。
				中	表示方位在中央，或在某范围内。由一个圆圈或方框加一竖组成。圆圈表示古代部落族人聚集的地方。划定一个范围后，在中间竖立一个旗帜。一竖就表示旗杆，竖上边和下边的曲线表示旗帜的飘带。因此中表示中央、内部、集中之义。表示仲裁之义，做中间人时，竖上边和下边一般无飘带，会意中间划一直线，不偏不倚，公正公平。后为了区别，左边加人旁，表示仲裁，成为仲字，与中分用。
				旗 旂	旗与旂都是旗帜，又专指上面有熊虎图案的军旗。旂又专指画有双龙、杆头系有铃的旗帜。甲金文为象形字，有旗杆和飘带。篆隶在右下加其作声旁成为形声字。旂为旗的异体字，加其为形声字。
				自 (师)	自源于何物众说纷芸。或为弓，或为阜，甚至有说是人的屁股。我的朋友唐冶泽先生认为是兵符形象，很有道理。从其构字师、帅、归、追、遣之义看，以弓或兵符为佳。

战争除了靠人，就是靠武器，有近身搏击的短兵器刀、剑、匕首，有长兵器干、戈、长予。还有远距离打击的弓箭。有攻必有防，有矛就有盾，盔甲盾牌必不可少。战争不是一人两人的争斗，而是千军万马的厮杀。如何号令三军，就要有旗帜和鼓乐。下过军棋的人知道，凡是军旗被别人抢走了，就算不损一兵一卒也是完败。因此，斩将夺旗就是大功。据此本回字根分为五类：即短兵器刀，长兵器干、戈、矛，远程兵器弓、矢、入，防守甲胄甲，指挥用具中旗（师）。

首先谈短兵器。刀剑是短兵器，但刀剑也可加长柄，如关羽的青龙偃月刀就是长刀。我们熟知的短兵器一是专诸刺杀吴王僚时藏于鱼腹的鱼肠剑，二是荆轲刺秦的匕首。

秦王嬴政欲统一天下，燕国太子丹欲阻止其战争，安排荆轲刺杀秦王。燕国假装降秦，以荆轲为使，还带去樊於期的人头（此人为秦不容，避难到燕国，听说要刺秦就把自己的头贡献出去了）和燕国的地图，以秦舞阳为荆轲助手。燕国有个制兵器的高手叫徐夫人（男）给荆轲打造了一把绝世锋利的匕首，上面淬毒，荆轲把匕首藏在地图最里层，秦王召见荆轲时——

> 秦王谓轲曰："起，取武阳所持图。"既取图奉之。发图，图穷而匕首见。（《战国策·燕策三》）

荆轲刺秦历代传颂，成为反抗强秦、重义轻生的典范。换一个角度看，秦王统一六国决心不会动摇，但方式却可选择，一是战争暴力，二是和平统一。当时的各诸侯国都源于周王的分封，国与国、民与民的对立不大。尤其是平民之间，国民意识并不强。士这个阶层也如此，士为知己者用，他们渴望建功立业，朝秦暮楚，没有多强的国家意识。但是各国统治者肯定不愿被兼并，于是把老百姓拖入战争。如果燕国能够和平并入秦国，秦王肯定也希望这种模式继续推行，秦国统一六国的方式可能改写。但荆轲刺秦，扼杀了这种想法和希望，统一进程只能通过铁与血来实现。

我们讲人字时，讲过匕，是面向右的人字，与面向左的人字方向相反，是左右翻转形成。匕也像投降雌伏于地人形，故在甲文中也是雌性动物符号，与士作为雄性动物符号相对。我们在饮食一回中还讲过匕字，源于汤匙的形象，是舀酒、舀汤所用。本回谈到匕，则是刀字的变形。

匕（匙）	匕（刀）	刀

召，上为刀，表示用刀扎起食物招呼或召唤他人。

旨，上为匕。表示用刀扎起食物品尝美味。本义后转为脂。

刀不但变形为匕，还变形为刂，称立刀旁，构字如利、剑。班两边是玉，中间部分是刀，会意将玉分开。黎字右上角勿是刀，类似于犁右上角的立刀。

短兵器只有短兵相接时才能发挥作用，战争中主要依靠长兵器。大动干戈是发生战斗，化干戈为玉帛则是走向和平。干是树干，与丫头的丫同源。干指主干，金文在主干上加一点作指事符号；丫即树丫，指分杈。因为女孩子小时候两个羊角辫子与此相似，故称小女孩为小丫头。干是古代打猎和战争的常用武器，单也是干的完善变形，也是打猎武器。

戈是最重要的长兵器。

戈与弋有区别，但戈构字时可能变形为弋，如武字。

甲	金			篆	楷	品读
十			戈	戈	戈	戈的甲金文均是古代主要的长柄武器形状。戈戊戌三字形义相近，大戈上有斧称戊；最大的戈称戌，后称为戟。戊被借用为天干第五位，戌为地支第十一位。
半	半	半	伐	戊	戊	
甲	戌		戌	戌	戌	戊构字如茂。
戎	戎	沐	戒	戌	戌	戌甲金篆书均为人立戈下，指人持戈守卫边疆。戌中间加一点为戊，加一横为戌。
枝	找	我	伐	伐	伐	甲金文左边是人，右边是戈，戈从人头上刺穿，表示砍头和杀伐。注意与戌区别。篆隶沿用金文，但将人和戈分离。《说文》解为击也，本指砍杀、击打。如讨伐、征伐。构字如阀、筏。
甲	戎	戎	戎	戎	戎	甲金文从戈从甲（十是"甲"的古写法），是古代战士持戈盾的形状，但文字中省去了人。构字如绒。

					甲金篆隶都是单手或双手持戈，会意戒备。《说文》解为警，即警戒、戒备、防备。加言旁作诫，表示用语言告诫、规劝。构字如械。
					戒	
					成	甲金文都是斧钺形，高举斧钺重重砍下，行为伴随音"正"。篆书规范，隶书简省，变形后戈形尚在，反映了武力征服和原始的"枪杆子里出政权"的思想。表示成功、成就、完成。构字如诚、城。
					我	甲金文像猪八戒九齿钉耙的形象，战争时举斧钺喊口号"喔喔喔"，拟声。也做仪仗之用，表我之威仪。构字俄、鹅、蛾、饿。
					戉	戉是大斧的形象，后以钺表示。戉作声旁构字如越，表示跨越、跳过。
					弋	弋与戈形似但有区别。弋是箭上有绳子，射了可以收缴回来。

戈应是"干"的进化版，所以前端有一个分叉。而长矛则源于棍子，前端就像箭头，是尖细的锋刃。因此，长矛的攻击方式就是直刺。如果要远程打击，就是长矛的缩小版——箭。箭需要弓发射。矛或箭的头部尖细，呈三角形，能够刺入猎物或人体。因此，以其头部形象也造出一个字：入。

对照矛的图形，看矛、矢、入三个字，非常形象。入字就是箭头的形象。

为了防止箭的射伤，少康的儿子发明了盔甲。披在身上的是甲，戴在头上的是盔，盔在古代称为胄。我们在电视剧或连环画中看见的头盔，一般是宋代武将的装束，头盔不保护面部。而古代的胄则是把面部也遮住。所以，戴上面具，也遮住了面容，面对尊

154

长行礼时要取下胄，不然谁认识呢？

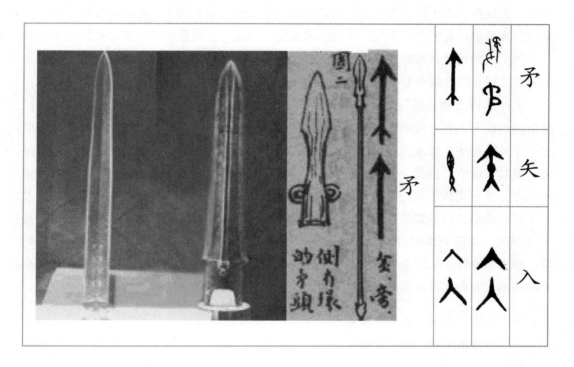

		矛
		矢
		入

甲骨文中甲是十字架，与七相同。为了区别，不断演变：

甲	金	篆	隶	楷
		十		十
				七
				甲

十字原为一竖，中间加点，由短变长，后来居上，获得十字架使用权。

七字篆书将一竖写弯曲，隶书写作竖折。

甲字在十基础上加一个圈，形如田字。因为与田字混淆，遂将中间一竖向下拉长。

古代作战，兵器非常重要，使用中，会断会缺会钝会锈。宝剑锋从磨砺出，所以古人要时常磨刀霍霍。古人非常渴望神兵利器如龙泉太阿，如干将莫邪。春秋五霸的吴越两家，铸剑技术占了相当大优势。铸剑大师欧冶子据传是越国人，他铸有龙泉、太阿、湛卢三大名剑。莫邪是其女儿，干将是其女婿，吴国人。武侠小说也常常描述为争夺神兵大动干戈的场景，如金庸先生的倚天剑屠龙刀等。苏州虎丘有一个剑池，据说是吴王阖闾墓。据介绍内藏吴王神剑，让人心驰神往。

武侠小说大都是描写单兵作战，两人决斗。或是孤胆英雄，猛虎斗群狼。但古代战争则是成千上万人的团队作战，兵熊熊一个，将熊熊一窝。因此，统帅的作用非常重要。《孙子兵法》要求为将者必须"智信仁勇严"五者兼备。我推崇的古今十大名将孙武、吴起、韩信、白起、卫青、霍去病、李靖、郭子仪、岳飞、戚继光，无不是军事指挥天才，善于团队作战。团队作战依靠日常的训练，还依靠临场应变。古代军事指挥没有手机对讲机，只能依靠耳目视听。鼓进金退、号角长鸣是通过耳朵的听觉，旗帜则是通过视觉。军队训练时有一套旗语，主帅令旗怎样动，队伍相应移动，完成一字长蛇阵、双龙出水阵、八门金锁阵等变化。2000年徒步三峡，凭吊吴蜀古战场，想起诸葛亮八阵图的故事和杜甫的诗句，感慨万端。

> 功盖三分国，名成八阵图。
> 江流石不转，遗恨失吞吴。

古人如何通过旗帜号令军队当然是专业问题了，但我们今天还常说旗帜鲜明、旗开得胜。最有意思的是旅游，导游举一个旗帜，带领游客游山玩水，汗洒九州；真像一支部队，在旗帜带领下，南征北战。

字	甲	金	篆	隶楷
旅				旅 旅

旅字本义就是军旅。从甲金文可以看出，像一人举旗，有人随从的情景。人有多有少，有时跟一人，有时跟两人，有时还有兵车。篆书简化，沿袭甲文，是旗下两人之形。隶书将右边写得近似衣字。楷书下部是一个彳，一个人。与聚字下部写法接近。聚

156

裳两字下面都是三人，旅右下只有两人，所以比聚裳两字少左边两点。为何少左边，因为左边有方字。这是书法审美的需要。

　　不单"旅"字是举起旗帜征战沙场的情景，游山玩水的"游"字也源于举起旗帜出行。不同的是，游没有人跟从，只突出了举旗之人和旗帜。

　　从战争说到旅游，我们这一回也圆满结束。

第五篇　自然界

第二十一回　日月无光风云起
雷电交加雨将至

　　前面二十回，我们解读了人的身体和生活、人类社会的经济基础和上层建筑。最后四回，我们将讲述人类生存的自然环境，即天地万物。古人仰观天文，觉宇宙之大；俯察地理，觉品类之盛。采天地之灵气，吸日月之精华，草木丛生，枝繁叶茂；鸟兽繁衍，龙飞凤舞。我们接下来这四回将依次讲述天文、地理、植物、动物。

　　我们现在开始聊天。

　　既然聊天，我们就先说点闲话，谈谈"聊天"这个词是怎么回事。

　　古代荆棘丛生，蛇虫遍地，因此，出门容易碰到蛇，容易被蛇咬伤。古人见面打招呼时，一人问有蛇没有，另一人就回答说没蛇。蛇古音读啥，所以现代四川、重庆人还经常有啥没啥地瞎聊一通。后来不直接说蛇了，改问：别来无恙乎？即是问生病没有。这应该是古人较早的问候语。随着人类的领地越来越大，蛇咬人的事少了，人们见面就关心起温饱问题来。古代没有杂交水稻，没有化肥农药，农作物产量低，老百姓常常吃了上顿没下顿，肚子长期挨饿，所以见面就问：吃了没有？关心一下对方。如果客人来了，主人问吃了没有，就是问客杀鸡，显得缺乏诚意。更有人闹过尴尬，看见领导从厕所出来，立即问候：处长，吃了没有？处长生气了，心想，我在厕所，你问我吃了没有，是骂我吃屎吗？因此回答，我没吃，你去吃（屎）！厕所处问人吃没吃，容易误会。如今绝大多数中国人的吃饭问题基本解决，所以"吃了没有"这个问候语基本被淘汰。吃穿温饱，人之大事。因此，除了问吃，就是问穿。如果问别人：你穿了吗？别人想：你又不是瞎子，我穿没穿你看不见吗？因此，以穿为问候语就是问：穿得暖和不？冷不冷？常听到人们见面问候：今天有点冷，你穿这么点衣服，暖和不？冷不冷？这就是嘘寒问暖。暖有一个同义词暄，因此，寒暄几句，就是指见面的几句问候语，不是谈正经事。既然见面首先问寒问暖，就说天气如何如何，因此，这种非正式的谈话也称为聊天。

　　时代飞速发展，见面仍说天气如何如何略显老套，跟不上潮流。因此，我们逐渐流行外国礼仪：见面握手，问候直接就是你好、上午好，相当于英语的Good morning？、

How do you do？。近两年，问候语又有改进，对未婚人士：婚了没？对已婚人士：离了没？学生见面问：多少级了（打游戏升级）？

以上是聊天闲扯，现在正式谈天。

大字上面一横表示天，天就在人的头顶上，无穷无尽。有一句话这样说："世界上最宽阔的是大海，比大海更宽阔的是天空，比天空更宽阔的是人的心灵。"

天空并不空，有日月星辰。日月有固定的运行规律，日出为昼，所以称太阳，月出为夜，所以称太阴。日有阴晴，月有圆缺。月之圆缺有周期性规律，可以预测；日之阴晴源于风云变化，难以预测，所以说天有不测风云。风是空气流动形成的自然现象，气流成风，汽凝为云，云腾致雨，云层碰撞声响为雷、光闪为电。因此，本回从太阳、月亮、风气、云雨、雷电五个方面来谈天文。

一、太阳（日）

日字就是太阳的形象。泰山附近大汶口文化遗址出土的陶器上发现了象征日出的图形文字，距今五千多年。这个图形完全是一幅朝日初升的情景，很多文字学家解读为旦字，太阳的形象用一个空心圆表示，简洁、直观、形象。甲骨文由于用刀刻画的原因，刻圆不易，直笔较多，所以写成方框形，为了与口、丁等字区别，中间加一点或一横。金文日字绝大多数是圆形，中间或不写点，或写点，或写成一横与边框搭接。总体而言，从古至今，日字字形变化不大。需要注意的是与口字、曰字、甘字区别。

甲	金	篆	简	隶	楷	楷	备注
						日	大汶口陶文
					丁		甲骨文或圆或方，但中间无一点或一横。

160

廿	口	口	凵	凵	口	口	甲金篆书汉简中，一横与右边竖笔断开书写，两竖笔出头。后期汉简到汉碑时，横与右竖连写成为横折。
日	日	日	日	日	日	日	甲金篆书中，日与曰区别较大。汉简中，日字中间一点或一横与边框不相交，曰字中间一横与边框相交，横折常断开写。隶楷书曰字左上角未封口。新中国规范汉字，日字瘦长，曰字正方。
日		曰	日	甘	甘	甘	甲骨文、篆简书中，甘字上端两竖出头。汉碑中，横也出头，遂定形。

　　日作单字时指太阳，作字根时具有很强的组字能力，与同一字根可以通过位置变化组成不同的字。如与木字可以组成杲、果、東、杳，与九字组成旯、旭、旮等。日字字义在衍生字中有四种情况。一表示太阳，如杲、杳等字。二表示时间，如暮、晚、晌、旬、昨、昔、昼。因为古人很早就发现日月运行有规律，可以作为计时工具。我小的时候，家里没有钟表，中午什么时候做饭，就看太阳。在田地就是看太阳到了头顶，影子在脚下；在家就看房檐的影子上了滴水井。三表示阳光，如暗、昏、晖、晰、晒、显、暴等字。四表示温暖，如暖、暄、煦，阳光照在身上暖和、和煦、暄和，前而讲的寒暄就源于此。下面，我们从太阳的运行开始说起，继续品读日的衍生字吧。

大汶口陶文	太阳天天升起，但人在海上、山上、草原上等不同的地点观看日出，看到的景象不尽相同。大汶口陶文就是太阳从山上升起的形象，大多数专家认为是旦字（也有学者认为不是文字，只是图形符号）。

ᗡ	⊙	旦	旦	旦	太阳从平原上升起是旦字，甲文上为日，即太阳，下为太阳出来照在地上的光影。金文将光影填实。篆隶将光影改为一横。旦表示早晨。旦暮常对称。旦作声旁构字但，表示转折。坦，坦白，君子坦荡荡，小人长戚戚。袒，袒胸露背。
杏		尚	杳	杳	林中观日出，眼前是树木或草丛。太阳还在树木下，天色昏暗，这个情景就是杳字。日上三竿，升到木上就是杲字。日与木的组合有杳、杲、果、東（如口与木的组合有呆、束、杏、困等）。東甲金文中是象形字，表示装物品的囊。篆文整齐化后类化为日在木中，因为日出东方，东方草木旺盛，故借指东方，作为日木的会意字。果也是木上有果实的象形字，整齐化后上为田，下为木，写作日木组合。
果		杲	杲	杲	
	東	東	東	东	
朝	朝	朝	朝	朝	杳、杲是林中观日出，朝字甲文则是草原观日出了。上下是草，中间是日月，表示太阳已从草丛中升起，月亮还没有落下，正是早晨的景象。 金文朝字就是江上或是海上观日出了。减少一半草字，变月亮为水流，表示太阳从草丛中升起，刚在水面上，是早晨太阳初生的形象。这个时候，也是早潮时候。本义是早晨。
		潮	潮	潮	此字也解作潮的初文，表示潮随日出而涨，同日落而退。篆则改水为舟。
		嘲	嘲	嘲	朝作声旁构字如嘲，嘲笑。
		斡	斡	斡	一天中日升日落表示旋转。
		翰	翰	翰	羽的颜色丰富。翰墨。《说文》解为天鸡赤羽，天鸡即锦鸡，色泽非常漂亮，尾羽长一米左右。毛长者为翰，与毫同义。

早	早	昂	早	早
早	易	易	陽	易
早	昜	揚	揚	扬
阝	陽	陽		阳
	杲	杲	昊	昊
昏	仄	厢	昃	昃

红日初升光照大地，这一形象是旦、早、易。

《说文》解为晨也，从日在甲上。早字从易转化而来。甲金文上为旦，表示日出；下为一指事符号｜，会意上升。另加彡表示日光四射成为易。又因指事符｜与旦下部的一组成十字，十在甲文中为甲字，甲又表示开始和第一（天干第一位），所以《说文》解为日在甲上，会意为早。篆书源于此意。还有人理解甲是武士的首甲（头盔），日在甲上正是早晨军士练兵、早操的情景。隶书则直接上日下十，比较简化。或早为皂树果实形象，后分化为两字，一将上部果子讹变为白，下部十字变为七，成为皂；另一个将上部变为日，下部十字讹变为甲，因为甲骨文中甲为十字。

易是扬、旸的初文。甲文像日从地平线升起的形状。有两个意义，一是指太阳，后加日字成阴阳的旸，加阜成太阳的阳。二是飞扬，像日升起，加手作扬。简化字易均为㕛，源于草书。只有阳例外，简化为会意字。易作声旁构字如阳、扬、杨、场、肠、畅、汤、烫、荡、殇。

甲金只有右部，是阳的初文。像日从地平线上升起，篆书下加表示闪光的彡。为表示阴阳义，又加代表山的阝旁，表示阳光照到山坡的一面为阳。此后通用阳字。

太阳脱离地面，不断上升，这是早字。红日上升，光芒四射，这是易字。太阳继续上升，爬到了树顶上，日上三竿，这就是杲，这时天已大亮。当红日升上天空，阳光普照，万里无云，我们看到了广阔无边、浩大的天空，这就是昊字的形象。中午过后，头顶上的红日逐渐西斜。昃（zè）字本义是太阳偏西，引申就是倾斜之意。

		莫	莫	红日西坠，西边的太阳就要落山了。传说太阳会在名叫扶桑的神树上栖息。这就是莫字的情景。后来，莫字被借用，表示没有，于是，莫下加日字，表示太阳落山栖息于树的时间，即暮。
		暮	暮	莫字作字符构字如摸馍模膜漠蟆寞摹募墓幕慕。 暮也就是太阳睡觉，被遮盖住了，于是人们又造了一个形声兼会意的字——晚。
	暗	暗	暗	日落而息，回家关门了。暗是会意字。日表示太阳，音为闇省，闇有闭门义，闭门则日光不能进入故而昏暗。本义为光线不足，暗无天日。
	昏	昏	昏	日落应该休息，但却是盗贼出没之时。古代更有抢婚的风俗，一是黄昏时分方便行事，二是抢回去马上进洞房，生米煮成熟饭。后来虽无抢婚，女子出嫁也在黄昏时候进行，应是远古抢婚的遗风。因黄昏光线不明，要靠耳听动静，故甲文借闻作婚，像一人侧耳细听的形状。金文字形变化较大。除保留了耳形外，增加了爵和女的字符。后期金文用昏作声符，右为支，反映了抢婚的特点。篆隶将支改为女。
	婚	婚	婚	
	星	星	星	正如印度诗人泰戈尔所说：如果你为失去太阳而落泪，你也将失去星星。我们仰观于天，金乌西沉，玉兔东升，天空亮起繁星。 晶是星光，星则是实物，两字同源于星星。甲文是三个或多个象征发光物体相聚的形状，以表示星光闪烁的意思，同时加声符生。金文沿袭，规范为三星。篆书有两种写法，一是三星，二是简化为一星。
	晶	晶	晶	星作声符构字如猩、腥、醒。

				参	三星高照，光芒四射，此为参字。金文是参宿三星在人头上，彡像光芒下射的形状。
				叁	叁和参同源，只是将彡平直为三。 参作声符构字如惨、掺、渗。
				昼	古人日出而作——太阳刚出来就收割农作物，就是晨字。为记录时间流逝，白天太阳出来时就用笔在地上画一个太阳。金文昼字就是手持笔画日的形象，表示天亮了，新的一天开始了。今简化字应源于草书。昼就是指白天。
				旬	一日复一日，画到十个日字就是一圈，这就是旬字。甲文在一回环上加一画表示一周，属指事字。金文在中间加一日字表示时间，成为会意字。篆书外为人的怀抱之形，表示人寿十年为一旬。隶书源于秦简，外围变形。 旬作声符，构字如询、殉。
				晦	三旬为一月，阴历每月最后一天看不到月亮因而特别阴暗，称为晦。篆文从日从每（表示生育众多的妇女），比喻孕育新日子的阴历每月最后一天。
				昔	日升日落，周而复始，日子一天天过去，如同流水一样不舍昼夜。所以子在川上曰：逝者如斯夫，不舍昼夜。昔字就是形象的表示。甲金篆昔字都是由日（表示时间）和波浪线（表示洪水）组成。会意过去很久的时日。也可解读为远古时代，洪水横流。昔构字如惜、借、错、措、醋、籍。

		醋(篆)		醋

会意字。酉形如酒坛，是酒的初文，表示用酒或酒糟发酵制成的一种酸味调料。昔指从前，久，表示酒放久了会发酵变质成醋。

太阳对人类对万物都很重要。阳光照射，雨水充足，是植物生长的重要条件。植物茂盛，草食动物才能生存，继而肉食动物才有食物，食物链才能建立。

甲文春字写法较多，但基本包括日、竹或木、草芽，金文保留了日和草，并将草芽写作屯，既作表形又作表声。篆书组合成上中下三部分，隶书将草和屯组合成"夫"字头，变形较大。春即四季之首，草木生长。春作声符构字如椿、蠢。

阳光照射还有晒、暴、旱、显、晕等字。

晒是会意字。从日，表示阳光照射。从丽，表示阳光明亮方可晒物。简体字改丽为西，表示晒到太阳西下。本义是在阳光下曝干或取暖。

甲文像太阳在鹿头（代鹿皮）上，会意将鹿皮放在烈日下曝晒，以便脱水保存。早期金文将甲骨文的日写成⊙，并用"米"代替"鹿"，表示曝晒粮食。晚期金文加双手，表示双手把米放在烈日下。篆书有两个来源。一个从日、出、双手、米；会意日出双手举米晒之之意。一个从日、出、双手、上举，会意大白天出手有所击之意。楷书误将篆文的"米"米写成"水"水。本义是晒，读曝，后此义加日成为曝字。暴字则引申为显露、暴露、凶狠、急躁等义，读作抱。暴构字如爆、曝、瀑。

明显，显然。字形会意人在日光下查看丝束的情景。丝为细小的纤维，光线不明不易观看，置于日光下显而易见，字义清楚明白。

166

				表示阴暗潮湿。甲文左边是水，右边用数横和两束丝表示被水洇湿。下边或增加止字，止为脚，用以表示接触地下，指地上潮湿、滋润，与滋同源。篆书据石鼓文将止写作土，会意丝因放在有水的土地上而潮湿。或在上面增加日字，表示日光如丝，有阴暗之义。篆书分化为两字，一字加日为湿，隶书组合成水、日、丝，省略了土，仍为会意字。一字不加日字为滋。
		湿	湿	
		滋	滋	
		暈	暈	晕	有时因为空气中水分等因素，光线折射等因素，太阳和月亮周围会出现光圈。称为晕，即日月气也。甲文是象形，中为日，四周是光晕。篆书上是形符日，下是声符军。军本是指战车围成的环形军阵，因此，军作声符也兼表晕是环绕于日的光环。

　　日出为昼，月出为夜。日出东山为旦为朝，日落西山为暮为昏。月出为夕。甲骨文和金文中，日月两字就是日和月的形象，篆隶楷书则将字变形、拉长、旋转，逐渐失去象形。但是通过对比，仍可看出演变过程。

　　日为太阳，月为太阴。岁星为木星，西方称为朱庇特，因为是太阳系九大行星中最大的一颗。金星出现在东方天空为启明星，简称明星；出现在西方天空为太白金星。《西游记》中有太白金星，对孙悟空比较友善，经常成为天庭与孙悟空的联络人。唐代诗人李白据说是太白金星下凡，故字太白。因为金星在天空中最亮，所以西方称为维纳斯，她是最靓的女神，爱与美的女神。火星为马尔斯，战神，维纳斯的情人，生下了盲人丘比特。火神则是伏尔甘，诸神的铁匠，为众神打造铠甲。

二、月亮（月）

　　月字就是月亮的形象。有个关于月亮的对联：（上联）天上月圆 人间月半 月月月圆逢月半，（下联）去年年尾 今年年头 年年年尾接年头。月亮每月农历十五才圆一次，此外大部分时间都不圆。因此，古人就用弯月的形状表示月字，既是对月亮形象的经验总结，又避免写成圆形而与日字混淆。世界上一些文明古国如埃及的古文字里，月字也是弯月形状，与我们的甲骨文相似。

月上柳梢头，人约黄昏后。明月高照是长夜来临的标志。因此，月字既表示月亮，同时也表示夜晚。后来，古人把月圆一次的时间称为一月，一月的时间为二十九天多一点，古人便将月分为大和小，月大三十天，月小二十九天。因此，月就有了三个意义：月亮、夜晚、三十天。用月字指夜晚容易混淆，为了指事准确，古人便在甲骨文的弯月基础上加一点，表示月光，代表夜晚。这就是夕字。甲骨文、金文中很多带点的月)字，如明、望都是指月光。

由于夕)和月)两字字形相近，差别很小，实际使用中常常张冠李戴。时间久了，积非成是，谎言也成了真理，月和夕的写法发生了颠倒，月字为)，夕字为)。这种类似例子虽然少，也有几个，如氣和饩，来和麦。

注意与肉字区别。肉有月字形，如腊、胡、祭、然。也有夕字形，如多、宜，然字《曹全碑》也有写作夕的。

月作单字时指月亮，月作字根组字时则有三种情况。一是表示月亮，二是表示时间，如夕、夜、朝、朔、望、霸。三是表示月光，如明、朗、朦等字，古人不知道月亮本身不能发光，只是反射太阳光，他们只见月儿弯弯照九州，因此，将月称作月亮、明月。

)	月)	)	月	月	月儿弯弯照九州，月字就是弯月的形象。 用月字指夜晚容易混淆，为了指事准确，古人便在甲骨文的弯月基础上加一点，表示月光，代表夜晚，这就是夕字。由于夕)和月)两字字形相近，差别很小，实际使用中常常张冠李戴，时间久了，积非成是，月和夕的写法发生了颠倒，月字为)，夕字为)。夕字本义指黄昏，又因为只有晚上才出现月亮，故夕又指夜间。
)	月)	)	)	夕	
明	明	明	明 明 明	明	明字有两个来源，一是从囧从月，月光入窗表示光亮，与暗相对。二是日月合成。金庸武侠小说《笑傲江湖》有日月神教，就是明教。日月都是发光体（古人不知月亮不能发光，只是反射太阳光），会意明亮。明作声符构字如萌。

		朖	朗	朗	篆书朗从月从良。良为声符兼表意。月光明亮，令人感觉良好。良本是长廊形象，月光入窗为明，月光入廊为朗。隶书调整左右结构，并将篆文的"良"✗写成良。明、朗都有光线充足的意思，但明侧重于日光充足，朗侧重于月光充足。
	钅	朝	𦙂	朔	每月十五月团圆。上半个月是上弦月，上半夜出现。下半个月则是下弦月，下半夜出现。林肯做律师时有过一次著名辩护，就是根据上下半月月亮出现时间指出当时没有月光，证人看不见被告人。上弦月就像月亮的脚先出来，朔左边是大字的倒字，如逆字等。朔指农历每月初一。朔作声符构字如塑、溯，用泥土制作陶器等就是捏造、塑造。
		溯	遡	溯	江河自西向东奔流不息，是因为中国东低西高，源头在高处，水往低处流。逆流而上，看看水是从哪里流出来的，就是溯字本义。引申为通过事物的发展脉络，寻找事情发生的原因或根源。
	望 望	望	望	望	甲文像睁大眼睛站在土坡上仰望的人形。金文将人与土组合成壬，将人眼变成月，用亡作声符，成为形声字。篆书变形为望和望两个字。《说文》解为：望，出亡在外，望其还家；望，月满与日相望。前者指期望、盼望，后者指时间（十五），如苏轼《赤壁赋》：七月既望，苏子与客泛舟于赤壁之下……现规范为望。
	霸	霸	霸	霸	会意兼形声。雨革会意雨湿皮革浮起之意，也兼表声。会意阴历每月初始见到的月亮暗影（或说月光从雨后如皮革的云团中钻出，月光倾泻而下）。本音魄，本义是每月初见的月亮，生霸之日指时间，大月二日，小月三日。借指诸侯联盟首领，为伯，读坝，如春秋五霸，战国七雄。霸作声符构字如坝（壩）。

𣩄𣩄	𡩾	𣩾夢	夢夢	梦	梦字甲文为人躺床上，人上有目，目上有毛，以眉作声符兼会意人睡觉时眼睛眨动，表示做梦。篆书眉毛变为艹头。下为人怀抱夕之形。即将甲文的床变为夕，同样是表示夜晚人的眼睛转动，会意做梦。据现代医学研究，人做梦时眼睛不停地转动，我们的古人就发现这个特点，可谓观察细致，总结准确。隶楷沿袭。
𣂚𣂚𣂚	𣂚𣂚	𣂚𣂚	夙夙	夙	甲文上为月亮，下为一跪坐的人伸双手劳动，会意月未落，天未明，人已起来劳动。金文近似。篆书变形为左右结构，隶变后夙为俗体。今规范为夙。 夙引申指早敬也，天未明就起来做事，如夙兴夜寐。本义指早晨。用作形容词指早，引申为过去就有的、历时长的。如夙愿、夙敌。
𠚍	𠚍	𠚍	名	名	名从夕从口，会意人们在月夜相逢自报名字。 名作声符构字如铭。

从夕的，还有夜和外。夜参见大字，外参见卜字。

太阳的运行可以显示一天的时间变化，月亮的运行却可以显示一月的时间变化。日月五星、二十八宿的运行变化还可以显示一年的时间变化。我们小结一下：

每一天：日，夙早晨旦朝，晚暮夕夜。

每一月：旬月，霸朔望晦。

运动是绝对的，静止是相对的。如岁星每年位置不同，十二年一个循环。如牛女二星河左右，参商两曜斗西东。每年七月初七即七夕，牛女二星隔河相望，就像牛郎织女鹊桥相会。

明晦：明还指时间，指早上明星在天的情景。明星即启明星、辰星。每天天亮前有星，是为明。然后星沉下去，李商隐诗称为"晓星沉"。明星下沉，而太阳未升，所以天仿佛变黑了，称为黎明前的黑暗。然后太阳开始升起，天开始亮，即是黎明。古人日出而作，如农字、晨字、黎字。收割在早上，这样皮肤不痒。锄草要热，草被晒死。晦也指夜晚，夜晚看不见东西，所以有昏暗之义。也指一月的最后一天即农历三十。三十没有月亮也看不见。昧也是日未升上来，朦胧不明。

因此，日月作为时间流逝的标志，称天时。

三、风气（气）

气乃水蒸气，人口中吹出的也称为气。所以气流为风，汽凝成云，云腾致雨。云相碰撞会发生雷电，山雨欲来风满楼。因此，风气云雨电关系密切。

风字我们在前面已讲过。上面是凡，下为虫，为形声字（甲文则借凤为风，假借字）。风是无形之物，不好象形。

风是气体流动形成的，我们来谈气。

三	三三	气气	氣氣氣	气	甲作三画，为区别于一二三的三，故气字中画特别短。金文中又作气。 关于氣字，本是饩（xì）字义，后来造饩字取代了氣字。气便用作义符，其本义用氣字代替。今简化为气，又恢复了古字，终点回到起点。 气泛指一切气体，从气的字都与气体有关，如氢氦氧氮氟等。气作声旁构字如汽、饩。
		籥	籥	饩	
三	三	气	乞	乞	气、乞本为一字，隶书中气少一横，表无气状态下乞求。乞作声符构字如吃、迄、屹。

四、云雨

中学时读元稹诗句"曾经沧海难为水，除却巫山不是云"，对后半句没有多少认识。2000年我们徒步长江三峡，顶烈日穿行于西陵峡、巫峡、瞿塘峡古栈道，冒风雨攀登上巫山神女峰，俯瞰长江急浪奔流，仰观巫山烟云环绕，毕生难忘。人呵气成云不可见，山吐气成云非虚诞。深感大自然造物之神奇高妙。云自山起，古人因此称山为云根；人出气是口鼻，山出气是山洞，山洞又称岫，所以云自山起又叫白云出岫。

（一）云

现在就来谈云。李白说"众鸟高飞尽，孤云独去闲"。但云一般不是孤独的，往往是重重叠叠，或卷或舒，变化万千。

   	 	云 雲	軍	云	云字甲文一像云彩回转的形状，甲文二上为舒下为卷。也有人解读为下为卷云，上面是二字，表示重复，即重云密布。我喜欢解读为云卷云舒，更有诗意。而且，后面我们讲雨字时，也是把上面两横解读为云。后来云又假借为人云亦云、子曰诗云。引经据典用云，引用人话用曰。天上的云彩则与雨联系紧密，加雨字头。今两字规范简化为云，恢复其本来面目。云作声旁还有芸、阴（陰）、昙。
		屬	曇	昙	遮蔽太阳的云团。即云彩密布，引申为阴暗。
		闇	陰	阴	能够下雨的云彩。从阜从云，今声。阜指山，山、云都是遮挡阳光的巨大物体。阴本义为暗，即阴暗、不亮。引申指水之南、山之北等阳光照不到之处。

古人喜欢云彩，写下大量云的诗文：

松下问童子，言师采药去。只在此山中，云深不知处。（唐·贾岛）

山中何所有，岭上多白云。只可自怡悦，不堪持寄君。（南北朝·陶弘景）

行到水穷处，坐看云起时。（唐·王维）

宠辱不惊，观庭前花开花落；去留无意，看天上云卷云舒。（明·陈继儒）

一方面固然因为天有不测风云，云的变幻莫测让人觉得神秘，充满诗情画意。另一方面，我们祖祖辈辈看云识天气。仰观天文，就是看日月星云。古人还将云和龙相联系，即风从虎，云从龙。三国名将赵云字子龙，就是通过龙来延伸云的内涵。水浒一百零八好汉有人云龙公孙胜。王安石有一首词《浪淘沙令》写明主贤臣，很有意思：

伊吕两衰翁，历遍穷通。一为钓叟一耕佣。若使当时身不遇，老了英雄。

汤武偶相逢，风虎云龙。兴王只在谈笑中。直至如今千载后，谁与争功！

还是这位力主变法图强、被列宁称为十一世纪的改革家的王安石，写下了另一首大气磅礴的诗《登飞来峰》：

飞来峰上千寻塔，闻说鸡鸣见日升。

不畏浮云遮望眼，只缘身在最高层。

古人说诗言志，这种人在云上的豪气，可能就是宰相之才了。寇准七岁时随父登华山，留下了一首诗：

只有天在上，更无山与齐。举头红日近，俯首白云低。

同样的大气，难怪说人"从小看大"。神童骆宾王七岁也写出流传千古的名诗《咏鹅》："鹅鹅鹅，曲项向天歌。白毛浮绿水，红掌拨清波。"诗是好诗，但境界、气势稍逊一筹。骆宾王后来成为诗坛初唐四杰之一，而且写下了《讨武曌檄》的雄文，然而仕途不顺，命运多舛。中国最伟大的诗人李白儿时也写过一首《萤火虫》诗："雨打灯难灭，风吹色更明。若飞天上去，定作月边星。"立意高远，逍遥天外。但李白一生壮志难酬，登金陵凤凰台怀古思今而黯然神伤，不由写下"总为浮云能蔽日，长安不见使人愁"的诗句。一个"总为浮云能蔽日"，一个"不畏浮云遮望眼"，一个怀才不遇的落寞诗仙，一个雄才大略的得志宰相，片言只语，表露无遗。

（二）雨

风起云涌，日月无光，暴雨将至。我们现在谈雨。

雨是一种很常见的自然现象。蒙蒙细雨或是沾衣欲湿杏花雨，或是无边丝雨细如愁，或是随风潜入夜、润物细无声。稍大点的雨就能感觉到雨点滴落到身上、击打在树上的淅淅沥沥，再大点的雨就是豆大的雨点打在芭蕉叶上，滴答滴答。落成一条线的雨就是大雨了。更大的雨则是瓢泼大雨、倾盆大雨了。

因此，我们看儿童画雨，一般就是两种形象，一是雨点，一滴一滴。二是雨线，一条一条。这两种形象，也是人类对雨最直观、最深刻、最共通的印象。

小	少	沙（金文）	米	水	雨
小 小	小	沙	米	水	雨 雨

我们的古人在造雨字时，就是把雨点的形象描绘出来。甲骨文中雨字就是ⅲ。但是这个字容易与其他字混淆。如同样是点组成的字小、少、沙、米，甲骨文如上表（沙为金文）。

因此，为了区别这些以点组成的字，古人进一步细化雨字。首先，在天为雨，在地为水。雨是从天而降，更准确地说是从云层而来。因此，古人首先在雨点上加一横，表示云层，也表示天。其次，天上虽然不会掉馅饼，但是天上可能下冰雹、可以下雪。因此，稍晚的甲骨文，先将两侧的雨滴拉长，好像一小竖，后来又将中间的雨滴连接起来成为一竖，再将雨滴放在三竖之间。有的字还在顶部增加一横，表示重云密布。

应当注意的是，甲骨文中雨字中间一竖都在云层之下。金文中雨字少见。小篆雨字最大的变化就是中间一笔冲破下面的云层，接到上面的云层了，因为绝不会从云层之上开始下雨，因此，雨字上面一横就必不可少，至此，雨字定形，无论隶楷，字形未变。

文字演变是实用性和艺术性双轮驱动。古代科举入仕以身言书判四要素，或以道德文章两关键，书法必不可少。很多皇帝如梁武帝萧统，唐太宗李世民，清代康熙、乾隆都是书法狂热分子，并具有较高书法造诣。宋徽宗赵佶更是一流的书法家。正是帝王文人的共同推动，促进了文字的演变，书法的发展。

雨字有四点，但在书法家笔下各各不同，如欧阳询雨字，向背俯仰，生动有趣。今规范字雨，四点雷同，呆板单调。文字学家如果不懂书法，就难以理解书法对文字演变的推动作用。

				霖	甲文雨字头下面是小圆圈，或小雨点及口字，徐中舒先生认为此字为霖字，而雨字头下为林字，是否为霖字待确定。
				雹	再说雹字，在甲文金文中未见。《六书通》中，上为雨，下为圆球形，应是冰雹的形象。表示从天降下的圆球，不是金子银子，而是冰雹。《说文》小篆则将下部改为包，成为形声字。可能是因为雹字这种写法容易与雷字混淆。
				雷	雷字金文由电、田组成，像车轮，会意雷声像车轮滚滚而来，发出轰轰隆隆的声音。后期，人们发现光打雷、不下雨毕竟是少数，哪怕雷声大，雨点小，雷总是伴随着下雨，于是增加了雨字头，使表意更准确。（参见下一节雷电）
				雪	雪是什么形象？从天而降、纷纷扬扬（很轻，随风飘舞），如果大一点，我们常形容为鹅毛大雪。所以古人最初就用羽毛形状表示雪，增加雨点，后来上部直接写成雨字，表示从天而降，雨字也表示降之义。金文中未见雪字，篆书中下部变成彐。彐是象形，既可看做是羽毛的变形，又可看做扫帚的象形。古人说："各人自扫门前雪，莫管他人瓦上霜。"一晚大雪，世界银白。早上起床，持帚扫雪。雪下的彐字也可能就是扫帚，这是文字演变过程中涵义的增加。

宋 宋	宋 宋	需 儒	需 儒	需 儒	甲文从大从⺆或⺍，像人沐浴濡身之形，为濡的初文。金文一为殷代，从甲文，大更形象。金文二为周代，将上部误变为雨，《说文》更讹变为上雨下而。上古祭祀之前，司礼者要沐浴斋戒，以表诚敬，故后世以需为司礼者之专名。因需作他用，故加人为儒，表示司礼者。儒家孔子本为司礼者。需从雨从而，而表示胡须，会意大雨浸透人身，会意需要雨伞、需要避雨等。需还构字如蠕、糯、懦、曘。
		漏 漏	漏		雨从天而降，故雨作字根时大多数在字的上部，称雨字头，如霎、雯、霜、雰、霾。唯有漏字雨在下部。尸表示房屋，屋下有雨，表示雨落到了屋内，表示房屋漏雨。尸估计应为房屋之形讹变而来，也可能是用蹲踞之姿和雨会意拉稀不止。

字形已明，我们再谈字义。雨字本义表示天上降下的雨水。借作动词，读四声，表示下雨，进一步引申，自上而下也可称为雨，义为下、落下、降落。比如：

密云不雨。（《易·小畜卦》）

昔者仓颉作书，而天雨粟，鬼夜哭。（《淮南子·本经训》）

上邪！我欲与君相知，长命无绝衰。山无陵，江水为竭，冬雷震震，夏雨雪，天地合，乃敢与君绝。（《乐府诗集·鼓吹曲辞一》）

上述三个雨字都是动词，读四声。不雨即不下雨。天雨粟，夏雨雪，则表示落下。天落下粟，夏天落下雪。

中国是农业社会，靠天吃饭，雨水多少、降雨早迟至关重要。人们祈求风调雨顺。一年二十四节气中，有雨水、谷雨、清明、小满、白露、寒露、霜降、小雪、大雪、立冬、冬至、小寒、大寒等十三个节气与雨、水、冰相关，超过一半。

古人将久旱逢甘霖与洞房花烛夜、金榜题名时、他乡遇故知并列为人生四大乐事。久旱不雨时，人们自然希望来场及时雨，所以，雪中送炭、扶危济困的梁山好汉坐第一把交椅的是及时雨宋江。古人非常关心下不下雨、下多久、雨多大。自1899年发现甲骨文以来，出土甲骨十万多片，专门占雨的卜辞少说也有四五千条。而河边的人还要祭祀河神，以免河水枯萎或泛滥。西门豹治邺的故事就体现了古人祭祀河伯的习俗。

西门豹，中国战国时期魏国人。魏文侯（公元前446～前396年在位）时任邺令，是著名的政治家、军事家、水利家。他初到邺城就微服私访，见这里人烟稀少，田地荒芜。后来得知邺郡屡遭水患，女巫勾结群绅，假借河伯娶妇，榨取民财，百姓困苦不堪。他利用河伯娶妻的机会，将巫婆、三老等豪绅投入河中，让他们去给河伯报信，揭露了巫婆的虚伪，教育了百姓。他又亲自率人勘测水源，开掘水渠十二条，使大片田地成为旱涝保收的良田。十二渠又称西门渠，是战国初年第一个大型引水渠系统，比李冰所筑的"都江堰"还早160多年，是我国见诸文字记载历史上最早的大型引水渠系统工程。

西门豹这种政治家、水利家毕竟是少数。因此，几千年以来，老百姓仍然将希望寄托在上天、神仙之上。在我的老家，如果夏天遇到大旱，连晴不雨，老百姓便要举行求雨法会，把一尊木头做的菩萨——川主抬到田间地头（因为石头做的太重，抬不动。所以庙里其他神像都用石头，唯独川主要用木头），让他巡视一下人间旱灾。如果下雨，大家就感谢川主显灵了。

川主菩萨是谁？川主就是四川之祖。川主菩萨双眉中间有一只眼，这是二郎神的形象。我们进一步研究，发现川主、二郎神的原型之一，就是修建都江堰的李冰的二儿子李二郎。因为川西本为平原，岷江发大水时就泛滥成灾，李冰父子历尽艰难，修建都江堰，降伏水患，遂使川西成为天府之国。后人感其恩德，立庙祭祀，称二郎庙、二王庙或川主庙。后来，这一形象不断丰富、叠加，成为二郎神，驻扎在灌江口。《西游记》《封神演义》《宝莲灯》都有二郎神出现，是一尊神通广大、法力无边的神仙。

五、雷电（申）

电闪雷鸣，风雨交加。电字就来源于闪电的形象。

	甲	金	篆
现代电力标志（logo）

我们现在的电力标志、高压标志（如上图）也仍然是源于天空中闪电的形象，与甲文中的电字相近。

电字的本字是申字，甲骨文和金文都是象形字。由于雷电威力巨大，古人就把它们神圣化了。古代神话传说中，有雷公电母风伯雨师，以雷神地位最高。此外，行云布雨专门由龙王负责。我们现在就从雷神谈起。

五千多年前，在美丽的嘉陵江畔，生活着一个母系氏族部落。有一天，部落中一位名叫华胥的少女外出游玩，她看见雷泽（湖）的沙滩上有一只巨大的脚印。华胥很好奇，她蹦蹦跳跳地踩上那个大脚印。忽然，一股暖流直入华胥心房。她怀孕了，十二年之后，华胥生下了一个男孩，取名伏羲。后来，华胥又生下一个女孩，取名女娲。原来，这个脚印是雷神的。雷神长着人头、龙身，雷神的腹部像鼓一样，拍打起来发出的声音就是雷声。伏羲、女娲也是人头龙身，具有非常高强的力量，所以，他们的后代都称为龙的传人。

女娲利用泥土捏造了锅，教会人们用锅煮粥。粥有丰富的营养，便于人体吸收，增强了人类体质。人们纪念她的功绩，就把她叫做女鬲（锅），又加女字旁，后来演变为娲字。女娲用泥土造锅，后人又把她神化，说是炼五色石补天，这就是女娲补天的传说。

后来，人类遭遇洪水，绝大多数人遇难。这即是洪水灭世的传说。伏羲和女娲幸存下来，他们结合，繁衍后代。后人把女娲作为女性始祖，又因为她是泥塑大师，就神化为捏土造人。

至于伏羲，我们在前面也讲过了，他是我们中国的人文始祖，是中华文明的源头。

		申	申	申
		雷	電	电
		龍	龍	龙
		神	神	神
		紳	紳	绅
		坤	坤	坤

雷神就是龙神，闪电就是龙的形状，雷声就是龙拍打肚子发出的声音。所以电字、雷字与龙字还有点联系。因为我们都是伏羲、女娲的后代，他们两位都是人首龙身，所以我们称自己为龙的传人。

《列子》还记载了黄帝梦游华胥国的故事，根据这个故事还有一首古琴曲《华胥引》。

华胥之人其国无帅长，自然而已；其民无嗜好，自然而已；不知乐生，不知恶死，故无夭殇；不知亲己，不知疏物，故无所爱憎；不知背逆，不知向顺，故无所利害。

这是母系氏族原始共产主义社会的一种反映，人人平等，没有私产。黄帝吸收了华胥国的一些治国经验后，经过二十八年的治理，达到了天下大治。于是，中国人又把黄帝和炎帝并称，自称炎黄子孙。

古人造出申字表示闪电，由于闪电威力巨大，是龙神即雷神的形象，所以要祭祀。于是加示字组成神字，表示祭祀龙神。后来扩展为神灵的统称。后来申字被借用去表示地支，指申时，相当于现在的下午三点至五点，对应的月份是农历七月，对应的生肖是猴子。由于闪电与下雨联系紧密，于是在申字上面加雨字，表示闪电。因此，申字分化出神字、电字，所以申、电、神出现虽有先后，但均源于自然界中的闪电。

申作声旁兼表意，从申之字与高大、神圣有关。构字如伸、呻、绅、坤。宽大的丝为绅，佩绅之人均是地位高的人。绅士、土豪劣绅。坤就是把土地当做神崇拜，或会意为神圣的土地。

				雷	雷字表示闪电时发出的声音。雷可闻而不可见，而电则是可见而不可闻。甲文中雷字造型就借用电字古文即申字，所以有闪电的形象，所加的点表示发出的声音，或者像打雷时电光闪闪的形状。金文将点和口变为田，像车轮，会意雷声像车轮滚滚而来，发出轰轰隆隆的声音。后期，人们发现光打雷、不下雨毕竟是少数，哪怕雷声大，雨点小，雷总是伴随着下雨，于是增加了雨字头，使表意更准确。篆书整齐化，隶楷将雨下三个田简化为一个田。这是人类造字时先形象化、复杂化、精确化，即繁化。随着知识的普及，文字再趋于简化。可以说，简化与繁化，始终伴随汉字的发展。雷作声旁构字如蕾、擂。
				电	金文电字是雨申合成，表示闪电与下雨有关。今简化为电，又是一个终点回到起点的例子。
				奄	电作声旁，上加大字（表示人）为奄。奄作声旁构字如庵、淹、腌、掩。其本义再加人旁为俺。

在西方，人们同样把雷电比作神和上帝的化身。古希腊罗马神话中，最高神是宙斯，或称为朱庇特，他掌握雷霆，雷击就他对人类的惩罚。基督教则把雷击看做上帝的惩罚。

电字源于闪电，我们可以称为天然之电、天电。在日常生活中，人们也发现电的存在，称为地电。

公元前585年，古希腊哲学家塞利斯发现了摩擦过的琥珀能吸引碎草等轻小物体。

西汉末年，有关于玳瑁吸屑、矛端生火的记载。东汉时期的王充在《论衡》一书中提到"顿牟掇芥"等问题（顿牟就是琥珀，掇芥即吸引籽菜，就是说摩擦琥珀能吸引轻小物体）。晋朝（公元三世纪）还有关于摩擦起电引起放电现象的记载："今人梳头，解著衣，有随梳解结，有光者，亦有声。"

1660年，马德堡的盖利克发明了第一台摩擦发电机。

1746年，荷兰莱顿大学的教授穆欣布罗克发现把带电的物体放进玻璃瓶里，就可以把电保存起来。自此，电学史上第一个保存电荷的容器诞生了。同年，英国伦敦一名叫柯林森的物理学家，通过邮寄向美国费城的本杰明·富兰克林赠送了一只莱顿瓶，并在信中向他介绍了使用方法，这直接导致了1752年富兰克林著名的费城实验。

富兰克林用风筝将"天电"引了下来，把天电收集到莱顿瓶中，从而弄明白了"天电"和"地电"原来是一回事。

富兰克林制作了风筝，又在风筝上装了一根铁丝与亚麻风筝线连接起来，风筝线的末端拴了一个金属钥匙环。1752年7月，费城下了一场大雷雨，46岁的富兰克林和儿子把准备好的风筝升上天空。父子俩躲在一块屋檐下观察着。闪电出现了，"啪"，闪电击中了风筝框上的金属丝，亚麻风筝线上的纤维顿时直竖起来，而且能够被手指吸引。富兰克林用食指靠近钥匙环，骤然间，一些电火花从他食指上闪过，与莱顿瓶产出的电火花是一样的。富兰克林被一股巨大的兴奋激动着，他抱起儿子大喊："电，天电捕捉到了。"

富兰克林是幸运的，因为这个闪电很弱，他没有受到伤害。一年后，俄国科学家里赫曼在做类似的雷电试验时，被一个球形闪电当场击毙。

富兰克林的风筝试验震惊了世界。他证明了天电与地电是一样的。因此，富兰克林的结论受到一些人的反对，最激烈的是教会。但富兰克林并没有理会人们对他的指责，同时也没有为自己的发现而自我陶醉，为了"驯服"天上的雷电，不让它随意施虐危害人类，他多次实验，发明了"避雷针"。随着避雷针的推广，最后，连教堂上也安装了避雷针。避雷针的发明，还使"上帝和雷电分了家"，不能不说这是一种特殊的意义。

自此，电字不再是闪电的专利，它成了电能、电源、电器的通称。电还指电报，如贺电。电字是两块云碰撞出来的火花，因此，两人一见钟情，就是撞出了火花了，我们就说两人"来电了"，俗称"看对眼了"。

要注意的是，黾龟是整体象形，与电无关。

第二十二回　华夏河山九万里
忠魂烈血写青史

　　天有阴阳者，日月也；地有五行者，金木水火土也。炎黄春秋，上下五千年；华夏河山，纵横九万里。可谓物华天宝，人杰地灵。金见财经章，木见植物章。本回分五类为水火土石山，共有十个字根。

一、水（水、泉、回）

（一）水

　　水字是流水的形象。甲骨文 字是流水的形象，中为蜿蜒下行的主流，左右为飞溅的水点或浪花。后期甲骨文和金文、篆书将左右水点固定为各两点。隶书 水 变形较大，将曲折的主流 简化成一竖 ，将四点水滴形状 连写成 ，流水的象形特征消失。在甲骨文中，动态的流水一般写作 或 ，漫流的水通常写作 （参见昔、益、谷）。同时，不同流域的水名称不同。石壁上飞溅的水叫"泉"；山泉汇成的水叫"涧"；山涧在地面汇成的清流叫"溪"；众多小溪汇成的水流叫"川"；众多川流汇成的大川叫"河"，最大的河则叫"江"。

　　知道八卦的人会发现，篆书水字与坎卦的符号相似，坎卦象征水，上下为阴爻，中间为阳爻，表示柔中有刚。

　　水是生命之源。从科学的角度看，水蒸为气，气聚为云，云腾致雨，落地为水，从而形成一个循环。因此，《西游记》中将雨称作无根水。从圣人的角度看，水近道似德。

　　　上善若水。水善利万物而不争，处众人之所恶，故几于道。居善地，心善渊，与善仁，言善信，政善治，事善能，动善时。夫唯不争，故无尤。（《道德经》第八章）

　　　天下莫柔弱于水，而攻坚强者莫之能胜，以其无以易之也。弱之胜强，柔之胜刚，天下莫不知，莫能行。（《道德经》第八章）

　　　孔子观于东流之水。子贡问于孔子曰："君子之所以见大水必观焉者，是何？"

孔子曰："夫水大，遍与诸生而无为也，似德；其流也埤下，裾拘必循其理，似义；其洸洸乎不湿尽，似道；若有决行之，其应佚若声响，其赴百仞之谷不惧，似勇；主量必平，似法；盈不求概，似正；淖约微达，似察；以出以入，以就鲜絜，似善化；其万折也必东，似志。是故君子见大水必观焉。"（《荀子·宥坐》）

从老百姓的角度看：水往低处流，人往高处走。春雨绵绵、冰雪消融，涓涓细流汇成江河，蓄于湖泽，终归海洋。

人类生活离不开水，因此逐水而居，依山建城。上善若水，但至柔亦至刚，上善亦可成大恶。洪水成灾，一片汪洋；吞噬万物，无可阻挡。水患是中华民族历来头等大事。治水英雄李冰、西门豹等受到历代赞颂，治水九州的大禹还被推选为中华民族的首领，受到万世崇拜。而在更远古的神话传说中，还有过洪水灭世的传说。无独有偶，在西方传说中，也有类似神话。于是，科学家推测，史前人类可能是遭遇了同一场大洪水。

经过长时间的进化，距今三百万年前，古猿进化成人。他们聚居于非洲东部。因为这里距离赤道较近，气候宜人；森林密布，野果充足；河流密布，水美土肥。随着冰川时代的逐步逝去，地球温度缓缓上升。于是，人类沿着冰水形成的尼罗河向北移动（因非州东南高西北低，故尼罗河水向北流动）。最终，人类到达文明源头地中海盆地。此时盆地有两个大的湖泊，不是今天的海。盆地地势较低，温度就相对较高。加之河水带来的肥沃土地，因此，适宜农业发展。

然而，冰川融化，海平面上涨。海水漫过联结非欧两洲的直布罗陀峡谷，慢慢地灌入地中海盆地。于是，湖水不断上升。人们根本不知灭顶之灾的到来，见湖水上升，便不断向上搬家。量变造成质变，最终有一天，汹涌的海水咆哮而来，可怜的人们惊慌失措。他们向高处逃生，然而前有峭壁悬崖挡路，无路可逃，或者，前面一马平川，海水涌来，一片汪洋。绝大多数人葬身洪水，只有少数人得以幸存。这些人，一部分停留在水中的高地——岛屿上，这就是地中海克里特岛文明；第二部分向南沿人类从前的迁徙道路返回，即逆尼罗河流而上，这就是古埃及文明；第三部分人向东，到达两河流域，形成古苏美尔巴比伦文明；第四部分人向北到达希腊罗马，形成游牧文明——闪米特人、印加人、雅利安人；还有一些人继续向北，形成日耳曼民族和斯拉夫民族。洪水由西而来，因此，自然没人向西逃生，乘船而逃更不可能逆水行舟。当然，逃到西边那是广阔无边的大西洋。

向东这部分人有的定居于两河流域，有的继续向东而行，到达中亚。一部分停留于波斯高原，形成波斯文明。其余人到达中亚后，一部分继续向东并向南而下到达印度河恒河流域，形成古印度文明；一部分继续向东沿昆仑山脉，塔里木河到达黄河长江流域，形成中华文明；第四部分人继续向东经西伯利亚，通过阿拉斯加，进入美洲，形成美洲古文明，即阿兹特克文明、玛雅文明、印加文明；第五部分人在中亚向北而行到达大草原，形成游牧文明，即塞种文明，以后的匈奴、突厥、蒙古文明。

昔日到底如何只是推测，昔字却可研究一二。

甲骨文	金文	《六书通》	《说文》
𣈰 𣅀	𣅀 𣅀	𣍘 昔	昔

从甲骨文、金文中可以看出，昔𣈰由◻（日，太阳）和〰（横写的"巛"，汹涌的波涛，代表洪水）组成，表示洪水滔天，除了天上太阳、地上洪水，不见他物。或者表示洪水滔天的日子。

古人的昔日，就是洪水滔天、一片汪洋的日子，多么深刻的记忆！

昔字还可以解读为时光如流水匆匆而去，朝看水东流，暮看日西坠。日落还可升，水去不复回。所以子在川上曰：逝者如斯夫，不舍昼夜。昔就是像流水一样逝去的日光。

由水衍生的字根有益（易）、冰、川（巡、州、流）、谷、水、永（派）、渊。

大家最熟悉的变形是氵，读作三点水。《现代汉语词典》收录此偏旁的字四百多个。极少数是会意字，大多都是形声字，氵表示类别，或表示江河湖泽的名称（泾、渭、泚、汴），或表示水的性状特征（波、涛），或表示人类与水有关的活动（渔）。

𣲤	𣱱	巛	水	水	甲金文像流水的形状。隶书变形。作偏旁时，位于左面变形为三点水。
𣊫		沓	沓	沓	下部为曰，会意废话多如流水滔滔不绝。引申为重复。作声旁构字如踏。

184

	羕 羕 羕	泰	上为大，后演变为土，如赤、走。中为双手，演变为大。土与大合并为癸。下为变水底。会意男人撒尿，表舒坦骄奢。也会意洗澡、淘汰、通泰。要特别注意，今文癸字头有多种来源。如春、秦、泰、奉、奏等，古文字中各各不同。
	漆 漆	漆	漆树流出的汁液。右边有三个捺笔，隶楷均是中间一捺最长，上下简化为点。这是由书法审美而形成。避免重复捺笔。隶书中蚕无二头，雁不双飞，主要是为了突出一个主笔，其他的相对要弱化。上面的木字一般是在左部和下部才写作点，此处是突出中间。彡三这种笔画是中间一笔最短。黍则反其道而行之，承上覆下。暮字中间大字的捺笔也是如此。莫字中主笔是大字的一横，而暮字增加了下部的日字，将捺笔作主笔也是承上覆下。
	膝 膝	膝	形声字。篆书也会意跪地的部位。
永 永 永 永	永	永、泳、派三字同源。甲文像人在水中行走，即游泳的泳字，又因水长流表示永久的永。为与永区别，金文篆书将水点改为S形曲线。又因此形像水流的分支而反写，并另加水旁成派字。
泳 泳	泳	永用作永久之意后，加水为泳，表示游泳。永作声旁构字如咏、脉。
	派 派	派	右边为永的镜面对称，即左右翻转。指水的支流，流派。永则指水流永久不绝。
河 河 河 河	河	本指黄河，泛指水流。形声字。甲文最初用水和丂组成，丂表示用枝柯制的原始曲柄工具，作声符。后将丂改为人负戈形，即荷声。金文加口成可字，篆隶沿用。

		洋	洋	从水羊声，也会意群羊行走，水波荡漾。
		没	没	篆书右上部是回字，像水的漩涡。会意人手在漩涡中伸出，表示淹没水中。
	川	川	川	古今字形相近。甲文两侧是岸，中间是流水。后水形逐渐简省成一笔，与金文篆书相同。隶书变曲为直。川表示水道，河流和河的源头。
		流	流	右部上为倒子，下为流水，会意女人生育时羊水流淌、胎儿出生。参见育、毓。加水旁表示流水。也可构成琉、硫等字。 充上部为亡字，流字右上部为倒子，与育、弃上部相同。
		疏	疏	疏从疋，会意孩子顺利生出，引申为分开、分散，通畅、疏通。构字梳、蔬。
川		州	州	《说文》解读州为水中可居之地。古代唐尧为帝，遭遇洪水，人们居住在水中高地，故天下称为九州。甲金文形近，均像河中有沙洲的形状，是象形字。篆隶楷变形。后州被借用为行政区划名称，另加水旁作洲，成形声字。
		巡	巡	从辶川声，会意河水泛滥无方向四处流动，引申为来往查看、四处行走。
		甾	甾	甲文像竹木编的筐，《说文》解甾（zāi）是东楚对缶的称谓。指盛酒的瓦器。
		淄	淄	淄字从氵甾声，《说文》无，今篆右下部与届字下部相同。本指淄水，也指临淄、淄博。
		冰	冰	金文为仌，像水面结冰隆起或冰裂纹状。作意符时多与冰、寒冷、表示重复有关。篆隶加水成形声字。构字如冷、凉、冯。

				冯	马在冰上行走时小心翼翼、跌跌撞撞。参见凭。
				况	本义是贶，祈求上天赐予。甲文左是水，右边是头顶盛器，下跪祈祷的人形。希望天上的雨水落入自己的盛器中。表现了古人祈雨场景。金文像人比手画脚祈祷形。篆书将头顶盛器的人形写作兄，演变出两个字况和贶。况指寒水，贶指赐予。况后变为况。
				谷	甲金隶楷上部均是四点，表示水流，下部口是出口。表示水从谷口流出。谷就是两山之间狭长的通道或流水口。篆书上部四点变形较大，隶楷中间两点较长。另壑字，左中亦是谷字。
				浴	古人重大活动前要沐浴更衣，沐是洗头，浴是洗身。《说文》解为洒身也。甲文为人在浴器中的形象，人体两侧有水点滴下，正是洗浴的简画，会意字。篆隶成为水旁谷声的形声字。俗是形声字。
				俗	
				沿	篆书沿字右上部为八。谷字上部省去两点，与沿铅右部相同。楷书将八变形为几。因此，沿本义为顺着水流方向行，引申为顺着、因袭、承袭。
				渊	甲文像一潭深水，金文像潭的轮廓变为亚形并另加形符水。篆书沿袭。隶变后右部变形。本义为泉眼形成的洄水，泛指瀑布或急流冲出的水潭，又泛指深。
				肃	常用如临深渊、如履薄冰形容战战兢兢、小心谨慎。肃字就是人在深渊的形象。金文、篆书上部"聿"是手持棍之形，下部为深渊、水潭的形象。今简化为肃。本义为谨慎，引申泛指恭敬、威严、庄重。构字如啸、箫、萧、潇。

（二）回、泉

与水相关的字根还有回和泉（原）。

回	甲金文均是水流回旋的形状，后来多写作迴，现在的简化字实际是恢复了初文。引申为掉转、归来之义。如回家。也用作次数如几回。 作声旁构字如蛔、茴、徊。
泉	甲金文像山洞中涓涓流出的水，引申作地下流动的水，又引申作古代流通的货币。作声旁构字如腺。
原	原从泉从厂（岩），泉水自山上流下，山是泉的源头。篆书有繁简两体。作声旁构字如愿、源。原本义是水流源头（今用源表示），引申为最初、开始。如原始、原本、原配。这个意义本作元，因嫌与元朝的元相混，明朝以后便都改作原。

二、火

上善若水，水可以吃进肚子，人也可以到水里游泳。古希腊罗马神话中爱与美的女神维纳斯据说就诞生于蔚蓝色的地中海中。

火则大凶，谁敢吃火？谁敢把手伸到火中？古希腊罗马神话中火神是最丑的神，脾气很坏，而且是个瘸子，走路摇摇晃晃，像火苗随风摆动。但是这个最丑的神，却娶了最美的女神维纳斯。

言归正传，火字就是火焰的形象。早期甲骨文字形、与"山"相似，像地面上的三（多）股腾腾热焰。晚期甲骨文简化了两侧的焰苗，并将火焰写成"人"形，字形与篆文的"山"相似。金文在晚期甲骨文的基础上省去地面，将甲骨文连在一起的三股焰苗分离，将主焰两边的焰苗简化成撇和捺，至此，"火"的字形与"山"的字形才明显区别开来。篆文承续金文字形。"火"在上下结构的汉字中作偏旁时被写成"四点底"。

我们小时候非常怕鬼，说鬼要吃人，要怎么样。其实，人们敬畏鬼，是因为害怕黑暗。人们崇拜神，是因为渴望光明。人们害怕黑暗，害怕未知不可预见的东西，渴望光明正大。所以，中国的佛像，西方的耶稣、上帝画像一般背后都有光环。包括圣人出现时也有特别的光环出现。如老子过函谷关，尹喜看见紫气东来。皇帝的皇字，金文中也是手持斧钺掌握生杀大权、头上光芒四射的人。人上有火，就是光字。

			火	甲文像火焰形状，作偏旁位于上下左右均有。在上部和下部时，除了炎字外，隶楷书一般变形，位于上部如光、叟，位于下部一般变形为四点，如然、煮。
			伙	后起字，篆书为夥，隶书伙是夥的简化字，但作"多"解时夥不简化。伙本义为军营中共同炊煮用饭的几个人或饭食。用作伙食、伙伴、伙计、家伙。
			灭	古文和篆书从火从戌，会意用斧钺压在火上使其熄灭。此后又加水，表示以水灭火、淹没。今简化为灭，会意一压火就灭。本义为火熄灭，引申指停止发光、淹没、消失。
			灾	灾害，包括水灾、火灾和战争灾害。甲文字形很多，或火烧房子，或大水泛滥，或兵戈，或加声符才；构字或象形，或会意，或形声。篆书归纳为灾和裁两个字，下为火，均表示火引起的灾害，前者上为房屋，是会意，后者上为声旁，是形声字。隶书以火烧房屋之形为正体。
			炎	重火为炎，会意火焰猛烈冲腾，是焰的本字。引申为焚烧、极热。作声符构字淡、氮、谈、痰。
			灰 烬	甲金文无灰字，以烬作灰，手拿一根棒在拨余火所剩灰烬的形状。此字后专作烬，另造灰字，上手下火，表示火灭后，燃烧物只剩可以手撮拿的灰。构字恢、盔、炭、碳。
			赤	甲金篆书形似，上为大字，像正面站立的人形，下为火形。人在火上烤，脸红耳赤，以此表示红色。有说赤是古代一种酷刑，将人脱光衣服在火上烧死，因不穿衣服故赤身。隶书变大为土，土地反复烧烤变成红色，形变义同。构字郝、赫。

米	米	燎	燎	燎	本字是寮。上为木，下为火，表示火烧木。小点表示火星，也表示燃烧溅起的灰。后加火强化燃烧义。
潦		潦	潦	潦	本指雨水大，雨后积水成灾。与涝同义。甲文左是形符水，右是声符寮（火烧木的形状，燎的本字）。篆书将甲文水形规范。右部木火变形较大。隶书更将下部火变成小。成为今文。
		票	票	票	篆书从西、双手、火，合起来会意盛水瓦罐在火上烧煮，蒸汽飘浮。今主要用于票据。作声旁构字如漂、飘、瓢、膘、嫖。
宋	栗	黑	黑	黑	火熏烧后的颜色。甲文上为田，下为火，会意火烧田野、遍地灰烬、满目焦黑。这种烧掉稻秆、麦秆或野草做肥料的做法，是古人刀耕火种的写照，现在一些农村仍在使用。金文篆书变形较大，隶书上田中土下四点火，楷书则将上部田字中间一横变为两点。无论何种变形，均可会意火熏致黑。
東	東金	熏	熏	熏	金文像一个烘笼形，其中四点表示烟火，或在下边更加一火字，表示熏烤。后来熏作了偏旁，便又加火旁。今规范化仍为熏。本义是熏烤，引申指烟气、侵袭。
光	光	光	光	光	人举火在头上照明。一说甲文是一个垂手跪地的受刑者，头上正燃起熊熊大火，为殷商时奴隶主对奴隶战俘施用的酷刑焚首。光作声符构字如恍、晃、幌。

除了以水灭火，从火的字几乎都与火的燃烧相关。

光，上为火，下为儿，像一人举火、光芒四射的形象。叟也是手持火炬在房中搜索的形象。

幽，中为丝，下为火，表示火光如丝，幽暗不明。

火为大凶之物，但自然界却离不开火。古今中外的哲学家把火视为组成万物的基本要素。在中国，火是五行之一；在古印度，火是四大本原之一。人们认为万物由水火土风构成，故佛教性空说认为四大皆空，即一切存在均是虚幻、空无。古希腊认为万物由

190

火土水气四种要素组成。对人而言，火更为重要。中国将古代发明燧木取火的人称为燧人氏，从此，人类能够自由生火，能够烤肉吃，炙、然等字就是火上烤肉的情景。生火使人类能够吃熟食，改善了人体健康，改变了生活方式，使人与动物彻底区别开来。而在西方，则根本抹杀了人类生火的知识产权，将生火的权利归结为神。

在古希腊罗马神话中，人类是普罗米修斯创造的。凡是对人有用的，能够使人类满意和幸福的，他都教给人类。为了维护人类，他触怒了宙斯。宙斯禁止人类用火，他就从奥林匹斯山偷取了火种。宙斯将他锁在高加索山的悬崖上，每天派一只鹰去吃他的肝，又让他的肝每天重新长上，使他每天都经受撕心裂肺的痛苦和日晒雨淋的折磨。几千年后，赫拉克勒斯为寻找金苹果来到悬崖边，把恶鹰射死，并让半人马喀戎来代替普罗米修斯。但他必须永远戴一只铁环，环上镶上一块高加索山上的石子。

既然天火已经来到人间，宙斯也不好收回去，只好规定在燃起圣火之前，必须向他祭祀。根据这个神话，古代奥运会在开幕前必须举行隆重的点火仪式，由祭司从圣坛上燃起奥林匹亚之火，所有运动员一齐向火炬奔跑，最先到达的三名运动员将高举火炬跑遍希腊，传谕停止一切战争，开始四年一度的奥运会。今天，奥运圣火传递也成为一种仪式，更成为宣传推广奥运的广告。

中国的祭祀、占卜也要用火，如焚柴祭天（帝字就是祭天的柴的形象）、以火炙龟等。而掌管火的人则是一个部落中最高地位的人。今天，我们在口语中还常用到：这个人说话"管火"、那个人是我们这里掌火的。掌火、管火的人就是说话能够算数、能够做得了主的人。

主字就是火炬、烛、灯的形象，是烛的本字。上面一点是火苗，下面或是烛台，或是火把的木头。主字也是神话传说《宝莲灯》中灯的形象。灯一旦点亮，威力无穷，能够打败神通广大的二郎神。后来，将表示灯、烛、炬的主字借用为做主、主仆的主，于是另造灯、烛表示原义。

甲文下为木，上面是火苗，是火炬、烛或灯的形象。简书将上部写作点，后期隶书将上部写作横。做声符构字炷、拄、注、驻、蛀、柱。有学者认为主甲文与示同源，表示受祭祀的神主，而《说文》解主"从火"不可信。

三、土

（一）土

早期甲骨文土字为 Ω ⩔，下面一横代表大地，◊像大泥块、土圪垯、泥墩，周围几点表示碎土。造字方法如同水字⫶，有大的主流，有小的水点。晚期甲骨文⟂将菱形的泥墩◊抽象成一竖，字形与"上"相同。金文为了区别土字和上字，在土字的竖笔上加粗、加点或横。篆隶楷沿袭。

土字的造字法要特别注意一横，这个横不是数字一，而是一个特殊指事符号，可代表混沌太初，也可以代表"天地"。代表地而衍生出的字根亘、上、下、卡、凹、凸、凵（凶、凼）等。而有些字中的土字如赤、走，则是由大字演变而来。

土构成的字与人们对土的认识相关联。

地离不开土，土是地上最重要的组成部分。五行之中，土生金，金石都蕴藏在土地之中。木克土，木必须依附于土地才能生长。土克水，在天为雨，落地为水，因为有土才能汇聚成江河湖海。火生土，火燃烧后，一切归于灰烬，尽归尘土。

国也离不开土。所以一国之领土，寸土必争，守土有责。抵抗异族入侵的是民族英雄，流芳百世；割让土地是汉奸卖国贼，遗臭万年。

人也离不开土。常言说一方水土养一方人；靠山吃山，靠水吃水。离开家乡常会水土不服，一方面是因为故土难忘的乡土情结，是精神因素；另一方面则是长期的生活习惯，尤其是饮食习惯，形成了人的独特口味，对食物的偏好，这是生理因素。此外，不同的食物和水包含不同的物质、不同的化学元素。离开故土，换了食物，人体摄入的化学元素就会改变，人的身体就会出现不适应，这是物质因素。我当初外出求学，第一次远离故乡，父亲在我的行囊中装了一块土。我好奇怪，问他为什么。他说这样就不会水土不服。如果肚子不舒服，可以拿点故乡的土放到茶水里，喝了肚子就会好。我当然没有喝过这样的水，但我的确也没有水土不服。

古人的理念中没有精确分析，没有化学元素，但他们凭借生活经验和人生经历，感觉到人与土冥冥之中有密切联系。中国是农业社会，土地是农业的根本，是农民的命根子。所以古人特别重视土地。以天为阳为父，以地为阴为母，称皇天后土。对土地的神圣化体现在两个字：土与示（表示祭祀）结合为社，土与申（闪电，因为神秘、神圣，所以是神之本义）结合为坤。

社既是土神，即社神，也指祭祀土神的场所。甲骨文中的社字 🜲 就是土字。祭祀的对象就是一大块泥土。因为泥土易碎，人们以石代土，金文中社字就增加了示字（表祭台）成为 𥝌。据说考古曾发现殷商时期的祭祀石。人们祭祀土神主要是因为农业种植，因此常将社神与谷神（稷）一起祭祀。社稷就与河山、江山一样，成为国家的代名词。古代群居的氏族都有自己的社，因此，往往一地一社。后来，社庙成了土地庙。《西游记》中孙悟空每当打听妖怪的来历时，都会把土地神叫来问询一番。而今，村社、社区也成为国家、政府管理老百姓最小的基层组织。而群众组织也以社冠名，如诗社、画社、印社。

坤可会意为有神性的土，或神圣的土，是对土的尊称。《易经》说："天行健，君子以自强不息；地势坤，君子以厚德载物。"

有人将也字解为女阴，能孕育下一代。也土组合，会意土地像女阴一样，孕育万物。

历代农民起义和农民战争，土地都是其中的重要原因。到了二十一世纪，中国工业化、城市化进程加快，或是农民打工背井离乡、良田荒废，或是经济发展圈田占地、修路建房，中国耕地大量减少。

🜲	🜖	土	土 吐	土 吐	土的原形像土块，下面一横表示大地，上面像菱形土块。也有说土是社的初文，是筑土祭神用的土台子。 土作声符构字如吐、杜、肚。
𣏾	𣏽	野	埜	野	甲金文由林和土组成，正是一幅野外的风景画。篆书去掉树木，改为从田予声的形声字。特别注意隶书中田与土并未组成里字，而是上下结构。野是郊外，最初指周朝王城外百里的区域。
𤲖		貍	埋	埋	甲文字形虽不同，但都像在坑中填入牛、豕甚至人的形状。小点应是埋入时的土块。是祭祀时将牛羊等牲物掩埋的情景，会意字。篆书改为从艹貍声的形声字。隶书简化为埋，成为今文。
		麤	塵	尘	篆书上为三鹿，下为土。会意群鹿飞奔，尘土飞扬。隶变后俗体简省为上一鹿。今简化为小土，会意字。

埕	湮	涅	涅	涅本为呈，《说文》未收呈和捏字。我们在手工业一回中讲过捏造，即以土为原材料，捻成一定形状，晒干定型。无论东西方神话传说，人都是用黏土捏造出来的。涅，《说文》解为从水从土，曰声。但从篆书看，涅上是日字，不是曰字。段玉裁注解时改为日声。我认为涅是从水呈声的形声字，呈则是会意字。金文呈从日从土，应是土制品在太阳下晒的情景。
日	日	日	日	日	
壺	壺	壷	裡（禋）	垔	垔，甲文存疑。金文从土西声，或土变为壬，表示人背盛土石的竹笼堵塞水流之义。篆书为土，隶变作垔。《说文》解为塞也，指埋没、湮灭、湮湿。垔作偏旁后，加土或阝表示埋没之义，加水表示湮湿之义，此义又借"洇"表示。垔构字湮、煙、堙、甄等。
	煙	煙	烟	烟	烟字古文上边是房子和烟囱，中间是灶，下边是手持火。会意烟从灶冒出。篆书左为火，右为垔或因。是形声字，烟也可理解为因火而出烟。
圭	圭	圭	圭	圭	两土重合之形，类似构字很多，如炎、吕、林等。圭本指一种玉器，后作偏旁，加玉旁为珪表本义。圭构字很多，如闺、桂、硅、奎、洼、娃、挂、卦、褂、佳。
	佳	佳	佳	佳	佳与隹字有区别，一是双土为圭作声符，加人旁表示美好之义。一为短尾鸟形象，象形字。
	蚃	蚃	蛙	蛙	蛙篆书上圭下黾，是黾的加旁分化字。黾为蛙的整体象形字。
陸	陸	陸	陸	陆	陆字甲文由表示山丘的阝和两间草庐（六）的形象组成。金文篆隶下加土字，土山旁草屋相连，正是陆地上的景色。《说文》解为高平地，指陆地和土山。
		坴		坴	坴，从陆字分析，是两间草庐的形象，故音六、庐。也可能会意楼房，表示重楼相叠高耸的样子，正如陆地是高出水面的土地。坴构字睦陆。陆是陸的简化字。
	睦	睦	睦	睦	

				上	上下是典型的指事字。
				下	上字，下面一长横表示地面或基准，上面短横为指事符号，表示在长横上面。篆隶楷在长横上增加了竖画，并在竖画中间加一短横，表示向上。
				卡	与上相反，下字上面为长横，下面的短横为指事符号，表示在长横之下。篆书将下边的短横改为一竖或竖上加一点，表示向下之义。 上下二甲金文都是两横，二字两横等长，上下一长一短。 不上不下，卡在中间，如鲠在喉，如心忐忑不安。
				恒	恒，甲文从月从二，金文加心字。心表示心态，恒心。二代表天地，天长地久、日月永恒。正如《诗经》：如月之恒。如张若虚《春江花月夜》：江月年年只相似。篆书将月讹变为舟，隶楷改月、舟为日。
				洹	洹，甲文从水从回，会意水中的漩涡。金文篆书基本沿袭。隶楷变形，右部类化为亘。
				桓	桓篆书从木从回从二，与洹类似，表示盘桓。春秋五霸第一个即是齐桓公。扁鹊见的蔡桓公则讳疾忌医。
				宣	宣甲文从宀从回，会意声音在空间里回荡，变形同洹。构字喧。
				凸	凸凹为后起象形字。在中国木结构的房屋中，相衔接的两部分一个突出，一个凹入。凸是突出部分，即榫，如丁；凹则是孔洞部分，即卯。篆为今篆。
				凹	

195

（二）小

甲金文中小是三点，少是四点。但其实甲金文中"小"和"少"两字没有明确区分，都像细小的沙粒，是沙子的形象，是沙的本字。

甲金文中小是三点，少是四点。但其实甲金文中"小"和"少"两字没有明确区分，都像细小的沙粒，是沙子的形象，是沙的本字。

小构字肖（屑、悄、销）。少构字眇、渺、炒、秒、纱、妙、吵、抄、钞、砂等。

沙字从水从少，会意水边的细沙。

钞从金少声，隶变后俗字作抄，是抄的本字。后来，钞的叉取、掠夺、抄袭等义都由抄表示，钞主要表示钞票，或用作书名。因为古代书写在甲骨金文中，故用金旁的钞录表示抄写。后来帛纸出现，用毛笔多了，故抄写的抄也用手字旁了。

四、石（厂）

石是厂的衍生字，但厂现在只作义符，作单字的厂是简化字。因此，我们从厂说起。

					山崖的形象。后来作义符，本义用石、厓、崖表示。构字如詹、厦、匹等。或表示石头，做猎具用；表示房屋，则是宀或广的变形，如厦、厩等字。今作为厰的简化字，后来厰上的广变形为厂。

山崖的形象。后来作义符，本义用石、厓、崖表示。构字如詹、厦、匹等。或表示石头，做猎具用；表示房屋，则是宀或广的变形，如厦、厩等字。今作为厰的简化字，后来厰上的广变形为厂。

				石	石是会意字，上为厂，下为口。厂为山崖，口像石块，表示山崖下有石块。后又借作十斗一石，是容量单位。
				磊	石构字很多，磊表示石块堆积，趼表示脚下如石的鸡眼。拓表示开拓。书法中有碑文的拓片，读作踏。
				趼	砚从石见声，是笔墨纸砚文房四宝之一。书法家历来重视砚，因为古代靠磨墨，如果砚太光滑则不易磨，如果太粗糙则不细腻。今天，无论是墨汁还是磨墨，写小楷时砚仍然非常重要。
				拓	
				砚	碧从石珀声，王是玉字，所以书写篆书时要注意（与琴字上边不同，琴上的王不是玉，也不是王，而是琴上丝弦的形象，所以书写时三横不是等距离）。本义指打眼穿系的小石块，又特指绿松石。作颜色时指绿色。如贺知章《咏柳》：碧玉妆成一树高，万条垂下绿丝绦。用碧玉形容柳树的嫩叶。
				碧	
厂 (不明)				匹	金文一上为厂，下为对应的平行斜线。会意对应、对偶。金文二在上面增加了三横，更强化了平等、对应之义。本义是匹配、相对。布对折多层平行成同形，称布匹。古代匹作为度量单位，四丈为一匹。
				严	会意兼形声。金文上为叩，下为厂敢，表声，也指山崖险峻不可犯。两根会意教令紧急俨然不可侵犯。篆书整齐化。今简化字作严。

	崖	崖	崖	岸，会意兼形声字。屵字篆书从山从厂（山崖），会意山崖高耸之意。屵本指山崖高耸。与厂、厓、崖为一字。由于厂作了偏旁，又加山组成屵表示，或另加声符圭组成厓表示。屵、厓也作了偏旁，又以崖表示。河岸对河水来说也是高出的，故又以之为基础造了岸字。岸从屵从干（武器、盾牌，表示捍卫），干会意兼表声。本指水边高地，引申为高位、高傲。
	岸	岸	岸	
	檐	檐	檐	形声字。右为詹。詹下为言，中为八，上为广（岩音，高之义，像屋檐）。会意话多啰嗦至极。作声旁兼表多、高、屋檐等义。 从詹的字如瞻、赡，胆和担则是简化字，詹简化为旦。
	產	產	产	篆书产从生产声，产为简化字。表示生育、生产，指人兽的出生。后引申为劳动生产。构字铲、萨等。
	彥	彦	彦	上为文中为厂下为彡，表示岩上有纹，光芒四射。作声旁构字如颜、谚。
	顏	顏	颜	颜从页彦声。页表示与头部有关。《说文》解为眉目之间也。段玉裁认为是后人妄自加字，颜应指眉间，即"医经所谓阙，道书所谓上丹田，相书所谓中正印堂也"。也泛指额头、面容。作姓如颜回、颜真卿。

五、山

孔子曰："知者乐水，仁者乐山；知者动，仁者静；知者乐，仁者寿。"

山是八卦之一，对应的卦象是艮卦。山水是中国人的最爱，河山、江山作为国土、国家政权的代称；古诗有山水诗，国画有山水画，旅游称为游山玩水。本回从水讲起，以山结束。

山	山	山	山	山	山的甲金文是起伏的山峰形象。变形为丘阜阝等字。甲文注意与火字区别。 山作声旁构字如汕，作形旁构字如崇、岚、峰。
		崇	崇	崇	篆书从山宗声，宗是室内供有祖先牌位的形状。用高山和祖宗牌位合成崇，会意崇高。崇即是高，表示高、尊、神圣、崇敬。越高的山离天越近，越神圣，正如历代皇帝到泰山封禅祭天一样。教堂最初的修建也是一样，越高表示离上帝越近。所以梵蒂冈的教堂世界最高，成为教皇的居所。祟与崇形近，注意区别中间。
		嵐	岚	岚	登山临海，凭虚御风，岂不快哉。山风为岚，即山间的雾气。著名书法家毛峰先生，姓毛名峰，字山翥，号引岚斋。我们便可以看出山、峰、岚的联系。
阝	阜	阜	阜	阜	"阜、阝（左）"甲文像一级级的土山坡，实为山字右转九十度的形象。在楷书中，阜字作偏旁一般都在字的左边，变形为阝，与地形地势、台阶及由上至下或由下至上有关。如队、坠、堕、降、陟、阴、阳、陆、隘、阿、限等。阜构字如埠。
				阝	
阝	隊	隊	队	队	队、坠、地三字同源（参见地字）。队原指人或豕从高处落下之义。物堕于地则聚，因借指一堆、一群，进而为队伍之义，表示行列和集体排列。左为阝，为侧过来的山字，右部则有变化，甲文为头朝下的人形，表示人从山上落下。金文为豕，像猪从山上落下。
	隊	隆	隆	坠	人或豕从山上掉下来，落到地上。队指落下后的结果，地指落的终点，即地面。坠则指掉落的动作。
	隙	隙	隙	隙	会意字。阝是土山，表示墙由土建成；右为隙本字，有墙壁裂缝义，兼表声。本义是墙壁裂缝，泛指裂缝。

				丘	甲文像小山丘的样子，是山字作减法，去掉中间的山峰，成为小丘。篆书变作北字下加一横的形状，隶楷变形。丘作声符构字如邱、蚯。
			嶽	岳	常言说人外有人，山外有山。山外山不是出字（出本从止从凵），而是岳字。岳的甲文就是重山之形。非常简练生动。篆书则另造一个上山下狱的形声字，从而一字两形。我到泰山，登上玉皇顶，看见四个大字"五岳独尊"，岳即写作"嶽"。今规范为岳。
陶文				冈	篆书从山网声，也可会意山有脊梁犹如网有纲。今简化为冈。作声符构字如岗、刚、纲、钢。
				岗	《说文》无岗字。楷书从山冈声，会意山脊。今简化为岗。表示山岗的中间突起，四周坡度延伸。
				刚	甲文是网形和刀，网是捕获动物的利器，自然坚韧，兼表声。以刀断网，有以子之矛、刺子之盾之义，均有刚义。金文在网和刀旁加一斧形。篆隶变斧形为山。刚即刚强、坚硬、强劲。

200

第二十三回　梅兰竹菊四君子
清幽淡雅少人识

　　植物是地球生物圈中最重要的部分，是食物链中最基础的存在。只要有阳光雨露，植物就枝繁叶茂。有了森林原野，就有了牛羊兔鹿等草食动物，就有了虎豹龙蛇等肉食动物。我们称远古时代为洪荒，就是洪水泛滥、满目荒凉、一无所有。我们称世界，则是树木繁茂、遍地田园、一片生机。

金文	《六书通》	《说文》	楷	品读
			洪	上为癸（纺车），下为水，表示水流滚滚，洪水泛滥。篆书改作形声字，左水右共。
			荒	本为巟字，上为亡，下为川，形声兼会意，表示洪水泛滥，家毁人亡，一无所有。后加草字头成为荒字，强调洪灾之后了无人烟，杂草丛生。
			世	树枝上树叶的形象。
			界	从田从介。田表示田地，也表示疆界，古代各氏族、部落划界而治。

　　我们看洪荒世界四个字，洪是指洪水泛滥，荒是指洪水滚滚、唯余野草。世是指树叶生长，界则指人们划界而治，开始农业种植或田猎的田园。

　　古代地广人稀，草木丰茂，人类的祖先在荆棘丛生中度过了漫长岁月。荆、楚、野在古文字中都是草木丛生的形象。人类的衣食住行也依赖于植物。人类最先食用自生自灭的野菜、野果，然后驯化栽培，种植业发展起来，形成农业。

　　随着社会的进步，剩余产品的出现催生商品交易市场的发展，城市规模越来越大，优秀人士不断向城市集中。但事物总是辩证的，城外的人想冲进去，城内的人想冲出来。尤其是中国人，内心深处总是对田园生活有一种向往。

采菊东篱下，悠然见南山。这份潇洒恬淡的意境令喧嚣都市的我们不胜向往。因此，历代将陶渊明爱菊、王羲之爱鹅、林和靖爱梅、周敦颐爱莲并称四爱。文人雅士，逍遥山水，寄情于物，正如君子比德于玉、近朱者赤。虽然玩物丧志，但以物喻人、以物喻德这种做法被发扬光大，后人取梅兰竹菊分别具有清幽雅淡四德，列为四君子，并成为文人绘画的重要内容。而这四种植物，代表了木草竹米四个重要字根，加上禾字，五个字根衍生了大量与植物有关的汉字。《说文解字》中，这五类字共1141个，占总字数的12%。人类与植物的关系可见一斑。而仅草字头的字，《现代汉语词典》就收了近500个。

下面，我们将五个字根一一道来。

一、草（草、花）

（一）草

甲	金	篆	简隶	楷	品读
屮 陶	¥	屮屮（篆） ¥（石鼓） 屮	草草草	屮 草 兰	草是草木植物的总称，本字是屮，后来只作部首，称为草字头。草字原指一种名叫麻栎的乔木的果实，可以用来染黑色，黑色古代又称皂色，皂与早同形。皂（早）加屮成草。甲金文草字头均是草叶形状。石鼓文将早放于上下屮堆中，篆书省下边的屮，并把早讹变为甲。隶书再变曲为直成今文。 　　屮作义符构字如荷茸荆。荆指黄荆，很多父母信奉黄荆棍下出好人。这种棍弹性大，韧性强，不易折断，古代条件差的人家以荆条做发钗，即荆钗。向人谦称自己的妻子时用"拙荆"，即源于此。 　　兰古为形声字，从屮闌声（参见本回木部），今简化为兰。兰作声符的拦、栏、烂均是相应的简化字。

		荼	茶	草中之兰是文人雅士之爱，草中还有茶，那是所有中国人之爱了。陆羽因一部《茶经》而被称为茶圣。茶叶的交流形成了茶马古道。 《说文》无茶字，或者说与荼为一字。从艹余声。中古时荼减一横作茶。荼是一种苦菜，是草，而茶是茶树，可能就把下边改为木字了。人们希望生活像蜜一样甜，但荼苦，所以说荼毒生灵就是为害百姓。
		茶 茶	茶	
		卉	卉	卉由三屮叠成，会众草之意，本为草之总名，又特指花。（奔字下部不是源于三屮，而是三止。）
   六		贲 贲 鼖	贲 鼖	在战鼓上插上装饰物（三棵草），战斗时，鼓进金退，战鼓一擂响，勇士们一鼓作气，冲锋陷阵。甲文贲就是插有饰物的鼓。篆书分化为两字，鼓上部饰物变成声符卉，下部分别写作贝或鼓。鼖（fén）专指大鼓。贲则指击鼓或闻鼓而战的勇士。 贲作声符构字如喷、愤、墳（简化为坟）。
		刍 刍	刍	甲文是用手割草的情景。篆书整齐化，隶楷为芻，今简化为刍。刍作声符，构字如趋、皱、邹、雏。雏指未长大的小鸡，引申其他幼小的动植物。左为刍表声，右为隹表示动物类别。甲文芻为声符，鸟为形符。篆隶书改为芻声隹形，因为鸟和隹字形相似，字义相同。今从刍相应简化为雏。
		雛	雏	

203

（二）花

				华花垂同源，甲文都是花叶下垂的形状。花强调花这一事物本身，垂强调花下垂的动作或状态。金文线条化。篆书分化，华作偏旁，加艸头。隶变后作華，今简化作华。华本义为花朵，如春华秋实，绝代芳华。因为花朵五彩缤纷，华引申为光彩、华丽、荣华。 因为华为引申义专用，花朵之义俗另写作花，异体作苍，今规范为花。是后起俗字，《说文》无。 华作声符构字如桦、哗，作义符构字如烨、晔。
			甲文上为花叶，下为土（也有人理解为果实）。金文无土字，篆书加土。隶书变曲为直，将花叶变为横和竖，成为今文。垂字作声符构字如捶、锤、睡、唾。

二、木（木、世）

（一）木

				草木禾竹米都是典型的象形字。木像有根、干和枝杈的树木形状。隶书变弧形为平直，帛书是过渡，汉碑则将上部变为一横了。 木作声符，构字如沐。木作义符，构字特别多。按照隶楷书法左紧右松、上紧下松的规律，木字位于左边时最后一捺写作点，如杜、桩、棒、楞。木位于下部时，撇捺写作两点，如杀、杂、条等，但现代规范汉字时，可能对书法不够理解，如架、柴、染等，下部木部写作撇捺。而我们看古代书法家所书的这些字，都是从木。可见文字学家必须研究书法，书法家必须研究文字。

		杜	杜	杜
				桩
		楞		楞
		森	森	森
		林	林	林
		楚	楚	楚
		焚	焚	焚

杜从木土声，一种树名。可能树干上有类似土块的大包，还可能是从树上剥下来像土块一样的树木。如杜仲，名贵中药。杜有堵塞之义，如杜绝、防微杜渐。

楞是会意字。篆书从木从夌。夌参见足部夂字，表示突出之义。棱表示边棱之义时俗作楞。罒上目下方，正是颈部戴枷的人有气无力、发呆失神的样子。楞本义指四方木，泛指楞角、边棱。楞引申指失神、发呆之义，此义改木为心，用愣表示。

林是野外成片的树木。甲金篆隶都是两株树木形。双木为林，三木为森，用三株树木叠字则表示更大范围的树林，即森林。

林作声旁构字很多，如淋、琳。林作形旁构会意字也多，如彬、楚、焚、禁、婪。

楚是周朝南方的诸侯国，古时是荆棘丛生之地。字根有三部分，一是表示树木或草丛的林，二是表示区域的口，三是表示脚的止。表明人从家中走出，到处是树木草丛。篆隶字形规范，将口与止合并为足，楷书后来将足简化为疋。

焚，《说文》解为烧田也。古代农耕用火烧山林或荒地的野草，除虫积肥。甲金文均由火、林、木、艸组成，会意明显。有的甲文火下部加手，表明烧火是人的行为，不是自然野火。篆书在林间加了爻字，可能是表示田野经火烧后土色斑驳。隶书沿用金文字形，无爻字。

		彬	彬	彬古文从彡从林，会意光芒四射。篆文改为份，会意文质兼备之义。《论语》：文质彬彬。俗也作斌，用文武会意文质兼备之意。今以彬为正体，斌只作偏旁或人名。
		禁	禁	禁字从林从示，我们进入林区，基本都能看见一块告示牌：禁止火种。
		樊	樊	小时候爷爷让我猜字谜："林中有个鸦雀窝，一只大手里面摸。"原来就是攀登的攀字。本是形声字，从手樊声，表示自下而上攀爬。
		攀	攀	樊篆书从两手棥声，是棥的加旁分化字，也是藩的会意字，兼会意用手编织篱笆。两手相反，不是相对，书法家要特别注意。本义是篱笆，此义同藩。
		果	果	说了树木，我们再看果树。从文字本身发展即造字规律来看，栗梅杏桃李等字出现较早，为象形或会意字，说明古人比较熟悉。果字甲文正是树枝上结满果实的形状。金文之后将多个果实简化为一个，放在字的上部，下部为木字。栗字变形与此相似。
		栗	栗	除了智永等个别人，大多数书法家把果字木的撇捺写作两点即朩，突出主笔横画，这是隶书突出横势、强调横画主笔一波三折、蚕头雁尾的影响。书法追求变化，力避雷同，所以忌讳两个主笔，喧宾夺主。

甲骨	杲	某	某
李	李	李李	李
杏	杏	杏	杏
	桃桃桃	桃桃	桃
	柤查直	查	查
杲	杲		杲
	譟		噪
	操	操	操
	趮	躁	躁

某是梅的象形或会意字。甲文未见，金文上部可理解为梅子的形象，也有人解为甘，说明梅子之味甘甜。古人借某字自称，于是造形声字梅表本义。

某作声旁，构字如谋、媒、煤等。

木有子为李。李字书写时木的捺画宜作短捺、反捺，主笔为下部子字的横画或弯钩。

木下有口为杏，通过比较甲文中口字与杏下部的口字，我认为杏下不是口字，而是果实的形象。此外，杏林还是中国医家的代称。据说，三国时有名医董奉，与华佗、张仲景齐名，为人治病，不收钱物。凡治好的病人，病重者栽杏五株，病轻者一株，如此十年，计得十多万株，蔚然成林，成为医坛盛事。

桃、橙都是形声字。桃为兆声。古人喜欢桃花。《诗经》：桃之夭夭，灼灼其华。培育桃李是园丁的主要工作，今天用桃李满天下形容教师育人有成。古人认为桃树能辟邪，所以用桃木宝剑驱邪，用桃符保佑平安。

查《说文》篆书作柤，且为墓碑形象，会意砍剩的残桩。隶书为柤，后来木旁移到上边写作查，且讹变为旦，俗遂写作查。今规范为查。本义指木桩，也指渣滓，此义后作渣字，作姓时读渣。读查时表示检查、查看之义。查本义为木桩、木栏，木栏用于阻拦，便于检查。

查作声旁，构字如碴、渣、喳。喳是拟声字，口为形旁，表类别，是口中所发出的声音，查为声旁。

杲是群鸟在树上张口尽力鸣叫的情景，本义是群鸟鸣叫。作声旁，篆书从言为譟，隶变后俗体作噪，今规范为噪，本义指人声喧闹。泛指虫鸟喧嚣，引申为声音嘈杂。噪特指名声远扬，如名噪一时。

杲构字还有操、澡、藻、臊、燥。操从手从杲，由用力鸣叫会意用力抓在手里。本义是手拿着，如操起一把短刀。引申为从事、做；如操练。

躁篆书从走从杲。走在古代是快步行，相当于今天的跑。本义是疾。隶变后为趮，俗作躁，今规范为躁。躁表示动作急、性子急等。

207

		六	桑	甲金文都是有叶的树木形，非常形象。表示桑树叶茂，可以养蚕。篆书将叶写作三个又字，可会意为手在桑树上采摘叶子。隶书将木字弧形笔画拉直。 中国古代传说，太阳晚上歇息于扶桑树上。考古文物也有金乌停于树上的画。但流沙河先生认为，这可能是后人的误读。这种树应是若木，因为古代写字是从上到下，后人将若木二字读成一字。我们看金文若字，与《六书通》中桑树上部有点形近。按照传说，建木、若木、寻木是中国三大神树，分别位于中央、西方、北方。金乌栖息于西方神木若木上更为合理。 桑作声符，构字如嗓、搡、橬等。桑构字还有会意字丧。 朵像枝叶花实下垂摇动之形，用作名词指植物的花或苞。作声旁时构字如躲、垛、跺。
			若	
			丧	
			朵	
			本	木是树木的形象，下面是树根。根即是本。本为指事字，木下部加指事符号点或横表示。我们看金文加的是点，篆书是横，而《六书通》有下加圆圈的本字。本指草木的根部，引申为根本、基础。如《红楼梦》林黛玉的《葬花吟》：质本洁来还洁去，强于污淖陷渠沟。 末与本正好相反，木上部加指事符表示，指草木的顶端，引申为末端、尽头。如本末倒置、期末考试。 未字都是枝繁叶茂的树木形，或说是生长正旺未到秋叶凋零之时，正好对应一年中的六月；或说指树上刚长出的嫩叶；或说果实虽未成熟，已有滋味，为强化味道之义，加口成味。未还借用为地支第八位，对应十二生肖的羊。 作声符，本构字笨，末构字抹、沫、茉，未构字味、妹、魅、昧。 妹从女未声。
			末	
			未	
			妹	

米	朱米朱朱	米米	朱朱朱	朱

甲金文中，在木字的主干上加一点或一横。故有多种解读。或以圆点为珍珠之珠；或因像一株树木而为株；或因一横有砍断之义而为诛杀之诛；或因木为赤心之木，一点为砍去表皮露出里面的赤色而为颜色之朱。总之，各有其理，自圆其说。我认为应是株的本字，与本末二字同理，指事根部为本，末梢为末，那么指事树身就是指主干，株。

朱作声符，构字如株、珠、诛、殊等。

束束束	束束束	束束	束束	束
		嫩	嫩	嫩

树干加一点或横为朱、株，加一个圆圈则表示在树上套一环形绳子，表示束缚。也有人将束解读为棍囊，同东（参见东）。

束作声符，构字如速、刺、喇、辣、竦、敕、嫩。嫩字《说文》篆书从女从耎（ruǎn）。耎兼表柔软之意。今作嫩。本义是妇性柔美的样子。引申为初生而柔弱、娇弱，颜色浅，幼稚等。

	束束束 六	束束束	束	柬
			拣	拣
闌 陶	闌闌	闌闌	闌闌	阑

柬金文从束从八，束表示一捆竹简，八表示分开。会意打开一捆竹简从中挑选。也有人理解为目（横写）在木中看选之形，与柬相类似。作偏旁时简化为东，与东不同。柬作偏旁，加手旁成拣表示本义，即选择、挑选。现简化字作拣。

柬作声符，构字还有练、炼，均从柬相应简化。

阑从门从柬，表示门前的栅栏。从门简化为阑。构字如兰、栏、拦等，均是简化字。但澜简化保留了阑，兰则整体简化为兰。

束束束	束束束	束束	束	束
		刺	刺	刺

束是刺的本字。甲金文中多种写法，或像树枝的锋芒，或像箭矢穿透物品（"冂"表示），有的还在箭矢周围加上小点，表示刺伤滴血，增加了杀伤之义。篆隶在右增加刀字，成为形声字。本义为尖锐之物穿透或进入，引申为刺杀、伤害。又指草木的锋芒。

209

棘	棘	棘	棘	棘	棘与枣同源，金文篆隶棘为并束，即一左一右。指矮小丛生多刺的灌木类酸枣树，泛指有刺的苗木。
	枣	枣	枣	枣	枣为重束，即一上一下；表明多刺，也表示酸枣嫁接后的枣树，为落叶棘枝乔木，枣果实圆或椭圆，营养丰富，甘甜可口。
	僰	僰		僰	僰，读作伯。是古代生活在四川、贵州一带的少数民族。中原人认为那里是蛮荒之地，人生活在荆棘野草之中（称楚国也称荆楚）。金文是棘字中间一个侧立的人，下为止，表示赤足。篆隶省去止。僰人悬棺是一个奇迹，所以介绍僰这个生僻字。
	市	市	市	市	有人说市字上面增加一横表由吊布发展成为男子等级礼仪的韠。此说牵强。篆书像草木繁茂枝叶披散的样子。《说文》解读南字篆书，中为市，表示南方草木繁茂。是根据字形附会。南本是钟形乐器的整体象形，但我们可以从此理解市为草木丰茂之义。
南	南	南	南	南	市组字如沛、肺、芾等。项庄舞剑，意在沛公，沛公即刘邦。米芾则是北宋四大书法家之一，也是山水画米家山水、米点皴的创始人。
制	制	制	制	制	前面我们讲手工业时谈到五类，分别用土、丝、木、石、金称作捏造、织造、制造、打造、铸造。制造的对象主要是木。我们来看制字，古文从未和刀。未表示枝条繁茂之树，会意用刀修剪树枝。小点象征砍下的枝条。篆书省略小点，或下加衣。隶变直方。特别有意思的是，其他木字下部都改为撇捺，制字左下部却保留了篆书形式。今规范为制。本指修剪枝条，泛指裁衣、裁制、制作、制造。

210

杀甲	杀金	杀篆	敆殺殺	杀	有人根据隶楷字形，解读杀为砍断树枝之义，读音为树枝折断之声，拟声字。有人认为甲金文及《说文》都像尾向下挂起的动物之形，表示被杀的动物。篆书右部增加殳字，左部身首分离，会意手持武器，击杀动物使之身首异处。从帛书杀字来看，动物形象近似豸。隶书进一步平直化，左下中变形类化为木。但甲文应为从戈从头发，会意用戈割头。金文头发下加人，戈变为攴或殳并断开。楷书杀、殺通用，今规范为杀。
				豸	
片甲	片金	片篆	片	片	从篆书字形看，将木字从中间劈开，左边就是爿，右边就是片。所以《说文》认为反片为爿。两字同源，爿表本义，指劈成片的竹木、木柴。片表抽象之义，即扁而薄的东西。有人认为爿片是床的形象，也有人认为是木制墙的形象。我认为智者见智，都有道理。片构字如版，爿构字更多，现多简化为丬，如妆、壮、装、将、蒋、奖、桨、浆、戕、臧、藏等。
				爿	
戕甲	戕金	戕篆		戕	戕甲文篆书右边是形符戈，用武器表示杀害；左边是声符，是床形。《说文》解为杀害，特指外来入侵者杀害本国国君。也可会意为武力侵入他人墙内和床上，由外杀内之义更为明显。
将甲	将金	将篆	将将	将	将是手持肉，表示拿、持，如将心比心。将也表示带领、统率，如韩信将兵。也指率兵的统帅、将领。
		奖篆	奖	奖	奖篆文从犬，将省声，兼表意。隶楷俗写不简化写作奬，后来犬讹变为大，今简化为奖。表示奖励。
麻甲	麻金	麻篆	麻	麻	最左图是麻的本字，因其密植如林，又因其表皮纤维可供纺织，故似林非林，像木的表皮剥落之形。因此要注意：麻在金文篆书中不是两个木字，而是木字的变形。金文厂字应是表现石崖形，即麻多生于崖下，《说文》将厂字讹变为广，解为屋，谓麻在屋下，有点牵强。隶楷广下为林，是两个木字，不再区别，是类化的表现。麻作声旁构字如嘛，作形旁构字如糜、靡、摩、魔、磨。靡会意细麻丝的飞扬，表示靡散蔓延。
		靡篆	靡	靡	

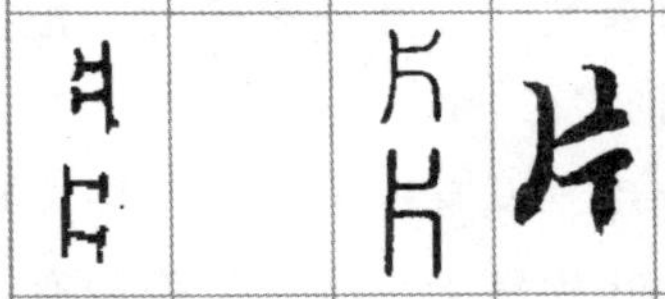

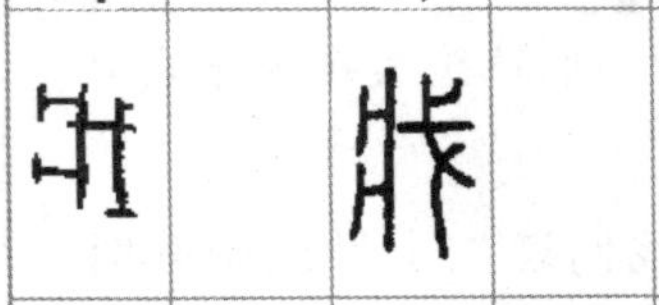

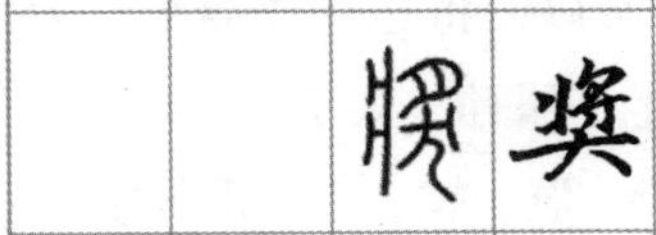

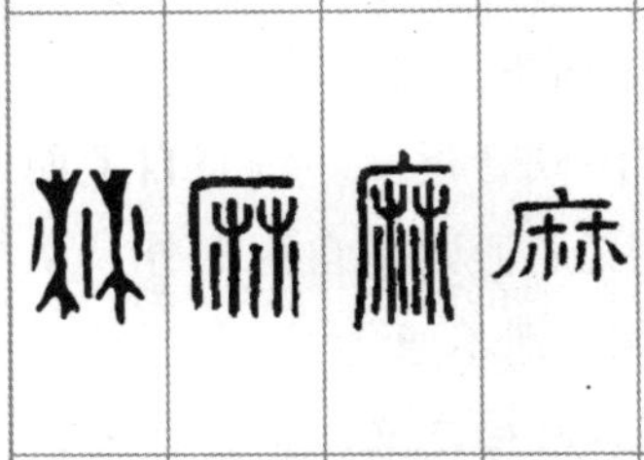

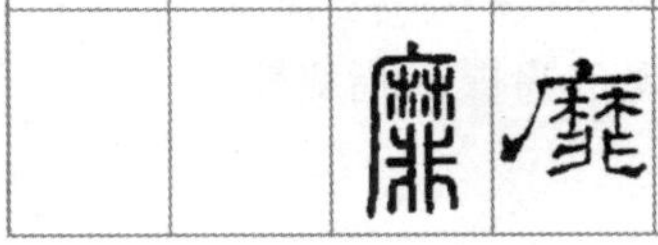

211

| | | | | 木作声符，加水为沐。沐是洗头，浴是洗身。古人十日为一旬，政府公务人员放假做好个人卫生，沐浴更衣。 |

以上谈了木衍生的一些字。还有一些从木的字在其他章回介绍。如人双脚爬到树上为乘，人爬上树站立为桀，因为比一般人高，所以这个人为傑，即杰字。人在树上极目远望为相。人木为休，所以说，背靠大树好乘凉，脚站大树好打望。

（二）世

				树有主干，有枝丫，有果实，当然还有树叶。世葉葉都是源于树枝上叶片的形象。
			葉	世字金文只有树枝和叶片，没有树干。葉字甲文则像树上长有叶片形。金文叶片呈十字状，虽隐隐有枝叶形，但已是上世下木结构。篆书分化为两字，不加草头指扁状物，多作偏旁。加草头表示草木之叶。葉今简化为叶。
			叶	
			泄	世、叶既然是树叶，我们说二十世纪中叶时，为何世、叶都是指时间？春天到了，万树吐绿。秋天到了，树叶枯黄。秋风过处，落叶归根。这是树叶的一生。俗话说，人生一世，草木一秋。树叶的生长反映了时间的变化，因此世、叶可表示时间。人类子孙繁衍，如同草木发枝长叶，所以，世也用作身世、家世。我们也用开枝散叶形容生子添孙、人丁兴旺。
				世和葉作声符，可构成泄、屉、蝶、谍、碟等字。
				泄也可理解为叶上水珠滴下。泄本义为水名。今多用于排泄、泄露。泄与泻同音近义。泻有自上而下、一泻千里、势不可挡之义。泄则是自内而外、从密闭容器漏出、溢出之义。如水泄不通。
		蝶	蝶	蝶篆文从虫从疌，疌兼表敏捷之义。俗体作蝶，葉声，兼表像树叶之意。今规范为蝶，指蝴蝶。

三、竹

苏东坡爱竹。他曾说：宁可食无肉，不可居无竹。无肉使人瘦，无竹使人俗。竹受人喜欢的原因很多。一是实用，江南、巴蜀地区，几乎家家户户屋前院后都种了竹子。竹子用处非常大，可用于竹编，制作篓筐簸箕席子，可用于制作绳子、房屋的栅栏等等。大的竹子如楠竹可用于修建房屋。对文化事业的最大贡献是可制作笔和简，用于著书立说，汇编成册，成为万世经典。二是美观。三是品格。宁折不弯，节节向上，虚心常绿，是高雅的象征。中国人向来喜欢歌咏四君子，梅兰竹菊所以美，除了大自然赋予的自然美，更重要的是被人格化了。笔者亦曾以诗抒怀："纤纤翠竹立崖中，直上云霄节节空。闲看娇姿轻摇曳，举杯同饮诉情衷。"

苏东坡有一个好友文与可善画竹，其秘诀在于胸有成竹。墨竹成为文人画的重要内容，画竹更雅称写竹，强调书画同源，画家需要以书入画。赵孟頫题《疏林秀石图》："石如飞白木如籀，画竹还需八法通。若也有人能会此，方知书画本来同。"

				竹	甲金篆隶字形变化不大，都像两组下垂的竹叶形状。与画竹法的单个字法基本相同。楷书将右边竹叶写成横，略有变形。竹头、草头、首字头草书中类似。但在篆书中却必须注意，草长向上，竹叶下垂。因此四个短竖方向不一样。以竹作形旁表类别的字非常多，如简、筐、笋等。
			笋简	笋简	我认为金文就是竹笋的形象，中间的目字就是竹笋，上部是竹作义符。篆书将下部变形为旬，作声符。楷书写作筍、笋，尹也是声符。今规范为笋。 金文旬字中间是日字，而笋字中间是目字。因此，笋字篆书是类化的结果。
				旬	

213

				策	古人常说策马而行，策的本义是用竹片制的马鞭。金文上是竹，下是片和斤（古时的横刃斧），会意表示策是用斧子劈成的竹片。因此，策也是用竹片编制的简册。篆隶变形，将下部改为束，保留了以刺鞭马的原义。
				简	
				等	简是形声字。竹子制成，在纸没有发明以前，简与帛是最主要的书写载体。 等是竹简制作的最后一道程序，手持竹棍使之齐整，拟音。参见文化章之典册部。

四、禾

随着中国经济的发展，城市越来越漂亮了。昂首百年古树参天，低头杜鹃丛丛绽放。室外翠竹环绕，入耳鸟鸣蝉唱。本回讨论的草木竹禾米五类，草木竹随处可见，米每顿饭都要打交道。禾则不然。因为城市化、工业化、商业化进程，不种田的城里人在中国已达到五六亿，城里的孩子对禾的形象比较陌生了。

我们还是从文字入手，看一看禾苗的种植过程吧。

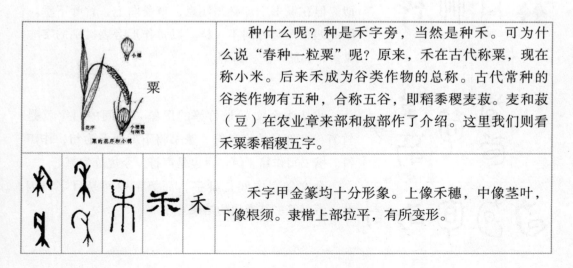

	粟	种什么呢？种是禾字旁，当然是种禾。可为什么说"春种一粒粟"呢？原来，禾在古代称粟，现在称小米。后来禾成为谷类作物的总称。古代常种的谷类作物有五种，合称五谷，即稻黍稷麦菽。麦和菽（豆）在农业章来部和叔部作了介绍。这里我们则看禾粟黍稻稷五字。
	禾	禾字甲金篆均十分形象。上像禾穗，中像茎叶，下像根须。隶楷上部拉平，有所变形。

214

			粟	粟字甲骨文是一株结满籽实下垂的禾苗形象。金文变形，会意用容器采摘禾的籽实。篆书变形较大，下边为米，上边是表示籽实的形状，但更像容器形。隶楷将上部变形为西，完全失形。 从造字演变来看，禾和粟同源，但禾强调禾苗整体形象，粟则强调禾苗结的籽实，金文和篆书又是用容器装籽实。因此，这种作物古代称禾，其籽实称粟，粟还泛指谷类作物的籽实。后来禾作为谷类作物总称，粟则用来称这一作物。现在北方称这种作物为谷子，去皮后叫小米。
			黍	《说文》认为黍是一种有黏性的粮食作物，因为大暑种植，所以称为黍。可以酿酒。字根基本由禾、水组成。
			稻	稻是禾类作物，通常指水稻，去掉皮壳为大米。甲文像米在坛中的样子，应是稻的储存方式。稻还是酿酒材料，有的甲文就直接画成酿酒坛形状。金文一则像部落打谷场景。上边是插在场中间的族旗，有事在此集中族人，平时用作谷场。下边是米在臼中形状。金文二省略了旗帜。金文三省略了米，加禾字旁，右边是手在臼中操作，既是会意字，也是舀声的形声字。此字形为篆隶沿袭。
			稷	
				稷篆书从禾从畟，畟从田从儿从夂，会意人在田地劳动之义。加禾旁，表示属于谷类作物。《说文》说稷是五谷之长。应是古代中原地区主要作物，因此引申为五谷之神。与土地神并称社稷。

			歷 麻 历	夏天烈日当空，老百姓仍然辛勤耕耘，汗滴禾下土。即便没有农活，庄稼人也喜欢到田间地头转一转，看一看禾苗的长势，预测一下今年的收成，如同一个国王巡视他的领地。这个字是历字。
			曆 曆	历字甲金文从止从秝，会意人去观察禾苗，金文之后增加厂字。隶变后作歷，俗省作歴，今简化为历，同时也是曆的简化字。本义为巡查禾苗，引申为经过。如经历、履历、历任。构字如沥、雳等。
			秀 秀	到了秋天，禾苗开始抽穗扬花灌浆，作物灌浆犹如人奶充盈，这就是秀字的形象。秀字上为禾，下为乃，乃是奶的本字，此处以奶比喻浆汁，谷类植物抽穗扬花之时就开始灌浆，这些浆汁逐渐凝结为结实的米。秀表示禾麦抽穗后的灌浆。《论语·子罕》"苗而不秀者有矣夫，秀而不实者有矣夫"，就是说禾苗有不抽穗的，抽穗也有不结实的。这两种情况在古代很常见，人尽皆知，以此比喻人容易半途而废。即便现代农业技术发达，若遇大旱或久雨，也会秀而不实，形成空壳。秀作声符构字如绣、锈、透、诱等。 抽穗扬花非常好，是好年景的前提。因此，人们用秀表示美好的事物。因为抽穗的禾苗高出其他禾苗，秀又有高出之义。故古语说"木秀于林，风必摧之"。杰出之人也称秀。

田	菜	穆	禾 穆 穆	穆	抽穗后，籽粒逐渐饱满，因为重量，禾穗开始下垂。这是穆字的形象，左下三点是脱落的籽粒。这是丰收景象，引申为美好的东西。因为庄稼沉甸甸的样子，不易随风摇摆，又引申为静、敬之义。 有学者认为，穆字是向日葵的形状。甲金文近似，正像籽盘成熟下垂之形。金文在籽盘下加三点表示籽实脱落。因向日葵顺日照方向转动而表示和美恭穆之义。篆书将秆和盘分离，秆为禾，籽盘写作白，盘的锯齿形写作小，下面脱落的籽三点加长演变为彡。虽不象形，但均有出处。隶从篆，直笔方折，成为今文。
穆		姜	委 委	委	禾苗抽穗灌浆后逐渐充实、饱满而下垂、弯曲，就是委字。如果说穆是向日葵弯曲的形象，委字则是稻穗弯曲的形象。女字既是表示稻穗像女人跪坐一样弯曲，也表示像女人胸部下垂呈曲线。所以委有曲之义。委是禾苗充实而弯腰，如果是因为病虫害、旱灾等原因造成禾苗枯萎而弯腰，用哪个字表示呢？萎字。禾弯曲下垂是因为充实，故委用作作词引申表示确实、的确。如《西游记》中孙悟空偷吃人参果，最后坦白："弟子委偷了他三个，兄弟们分吃了。"委作声符构字萎、魏、巍。
			矮	矮	矮是会意字。矢在古代是箭，常作为度量长短的尺度，人如矢则不高。委有曲意，人身体弯曲则矮。

				利
				黎
				秃
				秉
				兼

禾穗低垂，表示已经成熟，应该收割回家，秋收万颗籽，耕耘终有获。农业篇我们讲到辰就是收割农作物的贝制工具。晨、農都是日出而作，收割庄稼的写照。随着生产力水平的提高，刀代替了贝。收割庄稼的刀当然要利。利做声旁构字莉梨犁俐痢等。

黎上部也是利字，只是刀字变形。也有人解读为左黍右刀。清晨黎明时分，以刀收割黍，与晨字造字原理一致。

庄稼收割后，只剩下禾秆光秃秃一片，这就是秃字。上为禾，下为兀，楷书变形几。也有学者认为秃秀年三字同源，各有侧重。禾苗抽穗充实下垂为秀。下垂后茎弯曲处圆转光滑，为秃。禾苗丰收，农人负禾而归为年。秃作声符构字如颓，颓原作穨。

一手持一禾为秉，秉有持、握之义。一手持两禾为兼。如统筹兼顾。兼听则明，偏听则废。

庄稼收割了，农人要把禾穗扛回家或举起禾秆脱粒，这就是年字。年字演变过程中逐渐成为形声字，上为禾未变，篆书下部为千表音。隶楷变形特别大，原形完全不见踪影。庄稼有好收成就是好年景，收成也称年成，农村现在仍然使用这种说法。我国中原及北方地区，粮食作物一熟的周期都是一岁，因此一岁只有一次收成，即一年。于是，年与岁逐渐混用，年也表示时间概念。现代人称春节为过年，但这个历法是汉代确定的。古代历法不同，夏代与现在相同，商代以我们十二月（农历，公历则是一月，下同）为正月，周以我们的十一月为正月。

				年

禾穗扛回家，还要脱粒，即从稻穗上把一颗颗谷粒脱下来。这就是秦字。

双手持杵，往下打禾，即为秦字。如果把禾换为臼，就是舂米的舂字。左图就是杵舂图。舂是为了给谷粒脱壳。脱壳的果实即为米。

秦字甲金文下为两个禾字，表示农业发达。上边是舂字头，表示舂米。拿此会意秦地特征，宜禾。古时秦地即关中平原是天下三大粮食产地之一，故常有得关中者得天下之语。篆书省略了下边一个禾，隶书则将上部合并简化成为今文。秦构字榛、臻等。

稻花香里说丰年，听取蛙声一片。辛弃疾的词说出了香字的本质。甲文中香字上边是麦或黍的形象，四周的小点表示籽粒脱落，作物成熟，下边的口形是盛籽粒的容器。农人看到一年劳动成果，不仅觉得稻花香，连泥土也芬芳。篆书将上边定为黍，下边定为甘，会意黍味甘甜芳香。隶书变黍为禾，甘为日，成为今文。

禾穗已经收割回家了，田里的禾秆、杂草也该清理干净，为明年丰收打下基础。古人就是用火烧。把地里的杂草和害虫烧死，既是肥料又是除害，反映了古人刀耕火种的生产方式。这个收割的季节是秋天，这就是秋字的来源。甲文像蝗虫或蟋蟀类的秋虫。秋季虫鸣，表示秋天的季节。有的甲文虫下加火字，表示秋天收割后用火烧虫，使字义更完整。《说文》籀文的秋虫被误写作龟形，以后以讹传讹甚至近代仍有使用。当代，如果从形声字的角度理解，也可。因为龟也读作秋，如汉代西域有龟兹国。秦代小篆省掉虫或龟形，仅余禾、火，是对古文字简化的杰作。隶书左右互换，禾变平直。秋作声符构字有揪、锹、啾等。

				秦
				春
				香
				秋

			季	表示时间概念的还有季字。《说文》解季为少称也，即小的意思，按顺序排在最后。字根为禾、子，都有幼小之义。古时兄弟排序：伯仲叔季分别是大二三小。季最小，后引申为一个季节的排序，即每个季度三个月：孟仲季（孟即小孩刚出生放在盆中洗，古代有洗三的习俗，借指大、初，参见孟）。篆书强调竖笔纵势，喜欢用包围结构，将禾的根部拉长。隶书则喜欢平直，将子字横画拉长，禾的根部却简化为两点。要写好季字隶楷书，则禾字的右捺要短，子的横画也不宜太长。
			困	春种夏耘，秋收冬藏。稻穗脱粒后要储存起来，储存谷物的圆形粮仓就是囷。《说文》注：圆谓之囷，方谓之京。囷是生僻字。它作字符构字如菌廪（廪，参见动物章鹿部）。菌是形声兼会意。囷兼表圆囤形之意。
			秩	篆文从禾失声，本义为积聚禾谷。古代官员的俸禄用粮食计算，如食三千石。故秩引申为俸禄，又指官员的等级。进而引申为次序、依次序排列、整齐有条理等。古代大治之国，积九年存粮，至十年而更新，故又引申为十年，如九秩寿辰。

五、米

在甲骨文中，米字是中间一横，上下各三点，也有上下各两点。正是米粒从禾秆上脱落下来的形状。有学者认为，米字是筛米或簸米的情形。把谷粒碾或舂后，为了米和糠分离，必须经过这道程序。这种说法也有一定道理，不过这种造字法有点复杂。我认为米就是米粒的形象，为了区别其他多点的字，点上面一横为雨，中间一横为米，中间一竖或S为水。约定俗成，不易混淆。

小	少	沙（金文）	米	水	雨

篆隶书将中间上下两点连成一竖，脱离象形。米是指去皮后的粮食颗粒，如大米。

			米	米作声符构字如咪、迷、谜、眯、粟、糜、糜，作义符构字如籽、粒、粮、粱。 从米的字主要是产米的谷物、粮食，或者买卖粮食的行为如籴、粜。而必须注意的是粦字上部的米由火字演变，奥字中的米由手演变，氣原指饩，后饩字形成并通用后，氣就取代气指气味。现在简化字恢复了气的古字。
			粱	从米，梁省声，本义是优秀品种的谷子，脱壳后为黄小米，是粟的别称。黄粱则指黄粱做的饭，如黄粱美梦。还指高粱，茎高而直，可食用可酿酒，亦称蜀黍。四川重庆地区产量多。
			粮	篆书从米量声。隶变后异体字作粮。本义是供军队食用的谷物，或做好的供外出食用的主食。如弹尽粮绝，引申泛指粮食，如五谷杂粮。也指田赋，如皇粮国税。

糶 （六）	類	類 類	类	篆书从犬，頪声，頪兼表人用脑袋去分别米的差异，分不出，因为同类相似。而犬同类多，更不易分别。俗简写为类，今规范为类，是頪的加旁分化字。类本义为种类、同类。 我认为，米还可能是采字讹变而来。会意通过人的脸部和动物的蹄印分辨动物的种类。狗以此区别分类。
糙	粗	麤 粗	粗	粗即疏也，疏即麤。初指米疏，引申为粗疏、粗糙、疏忽，如粗心大意。参见鹿部。
籴 （六）	糴	糴	籴	篆书从入从米从翟，会意买入粮食，今简化为籴（dí）。与此相反，糶为卖出粮食，今简化为粜（tiào）。

　　家中有粮，心中不慌。肚子饿了，用手捧两把米丢到锅里煮起就可以了。匊（掬）字就是以手捧米的情景。

　　常说笑容可掬、鞠躬尽瘁、人淡如菊，声旁为匊，匊是何意？

　　匊为掬的古字，甲骨文未见，金文和篆书从勹从米。这个勹是什么？是俯身的人形，还是弯曲的手形？试比较以下各字金文：

人	匐	九	勺	旬	匊
					金篆

　　《说文》注"在手曰匊"，那就是说匊的勹是弯曲的手形，应如旬勺等字的写法。

222

匊字金文误将手形写成了人形。

现在匊不单用，只作偏旁，本义另加手旁用掬表示。匊作声符，构字如菊、鞠。匊本义是用手捧米，引申为用手捧，如掬一捧水。用手捧米，手掌手指必须弯曲，所以引申为曲。从匊的字兼表音和义。如鞠，表示皮革做的曲形、圆形的东西。宋代的足球比赛就是踢这个圆形东西，这项运动叫蹴鞠。我们鞠躬时，也要弯腰。菊是秋天开的花，花瓣弯曲。小时候，每到秋天，各大公园便举行盛大的菊展，父母就带我们去看，所以所有的花中，我对菊花的印象是最深的，那么地婀娜多姿，它的花瓣又很特别，像书中描写的美女的手指一样，纤细、柔软又千姿百态、变化无穷。我对菊花的这种特点特别有心得，曾写了一首咏菊诗《自怡》：

> 舍外风吹蓓蕾绽，一指两指五指猜。
>
> 粉拳打出千百态，笑对寒霜野自开。

在我看来，菊花含苞待放时，就像婴儿的手握成的小拳头，偶尔有一个指头放出来。亦像与人猜拳，初握后放。放时，又不知会出什么拳，将打开哪几个指头、千变万化煞费疑猜。

掬一把米做饭，做好了就吃。虽说筷子是中国人的一大发明，但远古时代还是流行手抓饭，我们今天一些少数民族还这样。我到马南西亚文化交流时，他们告诉我：他们现在也还有手抓饭的吃法。用手抓饭不是乱抓，也有技巧。这就是卷字。

卷		篆书非常清楚地显示，卷字头就是双手捧米。《说文》解为抟饭也。即此处的米字代表米饭。两手怎么捧饭？手指要弯曲、卷曲。关就表示屈曲、圆转等义。篆书下面还有一个跪坐的人形，也会意弯曲。关兼表声。
拳		两根会意双手把米饭揉成团，引申指膝曲，即膝关节的后部。泛指弯曲、卷曲。
眷		卷字头兼表声义构字如拳、券、眷、豢、誊；卷字表声义构字如倦、圈、锩等。手弯曲在一起就是拳头，目光转过去转过来都关注就是眷顾了。

膽 誊		誊字要特殊一些。篆书从言朕音，类似字如滕、腾、滕、塍、勝（胜）等。简化字作誊，表示抄写。

常言道，人有三急。吃喝拉撒，生理现象。吃的是饭，原材料是米，排除物是米的变体：粪、屎。在此，我们把相关的几个字汇总介绍一下，虽不登大雅之堂，却是每日必作的功课，否则就是便秘，甚至活人也被尿憋死。

			粪 粪	先说粪字。甲文像一手拿扫帚、一手拿簸箕清除上边的小点（表示脏物），形象生动。篆书用双手执簸箕，向外抛弃似米非米的东西，此指人的粪便。隶书变形，由米異两字根会意。《说文》解为废除，应是初义，指抛弃粪便这一动作。后来用于指抛弃的物品，即粪便。
			弃 弃	粪字的废除、抛弃之义，我们还可以通过弃字来理解。两字造字原理相同，甲文中，弃字抛弃的对象是子，粪字抛弃的对象则是米。

224

既然粪字初义是废除、抛弃，那么最早表示粪便之义是何字呢？屎。甲文正是人撅起屁股排出大便的形象。可能这个字不雅，所以金文篆隶楷不见书法家大作。所幸毛主席不避讳，为我们留下一个法书范字。但是毛主席诗词中也还是避讳，如《送瘟神》：千村薜荔人遗矢，万户萧疏鬼唱歌。

遗矢，即以矢代屎。当然，这不是毛主席的创造。古人既然不喜欢用屎，总要找个替代品，即同音字矢。史马迁《史记》讲赵王想用廉颇，但廉颇老矣，尚能饭否？于是派组织人事干部去考察考察。廉颇心知肚明，一饭斗米，肉十斤；披甲上马，老当益壮。考察组得了奸人郭开好处，想说坏话又不敢。只好说他饭量够大："廉将军虽老，尚善饭。"但小人难防，他紧接着来一句："然与臣坐，顷之，三遗矢矣。"一顿饭的工夫就上了三次厕所。战国四大名将之一的廉颇将军复出无望了。

屎也泛指眼耳的分泌物，如眼屎、耳屎。

屎字是大便，何字是小便？尿和溺。两字同源，变形分化，各有侧重。女屎向后，男溺向前。

甲文溺、尿为一字，是侧立的男人撒尿的形状。可以说，古今中外撒尿姿势完全不变。比利时的标志尿尿小童，正是尿字的形象化。我们不得不佩服古人把握事物本质的能力。随后，该字逐渐分化。演变过程见左图。

两字变形最关键之处在于：溺字保持向前撒尿，人形变为弓。尿字则是向后拉尿，人形变为尸。因此，溺是男人站立向前撒尿，尿指女人蹲下向后拉尿。

尿字篆书写成尾下一水字，表示水从尾下而出，像女性小便，隶书省略了尾毛变为尿。

尿、溺均指小便，今区别字义，沉水用溺，小便用尿。尿既是排尿的动作，也指排出的液体。

屎

尿

比利时布鲁塞尔尿尿小童像

屎

溺

溺：由勹变形为弓，

勹 到 弓 到 溺 到 溺。

尿：由勹到勹到尸，

勹 到 屎 到 尿 到 尿。

			屁	人的排泄物有固体粪、屎，有液体尿，还有气体，这是屁字。拟声字，读音似放屁的声音。从尸比声。 当众大小便不雅，当众放屁也不雅。但中国人屁字使用得远远高于屎尿。当然，主要都是贬义。如屁滚尿流形容狼狈相；拍马屁、马屁精是小人相；屁大的事也做不好是窝囊相；脱了裤子放屁——多此一举就是白痴形象了。
			届	本来该结束这一回了。但还有几个字可以望文生义与人方便相关，虽有点牵强附会，但也有趣，博君一哂。 届，楷书上尸，下由。篆书上尸，下却不是由。与抽、油、宙、胄等字不同。书法家要特别注意，它下面是凵，里面为士。篆书二非常清晰，士的两横与凵不相连，是分开的。 我认为这是男子用尿盆小便的形象。在医院住过院、用过尿盆的人就能体会。凵是尿盆，士是小便器官（参见第六回士字部）。人方便时，下面用尿盆接住，故接、届音近，方便时不是连续不断一气呵成，而是一节一节，一段一段，断断续续。就像奥运会、世界杯，每开展一次，停一段时间，又开展一次，一届一届持续下去。尿盆接满了不能再用，就是届满。
			池	届是指男子，女子也有一个字，池。《说文》：也，女阴之形。池就是女子小便，读音为行为伴随声。

226

六				
宋 夌 宋 宋	市 杰	汰	太 汰	南宋诗人林升《题临安邸》："山外青山楼外楼，西湖歌舞几时休。暖风熏得游人醉，直把杭州作汴州。"是西子湖畔楼外楼的最好广告。我游西湖，拜岳公，登孤山，访西泠印社，观浙江省博；三过楼外楼而不入。何者，人外有人也。 山外有山，此为岳字；人外有人，就是大上有大，此为太字。将两义结合为一就是泰字。泰山为五岳之首，号称五岳独尊。 我们看左边的太字，《六书通》中一、二都是大上有大的形象。比大还要大，就是太。如太上老君、太后、太上皇、太君、太子。 有学者认为太为汰之本字，洗掉身上的东西、淘汰之意。甲文是大字上下有水点的形象，表示人身上掉下尘屑，或者用水沐浴。
	斎	泰	泰	《说文》解：太是泰字异体。篆书泰字上为大、中双手、下为水。可以理解为洗澡，双手浇水洗澡。此为汰之义。还可把泰上部理解为士字，士为男性器官，双手捧士，下为水，不正是撒尿的形象吗？尿急了排出去，浑身通泰。

第二十四回　龙飞凤舞献瑞气
虎头蛇尾难成事

　　本书开篇讲人，最后说动物。本回主要讲飞禽、走兽、爬虫、游鱼四类动物，同时将动物的肢体组成，即角、番，作为一类，共分五类。四类动物的代表是四灵：即南方朱雀代表飞禽，西方白虎代表走兽，东方青龙代表爬虫，北方玄武代表游鱼。四灵也称为四象，是古人在长期的认识过程中逐渐确定的四种图腾。因为四种动物比较多，古人逐渐把龙神圣化，四象归并为两个——龙凤。后来，再次浓缩为一个——龙，成为水陆空三栖动物。此外，古代还有一种瑞兽叫麒麟，从字本身来说，可能是鹿的一种，据说孔子的时代还曾出现过麒麟，孔子为麒麟生不逢时而感伤，作了一首古琴曲《获麟操》。

　　动物在古代统称为禽兽，即飞禽走兽之义。此外，还将动物统称为虫，如称老虎为大虫，蛇为长虫，鱼虾为水虫。鸟最早也称为虫，比如风（風）字，上凡下虫；后来将虫变为鸟，就是凤（鳳）。

一、飞禽（鸟隹燕飞非羽西）

（一）鸟

　　甲金文中鸟是长尾鸟的形象。篆书鸟的头脚羽毛还可辨出。隶书变形，楷书将长尾讹变为钩。今简化字源于草书。

甲	金	篆	简隶	楷	品读
			鳥鳥鸟	鸟	鸟字本是鸟的总称，后来由于认识的深化，将长尾的作鸟，短尾的作隹。对于几种比较常见的鸟，古人根据其特点直接在鸟字基础上变形，如尾变短作隹，眼变无作乌，突出口部牙齿作舃（xì），突出头部为凤为焉，或者直接造字如燕。其他绝大多数鸟类为形声字，由声旁加鸟字构成，如鸿、鹦、鹉、鸡、鸭、鹅、鹊、鸦。此外，鸟构字时还表示鸟的行为如鸣等。鸟字变形还可构字如凫、岛。
		鳳鳳	凤		凤为传说中的百鸟之王。古代雄为凤雌为凰，合称凤凰。窈窕淑女，君子好逑，称为凤求凰。后来龙凤合称，龙为阳，指男性；凤为阴，指女性。因此，凤就代表女性了。凤凰应是源于朱雀，朱是南方之色（青龙白虎朱雀玄武，青白朱玄都是代表方位，与五行对应），因此，朱雀应是源于孔雀。孔雀高冠丽羽，甲文凤字就突出这一特点。凤的头部装饰即是高冠，还可能代表王冠（倒写的王字），表示地位高，如龙、商等字上部也有这个符号。甲骨文二还加了声旁凡。金文有异体字则集中展示凤鸟的丽羽。有学者认为凤字从古朋字变化而来，因为凤为群鸟之首，故借用朋党的朋字。上古无风字，借凤为风。秦代小篆将二者区分开，凡虫为风，凡鸟为凤，凡为声旁。今二字均简化。

		鴻	鴻	鸿	鸟为形旁衍生了许多形声字，表示鸟类动物。 鸟加声旁工为鸿。鸿即鸿鹄，本义是天鹅、大雁等大鸟，飞得又高又远，身影轻盈矫健，受人喜爱。甲文从鸟（隹），工声。金文近似。篆书工鸟、工隹均有，《说文》小篆则水工鸟三字根组合，并解读为鸟形江声。我认为，解为鸟形工声更好，加水旁则另有原因。鸿曾通洪，指洪水；鸿又喜水，陆游《沈园二首》："伤心桥下春波绿，疑是惊鸿照影来。"故而鸿有水字旁，隶楷沿用，今从鸟简化。
			鵡	鹉	从鸟武声为鹉。《说文》篆书声旁为母，隶变后楷书俗体改母为武，今规范简化为鹉。本义指鹦鹉，经训练能模仿人说话。古人可能觉得女性喜欢飞短流长、絮絮叨叨，就像鹦鹉学舌一样，因此声旁用母，我认为是形声兼会意吧。
		雞雞鷄	雞鷄	鸡	鸟加声旁奚为鸡，加甲为鸭，加我为鹅。鸡甲文为公鸡之象形，或加声符奚。籀文改为从鸟奚声，篆书从隹奚声。楷书鷄雞并存，今简化为鸡，以万能的简化符号"又"代声旁。有人认为：鸡字揭示了鸡从野生到家养的驯化过程。用绳子系住脖子或脚爪，公鸡长尾从鸟为鷄；母鸡短尾从隹为雞。这是以会意字的方法解读形声字，仅供参考。
	鳴	鳴嗚	鳴鳴	鸣	鸣字甲金篆隶都是鸟旁加口，会意鸟张口鸣叫。王维《鸟鸣涧》："月出惊山鸟，时鸣春涧中。"韦应物《滁州西涧》："独怜幽草涧边生，上有黄鹂深树鸣。"类似会意字还有吠、哭、牟、哞等字。鸣本指鸟叫，泛指动物叫、发声，如萧萧班马鸣、鸣玉、鸣石。

			鸦	
			雅	
			乌	

乌加声符牙为鸦字，表示乌鸦。《说文》无鸦字，是乌、雅的后起形声字。鸦雅於都来源于乌。

甲文无乌字，金文乌字为乌鸦的形象。篆书比乌字少了表示眼睛的一横。因为乌鸦全身墨黑，连黑眼睛看上去也不明显。隶楷沿袭。

常言道天下乌鸦一般黑，因此乌有黑之义。此外，古代神话传说太阳中有三足乌，因此以乌代指太阳。而月中传说有玉兔，所以用兔代指月亮。乌飞兔走就是比喻日往月来，时间流逝。

古人喜欢乌鸦，因为它德才兼备。其德，一是孝敬父母，羔羊跪乳，乌鸦反哺，因此乌鸦被称为孝鸟。《本草纲目·禽·慈鸟》中称："此乌初生，母哺六十日，长则反哺六十日，可谓慈孝矣。"二是爱情专一。其才，记忆力强，会用工具。我们小时候都听过乌鸦喝水的故事。它会把石头丢入水中，使瓶中水位上升。据研究，乌鸦智商远远高于只会学舌的鹦鹉，而与家犬、海豚接近，大致相当于两岁儿童的智力。外国有寓言《乌鸦和狐狸》，把乌鸦塑造成了虚荣、弱智的形象，与事实相反。

乌鸦叫声呀呀呀，故用声旁牙加佳（雅）表示乌鸦，雅用作高雅之意后，用牙加鸟构成鸦表示乌鸦。鸦的异体字鸦，则以亚代替牙作声符。

𣬉	𣬉	扵於扵	於	唐代以前，乌鸦是有吉祥和预言作用的神鸟，古琴曲有《乌夜啼》，据说是后汉何宴的女儿听到乌鸦叫声，认为是预兆被囚禁的父亲将获释，因作此曲。另一种说法是南北朝时，宋临川王刘义庆因受皇帝疑忌，担心将有大祸临头。他的姬妾听到乌鸦夜啼，告知将获赦，后来应验。这些都反映了"乌鸦报喜"的传说。但后来，乌鸦啼叫成了凶兆，民间有喜鹊报喜、乌鸦报丧的说法。现在，我们把"好事说不准，坏事件件灵"的人称为乌鸦嘴。 乌鸦喜欢群居，等级制度也不严格，因此，让人感觉有组织无纪律，这样的一些人称为"乌合之众"。相反，一群羊必有领头羊，有组织有纪律，这样的一些人称群。现在群众二字连用，但是群与众有区别，关键是看有没有领头人。 於本来也指乌鸦，古代於与乌同音，后来，於字左边的鸟形简化，隶楷书中曾写作方、才、𠂆，今规范为方。
		鳴	鸣	乌作声旁还可构字如鸣、坞、邬等。坞字《说文》篆书从阝从乌，隶变后作隖，异体字坞，今规范简化为坞。左阝是山的变体，隖即同坞，本指村庄外作为屏障的小堡，引申指山坞。右阝则是邑的变体，因此邬代表城邑，为古地名，现用作姓。
		塢	坞	

			鹊	《说文》无鹊字，是舄的后起形声分化字。从昔
				隹，后隹变作鸟。指喜鹊。自古以来在人们心目中，喜鹊就是一种好鸣叫能表示吉兆的鸟。冯延巳《谒金门》："终日望君君不至，举头闻鹊喜。"
		鹊	舄	舄为象形字，甲金文下半部像尾与足，上半部像脑盖之形，或张口露齿之状。与兒上部相同。以张口鸣叫突出喜鹊的特点。喜鹊大多在家门口的树上搭窝建巢，凡有客来则惊叫，如犬见陌生人而狂吠。古时交通不便，贵客临门，嘉宾到达，喜事一件也。这恐怕是鹊鸣报喜的最初原因，故舄音近喜。
		寫寫	写	鹊鸣是把心中知道的喜事倾吐出来，写则是家中有鹊，我解读为人在家中，像鹊鸣一样，把心里的话倾吐出来，就是写意。记录为文字就是写字、书写。画为画就是写意画。最初是写经，后来逐渐代替了书（参见书）。因此，写本义是书写，引申为告知倾诉。写构字作声旁，如泻字，《说文》无，但汉代已出现。
		瀉	泻	
		焉焉焉	焉	金文为鸟加二止，篆书止字变形。雁之本字，表示雁类候鸟的迁徙特性。后为借义专用，本字遂用形声字雁表示（参见雁）。焉借作代词、副词、介词等，作代词可作人称代词、指示代词、疑问代词等，如不入虎穴，焉得虎子；塞翁失马，焉知非福。焉作声符构字如嫣、蔫、鄢等。
		鳥鳥島	岛	鸟构字时在右边居多，在下边如凤，在上边时，省掉下边四点或一横，称鸟字头。构字如袅岛凫。岛字篆书从山从鸟，会意水中可以停鸟的山，即露出水面的陆地。鸟兼表声。隶变后上鸟下山，俗省下边四点作岛，今从鸟简化为岛。

233

	檮	擣	捣

捣字《说文》篆书从扌从寿（参见寿），形声字，读如铸。隶变后随寿字演变而演变为擣，字形太繁，后以岛为声旁造捣，今规范简化为捣。本义为春捣，即用棍棒较粗大的一头垂直撞击。引申泛指用棍棒捶击。如李白《子夜吴歌》：“长安一片月，万户捣衣声。”张若虚《春江花月夜》：“玉户帘中卷不去，捣衣砧上拂还来。”唐代名家张萱有画《捣练图》。古代制作寒衣时，通过捣练，使丝帛上的丝胶易于随浆水析出，使生丝和坯绸更加白净、柔软、富有光泽。

张萱《捣练图》

県	梟	梟	枭

枭字篆书为鸟头在木上，今简化为枭。本义是指猫头鹰。旧传枭食母，獍则是吃父的恶兽，衣冠枭獍比喻不孝之人，后用衣冠禽兽指代像禽兽一样的坏人。

		鳬	凫

凫字甲金文上是鸟，下边是匕，匕是人俯身的形状，是伏的本字。鸟伏有孵化之义，古代有传说：人是从鸟卵中孵化出的。因此，凫曾作古部落名。篆书将匕写作几作为声符。楷书有的将几变形为刀、乃，有的将鸟下边四点省略成为鸟头。今简化为凫，会意字，表示经常伏在水上的鸟，即野鸭。

234

（二）隹

古代禽鸟长尾为鸟，短尾为隹。

				鸟	古代禽鸟长尾为鸟，短尾为隹。我们从甲金文就可以看出两字明显区别。隹字只突出鸟的翅膀，没有表现尾巴。隹很少作为独体字，常以表意的形符出现，表示与鸟有关，作声符如雉、稚、椎、唯、帷、等。
				隹	要特别注意，隹字不能与表示美好意义的佳人的佳相混淆。佳字右边为圭，为土字重叠而成。组字如蛙、洼、硅、桂。
	石鼓			雉	雉从隹矢声，形声兼会意用箭射取野鸡之意。参见鸡。本义为野鸡，汉代吕后名雉，避讳故称雉为野鸡。
				稚	稚从禾隹声。篆书从禾屖声，隶书沿袭，异体作稺，改声旁屖为隹。本义为幼禾，引申泛指年幼、儿童。

			隻	只
				隹
		雙	雙	双
		售		售
		雜雜雜	雜雜雜	杂
		集	集	集
		霍	霍霍	霍

简化只字来源有三，即只、隻、祇。隻字从又隹声，会意手持一隹。手持两隹为雙，即双字。隻本义指鸟一只，引申泛指一个，单独、单数、孤独等。

只是语气助词，偶作动词表示做。自宋代以后，只代替祇或祇用作副词，表示范围，除此之外没有别的，即仅有之意。如只此一家，别无分店。（参见祇）

一鸟为只，二鸟为双。雔与雙都是指两只鸟。雙的篆隶书上为雔，下为又，会意手持两隹，引申为成双成对。今简化为双。雔后来多作偏旁使用。

售字从口，雔省声。楷书异体上雔下口，今规范为售。本义是卖出手。

三鸟为杂。杂的初文是雥。甲文为三鸟叠成，两上一下。篆书改为三隹叠成，一上两下。三表示多，群鸟相聚，自然大小、品种不一，颜色驳杂。篆书二还改雥为集，加衣字。集表示鸟雀聚集，衣表示色彩。《说文》解读杂为五彩相会。隶楷衣字变形较大，或变为六，或变为九。今简化字去隹为杂。

三鸟也是集。甲文有两字表集义，一是三只隹排在一起，二是一只鸟落在树上。早期金文完全是鸟在木上的图画。篆书综合甲金文，分别为集和雧。《说文》解读为群鸟在木上。隶楷沿袭。今规范为集。

一群鸟（三隹）如雨点一般迅速起飞落下，发出霍霍之声，霍是拟声字。甲文和早期金文从雨从三隹，后期金文、篆书省三隹为两隹。隶楷继续简化为一隹。

			夺	手持一鸟为隻，即只。手抓一鸟，放在衣中，衣服已被冲破（三个小点表示冲破的动态），鸟正飞走。这是金文夺字。篆书将鸟和衣合并为奪（也是鸟奋飞的意思，参见奋），下部为寸。《说文》解为手抓住隹又失去了，即得而失之，隶书基本沿袭。
			奋	奮与奪字义相连。金文奋字外为衣，中是隹，下是田，会意鸟在田间被人用衣服捕获，挣扎飞出，故有奋飞逃生之义。也可解读为鸟从胎衣即蛋壳中钻出展翅欲飞。篆隶沿袭金文将隹和衣合为奞。会意大鸟在田间飞起。奞在《说文》为540部首之一，今少用。
			唯	鸟张口为鸣，隹张口为唯。古今字形均从口从隹。会意像鸟雀啾啾一样唯唯诺诺。本义指恭敬的应答声。现多作副词，表示只有、唯一。
			虽	虽从虫唯声，类似强字从虫弘声。今简化为虽。本义是一种类似大蜥蜴的动物，借作转折连词。
			维	维字甲文以隹代维。金文增加了丝和攴，表示维是用手和绳的动作。篆隶规范为左丝右隹，形声兼会意，表示拴东西的大绳。
			惟	唯、惟、维三字有别。唯从口表示应答，惟从心表示思考，维从绳表示大绳。三字口语相同。如进退惟谷现用维，维妙维肖现用惟。表示单、只意义时，惟与唯相通，现一般用唯。表示思考意义时，维与惟相同，现一般用维。现在，唯还用于唯物唯心；惟主要用于惟妙惟肖；维表示维系、维持、思维等。
			帷	帷从巾，表示与丝织品有关，指围在四周的布幕。古代帷幕有别：在旁曰帷，在上曰幕。刘邦夸奖张良："运筹于帷幄之中，决胜于千里之外。"

𦬆	誰	誰	誰	谁	佳加口为唯，加言为誰，今从言简化为谁。《说文》解为何也，本为疑问代词。虚指不确定的人，泛指任何人。
淮	淮	淮	淮	淮	从水佳声，指淮河。为中国中原地区四大水系江河淮济之一。就中国而言，长江是军事政治分界线，大分裂时代如南北朝、南宋等都是隔江而治。而淮河—秦岭则是中国的经济气候分界线，以北面食为主，以南米饭为主。
		鶴	鶴	鹤	左为隺，篆书为佳上加工（旋转九十度），工有通之义，会意鸟冲出云天尽情高飞。本义指鸟往极高处飞，因为鹤一飞冲天，故隺特指鹤。如今隺只作偏旁，本义加鸟为鹤。隺作声旁构字如攉、榷、确（确）等。《诗经》："鹤鸣于九皋，声闻于天。"何等高远的意境。
雀	雀	雀	雀	雀	燕雀安知鸿鹄之志哉，陈胜一句话，表达了对凡夫俗子的不屑，暗藏"王侯将相，宁有种乎"的雄心。而在庄子眼里，扶摇直上九万里的鲲鹏与翱翔于蓬蒿之间的斥鷃，虽有大小之别，但与逍遥于天地的境界相比不过是五十步与一百步罢了。燕雀虽小，但我们常用小鸟依人形容女人的温柔。雀就是依人小鸟。上为小，下为佳。
雁	雁	雁	雁	雁	小佳是雀，大佳就是雁。从佳从人厂声。厂不是厰的简化字，而是读作岩，如岩、彦、檐中的声旁。大雁一般选择悬岩上的山洞安家，我们老家重庆铜梁称它为岩鹰，这样一来，雁也可会意为岩上安家的佳了。为何加人字，从武威出土的《仪礼》简可知，古人以雁为礼，婚礼用之。雁高飞难捕捉，因此，捉雁是表明打猎水平的重要标志，也是成人的标志。故古人以雁为礼。

238

雁 雁	雁 雁	鷹	鹰	鷹甲文从隹从人，金文篆隶变形较大。本义为鹰。现只作声符，本义加鸟为鹰，表示鹰类猛禽。加心为應，简化为应，表示合乎心意，正当，该当，理当如此。反应与反映区别参见映字。加肉字底月为膺，表示胸部。李白《蜀道难》"以手抚膺坐长叹"，引申指内心，如义愤填膺。又表示担当，承担，如荣膺。
雁	雁 雁	應	应	
隼	隼	隼	隼	隼是一种类似鹰的猛禽，捕食时俯冲直下。隼从隹从十，十在此处就表示直接向下之义。梁启超《少年中国说》："鹰隼试翼，风尘翕张。"
焠 陶	潍 淮	淮 準	准	隼加水旁为準，今简化为准。准本义是平，即水平、均等，引申为衡量事物的法则，如标准、基准、水准。
	崔	崔	崔	鸟或隹的上方增添山字（仰头翻倒字根），表示公鸡鸣啼，催人起床，闻鸡起舞。崔现用作姓。崔作声符，加人为催，表催促；加扌为摧表摧毁、摧残。
焦	焦 焦 雧	焦 焦	焦	燧人氏之后，人类学会钻木取火，由生食到熟食转变。炙为火上烤肉。烤狗肉是然，羊肉是羔，鸟肉是焦，鱼肉则是稣（右本为木，会意鱼穿在木棍上烤，肉变酥）。甲文上为鸟，金文篆书向隹演变。篆书还有一种写法，上为雥，作声符兼表意。《说文》解为火所伤也，即火烧干变成黑黄色，应是古人观察火烤鸟隹之肉的生活体验。
	蕉	蕉	蕉	焦作声旁，加草头为蕉，指芭蕉香蕉。加石为礁，加心为憔，表惟悴。憔悴的人首先是面容，故《说文》憔从页焦声。引申为心力憔悴，故楷书以心代页。加目为瞧，加酉和草头为醮。
	顦	熦	憔	

239

		雚		雚	雚（guàn/huán）、鹳、观三字同源，雚即是"鹳"，一种水鸟，即白鹳，形似鹭，字形特点突出了头部的两只大眼睛和两个像角一样的耳朵。雚现作偏旁，本义加鸟字为鹳。
		鸛	鹳	鹳	
		觀	觀	观	雚作声符，加见为觀，简化为观，表示观看观察。雚是观的初文。后期金文和篆书加见，成形声字。
		權	權	权	雚加木为權，简化为权。加力为勸，简化为劝。雚加欠为歡，简化为欢。这里，可看见万能的简化符号又字，前面鸡、凤、难、汉等字出现过。
		勸	勸	劝	雚加水为灌，表灌溉。加缶为罐，表容器。这两个字不常用，故未简化。再说，如果灌简化为汉，就与漢的简化字相同了。
		萑	萑	萑	萑（huán）是雚的省写，省略了两只眼睛。甲文是头顶有两个毛角，省略了两只大眼睛的猫头鹰形象。篆书变形，篆书一为雚字省文，篆书二为萑莽之萑，上部为草头，表示一种植物。
		舊	舊	旧	萑加声符臼为舊，本义为猫头鹰，据说它常毁他鸟的巢取食幼鸟，臼兼表巢穴。今简化为旧，与新相对。
		蒦		蒦	萑加又字，以手持一只鸟（金文为雀或萑）会意捕获之义。是获的本字。又表示心神的样子，还用作量度、规度。
		穫	獲	获	蒦（huò）作偏旁后，本义加犬旁为獲，表示捕获禽兽。而收割庄稼，则加禾旁为穫。今二字均简化为获，表示捕获、收获。
		護	護	护	蒦加金字旁为鑊，表示油锅、汤锅。加言为護，简化为护，本义为监督，引申为尽力照顾，保卫、保护、庇护。

（三）燕

				甲文像飞翔向上的燕子，笔画简练，突出了剪刀形的尾巴及上飞的形状，是典型的象形字。篆书将燕的嘴、翼、尾拆散，尤其尾变形为火字，与鱼字变形类似，失去鸟形。隶书定形。本义为燕子，古多借作宴，此义后写作醼或讌，今用宴表示。燕还表示战国七雄之一的燕国。燕国在历史上的大事有燕将乐毅破齐、燕太子丹派荆轲刺秦等。由于燕为借义所专用，燕子之义后便加鸟写作鷰，今简化为燕。

（四）飞

飞的本字为非，因非借用为否定义，另造飞字。

				商周时代，只有非字无飞字。非本义就是指鸟展翅飞翔，后借用为否定义，另造飞字。出土楚陶中的篆书飞字，极像鸟儿振翅飞翔的形态。篆书重点突出了鸟儿的一对翅膀。简化字则只保留了一只翅膀。
			迅	表示鸟展翅直接、迅速飞走。后增加辶，强调表示行动，表示飞速、快捷。
			汛	从水从飞简省，形声字，表示江河定期的涨水：汛期，汛情，防汛。
			讯	讯字则比较复杂。甲金文为反绑双臂屈膝下跪的人形，旁边的口字表示询问，有的还增加了表示绳索的丝形。篆书改口为言，省丝字，人形也不直观。隶书将人形变成卂，更失去原形。《说文》解为问，本义是审讯战俘，泛指询问、音信。

（五）非

				非	非是飞的本字，像鸟展开双翅飞翔的形状。鸟飞上天就没有了，非字就被借用表示否定之义，后来造飞字表示飞翔之义。
				徘	非字作声旁，构字如啡、菲、匪、诽、荆、裴、悲、辈、排、徘。
				靠	《说文》无徘字，从彳非声，用作连绵词徘徊，表示来回走动。如孔雀东南飞，五里一徘徊。引申表示犹豫不决、举棋不定。

非字作形旁，构字如靠。蚊虫嗡嗡地飞临表示越来越近，与考同音，均有击打义。

（六）羽

				羽	羽字甲文为鸟类的羽翼形状，篆隶变形，篆书有三撇，强调纵势；隶书简化为两横，突出横势；楷书简化为两点，注重斜势；是实用性和艺术性双重作用的典型体现。要注意习字源于彐彐，为扫帚形，甲金文写法不同。篆书将二者类化为一，但隶楷有些混淆。
				习	习字甲文下边日字表示彗星，上边是彗星扫帚形的尾光彐彐。字形源自雏鸟学习试飞，一飞即落，如同彗星一闪而逝。故假借彗作习字。篆书下作白，是日字的讹变；上变为羽。隶下为日，上部为彐，与羽字有区别。楷书沿袭隶书。《康熙字典》上羽下白，应是源于篆书。现规范简化作习。作部件时不简化如熠、褶。本义是鸟多次飞行、反复练习飞翔，泛指反复地学，如《论语》："学而时习之，不亦说乎。"由多次练习引申为长期形成难以改变的行为即习惯。

				翅	从羽的字与羽翼有关。

从羽的字与羽翼有关。

翅从羽支声，支也兼表支持之意。本义是翅膀，引申为形状或作用像翅膀的事物，如飞机翅、鱼翅。

翔从羽羊声，也有飞翔之意。此外还有翼翡翠等。

右部昜从羽从月，会意鸟展翅低伏，是鸟高飞前的准备。上边不是日或曰。从月羽的字均与低伏等义有关。如蹋、榻、溻、塌、鳎、遢。

昜字羽字在下，会意展翅低伏；翟则羽字在上，会意鸟羽高高翘起。本义是长尾野鸡，也指野鸡翎。作姓时多读作zhái。

注意，翟字上部与习字相同，可能也源于羽。

翟作声符，从火为燿，楷书俗作耀，今规范用耀。本义为照射，也指光辉。常用义是光荣、使光荣。如光宗耀祖。

从足为躍，简化作跃。读音为越，四川、重庆仍然读作耀。翟兼表高起之意，本义为迅，引申指跳起，如天高任鸟飞，海阔凭鱼跃。

昱字甲文从日羽声，金文另加立。篆书省羽。隶变后楷书分别写作昱、翌、翊。昱本义是明天，现用翌表示，昱作引申义，指明亮、照耀。

翊从羽立声，楷书分化为翊、翌。本义为飞。今二字表意有分工：翅膀和辅佐之义用翊，表示时间次序在今日、今年之后的用翌。

翌字金文有日字，表示日下习飞。早起的鸟儿有虫吃。太阳刚刚升起，鸟禽便站立开始飞翔。

			西	栖的初文。本是鸟入巢中而会意栖息，又因鸟入巢是日落西山之时而专指西方。甲文正像鸟巢形，金文近似甲文，唯巢中露出鸟头更能表明鸟已入巢。篆书有两个写法。一个上面像弓，是长尾鸟的形状，仍是会意字。二写作木妻合体。木作形符，妻为声符，是形声字。隶书变形较大，成为今文。
			栖	
			巢	日落西山鸟归巢。甲文西方的西，实为栖息的栖，都是用鸟巢的象形。金文下加一表示树木的木字，意为巢在树上。篆书上部加三个〈形，表示三只小鸟，形义最为完备。隶书以方直笔画取代圆弧，上部变形较大。巢构字剿。

二、走兽（虎、兕、豹、熊、象、鼠、兔、鹿）

（一）虎

在古人心中，虎一是形象好，虎全身有花纹，额上的花纹像一个"王"字，这天生就是百兽之王。二是地位高，虎是丛林之王，山兽之君。俗话说山中无老虎，猴子充大王。还说狐假虎威。都说明老虎在人们心目中的地位。狮子也称兽中之王，但狮子生活在草原上，老虎生活在山林中。狮子成群结队，老虎独来独往。常言道，一山不容二虎。说明老虎有明确的领地意识。因此，虎与狮两者可能没有交集。此外，中国不产狮子，因为狮字是形声字，没有象形字，说明古人认识狮子相对较晚。三是本领大，力量大，速度快。

因此，人对虎既敬又怕。虎头虎脑形容可爱；虎胆英雄形容胆大；虎虎生风形容快速；马马虎虎从形容快速引申为粗心大意、毛毛躁躁。虎还是被作为图腾崇拜的四灵之一，经常与龙并称，如龙腾虎跃、龙争虎斗。在十二生肖中也排第三。

本领高的将军称为虎将。三国蜀汉刘备手下就有关张赵马黄五虎上将。古代认为本领高强的将军是天上的白虎星下凡，正如文状元是文曲星下凡一样。小时候看

《隋唐演义》，看《薛仁贵征东》，罗成、薛仁贵都被塑造为白虎星。春秋战国时期就有虎符，领军作战的大将凭借虎符才能调兵遣将。虎将可能最初就是称呼手持虎符的大将。

既然龙虎厉害，那么降龙伏虎岂不更厉害？正如庄子所讲的寓言故事，龙早就绝迹了，学了屠龙技也无用武之地。那么，就只好做打虎英雄了。中国武术中有大小伏虎拳。《水浒传》中有打虎英雄武松，还有打虎将李忠，更有杀老虎的李逵。佛教十八罗汉中的伏虎罗汉，神通广大，也还要以虎立威，可见虎之厉害。

			虎	甲文虎字有头、纹身、长尾、大足，形象生动。篆书由图形变为较抽象的笔画，渐失虎形。隶楷进一步变形，并断成为上虍下几两部分。 虎作声符，如唬、琥。 虎作形旁，位于字的左边时，隶楷书中下边的几字拉长形成半包围结构，如彪，与鬼等字相同。 虎位于字的上边时省略为虎字头虍，如虐。 虎作形旁，或表示老虎的状态特点，或表示人与虎斗、虎与豕斗等。
			彪	从虎从彡，会意虎身上的花纹斑斓。本义指虎纹，引申为文采鲜明。也指身材高大，如彪形大汉。

245

				虢	虎是兽中之王，我们先看人如何伏虎吧。
				虦	虢字甲文是双手抓住虎的形状，金文字形多，但字根仍是手与虎。篆书规范为爪、寸、虎的形声兼会意字。隶书虎字变形较大。本义是双手搏虎或剥虎皮，表示暴烈、勇猛。从左图看，虢字正是武松打虎的场景。金文是双手持一哨棒打虎，篆书没有哨棒，赤手空拳打老虎。
				虐	虦则是暴的本字。以人持戈击虎表示暴虐。
				疟	初生牛犊不怕虎，但结局是：初生牛犊被虎吃。打虎英雄不多，身丧虎爪不少。虐字甲文即是在虎口下边有一个歺（去掉肉的残骨形），会意被虎吃得只剩骨头了。残缺之义明显。金文写法多，但虎头、虎爪、人三个基本要素齐备。篆书同金文，爪和人形更明确。隶书将爪变形，人不见了，可能是老虎吃人太残忍，人也太没有面子了。虐本义是虎抓人欲噬。表示残害、残暴等义。 虐作声符，加疒为瘧，简化为疟。
				虞	从虍吴声（娱），会意头戴虎头面具的人边舞边歌娱乐之意。类似字有處字。
				虏	篆书从毌，贯字头表示一串钱币。从虍从力表示暴力。会意用强力获得钱币，本义为抢劫，引申为俘获、战俘。岳飞《满江红》：壮志饥餐胡虏肉，笑谈渴饮匈奴血。
				虑	虑金文从心吕声。篆书从思虍声。隶楷为慮，今简化为虑。表示思考。 作声旁构字有滤、儢等。

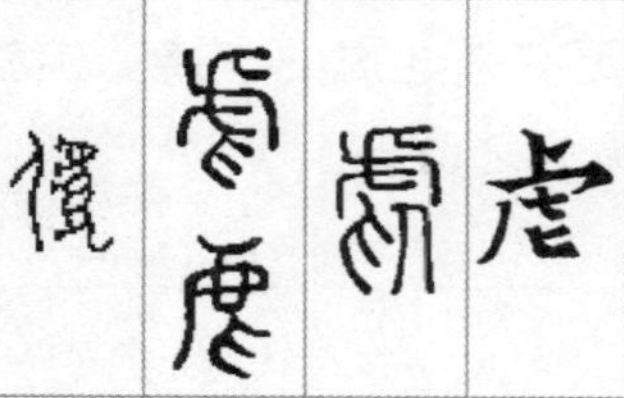

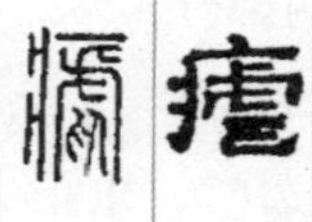

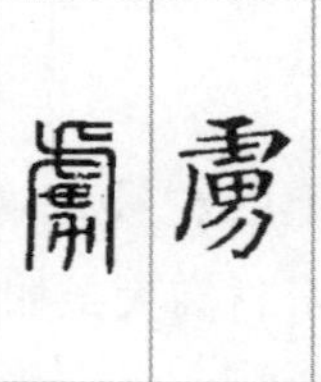

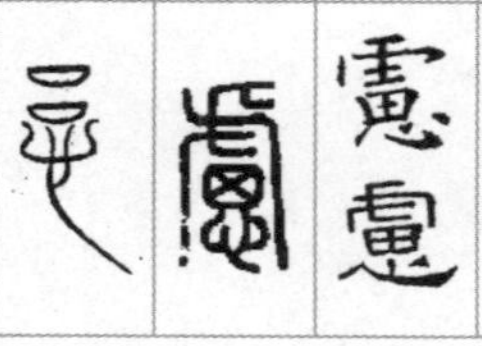

246

		劇	剧	一山不容二虎，两虎相争，必有一伤。但山区的人认为一猪二熊三老虎。野猪更厉害。前面讲了人与虎斗，我们下面看看猪与虎斗。 豦从虎从豕，会意野猪与老虎激烈争斗。后来豦只作声符，本义则用豦字加力字构成劇表示。后来力字讹为刀，进一步变形为刂，成为劇，今简化为剧。表示斗争激烈。 豦还可构成遽、據等字。據简化并入据，表示依仗、依靠。据本用作连绵词戟据，如今作拮据，是一种手不能屈伸的病，可能是类风湿性关节炎。引申指手头不灵活，没钱数，经济困难。
		據	据	
		虛	虚	虎趴在地上。下部为丘，后演变为业。虚借用为虚心空虚之后，本义加土旁用墟表示。

（二）兕

此字甲文是象形字，像独角的犀牛，本义为犀牛。篆书线条化后不作构字字根。类似构字能力弱的字根还有燕、飞、龟等。在此，我们看一下虎、豹、豸、兕。

甲	金	篆	隶	楷
				虎
				兕

				豹
				豸
		牛		膺

（三）豹

				豸	与虎、兕、象等字一样，豹的甲文非常形象。有的豹字连豹身的斑点都画出来，是书画同源的有力例证。而豸字比较简洁，我认为是豹字的简化字（类似萑与雚）。总之，豹、豸都是巨口瘦身长脚的野兽。篆书线条化。豸用作形符，加声符勺表示豹。豹左上隶书沿袭篆书写作斜月形，楷书变形为撇两点撇。
		豹豹豹		豹	有的专家认为，豸是猫的形象，而且貌与猫音近。其实，豹也是猫科动物，与猫长相近似，豹也会爬树，在民间被称为大猫、豹猫。说豸是猫也无不可。但一般认为，猫是公元400年左右从印度引进到中国，十二生肖中也没有猫。可见猫字出现相对较晚。《说文》篆书猫为豸字旁，不是犭旁。
		貊	貊	貉	从豸的字表示大口长牙、利爪长脊的动物。如豺貏貉狸。我们常说一丘之貉，貉外形像狐，通称"貉子"，也叫"狸"，常光顾人居偷食。

				本作"皃",白像人的面形。儿即人字变形。篆书加声符豸表示读音。本义指面容、相貌、容貌。构字作声符如貌：藐视。邈：药王孙思邈，邈远。
				皃的古文也有写作，上是帽的形象冃，下是儿（人）。表示人的衣着、帽饰，引申指人的外貌。晚期篆文以页（头）代替"皃"，强调人与动物的脸部形态。

（四）熊

　　虎是兽中之王，而熊愚蠢笨拙。但当我到卧龙看了大熊猫之后改变了认识。当时我们用竹子给大熊猫喂食，熊猫一只手拿着一段竹子放在嘴边吃，另一只手就拉着我们递过去的竹子，我们轻轻地往回拉，拉不掉，使劲拉，仍没拉掉。一人不行，又来一个。后来有五六个人一起拉，像拔河一样。这下熊猫感觉有压力了，手一抬，我们几人一下被拉过去了。我这才真正见识了熊猫的力量。

　　熊猫是稀有动物，而黑熊、棕熊则常见。棕熊体形庞大，是陆地最大的肉食性动物（象是陆地最大的动物，但属草食动物），熊掌力大无穷。据动物学家研究，熊善爬树、会游泳，耳、鼻灵敏，顺风可闻到五百米以外的气味，能听到三百步以外的脚步声。但熊最大的不足是视力不好，天生近视，百米之外看不清东西，走路时动作缓慢、低垂着头，人们称黑熊为熊瞎子。但是当熊追赶猎物时，它会跑得很快。传说熊不吃死人，装死可以骗过熊，因此认为熊愚蠢。因此骂人一副熊样就是说他愚蠢笨拙。事实上，住在川西等偏远地区的人都知道"一猪二熊三老虎"。除了悍不畏死的野猪，熊的危险性还在老虎之上。古人对熊的认识比较深刻，认为熊很有能耐、无所不能，因此，本表示熊的能字被借用表示贤能，能加火字底来表示熊（原指火势旺盛）。虎背熊腰形容身体结实强壮，熊心豹胆形容胆大志坚。

				能	能是熊的本字。甲骨文突出了它的大嘴和大爪，金文像圆头、巨口利齿、劲爪的猛兽形状。篆书变形，熊头写成厶弓，将口齿写成月（类似变形有龍豹）。篆书分化为两个字，即能和熊。因熊强壮而假借为贤能的能。周文王因夜梦飞熊而得遇姜太公，可见当时飞熊代表贤能。熊的本义则在能下边加火字。隶书将火字简化为四点，完全失去象形。
				熊	

	篆形	态	篆书从能从心，狗熊直立、憨态可掬，给人留下深刻印象，由姿态引申到心态。今简化为形声字态。
	罷 罷	罢	篆书从网从能，会意以网捉熊，熊挣扎后疲劳被捉。隶楷网演变为罒。今简化为罢。表疲劳义时读皮。熊被捉，表示完毕、停止，读作罢。
	羆	羆	构字时作声符如羆、擺。羆为形声字，从能，皮（罢）声。今从罢简化为罴。本义为棕熊。
	擺	摆	《说文》无摆字，楷书作擺，今从罢简化为摆。本义为拨开、排除，引申为陈列、摆设。由拨开引申为摇动、摇摆。

（五）象

中国古代以大为美，羊大就是美字（美字字形为人头戴羊角）。象是陆地最大的动物，所以称为大象。就书法来说，也是由小到大发展，比如甲骨文是写在龟甲兽骨上，字很小；后来金文写在青铜器上，字稍大。后来，写在石鼓上就是石鼓文，字又大一些。秦始皇统一文字为小篆，刻在石碑上，称为丰碑，字就有四五厘米大小了。因此可以说，大篆字小，小篆字大。同样，隶楷行草都是先小后大，初期写在竹木简牍上，字一厘米左右，后来写在帛、纸上，字二三厘米，后来，造纸术进步，纸张越来越大，字也越写越大，甚至榜书出现。楷书以钟繇、王羲之小楷成熟标志，魏碑实为中楷，唐楷就是大楷了。因此，古人喜欢大，大的东西容易给人留下深刻印象。我们在第一回专门讲到顶天立地人为大。那么，我们说到动物时，眼前最容易浮现什么东西的形状？是象——陆地上最大的动物，让人过目不忘，印象深刻。因此，事物的形状我们称为形象、象形。想念一个人时，眼前浮现出他的音容笑貌，称为想象。

《说文》说象为南越大兽，可见汉代中原地区已无野生之象。小时候我们学过曹冲称象的故事，这头象也是外国进贡的，少见多怪，成了稀罕之物。而先民以象耕田，并造出象、为等字，表明古时中原一带象很常见并驯化。可能因为人类领地越来越大，破坏了生态，象不断向南方迁移。

			象	象的甲金文都是象的形状，突出了长鼻子。如果没有长鼻子，象字与豕字相似。金文象完全是一幅画，是书画同源的最好证明。篆隶模糊了象的形象。象作声旁，构字如像、橡等。
			豫	从象予声，表示犹豫不决。也是河南省的简称。因为古代河南地区群象出没，甲文中有获象的记载。
			为	为字甲文是用手牵着大象，是古人象耕的写照，会意劳作。大象性子温顺，古人驯化大象后，以象耕田，改善农业生产。此外，大象也用于冲锋陷阵，无人可挡。史书上就有商纣王用象队讨伐东夷的记载。金文篆隶逐渐讹变失去原形。今简化作为。为作声符构字如伪。荀子认为，人性本恶，其善者伪也。伪即人为，不是本来面目、自然状态。虚伪当然不好，正如林肯所说，你可以在一定时间欺骗所有的人，也可以在所有时间欺骗一部分的人，但你不能够在所有时间欺骗所有的人。
			伪	

虚伪当然不好，人为则不尽然。医生为了不加重病人心理负担，常说一些善意的谎言。虽然失真，其心向善。真善美三者都很重要，应当兼顾。老子说信言不美，但伤人恶语可以不说。老师多鼓励学生，领导多表扬下属，这是激励教育，应该提倡。

（六）鼠

人类社会的发展史，也是一部人与老鼠的斗争史。老鼠生存能力强，生殖能力更强。老鼠最大的危害是传播疾病，鼠疫是最恐怖的传染病，又称黑死病。人类历史上曾有过几次大流行，死亡人数上千万。在我国《传染病防治法》三十七类病种中排名第一。幸好现在基本绝迹。老鼠第二危害是偷吃东西，《诗经》就有对硕鼠的声讨。老鼠第三危害是到处咬东西，比如衣服、木板。这些东西不能吃，老鼠为什么还要咬呢？据说老鼠的门牙会不断生长，每个月能长出三厘米，如果不磨损的话，到老年时可能会达到半米甚至一米长。因此，老鼠不得不四处嗑东西，磨掉一些。有的老鼠年老无力磨牙，门牙越长越长，嘴巴也合不上，更别说吃东西了，最后活活饿死。不过，现在因为一些外国动画片的传播，如《米老鼠与唐老鸭》，老鼠成为宠物一样，受到很多孩子喜爱了。

			鼠	甲金文鼠字为象形，不仅表现出头、尾，并特别突出了老鼠张口露齿的神态。篆书为整体象形字。上为臼，表示牙齿，最后一笔如鼠尾。
			鼷	鼷（liè）与鼠形近，应是类化的结果。金文鼷下边像突出了脑门的褪褓中的婴儿，上边三竖像婴儿的毛发，本义是指婴儿脑门的毛发。篆书将下部讹变为鼠形，成了鼠毛，而其义也指动物颈上长又密的毛。鼷作偏旁后，本义加义符影写作鬣表示。衍生字有遯、躐、臘、蠟、獵。后三字简化为腊、蜡、猎。
			遯	
			猎	

（七）兔

			兔	兔子聪明，狡兔三窟。人们对兔子的外形特点很了解：裂唇长耳，尾巴则长不了。甲文兔字就以简洁的线条概括出兔子的长耳短尾形象，隶楷将短尾变为点。
			逸	从兔从辶，会意兔子快速逃逸。本义为逃跑，引申为散失。进一步引申为超群、超越常规。称超越同辈为"逸伦"，称杰出的艺术品为"逸品"。古人在品评人物、书、画、琴等级时分逸品、神品、妙品、能品。苏辙《汝州龙兴寺修吴画殿记》："画格有四，曰能妙神逸。能不及妙，妙不及神，神不及逸。"逸品成为最高品格。
			冤	捕网罩住兔子，兔子吓得曲成一团；或兔子屈缩于地下深处的兔穴，此为冤，冤即曲之意。
			谗	双兔傍地走，此为毚（chán）。毚作声符，从言作讒，指在背后说坏话。隶变往往省去表示尾巴的点成为兔，今简化为谗。其他构字还有搀馋等。

（八）鹿

鹿在商周时代是常见动物，也是狩猎的主要对象。打猎之时群雄逐鹿；鹿死谁手则凭本事。

麒麟是鹿字旁，看来是像鹿的一种动物，是古代与龙凤并列的三大瑞兽之一。

				鹿
				麤
				尘
				麑
				麋
				麇
				麈
				麓

鹿字甲金文是鹿的形象，篆书线条化，但仍有轮廓。隶楷变形较大。在甲金文中，如马犬豕虎豹象鱼等都是头向上，而鹿字则是横式。甲金篆字形取纵势，鹿字横写可能便于突出其长角、长颈、长足，如果竖写反而不好表现。

麤甲文为两只鹿的形状，在甲文中，二和三均可表示多（多本就是两块肉）。篆隶用三鹿组成，笔画繁多，后与粗糙的粗通用，本义指鹿行走时跳跃的距离远，后渐变为粗疏、粗放、粗暴等。此义也让人费解，据说北宋王安石对文字学深有研究，苏东坡有一次问他：牛长得粗壮但跑得不快，鹿跑得快但长得瘦，为什么麤是粗，犇是奔呢？王安石无言以对。

鹿性温和，是人和其他猛兽猎食的主要对象，种族繁衍只能依靠旺盛的繁殖能力和快速的奔跑能力。群鹿飞奔，尘土飞扬。篆书尘字上为麤下为土，隶楷简省为塵，今简化为尘，为会意字。

幼鹿为麑，甲文是幼鹿的形象，篆书从鹿从兒会意，兒兼表音，读倪。

鹿加声符米为麋，指麋鹿，角像鹿，尾像驴，蹄像牛，颈像骆驼，但整体看哪种动物都不像，俗称四不象。麋在甲文中是象形字。

鹿加禾，指獐子。篆书或从鹿从囷（qūn）。甲骨文为象形字。

鹿加声符主，指一种鹿，其尾可做拂尘，古人也称拂尘为麈尾。

鹿也作声符，如漉、辘、麓。甲文麓由林加鹿或鹿头表示，或加录表示。这表明麓侧重指树木，鹿或录只是声符，可变。金文也是木和录组成。篆隶楷统一为林鹿。本义为生长在山脚的林木，引申指山脚。

			慶	庆	金文为鹿中一心，篆书加夊，表示心里高兴用鹿皮前去向人祝贺。今简化作庆，本义为欢庆、庆祝。
			麗	丽	丽字甲文是双未、双犬，或是一鹿但是突出双角，共同特点是成双成对。据美学思想研究，汉尚丽，无论建筑、文章，都追求对称、对偶。这也是丽的本义，即伉俪的俪。 汉以丽为美，丽因此有美好、美丽之义。金文变形较大，但都是下为鹿，上为两个相同字符（如双人、双角、双未）。篆隶上部应是两个大字变形而来。
			灑	洒	洒是灑的古文，今又作为灑的简化字，可谓终点回到起点。实际上很多简化字一是源于古文（如氣气），二是源于草书（如鳥鸟），三是用简单的声旁代替复杂的声旁（如態态）。甲文洒左边表示水，右边是鸟巢之形。水洗鸟巢表示清扫洒涤之义。字形演变中鸟巢变形较大。

三、爬虫（龙、它、虫、也、黾、赢、万）

（一）龙

无论是十二生肖兽，还是龙虎凤龟四灵，还是龙凤麒麟三瑞兽，还是龙凤，最终都浓缩到一个图腾——龙。龙在中国最具至高无上的地位。华夏民族自称炎黄子孙、龙的传人。为何称龙的传人呢？神话传说中，伏羲在三皇五帝中排第一位，被尊为人文始祖。他是人首蛇身，女娲是他的妹妹。他们的母亲是华胥（古音与华夏相同），华胥踩了雷神的脚印而怀孕生下伏羲。雷神就是龙神，他拍打肚子发出隆隆巨响，就是雷声。如此一来，中国人的老祖宗就是龙了。

龙究竟是何物？按照庄子所讲寓言故事，有人学了屠龙技，却无龙可屠。可见即便有龙，庄子的时代也芳踪难觅。孔子见老子而感叹：其犹龙也。关于龙的原型有很多说法，我比较倾向于：龙的原型是鳄鱼。当时主要生活在中原以东地区，故称东方青龙。

随着人类领地扩大，如同大象一样，经长江中下游一带逐渐向南迁移。唐代文学家韩愈曾任广东潮州刺史，当地鳄鱼为患，韩愈作《祭鳄鱼文》劝诫鳄鱼搬迁。据说鳄鱼真的吓跑了，成为奇谈。

　　鳄音恶，两颌强而有力，血盆大口，尖牙利齿，皮坚甲厚，是水陆两栖爬行动物，人和动物都是它的食物。鳄鱼的资格很老，可追溯到白垩纪恐龙时代。当然，中国人心目中的龙经过几千年的发展演变，吸收了各部落、民族的图腾特点，已成为高度综合的虚拟动物。它是海陆空三栖明星，行云布雨，高高在上。封建统治者把龙作为帝王的象征，声称帝王是天龙下凡。

				龙	甲金文龙字像蛇的形象，但头上有装饰物，象征王冠（凤商等字上部也有这个符号，是王的倒写，与童妾上部的辛不同）。篆书整齐化，头部王冠类化为辛，大口利齿变形为月（如熊、豹等字）。今简化为龙。
				宠	宠庞同源，篆隶分开。甲文上边是广字（人类早期居住的岩崖形，也是简陋的房屋），里面是龙字。金文房屋改为宀，表示宫室形房屋，龙字不变。有的金文将龙头变成小儿头，且加一玉字。小儿和玉都是古人最宝贵的，由此宠增加了宠爱之义。篆书将龙字规范化，并将庞和宠分开，隶楷沿用。宠表示宠爱、尊崇之义。庞表示像龙一样的庞然大物，有庞大之义。
				庞	
				聋	龙作为声符，构字如聋、笼、咙、胧、垄、拢等。

255

金文字形	篆书字形	篆书字形	龛	金文上为今，下为龙。我认为此处的今不是表示乐器钟的今字，而是表示覆盖之物，如同合、贪、念、含上部一样，是倒口之形；或如同令字上部一样，是房盖之形。把龙放在小小的房盖下，表示空间较小的窟穴或房屋，又引申为供奉龙一样尊崇的佛或神位的石室或小阁子。篆隶楷上部改为合，为声符，成为形声字。合也兼表覆盖之义。
甲骨	宛	宛	宛（六）	篆书夗（yuàn）字从夕从卩，会意夜晚人曲身侧卧睡觉。《说文》解为转卧也。
	婉	婉	婉	有学者认为夗是龙字简省变形而来。我认为也有道理。夗字突出了龙的弯曲之形，省略了头上的王冠。不管如何解读，夗都表示弯曲之义。夗构字时作声旁兼表弯曲之义。如宛、苑、怨、鸳、睯（yuān）。 宛从宀夗声，会意宫室盘旋回环。作声符构字如婉、惋、腕、豌、碗、蜿（《说文》篆书无腕、惋、豌等字）。宛也兼表弯曲、圆转之义。 碗篆书为盌，楷书异体字改皿为瓦，或作碗、椀，表示材料由土制、石制或木制。今以碗为正体，盌只作偏旁。
盌	盌	椀碗	碗	
智	智	睯	智	
	苑	苑	苑	

256

（二）它

			它	
			虫	
			蛇	

它也虫蛇四字同源，均来于蛇的形象。古人居住野外，蛇的威胁很大，被蛇咬伤时常发生。古人碰面总要先关心一下对方：无它乎？即有没有碰到蛇啊。甲金文都比较形象，区别在于或用双钩，或用单钩。篆隶分开，区别字义。

虫在古代成为动物的总称，它，《说文》解为虫，从虫而长，即长虫。篆隶在它字基础上增加类别符号虫，它+虫=蛇，表明蛇为虫类。

它作声符，组字如驼、鸵、陀等。

（三）也

			也	
			地	
			拖	
			把	

也源于蛇的形象。构字时作声符，如池、弛、驰、地、他、她、拖等。

地源于队字。猪（豕）从山顶往下掉。坠表示坠落的动作，地表示坠落到达的地面，队表示掉到地上的结果，堆成一堆、一队，即队伍的队。一件事情，按各自的侧重点分化为三字队、坠、地。参见队字。

拖字甲文是手抓蛇的形状，篆书将手和蛇规范为扡。隶书分化为两字扡与拖。拖是俗体，今为规范字。用手拖蛇表示牵引物体移动。引申指拉长时间、声音。如办事拖拉。

把与拖构字相似，篆书也是以手抓蛇的形状。

				巴	篆文像张着大嘴的蛇形，《说文》解为虫，或者是食象蛇，即是传说中可以吞掉大象的蟒蛇。

巴作声旁构字如爸、吧、芭、疤、笆、把、靶。

（四）虫

				虫	虫源于蛇的形象。也是蟲的简化字。篆书将其从它也虫蛇四字分化出来，区别字义。虫概括代替动物。从虫的字，大都与爬行动物、昆虫有关。如蚂蚁、蝎、蝶、蚊、蝇、蚌、蜗、螺、蜾（guǒ）等。
				虱	篆书从虫虫，卂声。表示一种寄生在人、畜身上的小虫，吸食血液。
				蚩	蚩字甲文上为止，代表人足，下为蛇。会意蛇咬人足，本义是遇到灾祸，引申受到欺负或表示人的痴呆。我们用得较多的是人名蚩尤，传说他铜头铁额、勇猛无比，与黄帝交战，不分胜负。最终在涿鹿之战中黄帝获胜。 蚩作声符构字如嗤、媸。
				蛋	形声字。《说文》无，楷书从虫从疋（dàn）省。是疋的分化字，卵的后起字，本义为禽类或龟蛇等产的卵，引申指形状像蛋的东西，用在某些动作后面表示贬义，如完蛋、混蛋、滚蛋、捣蛋。古代通蜑，指古代南方少数民族。

258

| | | | 蠃 | 康殷先生认为蠃、蠃、螺、蜗四字同源，都是蜗牛形象演变而来。蠃字金文为蜗牛竖立起来的形象。将此字左转九十度，就是蜗牛形象，见左图。蜗牛古代称为蠃蝓。篆书线条化，取代了蜗牛形象。古人视蜗、螺为同物，因而字作蠃，后又造螺字。 |
| | | 蠃 螺 | 蠃 螺 蜗 | |

蜗、螺均为形声字。

| | | 蠶 | 蚕 | 甲文是蚕的形象，蚕身多节皱褶、扭曲爬动，形象生动。篆书变为形声，形符为"虫虫"（即昆虫的昆字，昆在甲金篆书都是两条虫的形状），表示蚕属昆虫类；声符为朁（蚕音，本义是不畏神明，此处仅表音）。隶书将朁下部日字写为波横。俗省作蚕。可能是羿变成天，省掉日，虫省略一个。今简化字为蚕。 |

| | | 繭 | 茧 | 茧是会意字，蚕衣也。由甲文尔字发展而来，像蚕开始吐丝的形状，只是丝较稀疏。篆书取其轮廓表示蚕茧外壳，内部加义符虫和糸，会意蚕吐丝结茧。楷书沿袭。今简化为茧，取繭之上部，下部保留虫字。 |

我们再来看尔字。甲文像蚕刚吐丝结茧之形，丝较少。金文篆书整齐化精细化，茧越织越密。魏三体石经可见简化字尓。今简化为尔。尔多用作人称代词，指第二人称你、你们。

| | | | 尔 | |

尔常做助词用，为表意准确，加义符人为你，出现于南北朝后期。用于女性也曾用妳，今统一为你。

| | | | 你 | |

为表示尊称，加心为您。

				蜀	蜀字甲文是大目蜷身的虫形，金文加虫作形符，篆隶沿用，主要的变化是蜷曲的虫身逐渐变为包形，简化为勹。蜀本指蛾蝶类的幼虫，《说文》解为葵中蚕也。因四川多此虫而成地名，即蜀地、蜀州。 中国南方雨量较多、气候暖和、植被茂盛，加之中原地区人口增长、领地扩张，南方成为动植物的乐园，蛇虫较多。中原称四方少数民族为东夷西戎、北狄南蛮，蛮下为虫字。此外，四川盆地古代称巴蜀，巴是蛇，蜀是虫。李白《蜀道难》：蚕丛及鱼凫，开国何茫然。蜀之开国之主，以蚕丛、鱼凫为名，不正是虫多的证明吗？ 蜀作声符，构字如爥、獨、濁。简化字以虫代蜀。
				烛	形声兼会意。火表意，像火焰。蜀表声，蜀是葵虫，古时火炬多以苇麻作心，外用布包裹，样如葵虫。本义是火炬，引申为蜡烛。简化字以虫代蜀。

（五）黾

			黾	象形字。甲文大头、大腹、四足。形与龟相似但没有尾巴。有人说是苍蝇有人认为是蛙类。我认为它为蜘蛛形象。蜘蛛吐丝结网，黾加糸为绳子，表示蜘蛛吐出的丝像绳子一样。 蜘蛛结网捕捉的对象是蚊子苍蝇等小飞虫，故黾加虫为蝇，表示蜘蛛的食物。 黾作了偏旁，加声符朱为鼄，或者直接用虫与朱组成蛛字表示本义。蛛字金文从朱从黾，黾表象形，朱表读音。小篆从黾。
			蛛	

260

			灶	金文上为穴下为黾，形声字。篆书或增加了土字，表示用土制作。楷书俗体作灶，今规范简化为灶。本义指烧火的土灶。
			鼍	上为单，表示狩猎工具，下为蜘蛛之形，表示蜘蛛持网捕捉猎物。现指扬子鳄，中国珍稀物种，又称猪婆龙，生活在长江中下游。

（六）赢

			蠃	前面讲螺蜗等字时，讲到蠃字与之同源于蜗牛的形象。篆书分化，蠃为蜂类昆虫象形，与落同音，义同螺。
			嬴	嬴下部中间的虫字换为女，表示蜂群中的蜂后。蜂群是母系社会，蜂后是最高统治者，即蜂王，也负责繁殖后代。嬴作为部落、族群的标志，表示姓氏。秦始皇名嬴政，秦王朝国姓就是嬴。中国古代很多姓名都与女字有关。如大禹名姒文命，周文王叫姬发。太公望叫姜子牙。
			赢	
			羸	
			裸	将女变为贝，表示与钱币有关，即赢利。 羸会意羊身上落满吸血蜂、蝇，表示瘦弱。 将蠃中虫换为果为蓏，同裸，表示悬挂在树上的蜂巢，没有遮挡，赤裸。

（七）万

吾皇万岁万万岁，万作为数字很大很大，大家都熟悉。但万字从何而来呢？

			万	万字甲金文是一种可怕的蝎子类的节肢动物，生动逼真。金文强调了它身上的斑纹、钳肢、毒钩等特征。这种虫繁殖力惊人，转眼间便会发展到万子千孙。先民以此动物作为数字万。而其表示蝎子的本义，就另加虫旁用虿字表示。篆书在蝎子尾巴上加了一只手，与尾巴组成冈形，隶楷书作萬。今简化字为万，源于古代简化字。从萬的字相应简化，如虿、迈、厉等。
			虿	虿（chài）字篆书省掉万字下部的弯钩和手，加虫或蚰，会意像万这样的虫，即蝎子。 厉字会意蝎子受阻时通常卷扬起尾部的毒刺，表示严厉、激励。 迈字则会意蝎子的多足爬行表示迈步。

四、龟鱼（龟、鱼、再）

（一）龟

四灵之一的北方玄武是龟蛇的合体。龟本是短尾，把它的尾巴变成蛇就成了玄武。龟为何受到崇拜？

一是长寿。千年王八万年龟。武侠小说中常有绝世武功龟息大法，就像僧人入定、气息皆无，因为乌龟活动少，新陈代谢慢，因此长寿。人一天的能量，龟要用一年。因此，人生不满百，龟寿上万年。

二是形象。正像老虎额上有王字花纹被称为百兽之王，山羊因为胡子成为山羊爷爷一样，乌龟的背甲、腹甲上，裂纹类似八卦图。因而传说中河图洛书，伏羲就是看乌龟背甲而画出八卦图。因此，龟常有知识分子角色。《西游记》中乌龟就是丞相。孙悟空向龙王讨要兵器，龟丞相出了主意，结果拿到了金箍棒。

三是生殖崇拜。龟头可伸可缩，类似男性生殖器官。正如贝壳崇拜是女阴崇拜一样，乌龟崇拜有男性崇拜的因素。龟头现在仍然用以称呼男性生殖器官前部。

				龟	甲文是乌龟的形象，有的是侧视，有的像俯视。金文是乌龟的俯视图象。篆书是侧视的乌龟并整齐化，中间像它字，是龟头与龟尾巴的形象，《说文》解读为龟头与蛇头相同，左为足，右为甲。隶楷头部变形较大。
				秋	甲文像蝗虫或蟋蟀类的秋虫，其声啾啾然，故名为秋，其名自呼。秋季虫鸣，表示秋天的季节。有的甲文虫下加火字，反映了古人刀耕火种的生产方式，秋天收割后用火把地里的杂草和害虫烧死，以备来年播种。后又加禾旁，使字义更完整。《说文》籀文的秋虫被误写作龟形——鶖，以后以讹传讹甚至近代仍有使用。当然，也可能是以龟作声旁，变为形声字。秦代小篆省掉虫或龟形，仅余禾、火，是对古文字简化的杰作。隶书左右互换，禾变平直，字形定型。
				阄	形声字。篆文从斗（二人争斗），龟声。简化字将斗简化为门。本义为抓阄，即抓取书写好记号的纸团等物据以决定事情或赌胜负。我记忆最深刻的抓阄是很小的时候，大概三岁，农村土地承包下放到户，把田地分成若干份，父母让我代表我们家去抓阄，说小孩子手气好。六岁前能够记忆的事情不多了，但这件事我至今仍历历在目。
				鳖	形声字，指团鱼，形状像乌龟，俗称王八。

前面讲了龟的优点，受人喜爱。那为什么四川、重庆骂人要叫龟儿子呢？一说古人认为龟都是雌性，生育后代必须与蛇交配（故玄武是龟蛇合体），骂人为龟儿子就是说其母亲偷男人，与骂人为杂种意思差不多。这种说法显然不可信。另一种说法是源于唐代。唐时乐户皆着绿头巾。头巾前面讲过，不是毛巾、手帕的形状，而是帽子的一种类型。因此，着绿头巾就是戴绿帽子。乌龟的头也是暗绿色，后遂称乐工为龟公。后来龟公泛指妓院工作的男性人员。因为乐户妻女皆歌妓，故将纵妻行淫者也称龟公，还讥称妻子有外遇的人。所以，现代人仍然把老婆红杏出墙的男人称为戴绿帽子。

顺便说一下，自商鞅变法，重农抑商，确定士农工商等级制度以来，中国户籍制度比较严格。唐代尤其如此。商人虽然有钱，但社会地位不高，其子女不能参加科举考试。唐朝大诗人李白"五岁诵六甲，十岁观百家"；"十五观奇书，作赋凌相如"，可谓才高八斗，学富五车，为何不像王维、孟浩然、杜甫一样参加科举考试？我们研究认为：原因之一就是李白没有大唐户口，或者属于商人户口，因此只能走姜尚、伊尹的路子，直达皇帝。

（二）鱼

鱼和再都源于鱼的形象。我们现在先说鱼字。

甲金文中有多种细致生动的鱼形，其尾巴与燕尾相似，下部分开呈W形。但自石鼓文起，鱼字下部讹变为火形，隶楷简化为四点，行草书则作一横。今简化为鱼，源于草书。鱼作形旁在左边时，下面一横写作提，这种变形，既缘于审美需求，也因为书写便捷。

鱼组字可作形旁和声旁。鱼在字中的位置均在左面或下面。唯有渔字在右，鲁字在上。

		石鼓	渔澂澂	渔	甲金文展示了古人捕鱼的多种方法。甲文一、二是钓鱼，愿者上钩。甲文三是网鱼：临渊羡鱼，不如退而结网，以网捕鱼，收获大增。甲文四、五可能是放水养鱼了。鱼儿离不开水，浅水养不了大鱼。古人应该认识到养鱼才是长久之计。金文一、二是双手抓鱼，这是最原始的捕鱼方式，把田里的水放干，鱼儿搁浅，自然手到擒来。但更多时候，还是双手在水里摸鱼，那就需要比较高明的技术了。篆隶不变简省，最后保留鱼水组合。渔字从鱼简化为渔。

甲金文展示了古人捕鱼的多种方法。甲文一、二是钓鱼，愿者上钩。甲文三是网鱼：临渊羡鱼，不如退而结网，以网捕鱼，收获大增。甲文四、五可能是放水养鱼了。鱼儿离不开水，浅水养不了大鱼。古人应该认识到养鱼才是长久之计。金文一、二是双手抓鱼，这是最原始的捕鱼方式，把田里的水放干，鱼儿搁浅，自然手到擒来。但更多时候，还是双手在水里摸鱼，那就需要比较高明的技术了。篆隶不变简省，最后保留鱼水组合。渔字从鱼简化为渔。

鲁 —— 源于古代祭祀，即将捕获到的第一条鱼放在地上作供品祭祀天。甲金文像将鱼放在口形容器的形状。因这种祭祀非常简单呆板，故有迟钝义。后来金文将口写作甘，甘是用口品尝，表示口吃到鱼的美味，字义成了美好、嘉美。鲁又假借为国名，是周公旦的封地，在今天的山东曲阜一带，也是孔子故里，故山东省简称鲁。篆隶沿用金文，但鱼形渐失，篆书变下部为白，如皆字。隶书变为曰字。

鲸 —— 鲸是哺乳动物，蓝鲸是地球上最大的生物。按《说文》注解，本字声旁用京、畺均有。

鲜 —— 鲜本指鲜活的鱼，金文篆书有两个写法。一是鱼羊鲜，二是三鱼鱻。《说文》解鱻为鲜活，即新鲜没有变味的活鱼；今统一为鲜。可作声符构字如癣。

稣 —— 金文像木棍穿鱼火上烧烤，身体变稣。篆书变木为禾，隶楷从之。作声旁构字如稣，简化为苏。

（三）再

				再	再字也源于鱼的形象，只是更抽象、简洁一些。如何表示两次、第二次，会意不明确。或者解读为鱼儿在水中游过来游过去、往返游动。或者根据金文中有二字，解读为两条鱼。 注意此字与冉字区别：冉源于人的鬓发，冉冉表示柔软，或慢慢。如太阳冉冉升起。
				冓	相濡以沫，不如相忘于江湖。而冓（gòu）字甲金文就像两条鱼相遇两嘴相接的形象。或加表示行动的义符彳和止，此时冓遘为一个字。篆书整齐化后分化为冓遘两字，就不太形象了。现在冓只作偏旁，在有些字中简化为勾。 冓本义是两鱼相遇，引申为交接。因为建造房子
				遘	需要架设木材，相互交接，故又引申为构造。由于冓作偏旁，本义便加义符辵写作遘来表示（隶书简化辵为辶）。交接之义则另加义符女写作媾，架设木材之
				构	义另加义符木写作構，简化字作构。沟通之义加义符氵写作溝，简化作沟。这类字还有购、篝。
				篝	讲（講）篆书从言从冓，会意两嘴相对说话讲
				讲	和，冓也兼表声。本义是和解，特指交战双方讲和。引申为解释、解说。近代又引申为叙述、说。

266

			再	再甲金篆书都是一只手提着一条鱼的形状。本义是用手提鱼，泛指提。人提鱼、提东西都要掂一掂重量，即掂量，所以再引申为掂量、称量、称赞。 再、偁、称三字同源，篆书分化字义。再指提举。掂量之义加义符禾写作稱表示，因为称的物品主要是禾谷等农作物。夸赞之义因为是针对人，则加义符人写作偁表示。今三字合一，简化为称。 称还表示测定物体轻重的器具，后用"秤"字表示。
			称	
			秤	

五、角、番

（一）角

鸟有羽毛，兽有皮毛，前面各回已专门介绍。此外，兽还有角，古人把兽角作为战利品和装饰品。因此，角是一个重要字根。

			角	甲金是象形的兽角或牛角。古代军队中用号角作为军队进攻的信号。也用以作为酒器，故古代用兽角或牛角制作的酒具都是角字旁，如觚、觥、觫、觯等。
			触	从角蜀声，两牛打架就是以角对顶。我经常与小娃娃玩这种游戏，就是额头对额头用力顶，称为斗牛牛。用角抵，引申为抵制、触犯、碰撞。今简化为触。

		觜		嘴	《说文》无嘴字，原为觜（zī）。本为猫头鹰类动物头上的毛角，像猫耳朵一样。也借指二十八宿之一的觜宿。由于鸟的嘴很像这种毛角，故觜又引申为嘴，为了表意准确，加义符口用嘴表示，分化为两字。

解(甲)	解(金)	解(篆)	角牛	解	庄子讲过庖丁解牛的故事。解牛用刀，解字篆隶楷就是角、牛、刀三个字根组成，会意用刀把牛角切下来。我们看甲金文中，没有用刀，而是用双手，甲文还有小点，表示血肉横飞。难道古人厉害到双手就可以拔除牛角吗？ 解字本义为屠宰分割牛，引申指分割、割开、分开、划开等义。 解作声符，构字如懈、蟹等。
			懈	懈	
			蟹	蟹	

觞(甲)		觞(篆)	觞	觞	牛角除了做装饰，还可以做乐器，如号角，据说齐桓公有一张琴叫号钟，是中国古琴四大名琴之首，伯牙也弹过此琴。号钟琴如其名，声如洪钟。齐桓公曾令部下敲起牛角，他奏起号钟，和声而歌，声声凄切，闻者无不泣下沾巾。 牛角还用作喝酒的容器。如觞、斛、觯、觚等。《说文》注解：爵实曰觞，虚曰觯。觞也指劝饮、向人敬酒。 斛是内空牛角所做量器，转为量度单位，五斗。
			斛	斛	
			觯	觯	
			角瓜	觚	

		确	石崔 碻	确	从石角声，隶变后异体字有埆、碻、碻、墧等，从土或从石，角声、崔声或高声，含义相同。本义为坚硬、坚固，引申为抽象意义表示确实、确切、真实不虚。

（二）釆

许慎《说文解字·序》："黄帝史官仓颉，见鸟兽蹄迒（háng）之迹，知分理之可相别异也，初造书契。"即是说仓颉造字根据鸟兽之足迹。有经验的猎人在打猎时，根据地上鸟兽的足迹判断是何种动物、个头大小、数量多少。这就是釆字，也是我们要研究的第二百四十个，即最后一个重要字根。

𥬰	𥬰	釆	釆	釆字是兽类蹄印的形象，音biàn，本指兽蹄印，因古人追逐野兽，根据蹄印判断、辨别踪迹，故引申为辨别。由于釆作了偏旁，本义便另造了番、蹯来表示。辨别之义则借辨字表示。注意本字与采、米区别。
番 番田	番	番 番	番	釆作偏旁，金文加义符田，表示田猎时踩在田中的兽蹄印，也指兽蹄。因此兽蹄迈一次留下一个蹄印，番引申指轮换、更替、次、回等义。如三番五次，别有一番滋味在心头。 番为引申义专用后，兽足之义另加𧾷旁用蹯表示。 番构字有翻、蕃、幡、潘、播、审等。 审从宀从番，会意在室中仔细辨别、详细查问。古文另加心，表示用心。今简化作审，由会意字变为形声字。本义为细察、考察，又引申指讯问、审问。 审作声旁，构字如嬸，是后起字，《说文》未见，今简化为婶，指叔父的妻子。
翩 六	翻	翻 翻	翻	
潘	潘	潘	潘	
㪔	播	播	播	
審	審	審	审	
	釋	釋	释	篆书从釆从罘，今简化为释，类似泽、择等字。会意以目视以分别。引申为解开、解除、松开、释放。也可解释为把抓住的动物解开，它又跑走了。

			悉	篆书上采下心，隶楷书中，很多人将上部写作米，少数人写作采。两根会意对足迹来自何种动物全部了然于心、非常清楚明白。表示了解、知道，详尽、周到；全、都、皆。 悉构字如蟋、窸。

　　许慎认为：伏羲仰观于天，俯察于地，近取诸身，远取诸物，始作《易》之八卦。神农结绳为治，而统其事。而轩辕之史官仓颉，则从鸟兽之足迹得到启发，创造文字。

　　仓颉最初创造的文字，都是源于事物的具体形象，故谓之文。其后按照形声等方法，字根相加，造出新的文字，即谓之字。文者，物象之本；字者，文之组合。将文字写在竹帛之上，谓之书。书者，如也。就是说书写的文字，如同事物的本来面目、具体形象。因此，书画同源，不言而喻。

　　因此，阅读四书五经、文赋诗词，先必识字明义。文字是语言的结晶，书籍是思想的载体。古人思想能够积累沉淀、传之万世，后人能够站在前人之肩、取其精华，书籍、文字居功大焉。

　　明晰二百四十字根，结合造字之法，举一反三，触类旁通，无论识字明义，还是书法结字，必有所得。如此，而善莫大焉。

附　录

常用汉字表

甲	金	篆	隶楷	字	品读
			大 大	大	抛开抽象的大字涵义，大字本义可能是指成年人。古人对胎儿写作巳，对小孩写作子，对侧面站的人写作人，大字则是手脚伸展、顶天立地、能担当的大人。
			逆 逬	逆	倒大为屰。屰在甲文中是一个头向下的人，表示逆反。逆则在屰基础上增加表示行走的彳、止。此时属会意字；甲金文字形字义没有区别。篆隶变形较大。尤其隶书，两脚化为两点，两手化为凵。此外有朔，逆出的月，脚先出来的月。因为阴历初一到十五这上半个月是上弦月，月亮的两个尖端在上，像两只脚，故称逆出。屰构字还有欮、阙、厥、朔、溯等。
			美 美	美	《说文》解：羊大为美。应是误解。从甲金文可见，下部都是大字，表示正面站立的人，上面都是人的头上戴的羊角、羽毛等装饰物。这与傲字中间部分形近，都是古人装饰后认为很美的形象，反映了以猎为生的古人的审美意识。篆隶有所变形。有的隶书如《史晨碑》将下边写作火，成了烤羊，也是美味之义，但变形过甚。
			夷 夷	夷	大弓合成夷，因为中原以东的少数民族擅长射箭，以射猎为生，故夷指东方的少数民族，后泛指中原以外的少数民族和外国人。当时中原以外，称四方少数民族为东夷（善于用弓箭）、西戎（好战）、南蛮（热带多虫，包括巴蜀、云贵高原）、北狄。甲金文也有将夷字写作下肢弯曲的人形，即尸字（古音尸夷同音）。表现东部民族蹲坐（臀部着地）而不是跪坐（脚着地）的生活习惯（另外还有一种坐姿，即交腿而坐，就像现在寺庙里的佛像，盘脚打坐。古时称胡坐）。后期金文、篆隶都是大字（正面站立的人形）身上背弓的形状。还可解读为箭上缠有绳子，即弋射之箭。
			奚	奚	甲文像手爪牵着人的头发，金文像以手用绳子吊着一个人，指奴隶。也有人认为金文奚字指人的头发高高竖起，与汉族人发型不同，以这个特点代指古代少数民族奚人。 从水奚声为溪，指山间潺潺而流的小河。

272

			敖	傲	敖为会意字。左边象头戴羽饰的人形，是舞蹈或游戏时的装扮。右边敲字旁，象手持棒之形，可能是舞蹈的指挥。因为人在舞蹈或游戏时动作不羁、疯狂，故敖表示狂傲、骄傲、傲慢之意。后来将敖作为声旁，加亻组成傲表示原义。另加辶组成遨字，表示遨游之义。加火为熬表示煎熬之义。
			夯	夯	后起字，篆隶未见，宋代新造字。从大从力，会意用大力气劳动，引申筑实地基的工具，转化为动词时表示用夯砸地。读音源于夯地时人使劲发出的呼声，读作 hāng。因为夯这个工具笨重，又引申表示笨拙。读音也为笨音 bèn。
			天天	天	没有比脚更长的路，没有比人更高的山。山高人为峰。因此，人乃顶天立地，天地之精华，万物之灵长。甲文天字均以人头顶部位加一个指事符号（如横或圆）表示天。本指人的头顶，因头顶是人至高无上的部位，更指头上的天空，引申自然界的最高处。
			夫夫	夫	夫字古今同形，大字头上加一横，表示人长大后束发戴簪。古时儿童披发，到一定年龄（男二十岁、女十五岁）就要束发，女笄（jī）为每，男簪为夫。故夫与每分别指成年男子和女子。 夫构字如伏、肤、麸、扶、芙。
			夭	夭	夭是妖的初文，甲金文是人摇头摆臂、婀娜起舞、妖里妖气的形象。篆书与大字相近，仅头部右侧，表示人侧头跳舞的形象，无手部动作，特点不明显。隶变后楷书将上部写作撇。夭字本义是跳舞的形象，引申为姿态美好，又指草木艳丽、娇好。如《诗经》有"桃之夭夭，灼灼其华"。后将逃之遥遥谐音为逃之夭夭，是逃跑的诙谐说法。后加女字，组成形声字妖。

		㛮	妖	妖	左形右声。本义是指容貌娇艳、娇媚。引申为贬义指装束怪异，作风不正。在神话传说、童话故事以及一些志怪小说中，常有妖魔鬼怪精灵神仙出现。一般而言，对人有害的统称怪物，动植物修炼的称妖，人死后修炼的为鬼，佛教中坏的一律称魔。精灵是中性词，不论好坏，侧重强调本领高强。坏的如《西游记》中的白骨精，好的有《天仙配》中的槐树精。对人有利的也有三种，人死后修成正果为神；人活着修成正果为仙；佛教中修习佛法修成正果为佛，次之为菩萨，再次之为罗汉。
		笑	笑	笑	会意字。篆书上竹下夭，李阳冰解读为竹得风其体夭屈如人之笑。隶变后作笑，俗体作笑，改下部为犬。也作咲。古也作上八下天，也许是表示人仰天大笑之意。现规范字体为笑，本义为欢笑。
㕤	吴	吴	吴吴	吴	甲金篆书从口从夨。夨与夭同源，是人侧着脑袋的形象，表示摇头晃脑、翩翩起舞的情景。两根会意，表示边唱边舞的娱乐活动，是娱的本字。隶变后楷书作吴，异体作吴，今简化字作吴。吴字还有另两种解读。一是《说文》解读为大言，为误之本字。二是将吴字解读为人肩膀上扛一个陶器的形象，可能古代吴地人、吴姓人喜欢用肩扛物，遂成特征。
	奔	奔	奔	奔	金篆像一人甩开两臂迈大步，下边三个止表示脚，会意快跑。走字下边是一个止，奔下边是三个止，以示奔更快。
	走	走	走走	走	金文上是一人摆动双手的形状，下为脚趾形状，表示急进。古文走原义是摆动双手跑。如走马观花。
㐬	去	去	去去	去	甲金篆书上为大，表示人，隶书讹变为土（类似变形还有赤走达等）。下部甲文为口，篆书为凵，或为半地穴式居住地，或是鞋子。表示出发的起点。表示出走、离开，引申为背离、违背。构字如怯、劫、丢。

		丟	丢	后起字，篆隶未见，宋元俗字。从一从去，会意一去不返。楷书将上面一横写作撇。本义为遗落。	

(甲文形)	(金文形)	文 紋	文 纹	一个正面立着的人形，胸前画有花纹，即现在称的文身，是纹的初文。后文用来指文字、文化。加糸成纹字表示花纹。文作声旁组字有汶、纹、吝等。 文与字有区别。按照《说文》，独体象形的为文，由文衍生出来的称字。

(甲文形)	(金文形)	黄	黄	郭沫若认为黄是璜的初文。古人喜欢佩玉，孔子说"君子比德于玉"。甲文是一个大人腰间有环形饰物的形状。金文变形较大，已不直观，故加玉旁作璜。但据目前研究表明，甲文黄是一个人因饥饿水肿、腹大如鼓的形象。金文又强调人的口部，会意张口痛苦大叫。篆隶书字形渐变，字义也借指颜色。 构字如璜、蟥、横等。

(美)		堇 爩	堇 熯	堇甲文是一个双手交缚、头颈戴枷的人放在火上焚烧的形状。表示以焚烧人求雨的祭祀活动。金文下边的火已不明显，篆书更变为土。堇作偏旁后，加火为熯表示本义。隶书分化出两字，下面分别为土和大。表示人以牲火祭求雨，引申为艰难。组字非常多，如谨、懂、勤。下为土可单作，下为大只作偏旁，现在部分简化为又，如艰、难、仅、汉。 艰籀文从堇喜声，篆文改为艮声，本义指土坚实难以整治，引申泛指困难、困苦、灾难。 难从堇从隹，会意母鸡孵化时不能离窝，表示患难之义。 难构字如滩、摊、瘫、叹。
(甲文形)		艱	艰	
(金文形)	難	难		

灘(篆)	灘 灘	灘	滩	汉从水，难省声。金文与滩为一字，汉代以后才一分为二，汉指汉水，滩指沙滩、河滩。汉水，下游又称沧浪水，《渔父》："沧浪之水清兮，可以濯吾缨。沧浪之水浊兮，可以濯吾足。"汉水与长江并称江汉，与长江汇合处称汉口。汉字在甲金文中未见。最早的"汉"字实物，是战国楚怀王六年（公元前323年）所铸的错金字铜节，鄂君启舟节，1957年在安徽省寿县征集到。战国末年，秦国攻占汉中，置汉中郡。秦亡，刘邦为汉王，经过五年楚汉争霸，项羽遭遇十面埋伏、四面楚歌，自觉无颜再见江东父老，乌江自刎，从此天下归汉。汉便从水名、地名变为朝代名。汉初崇尚黄老，推行无为而治，人民安定，史称文景之治。到汉武帝时，罢黜百家，独尊儒术，国力强大。经过几十年准备，最终驱逐匈奴，解除边患。从此，"汉"便成了一个时代的代表，进而成了一个民族的名称。在一些场合下，汉是中国的代表。如中国诗为汉诗，中国语为汉语，中国字为汉字，国外研究中国学问者为汉学家。 汉字还有一个特殊含义，指成年男子。最早在汉代，匈奴称汉朝人为汉人、汉民。五胡乱华以后，北方各少数民族更将中原人称为汉人。汉族女子为汉女、汉家女；男子称汉子，或干脆叫汉。由此，汉便称成年男子。
無(甲) 舞(甲)	森 舙 舌 舞 舞	無 舞	无 舞	無是舞的初文。甲文是一个大字，表示正面站立的人，两手各持兽尾或饰物起舞。古时聚会围绕一个火堆舞蹈，边跳边口上鸣鸣地吼，结束时将手持之物扔进火堆，就成为无，没有东西了。金文中增加表示行的彳和足的止，表示双脚动作，强调舞蹈手脚并用，则为舞字。篆书将彳止改为双脚之形，即舛字底。隶书上部简化，变形较大。无是無的简化字，《说文》奇字可见。无字还有可能是道家的创造。《道德经》开篇就强调，有生于无。最早最高的有称元，如元始天尊、元旦，元生于无，因此在元的基础上造无字。

				亦	本指人的腋窝。甲金篆书均像张开双臂叉腿站立的人形，两侧各一指事符号指在人的腋处。隶书大字变形。亦字假借为副词，表示也、又等。另造形声字腋指本义。从亦的字如奕、迹等。
				夜	从夕亦声为夜。会意月升到月落这段时间，即夜晚。从夜的字有腋、液、掖等。
				迹	迹金文从彳止，朿声。会稽刻石沿袭。隶楷将声符改为亦。
				蛮	变、弯、恋、峦、蛮等字是简化字，繁体字上部比较复杂，两边是糸，中间为言。草书中与亦的写法一样，故简化时就写作亦形。在规范字中，亦下面四点各不相同，而蛮字头中间为两竖，比较雷同，从书法角度，从亦更佳。 蛮在金文如虢季子白盘中，只有上部，无下部的虫字。古代中原人认为南方气候炎热，蛇虫很多，故用蛮指南方。蛮字头表声，有纷乱义。古时认为南方民族民智未开、野蛮不知礼仪。
				夹	甲文像两人从左右两边辅助中间一人。辅佐也是夹的本义。引申出夹杂，又从两旁或前后夹住、限制住。构字如荚、峡、挟、侠、狭等。注意，陕西的陕字也写作陕，亦下为入字，夹下为人字，两字有区别。
				陕	篆书陕与峡字相同。山与阝本是一字，山字右旋九十度即为阜，构字时简化为左阝。
				峡	
				爽	金文从大从爻爻（交叉窗棂），会意人在窗前感觉到明亮。引申为凉快、开朗。交叉之形又引申为差错、违背，如屡试不爽。
				因	囗是一个高度抽象浓缩的字根，指围墙、界限，如国、图、圈。本处表示席子，人大字形睡在上面。因借指因为、原因后，加草头为茵，本义是车舆中铺的席子，后泛指一般席垫。因作声符构字还有姻、恩、咽等。烟右部的因是简化，本为垔，与甄左部相同。

			立	立	大字下面加指事符号一，表示人站立地上，即为立字，本是站立，引申为树立，特指帝王即位。立构字如泣、垃、拉、啦、站等。
			位	位	古文字中位立相通。大为人正面站立之形，大字头上加一横代表人顶天，大字脚下加一横代表人立地。位表示人站立的处所、位置，立表示站立的动作。金文中即位常写作即立。
			並	并	两人正面并排而立，即竝字，后变形为並，今规范为并字。并还有一个来源，即两人侧面站立，下加两横表示等同。隶书变形作并。并构字如饼、屏、瓶。竝构字如碰、普、替。 注意：並、并、併三字在古代并不完全通用。并与併同义，并和並不是同义词。兼并用并和併，抛弃的意义只用并和併，通摒。"一起"的意义一般用並，很少用并或併。依傍的意义只用並。
			普	普	普从竝从日，会意日色到处相同，表示广大、全面、遍及。如普及、普遍、普通。
			替	替	替字甲金文像一前一后站立的两个人，字形与并字十分相似，区别在于前后错位，表示出替代关系。后期金文上为两个张开大口的人，下为甘字，表示轮流进食。篆书演变为三个字。下边或为曰，或为百，上边或为竝，或为兓。隶书下为曰，上应是从兟演变而来，将兟上部演变为土，下变为两点八字形排列。楷书变成夫字。替的核心字根是两个人，表示替换、废弃。
			乔	乔	篆书上为大，表示舞者，下为两根棍，表示踩的高跷。今也作为喬的简化字。本义是踩高跷，引申为放纵轻佻的样子。乔作声符构字如侨、荞、桥、娇、骄、矫、轿。
			交	交	交字像两腿交叉而坐着的正面人形。即大字下面撇捺相互交叉。引申为结交、相互、交通。构字作声旁如跤、胶、郊、狡、绞、饺、烄、较、校、咬。

				人	甲金都像侧身而立的人形，正反无别。人的变形源于篆书突出纵势，突出两竖笔。隶书注重横势，将两竖笔改为撇捺。
				千	数词。一说是甲骨文中一千的合文（从一百到三百、一千到三千的字形推断）；二说是人走在一田间小路上，即阡陌的阡；三说是算筹的摆放形状；四说是人欠身形，即打千。从字形看，甲金篆相似，均为人加一横的形状。因此，可以理解为一横作为指事符号，指人腿上的毫毛，数量成千上万。
				介	甲文篆书形似，中间是侧身的人形，前后的小点表示串连起来的甲片，用盔甲将身体与外界分开。介本意即是指人穿铠甲和人体间形成的隔离层。篆书有的加田字，表示划分开的地界、边界。隶书分别写作介和界两字。介作声旁构字如芥、阶。阶右部原为皆，今简化为阶。变换声旁，说明形旁表意，指像侧山一样的一级级台阶。
				仄	从篆书中可以看出，仄、丸是镜面对称，即仄字是丸字左右翻转形成。这是一种构字方法，如司、后。
			丸	丸	仄表示人在岩下，侧身而过。律诗讲究平仄，平声字相当于现在普通话的一声和二声，读时音长。仄声相当于三声和四声，音短促。古时还有入声字，也是仄声。
			昃	昃	昃从日从仄，表示太阳从天中央偏移到西边。
			保	保	保本是出生之后的保人，保护成长的人，相当于现在帮人照顾小孩的保姆。甲金文像一大人背着一小儿的形状。金文尤其生动。篆书在小儿肋下加两点作饰笔。隶楷将小儿身首分离，上为口下为木，失去初形。 保作声符构字如堡、褒、葆等。
			从	从	简化从字古已有之，甲金篆均可见，是同向左面的两人，而比为同向右面的两人，从有比义，时有混淆。繁体的从字则专指二人相从，引申为顺从、跟随。甲金文在两人之下增加表行走的止字或彳字，篆隶则由字根从、止、彳组成。今简化为从，源于古文字。

众						三人在太阳下劳动或在人监视下劳动，众人地位平等，没有差别，各自为政，没有凝聚力，俗称乌合之众。众为简化字，是品字形构字法。三个组合保留的字有聚字，构字如骤。君羊为群，羊群有领头羊，是行动的引领者和示范者，因此，羊群有组织有纪律，成群成队。
聚		聚				会意兼形声。篆书下为众，上为取，会意招取民众聚集在一起。取兼表声。本义是会集，泛指会聚、集聚、并拢等。
俭		俭				左为人，右为佥。形声字。佥上为会字头，中为吅，下为从，会意众人同说。引申为众人；皆；都；共同。从佥的字都与会合之义有关，捡、检、剑、敛、脸、签、险、验。
亟极		亟 极				亟是极的本字，极为極的简化字。甲金文像一个顶天立地的巨人形象。头顶天表示极高，高到极点。这是极的本义。后金文加一表示说话和喊叫的口及表示击打的攴，有了急、急躁意。篆书在亟旁加一木，引指支撑房顶的栋木，仍是极高义，但由此与亟字形字义分离。隶书仍可看出字形，楷书将顶天立地的人形变化为了字下加一横，完全变形。
仁佞		仁 佞				仁从人从二，孔子说仁者爱人。我理解，二人就是指自己和他人，像对待自己一样对待他人，就是爱人，即仁。古代仁应是对贵族的一种要求，主要是要求平等地对待下人，即仁爱之心。佞以仁作声符。佞从女仁声，一女从二男表示奸邪诡媚。
伤		伤				《说文》解为创也，形声字。甲文存疑，以箭矢射中小孩子表示伤害。被射对象用小儿不用大人，会意小儿较大人更易受伤。古玺文将子变成易，已成形声字。篆书将此义分为两字，一为矢旁，一为人旁。伤则通用。
休		休				大树底下好乘凉。甲骨文人和木位置左右可以互换，但都是人背靠树木，会意人在树下休息，引申为停止、不要。金文基本定形，人在左边。

			比	甲文比、从两字形状相同但方向相反，本义是排列在一起的意思，引申为比拟、比较。构字姚、庇、秕等。
			昆	昆字像日下有相从相比的两个人形。比字就是二人相同的形状，日照出的人影与人形自然相同。《说文》解昆为同，表示共同、齐，假借为兄弟的兄。作声旁构字如混、棍。
金			皆	皆字甲文像一只或两只虎同在一口上，表示众虎一声（同时用一种声音呼啸）。金文楚简改双虎为双人，改口为甘，表示众口一词或同甘共苦。篆书改甘为白，是误变。隶书沿用金文，下为曰。后楷书作白。《说文》解为俱，即都是、均是。作声旁构字如谐、揩、楷。阶字是简化字，原为階。
			此	止和匕构成。止代表脚，匕是人的反写，表示人。人脚所到之处，正是此的会意。《说文》解为止也，本义是人现在所在的地方。有人解为雌伏之意。一只脚踩在一个伏着的人屁股上，表示投降。构字如雌、些、柴等。
六			牝	牝指雌性动物，与牡相对。甲文动物形状有牛、羊、虎、猪等，但声义符都是匕。匕字形正是伏地耸臀的女人形状。篆隶将动物规范统一为牛。 从匕的字还有尼，尼作声旁如泥、呢、昵等。
			北	甲文为两人相背的形状，引申为违背、脊背，是背的本字。借指方向，用作南北方向的北字，加肉字底作背字。两军相向而交战，一军战败转身而逃，背部留给胜方，所以战败也称败北。
			化	化字右部是将人字向右旋转一百八十度后的形象，与人组成化字。正如太极图中的阴阳鱼，一上一下，变化无穷，化生万物。
			儿	甲文上部像婴儿头顶骨未曾完全闭合的形状。下部为儿字，是人字在字下部时的变形。儿本义指孩子，不分男女。也单称年轻男子，如健儿、弄潮儿。今简化为儿字。作声符构字如倪。
			兄	儿字构字如兄、充、兜、竞、竟。同辈中比自己大的男性为兄。字根下为人，上为口。因古代祭祀祖先时由兄长负责祷告，口表示说话，也表示兄长有教育、口授弟妹的权力。

				元	人的头顶上加一两笔指事符号，表示头部，是人体的开始。所以将众人的头领称为元首，一年的第一天称元旦。篆隶楷下面人字写作儿字。元作声符构字如玩、顽、完、莞、院。
				兀	兀与元同源。甲文从人，头顶加一短横，指削去了头发，会意光秃。本义是髡刑，即削去头发的刑罚，剃胡子的刑罚为耐刑。作形容词表示光秃、突兀。
				寇	以手持凶器入室击打他人脑袋为寇，表示入侵、残暴，引申为强盗、敌人。容易与冠字混淆。冠是指用手把帽子形的东西戴在头上，指衣冠、冠冕的冠，是贵族正式场合戴的帽，也是帽子的总称。
				尧	尧是上古三皇五帝之尧帝名号。因其生于黄土高原，故以此为名。上为土堆，即山丘之形，下为人形。 尧作声符构字如侥、挠、晓、翘、饶、绕、浇、烧。
				身	金文像一个怀孕的妇女，鼓着大肚子的形状，最为传神。这个原始意义一直保留至今，如身孕。引申为自身、自己。该字也可以理解为指事字，人的躯干部位加一指事符号圈，表明是人的身体。
				躬	弯身如弓，形声兼会意字。既是对他人的恭敬状，也是穷苦人的身形。躬又是躳的异体。吕也指脊椎骨，会意身体弯曲显出脊椎。因此，躬与穷相通，都是贫困状。穷字甲文是人在房屋中，金文由穴、弓、肉组成。篆书为穴、身、吕。都是躬身在穴中的写照，生动地描绘出穷困的生活环境。
				穷	
				殷	身字左右翻转即为ʃ，殷的左部。殷字甲金文是手持金针为人做针灸的形象。 殷、尹、伊、医、灸、尉都是古代医疗手段，参见第六回生活章久字部，古代医疗小结。
				匍	勹是人俯身的形象。从勹甫声为匍，会意人匍匐在地，引申为占有。
				臽	勹是勹的变形，人掉入陷阱即臽字。下部臼是陷阱的形象，内部有尖利的刀或刺，是打猎和战争常用方式。如陷马坑。臽作声旁构字如陷、馅、阎、焰、掐。

色		色	色	色	古今字根相同。下边是跪着的人，上边是刀，也表示持刀的人。会意人在刀下，因害怕而变色。
		危	危	危	甲文像蛇的形象。篆书下卩，表示跪坐的人，上面是厂，人坐在岩石上，表示高，人在崖边危险。也可会意人直起腰来提高上身端坐之意，即正襟危坐。古人跪坐，臀部放在脚后跟上，腰微弯，是放松方便的姿势。表恭敬时，腰则伸直，上体高度自然增加，故称为危坐。隶变后写为危，是厂的加旁分化字，是跪的本字。
		跪	跪	跪	危构字如脆、诡、桅。
监	监	监	监	监	监是古代盛水或冰的大盆，装水后可用作镜子照面，同鉴。甲文非常形象，正是人弯腰对水盆照面的情形。金文篆隶将人头（臣）与人身体断开，但仍可会意。
鑑	鑑	鑑	鑑	鑑鉴	监与见同音，见即人上一目之形（见），见为简化字。 监构字如蓝、篮、滥、鑑、艦（舰）、览等。 金文篆书金旁在左为鑑。隶楷金旁在下为鉴。
		覽	覽	览	监见组合为览，即浏览、游览。构字如揽、缆、榄等。
	臨	臨	临	临	人俯身仔细审视地上的小件物品（后变形为品），今简化为临。
尸	尸	尸	尸	尸	古代祭祀时，要找一个活人代表死者，坐着受祭。这个活人就叫尸，甲金文都像一个人用臀坐着的侧影。篆隶拉长了下肢而变形。
尺	尺	尺	尺	尺	尺是长度单位。古代度量皆以人体之法，如寸、尺、丈、寻、常、仞。从人的腕到肘弯、肘弯到胳肢窝，或者足踝到膝，距离为一尺。金文篆书均是在尺字下边腿的部位加一指事符号，表示这里一尺长。隶书写得横平竖直，变形较大。
咫	咫	咫	咫	咫	只量一次一尺为咫，如咫尺天涯。
		局	局	局	局字从尺从口，会意方正一尺小面积围成的局部。

283

居金	居	居	居	居字上为尸，下为倒子，如女人坐着分娩之形。与毓字相近。后李阳冰将下部古字改为几字，如人屁股坐在凳上。金文二上为广，下为立，表示人立房屋之下，为居住之义。作字旁构字如锯、据、裾等。
尿	屚	孱	孱	上为尸，古代祭祀时用晚辈代表死者接受供奉。一般是屈身的人形，此处代表女人。下边是三个子，三子表示多子，与尸组合在一起，表示女人生很多孩子，多产自然身体虚弱，字义十分明显。
	殿	殿	殿	甲骨文与身同理，只是在屁股位置加了一个指事符号，圈。篆书上为尸，下为几凳或床形，表示尸坐时靠凳子的地方；右为殳，表示挨板子的地方。殿原指屁股，是人的最后端。人走路时，首引领，称为首先，屁股在最后，所以说殿后。最后一名称殿军。
尸	臀	臀	臀	殿用作宫殿之义后，本义加肉字底，表示人挨板子、肉多的地方，臀部。
尾	尾	尾	尾	动物的尾巴，引申事物的末端。甲文是侧立的人形，屁股上有一尾巴形状。古玺文、篆隶都是人身后有一倒垂的毛形，反映了古人爱美而用动物毛羽装饰的习俗。
尿	尿	尿	尿	尿溺同源，即小便。甲文为侧立的男人撒尿的形状。有学者认为男溺女尿。今分开使用，尿为小便，溺为沉水。
	溺	溺	溺	
		屎	屎	屎字甲文像人正在大便的形状。指粪便。此义为文雅起见也借用矢。
展	展	展	展	《说文》解读展即转义。篆书从尸袞（zhǎn）省声。流沙坠简、礼器碑变形与楷书几乎一样，但下部仍为衣字底。展之义由尸所生，尸为伸出两脚而坐，自然有舒展之义，尸象人卧之形，自然引申出辗转而卧之义。有人认为，烧窑过程有三个字，寒（下无两点）是烧窑，展摆放好待烧，塞是封窑口。构字碾、辗。
刷	刷	刷	刷	左为尸和巾，表示用巾擦拭身体或屁股。从刀，会意刀刮，泛指清除、洗雪、淘汰；也指用刷子除去污垢。

			尉	尉	治疗的一种方式，即热敷。手拿两横表示手持物品在火上烤热后烫人的屁股。参见生活篇灸字部。
			令令命	令	甲文命令两字只写令，是一人在屋内发号施令的情景。命字中加口表示口中发出命令。引申为使命、生命。也可将甲文令字上部理解为倒置的口，意为用口发布命令，下面是一个跪伏在地上的人在听令。
			命命命	命	令作声旁构字如伶、岭、玲、领、铃、翎、零、蛉。
			即	即	甲文像一人坐对装有食物的器具，表示人正在饮食。引申为走近、靠近。既是人口背对食器，表示食毕。隶变为卽、既。即构字如鲫、唧、節，節简化为节。
		卬	卬	卬	卬（yǎng）是一跪着的人昂头看另一人的形象。构字如抑、昂、仰、迎等。
		印	印	印	印字与此相似，但印字左边是爪，卬字左边是人。另有卯字，卯左右都是刀或是卯眼之形。
		抑	抑	抑	抑字是会意字，与印同源，甲金文像用手按人使之下跪。后加手旁为抑。本义是按、向下压。
		丞	丞	丞	拯救的拯字初文。甲文像一人掉入土坑或陷阱中，上面正有人用双手救助。金文省掉了土坑或陷阱，只用双手向上提人。篆书将凵改为山，虽然变形，意义相同。后来加手旁作拯字，专作拯救之义。丞字则多用于辅助，如辅助皇帝的大臣叫丞相，帮助县令的副职叫县丞。隶书简省较大。此字与亟字不同。丞是卩变化而来，亟是亻变化而来。
		拯	拯	拯	
			六		
		承	承	承	甲金近似，像双手捧起一人之形。表示捧起、承接、承上启下之义。篆书在人正下方又加了一只手，隶书将左右两只手简化，成为今文。
		女	女女	女	甲文像一个两手交叉于胸前屈膝而跪的妇女形状。古专指未嫁女子，后引申为女性。古代母系社会，不少姓氏从女，如姜、姒、嬴、姬等。
		如	如	如	如字左旁是一个双手被反绑在身后的俘虏，女为双手在胸前，旁边口字表示审讯。有老实、顺从意思。如的本义是依照、遵从。后借作像、似。也有往、去之意，用作如厕，表示去厕所。
		汝	汝	汝	女加水表示汝水，河名。后用作第二人称代词。

				妃	《说文》解为匹也，即是配偶。特指帝王之妾。甲金文均是一个表示子的巳和表示女的女字组成，表示男女匹配。另有女己结构的妃字，最初只是女人的名字，后取代子女组合。篆书也用两个字表示此义。一是与甲金文相同的己女，《说文》解为女字也，字就是出嫁，未嫁因此称待字闺中。二是用配字省去酉，仅留己作声符，与女组成妃。隶书有女巳结构，后演变为女己结构。
				好	美好，本指女子美貌，又指亲爱和睦。古人认为有女人和孩子是美好的事情。故用女和子来会意。也可解说为能生孩子的女人就好，因为古代注重传宗接代，能生育，家庭才能繁衍。但好的本义是作动词，如窈窕淑女，君子好逑。女之所好。即爱好、喜欢。比喻男女相互爱慕。
				姜	甲文和早期金文像头戴羊角装饰物的女人形（下儿为羌，下大为美）。后期金文和篆书将羊角写为羊，成为形声字。隶书将女字左转九十度，成为今文。姜指羌人之女，也是神农氏的姓。
				妆	形声字，修饰打扮。字根是女和床，会意女人在床上打扮。
				娄	像女人头上顶着器物的形象，是篓的本字。现多用作地名和姓名。作声符构字如楼、搂、篓、屡、缕、数。
				妻	甲文从又（手），是妇女以手梳理长发形，会意盘发结婚为妻，俗称上头，为结婚的一道程序。金文上为发笄形，下为母，也表示结发之义。我们说古代男人三妻四妾，其实中国封建社会男人是一夫一妻多妾制度。《说文》注：妻的地位与夫齐。称男人明媒正娶的配偶，如结发夫妻。作声符构字如凄、萋等。
				要 / 腰	要是腰的初文，篆书下为女，上为人头部，左右两手叉腰表示腰部位置。细腰为妇女特征。 要被借用表示欲、要求、需要后，加肉字旁为腰表示人的腰部。
				奴	从又（手）从女，会意以手抓住女奴。 奴作声符，构字如努、怒。

286

			母	母	甲文在女字胸前加两点表示乳房，母亲要给小孩喂奶之义。头上一横表示婚后要拢发插簪。但金文中簪又被省去。 每字甲文是女子头上加一即簪笄一类饰物，表示美丽的妇女，男簪为夫女笄为每，每表示成年女子。
			每	每	我认为母字与每字好区别：母的特征是乳房，胸前两点不可少。女笄为每，头上发簪不可缺。如此，则母字发簪可省，每字胸前两点可省。 有个谜语：遇"木"傲立雪霜，遇"水"一片汪洋。遇"雨"就生斑点，遇"言"语重心长。此为每字，分别构成梅、海、霉、诲四字。
			毋	毋	毋与母原为一字。甲金均是突出双乳的母形，或将母字反写，表示不同。篆书将乳上两点连为一横，表示阻挡，此时的毋也是对母进行了限制，表示禁止，不允许母有某种行为。隶书应是将字左转了九十度，再改曲为直，成为今文。
			毒	毒	毐上士下毋，指品行不端的人，嫪毐（lào ǎi）受吕不韦之托伪装宦官入宫，与秦始皇母亲赵姬私通。毐正是其人的写照。毐上加草为毒，表示有害之草。
			海	海	海是地球上最大的水域，江河流水汇集处。甲文无海字，可能是殷商地处中原内陆，与海无联系。金文由水每组成，既是会意海是水之母，也是水形每声的形声字。篆隶字根沿袭，相应变形。
			敏	敏	《说文》解为疾，本义是敏捷迅速，引申为聪慧机警。字形是一只大手去抓女人头发的形象。个别字改手为力或攴。应是源于抢亲，表示要用力量和武器。抢亲必须迅速、敏捷。敏与妻有内在联系，敏表示抢亲过程，妻为抢亲结果。在甲文中时有混用。
			首	首	即头，甲像一个有眼有口又有头发的人头。头是人身上最重要的部位，头又是在身体的顶端，所以后来引申出首要、重要、开端之义。
			県 縣	县	县是悬的本字，表示悬挂，后分化为两个字。金文像绳索将人头吊在树上的形状，是古代斩首示众的场景。篆隶将人头与绳索树木分开，已不象形，并专用指行政区划。另加心成悬字，表示悬挂的本义。
			懸	悬	

				页	甲文像人跪在地上，上为首，突出了人的眼睛、头发。有学者认为页、首古为一字。页像头及身，首像头及发。从页的字都与头部有关，如项、额、颜、领、硕、烦。
				头	头本为形声字，从页豆声，今简化为头。
颠 陶				颠	《说文》解为顶，本指头顶，泛指物体的顶部。金文像一人以手指头，表示头是人体的顶。古陶文和玺文像两个页字一正一反的颠倒形。人颠倒后头顶着地，既可会意头顶，又可会意人体颠倒。篆隶书将头向下的页改为真。后加山字成巅，表示山顶，形声字。
				颀	颀字会意人头像汤匙一样倾斜，构字如倾、颖。
				烦	热锅上的蚂蚁，急得团团转，就像人头上冒火，即脑火。遇到心烦的事，我们常说恼火得很。烦就是火和页会意。
				寡	屋内只有一人指少，下面的人形篆书讹变为刀。金文也有室内有贝之形，会意少。
				夏	侧视的人形，头发眼身手足都有，是中国人的象征。华夏。也是夏朝、夏季，组字如厦、夔等。
				夔	夔有学者认为是沐猴的形象，此猴似人形，我们常把穿上王袍也不像样的人称为沐猴而冠。可能是三峡夔门地区猿猴众多，故称夔门。
				而	古今同形，均为面颊须毛的象形字。上面一横表示面颊的下弧线，下边的四个竖画是须毛下垂的形状。古代有一种刑为耐刑，就是剃掉人的须毛。左为而字，右为寸字，代表用手剃须毛。现在把被批评称为刮胡子。
				耐	

288

冉	冉	冉	冉	冉	冉是毛发柔软下垂的形象。构字如莤、姌。 姌从女，表示身态柔软的女子。甲金文存疑。
姌	姌	姌	姌	姌	
彡	彡	彡	彡	彡	彡指胡须毛发、装饰彩画的笔纹，也指光芒发射。主要用于会意。如须表示人脸上的胡须，髟表示老人长发，彤表示彩画器物，易表示光芒四射的阳光。 须指人面部的胡须。页表示人的面部，彡表示长须。金文面部与须髯连在一起，篆隶分开。
须 六	须	须	须	须	
省	省	省	省	省	上为放射字根，边走边在地面寻找东西，省视、检查之义。
相	相	相	相	相	以目观察木的会意字。相即省视，用眼睛仔细观察、查看。作声符构字如厢、湘、箱、想。
蔑	蔑	蔑	蔑	蔑	蔑从眉从戈，人面对干戈、战争不屑一顾，轻蔑。构字如篾。
泪	泪	泪	泪	泪	泪是泪眼婆娑的形象，目有水为眼泪。眼泪在汉代以前叫涕，由于涕又引申出鼻涕，便另造了繁体字淚，戾为声旁。俗简作泪，会意。今以泪为正体。
		涕	涕	涕	怀表示以衣拭泪，或泪下沾巾，把胸前的衣服打湿。所以称胸怀。
怀	怀	怀	怀	怀	篆书坏从土不声，丕音，本义为只有一重的山，又指未烧的砖瓦、陶器。隶变后楷书作坏。今用作坏的简化字。坏本义为破败、衰败，宋元时期俗写作坏。因此，未烧的砖瓦、陶器便借坏字表示。
坏	坏	坏	坏	坏	怀、坏今都是简化字，鳏字还保留泪字的原始、本来面貌。鳏，音观，本义是一种大鱼，即鳡鱼，由于这种鱼性喜独行，故借用表示男子无妻。老而无妻为鳏，老而无夫为寡。鳏又引申为无妻或丧妻的人。
鳏	鳏	鳏	鳏	鳏	
直	直	直	直	直	上十下目，会意闭住一眼，瞄准直对之义。德、聽右上也是直字。构字如值、植、殖、置、德等。

				见	上目下儿（人）。突出大眼睛的人形，会意人在用眼看。简化字源于草书见字。常说视而不见、听而不闻。见、闻表示看见、听见，重结果，视、听表示注视、倾听，重过程，不一定看见、听见。
				视	甲文既是用目看示的会意字，也是形声字。金文以氐作声旁。篆隶规范为示见合体。《说文》解为瞻也，是观看、观察之义。
				艮	上目下反人，扭头回视之人眼白显现。背对倒行以及脚跟义。一说为人眼圆张、怒目如刀匕，表示很大、愤恨、恶狠狠之义。艮是狠、很、恨的初文，甲文同一字。后借作八卦之一，指代山，并表示时辰（相当于凌晨1～3点）。篆书加形旁心、犬、彳区别开来。退字中艮在篆书中是目止合文，注意区别。
				臣	甲金文均是竖目之形，因为下跪俯首时，人的眼睛呈竖形，以此表示臣服，指代古时的奴仆，又指战俘和君王手下的民众、官吏。篆隶有所变形。
				眉	眉字甲文像人眼上有眉毛的形状。
				媚	女子之美最传神为眼睛、眉毛。眉目传情，显示女性的妩媚。媚字就是强调女子的眉目。
				民	民从十从目，会意见到主人不敢直视、低头看地的被统治者。 目亡为盲，有成语问道于盲。人站在地上望月亮，即是望字。
				口	口字甲文为嘴的象形。一人一口故作为人的计数单位，如人口、三口之家。吕为两圆圈，表示同声合音，与一律的律同音。注意吕字两口在甲金文写法。
				吕	品字历来字形变化不大。古代祭祀时以用容器的多少来表示被祭人的地位。故后来的官爵俸禄也分若干品，对人也有九品中正制。还有诗品、画品等。《说文》解为众庶也，指众多。古代有以三为多的概念习惯。《道德经》说道生一，一生二，二生三，三生万物。现在以品表示小口吃，即品尝。
				品	

				哭	笑字在《六书通》为𥬇笑，篆为㖠，而丧字篆书𠷔𡂡是上哭下亡。金文则是桑口亡，桑为声旁。 哭字则以犬的低声惨叫表丧家之犬的哀叫。
				器	狗的四面叫嚣、临阵不退，表示好狗成器，一犬对四口的撕咬表示噩耗或噩运。
				嚣	嚣，一脸对四口，众对一的叫喊或一对四的嚣叫。
				古	我爷爷的爷爷的爷爷告诉我：从前有座山，山上有座庙，庙里有个老和尚。老和尚对小和尚说，从前有座山……代代相传，口口相传，经过十代人口口相传，当然是很古老了。古即是十口会意。
				苦	与甜相反的味道。古玺文和篆书上是表示草本植物的草头，下边是十口组成的古字，合起来会意很多口尝过草的味道，古也用作声符。
				合	上为倒口下为正口，两口相合示亲密无间。一说像器皿上有盖子，表示器盖相合之意，也是盒的初文。
				给	将两根丝线合起来就给。表示给予。
				含	上为倒口，下为口。我认为下部可能为古字，演变中古断开，形成上今下口。表示口中含物。《说文》解为今声。成为形声字。含、贪、念上部变形相同。
			後	后	后在古代为两个字，司与后相同但方向相反，指皇后、帝王。表示时间先后、空间前后、子孙后代则用後（参见後）。司是后的左右翻转，表示按照后这个管理者的要求负责具体事务的人。如司马、司南、司机。
				司	
				甘	古今字形相同，只是隶书拉长上面一横。都是在口中含有一物的形状，表示甘美之物只有吃入口中才能品尝出来。指美味，又特指甜味。作声旁如苷、泔、柑、某等。

				舌	甲文像舌头从口中伸出的形状，旁边两小点表示唾液外溅。移动舌头代表说话，如舌战、张口结舌。
				害	上为房屋形象，下是舌中间增添一横表示割掉。以割舌会意有害。 目表示眼睛，害表示伤害。瞎表示眼睛受到伤害而失明。本义是一目失明，后指目盲。
				音	尖锐之物刺入的突然叫声，表示呻吟发出声音。
				章	人们介绍姓名时，说弓长张或立早章，其实章应是音十合成。古代音乐十节为一章。章表示乐章，也表示文章、篇章。
		戠	戠	《说文》解为常见，一曰知也。就是经常见到，一说便知。最初指族徽、族旗等标识。后泛指各种标识。甲金文是戈下有一言或音字，从言表示兵器上的字款，如某某专用、某某制作。从音表示作战时击鼓鸣金的声音，以便区分敌我进退。篆书将言音戈同收，成为言形戠（zhí）声的形声字。隶书基本改为横画，变形较大。现在简化为识字。
		識	识		
			言	言	像说话时舌头从口中伸出之形。一说像倒置的铃形，因为古代酋长聚众时先摇铃，众人的生死全在酋长一张口，所以甲文有将舌写作辛字。金篆都是口出尖刀（辛）的形状。
			曰	曰	指事字。口上加一横画，表示有声音从口中发出。需要注意的是隶楷书写时，日和曰相似。日修长，曰方正。
			昌	昌	本义是提倡的"倡"和表示大声高呼的"唱"。金文是手持铃的形状，古时酋长发布命令或宣告时，先要摇铃聚众。向众人宣言必高声说话，故大声高呼也称唱。有的金文将下部铃形写作曰，上边的手变成曰。曰是旦的初文，旦是日出，表示朝气、昌盛。加曰表示说出的话是美好的，因此对好的提议和意见称倡议。篆隶沿用此形。也有解作表示在阳光下说话，不是窃窃私语。

			欠	欠	口是张口向上的形象，口也有向下、向左，向右。合、含、贪、念上部都是张口向下之形。既的右部为口向右之形。欠炊饮则是口向左之形。
			飲	饮	饮即喝。甲文左为酒坛，右是张口吐舌手捧酒坛的人形。金文写法较多，完整的是省略舌头，增加声旁今字，右为张开口的人形。隶书则将左边改为食字，成为今文。
			次	次	次《说文》解为不前不精也，即居于后面，第二位，不精细，粗糙。字形像人张大口唾液飞溅的样子，有人认为是訾和恣义，即如泼妇骂街、唾沫横飞、粗言秽语、恶语伤人之形。后借用为表示不前不精。
			旣	既	旣，背对食具张口，表示不想吃或打嗝，会意已经吃饱。构字暨、慨、概、溉。
		愛	爱		会意字。金文上为旡，像张口打嗝或说话的人形，下边为人怀中有心字。表示仁爱之心。篆书在下边加了一个夂，表示脚、走、行动之义。表示有爱心还有实际行动。隶书逐渐将上部变化为爪，中变化为冖，现简化字去掉心，成为爱。
			自		甲文是一只鼻子象形，原是鼻的初文。现在一般人都还有以手指鼻代表自己的习惯。自借作自己、自然之意后，以自加声旁畀为鼻表示鼻子。
			鼻	鼻	割掉鼻子，即劓刑。行刑用刀，也用辛，自辛为皐，是罪的本字。秦始皇统一六国，自号始皇帝，认为皐字与皇字皇形似，故改为罪字。
		臭	臭	臭	臭上边是自，表示鼻子，下边为犬，因为狗鼻子嗅觉最灵敏，现代警犬还是靠鼻子。故犬鼻会意嗅，本义是用鼻子闻气味。今表示闻气味用嗅，表示很臭的气味，用臭。
			耳	耳	甲金文是一个耳朵象形，篆书之后渐失其形。
			取	取	古代打仗或打猎以取左耳为凭，甲文即胜利者手持一耳的形象。《周礼》：大兽公之，小禽私之，获者取左耳。

			聞	闻	甲文闻字无门字旁，是一个人用耳听声音的形状。秦前后加了门旁，作声符，表听到、听清。听则指动作。如英语的listen与hear。
			聽	听	听，甲文用口代表声音，为耳所闻。表示以耳听声。篆文繁多，以壬作声旁。简化字从口斤声。听强调动作，不一定听见。构字廳，今简化为厅。 聖听声三字同源。从口表示张口说话，从耳表示人竖起耳朵听，听见的东西就是声。善用耳听者就是聖。今简化为圣。
			聖	圣	圣字从土从又，以手捧土之形。圣为古代方言字，义同掘，乃墾之初文。宋元后聖俗体为圣。甲文二（从二手）为圣之繁文。
			聶 六	聂	相互贴着耳朵低声说话是聂。嗫的本字。聂作声旁构字如镊、摄。
			手	手	金篆文都像伸出五指的手形。在左作偏旁为提手，如持、握、抱。
			拜	拜	最初是对农业丰收的祈祷。甲文与"奏"同源，为两手间一代表农作物的草木形符号，表示两手合拢对其礼拜。后农作物省略，隶书为两只手，并在右边手上加一横作指事符号，表示两手合拢（合而为一）即是拜。
			看 六	看	看电影或电视中孙悟空的常用动作：手放目上遮强光，举目四看。今天我们在强光下旅游观光也常做这个动作，后来发明鸭舌帽，即取代了手的作用。
			求	求	上为手，下为手臂，臂上有毛。有人解读为手从裘服穿出来，是求省衣的后起字。类似后起字如卸源于御，另源于别。
			救	救	《说文》解为止，表示阻止危险，进行救援。金文右边是手持武器或工具做打击状的攴，左边是以毛皮表示被打死的兽类求。因此可理解为打死野兽救人的会意字。篆隶沿用。可作为求声的形声字。

			術	术	術的简化字和本字。甲金文中间是一只手，两侧是运动线，会意术是一种手的运动。后加表示动作的行成術，指技术、巫术、武术等。
			左	左	甲文是人的左手形状，本义是左手，又借用为左右的左和辅佐的左。金文手下加"工"表示执工相助，加言表示以言心相辅佐的意思。
			厷	厷	臂膀肌肉丰满，引申为大，有力。如房屋出檐广大为宏，鸟有力的脚爪为雄。
			右	右	甲文像人的右手形，引申为左右的右，或加示作为保佑的佑，也借作表示再一次的又，金文右下之口既表示嘴，也表示一种器具。后引申为方位词。
			若	若	若在甲文是人以手梳理头发的形象。构字如诺、若、匿。若木为传说中的神木，金文若木合一就是桑字形。金乌栖息于若木，即扶桑树上。
			又	又	右手的简化象形字。以三指代表五指，与现代的卡通漫画相似。在卜辞中既表示左右的右，也表示有无的有。金文收笔处出现肥笔发展出隶书的捺。 又在简化字中是万能的简化符号，如鸡、凤、双。
			友	友	甲金文均为并列相同形状的两手，每人的两手相反所以非一人。表示两人手相并为友。朋友之意。古代同一师门为朋，同志为友。
				有	古代物质条件较差，经常家徒四壁，两手空空。如果手有一块肉，就是有字，表示富有、拥有。金文篆隶字形变异，上有手，下为肉，表示有肉吃，也是富有。同时还表示手提肉赠送人，即侑。两块肉就是多。
			叉	叉	像用手指叉物之形。小点是叉在手中的东西。叉也指手指交错，还指歧头的器具或兵器，如木杈、三叉戟。
			父	父	尊称老年男子，三声，通甫，家中称家长祖父读轻声。现用以指男性长辈，如父亲、伯父，读四声。均为手持权杖或棍棒表示权威。一说为手持石斧。（参见斧）

			斧	斧	形声字，下形上声。父为手持石斧形。斧是部落里为首的成年男子用来分配猎物的工具，随着阶段的产生，王便以大型钺斧做权力的标志，普通的斧便成了家长的象征。
			爹	爹	会意字。上为父，是手拿石斧或权杖之形，下为多，表示手拿石斧做工的大多是成年男子，表示父亲大多从事体力劳动。本义是父亲，现也用于称呼父亲的兄弟。
			及	及	甲金篆书上边均是人形，下边是手形，表示前边的人被后边的人用手抓住。有的金文还增加了彳和止，以表示行动。隶楷变形较大。
			急	急	及下加心为急。彐无穿插时中间横不出头，如雪、扫、慧等，有则出头如尹、群、律。
			段	段	初文是段。金文左上是山崖，右边是一上一下两只手，会意凭借山崖攀援而上。篆隶规范后变形。本义是凭借山崖攀援，引申为凭借、借助。后段只作偏旁，加人旁表示假借之意。作声旁还有遐、霞等。
			假	假	
			叟	叟	本义为搜。甲篆上部均是房屋形，下部是手持火炬形。会意举火照明在屋内搜索。借指老年男人，与媪相对。
			寸	寸	金文像一只手，腕下一寸长的地方叫寸口，即中医诊脉处，加一点作为指事符号，表示此处为寸。从寸字与手的动作有关，如封、射、对。
			守	守	本指官吏的职守，如守卫、太守。上是宫室房屋形状，里边是手或寸。寸也表示规矩和法度，与宀组合成的守字正可会意宫内执法人。

				付	授予，交给（对方）。金文篆书左边是一站立的人，右边一只伸出的手或寸，正是付物予人之形。后期金文加表示敞口房屋形的广和表示财物的贝，成官府的府。也可会意民众向官府交纳财物。篆书省去贝，成从广付声的形声字。
			史	史	甲文史、吏、使、事是同一字。象手持工具、武器或仪仗形，会意用其去做某种事务。后分化，《说文》解为：事，职也；使，令也；史，记事者也；吏，治人者也。
			吏	吏	
			使	使	
			禹	禹	禹是夏朝第一个王——夏启的父亲，大禹治水的故事在中国家喻户晓。禹字由一只手臂抓住一条蛇组成。《说文》解读为虫也，古人习惯对所有动物混称虫。如蛇为长虫，鱼虾为水虫，老虎为大虫。人类起源的神话中，无论东方还是西方，都有过洪水，都对蛇有爱有恨。圣经有蛇诱惑夏娃偷吃智慧果。中国有女娲造人，女娲就是人头蛇身。也、它等字也是蛇的象形。禹字也反映了古人类在与野兽拼搏中求生存的情形。
			支	支	枝的初文。历来字根未变。上为树枝（竹叶）之形，只是隶楷变曲为直，改成十字。下部为手形，后变成又字。以手持树枝，表示树枝，分支，延伸为把东西支撑起来，故有支持、支援之义。后加木旁表示树枝。
			殳	殳	殳、支都是手持物的形象。役，甲文是一只手执一槌状物打一个侧身的人形，因为古时服役多是被压迫，以此指代服役，如戍守边疆。篆书将人形写作彳，手持槌形写作殳，合为役。
			役	役	
			般	般	本义是旋转，引申为盘桓、徘徊、周旋。左为陶盘，是皿右转九十度的形象，即凡字。右为手持工具之形。以制作陶盘时的旋转工艺会意旋转。篆隶因陶盘与舟相似，故混淆为舟。或说般为舟在水中S形前进。

![甲文]		![篆] 六	攴	攴	攴是手持物的形象。敲字是以手敲打乐器（钟）的形象，左边原为壳（甲文为南），指钟等乐器的外壳。后改为形声字，用声旁高代替壳（参见乐器章壳字部）。贾岛"僧敲月下门"的故事，就是推敲的由来。
		![篆]	敲	敲	
![甲文]	![金文]	![篆]	敢	敢	《说文》解为进取，即有胆量，勇于进取。甲文像手持干打到豕的形状。或将干变成毕，省去一只手。后来武器讹变，误将毕改为口、曰、日。金文豕为倒形，即由 ![符] 简化变形为 ![符]，单则变形为口、曰、日，会意以手捉豕，表示勇敢之义。《说文》变形从冖从又，古声。《说文》古文将手和武器改为攴或殳，豕则变形较大。籀文上部实际上是豕的变形。月是声符日的变形。总之，篆隶规范笔画，但变形太大，除手外，已看不出原义。甲骨文最形象。
![改甲]	![改金]	![改篆]	改	改	俗话说"黄荆棍出好人"，改字左为小孩之形（巳），右为手持棍棒之形，表示棒打小孩使其改正。教、孝、学、改几个字可以看出古代教育思想。
![效甲]	![效金]	![效篆]	效	效	甲金文左边矢字是一只箭，右边的攴字是一只手持工具，表示用工具验校箭的长短曲直，使其与标准物相同。效就是校正、仿效之义。属形声兼会意字。篆书将矢字变形近似交字，隶书变矢为交。
![政甲]	![政金]	![政篆]	政	政	老子曰：上善若水……政善治。政即是治理国事，使之方向正确。《说文》解政为正。右边是手持棍棒或武器，指挥、引导左部的人足走向一个方向或目标。会意字，古今变形不大。
![枚甲]	![枚金]	![枚篆]	枚	枚	本指一根能做马鞭、武器或拐杖的粗树枝。甲文左为树木，右为手持树杈形状，表示用手从树上劈下一段可用的树枝，也表示所取树枝用作击打的武器。金文将手持之物变成刀、戈或戟类兵器，既印证了甲文折木为兵的字义，也反映了生产力的提高、兵器的进步。篆隶将手持兵器变为攴或攵。
![争甲]	![争篆]		争	争	古今字根均是两个手争一物，表示争夺、争斗、竞争。只是两个手的变形有差别。甲文两手相同，方向相反，一上一下两只手争夺中间一个代表物品的斜横。此时，争、爰、孚是同一字，后来篆书分开。金篆隶上手变形为爪。

		事	事	事	甲文事、史、吏、使是同一字。象手持树杈制的工具、武器或仪仗之形。会意用其去做某种事务。篆书分别成字。史是记录的人，吏是管理人员，使是发令的人，事是职务。
		捷	捷	捷	本字为疌，篆书从屮（草）、又（手）、止（脚），表示栽种庄稼或拔草手脚麻利。会意兼形声。引申为动作敏捷。疌现专作偏旁，另加手旁，表示动作。
		逮	逮	逮	金文和篆隶都是一只手抓住一条动物的大尾巴，以此表示逮住了动物。辵表示行动。说明逮是通过手的行动完成的。此处的隶与手握毛笔的隶不同，要特别注意。
		伊	伊	伊	伊是殷商开国重臣伊尹。甲文写作手执笔或权杖的形状，表示制定和行使法令的人，此即尹字。加人表示人名和人的行为。金篆隶字根相同。
		君	君	君	古今结构相同。上为一手持笔，即尹字，表示制定政策的人；下为口，表示能说话算数的人。会意统治者，专指帝王。
		盡	盡	尽	甲金文像手持帚在洗刷器皿，表现食具中的食物吃光了，这也是尽的本义。篆隶楷将帚改为火字或四点，变形较大。简化字源于草书。另一说认为是盆中燃烧物品后，手持棍棒拨弄灰烬。
		尤	尤	尤	甲金文都是手臂形，臂上加一斜画，表示手臂长了疙瘩或者疮等隆起物。篆书加肉字成肬。隶书将隆起物从手臂上分离出来写作一点，失去象形。
		旭	旭	旭	篆书纵势，隶书横势。所以隶变时将九的弯钩加长成半包围结构。类似变形还如魁、魅、彪、建、道、赵等。
		丑	丑	丑	甲金象手指弯曲形，金文有的在手指间加指事符，表示手指的动作。篆在指间加一竖，表示手指握在一起而扭曲。隶书形似，但将表示手腕的斜笔变平而变形。加手旁作扭，借用为地支第二位丑。假借为戏剧用字，称丑角。但丑陋的丑（醜）与此字古代不同，简化字相同。
		爪	爪	爪叉	爪的本义是手爪，甲文与又一样都是手的象形，后引申为人指甲或动物的爪子。金文突出指端指甲，当是《说文》叉之所本。按戴侗之说，爪与叉互通。从爪一般写在字的上方，如采、受、舀。

				采	古今字形变化不大，上为手，下为木，用手爪在树木上摘取果实或叶子，表示采集、摘取之义。古同彩字，后加彡成专用。
				孚	通俘。又指孵化。甲金篆书上为爪，作俘时表示抓，作孵时表示爪。下为子，作俘时表示被抓之人，作孵时表示孵化的蛋，即鸟之子。隶书变平直。后加卵表示孵化。甲文有字下为圆圈，应是指蛋。
				俘	擒拿俘虏。甲文是手捉一幼儿之形，右为动作符号彳，后讹变为人旁。金文直接作孚，用爪抓子会意俘获。篆书将甲文的彳讹变为亻，表示俘虏是人的行为。甲金孚与俘相同，篆隶分化。
			寽	寽	捋的本字。甲骨文像下边一只手抓住一根棍子，另一只手滑动抹取，就像擦拭一样，表示捋取。金文有将棍子写作一点的，有学者解读为棍子的横截面。篆书将下部又改为寸，隶楷承之。今不单用，只作偏旁，用五指捋取之义便加义符手写作捋表示。构字时作声符兼表意如酹。苏东坡《念奴娇·赤壁怀古》："人生如梦，一尊还酹江月。"
			捋	捋	
				妥	绥的初文。甲金文均是一人大手按压一个跪着的女人。强压下的女人自然容易妥协，也可理解为用手安抚女人。《说文》解妥为安也。篆书加丝，表示用绳捆绑，比只用手按更加稳妥，更安全。借指上车时挽手的绳子，以使身体平稳安全。因此，两字独立。隶书是几个字根的变形。
				绥	初文是妥，后加丝旁，表示用绳子捆绑，比只用手按更加稳妥、安全。借指上车时挽手的绳子。《论语·乡党》："升车，必正立执绥。"（参见妥）
				爰	同援。本义是牵引。字形都是一只手持物牵引另一人手。甲文中介物为拉杆，金文有将中介物写作大人形。篆书将中介物规范为两横一撇，旁边增加手形，成援字。隶楷同。一说篆隶楷两只手的中介物为干。表示树干等不易折断之物。

300

			受	受	与授同义。古代称"男女授受不亲"，授为给予，受为接受。受字甲文像两只手受授一方盘（一说是舟，所以金文或写作舟）。金文字形为两手交接物品形。篆书交接物变形较大，同时另加手字成授字。隶书沿袭，两字独立。
			印	印	会意字。甲金篆上为手，下为跪着的人。隶书变为左右结构。表示用手按抑一个人，使之跪下。本义是按抑。因为盖印章要按抑，故引申为图章。
			白	白	象形字，或象水滴，或象大米，或象日只有顶部露出，太阳没有完全下山，还是白天。我认为源于人的手指甲。甲文、部分金文中白、伯同一字，篆书分开。《说文》解伯为长也，白为西方色也。隶书沿用。 樂字中间为指甲，表示以指甲弹琴。
			伯	伯	参见白字。甲文与部分金文中与白同字。象形。或说象拇指形，因居十指之首，故为伯仲之伯。为区别白字，金文加人字，则成形声字。
			百	百	上一下白，为一白合文。甲文一至三百分别在白字上加一、二、三横，同时，在白字中横上方加一个折角线，以区别白字。有人认为像老年男性口部的一圈白胡须，数量在百根左右。
			鬥	斗	会意，甲像两人相对正做徒手搏击，楷书也有多种写法。简化汉字后以容量器斗代替，两字合一。所以写繁体时务必分辨。
			朕	朕	本义是制船。后借指船缝，借用为代词，自称。秦代以前，无论尊卑，皆自称朕。秦灭六国后，成为皇帝自称。作声旁构字如滕、腾。
			焕	奂	奂字在甲文中未见，金文上为房屋之形，下为双手，中为人丙。隶楷变形较大。今规范字最后一捺为长捺，而过去书法家均写作一点或反捺，这是雁不双飞、突出主笔的审美要求。奂会意建造高大敞亮的房屋。引申为文采鲜明。如美轮美奂。奂构字换、唤、涣、焕、痪。
			唤	唤	有学者认为奂字中间是两乳之形，是一个新思路。

				寒	寒冷。《说文》解为冻也。金文篆书上为房屋，内为人卷曲在乱草中间，下部表示冰。隶书变形较大。类似变形还有展、塞等。
				塞	《说文》解为隔，即堵塞、隔离。字形上为房屋形状。下边甲金篆书均是双手之形，中间整齐码放烧制的陶件。由此会意塞是向烧窑中填塞陶坯。篆书下面增加土字，进一步强化用土堵塞。隶书将双手简化为大字形，将工字的短横连写为一体，成为今文。
				奏	甲金文与拜字同源。都是双手捧物的形状，会意双手敬献。篆书将双手和进献物改作草木表和本，象双手捧本上奏之形。隶书变形较大。
				算	《说文》算即数也。古时以竹片或小木条做筹码，用手来回摆弄计算数字。故篆书上为竹，代表竹片，下为手，表示双手摆弄。中间是目表示数目和用眼睛看。算与筹同，筹上为竹片，下为摆弄，字义明白。
				弄	金文双手玩弄着玉器。本义是玩，引申为玩弄、侮弄、摆弄。
				彝	甲文是双手捧着鸡的情景，表示捧鸡献祭。如今农村上供用的祭鸡仍是将两翅交叉插于翅弯处或用绳子交叉束于背上。金文上为双翅折在背后而大张嘴的鸟，左为血滴右为系绳，表示把鸟禽之血滴落彝器之中献祭祖先。本义是捧鸡献祭，引申为祭器总称。祭器是祭祀必用之物，故引申为法度、常理。今主要指我国少数民族彝族，分布在四川凉山、云贵桂等山地。
				拼	《说文》无此字。马王堆帛书左扌右为井。楷书从扌从并，并为声旁兼表意。本义为缀合、并合在一起。又借作拌、抃，注意：豁出去、舍弃的意思本由拌表示，后由抃表示，读盼，后来舍弃义的抃改读拼，字形也改用拼合的拼来表示。所以抃现在没有拼这一读音，其表示豁出去之义也只保留在某些方言中。

			共	共	甲为两手捧着一种器具，本义为共同，后又与环抑的拱相通。
			兵	兵	甲文为双手持斧斤的形象，兵本义为兵器，引申为战士、军队、武装力量，引申为战争。兵省形成乒、乓。文字演变中，运用字根的组合、增加指事符号等加法为用，但也有减法，简化字是典型，同时，由御到卸、别到另，也是减法。
			興	兴	"兴"与"同"同源。甲文从凡，从舁(四手共举)，以四手抬物，表示多手共举一件器物。或加口，表示统一口令，一起用力。本义为起，引申为举，发动、兴建、兴盛、兴趣，表同心协力。
			釁	衅	《说文》无此字。楷书从血从半，会意字。古代新制器物完成，要杀牲以祭，并将牲血抹在缝隙之处，犹如沐浴并涂抹香料一般，取其吉利之意。是釁的后起分化字。
			輿	舆	甲文是手抬"東"形，会意抬起之意。古代的舆与后来的轿子相似，没有轮子，靠人抬。后来出现了有轮的车，轮子上边载物或坐人的车厢仍然叫舆。篆文将"東"形变为"車"并整齐化。今从车简化。舆本义是抬、扛，引申为轮子、车厢，泛指车子。舆由众人抬，故引申为众、多、众人，如舆论。
			與與	与	金文复杂，外围是四只手，中间上部是牙，下部是口。会意在统一口令下，携手紧握像牙齿咬紧一样。篆书将牙字变形为与，省去一口。隶变为與，篆书另有与，《说文》视为另一字，实为简体与字。今规范统一为与。本义为党与，即多人，引申为给予。构字屿。
			爨爨	爨	篆书上边是两手将锅放在灶台上，下边是双手持木放在火上，即添柴加薪之意。表示烧火做饭。引申泛指烧、煮，也指烧火做饭的人。从事书法的人熟悉此字，因为《爨宝子碑》《爨龙颜碑》。两碑皆在云南。爨就是居住在云南东部地区的一个古民族。魏晋南北朝时由原统治集团爨氏演变而成，明朝后则专指罗罗（彝族的旧称）。民间有时写作串，如串戏、串台。

				足	下止为趾的初文，上口为何各说不一。甲文正足形态相同。
				疋	疋指腿脚。甲文上部是腿，下边是脚掌和脚趾，是腿脚的形状，象形字。篆书将腿弱化，变成一个不封口的圆形。隶书上面变为乛，成为今文，随着足字地位的巩固和通行，疋义逐渐转移，多用作部首。
				胥	胥表示小腿上的肌肉，引申为奔走繁忙。构字婿。
				疑	甲文像一人拄杖左右张望，不知方向。有的甲文还加一个丁字表示行走和路口，更增强了迷路的疑惑感。金文又增加了牛和止，表示放牛走迷了路。篆隶变形较大。尤其是将张望的人断开，变为了匕和矢，失掉了原来的形义。
				是	甲文上边是日，下边是两止。会意红日当头，直射而下，人影仅剩双脚，表示正中、正午、直对。金文逐渐将两止简为一个。篆隶定形。
				止	人的脚趾形简化，也是趾的古字，指脚。后专作停止意义后才另造一个趾字。止常表现足趾的行动如武、步等。
				企	本是踮起脚远望。会意字（《说文》作形声，不确）。上为人，下为止，突出脚的作用，以便踮脚远望。此义后来用形声字跂表示，企则转化为抽象意义的希望。荀子《劝学》："吾尝终日而思矣，不如须臾之所学也。吾尝跂而望矣，不如登高之博见也"。跂踮字正是踮起脚远望之义。
				前	甲文是形声字。由行、止、凡三字组成，凡为声旁，行止表示人在路上行走。凡字在金文和篆书中改作舟，可能是逆水行舟，不进则退之义，表示前进。隶书变形，将止简化为两点一横，将舟简化为月，增加立刀，成为今文。前指前进、前方，表示动作和方位。
				剪	剪篆书与现在的前相同，因为前加立刀后，剪再增加刀字。表示剪刀或用刀剪。

			步	步	甲文左右两只足趾，一前一后向前走。金文有加行字（表示道路）的，表示人在路上走。步还是长度单位，西周四百八十步一里，后来五百步一里。
			涉	涉	甲文像两足在河旁，表示人步行过河，金文加水，强调了河。本义为徒步渡水，引申为渡水、行走、经过。
			瀕	濒	金文左为水，表示河边；右边是一个突出眼睛的大头人形（即页字，表示用眼看到了水）；中间是上下两只脚，即步字。水和步合成涉，会意人到了河边要涉水过河。此字有三义。一是行人遇水而愁，濒字去掉水，加卑字成矉，即皱眉。二是临近河边而称作滨。三是遇河难渡而沿岸徘徊。濒字省掉水是频，即人频繁来回走动。篆书将水横置于两足之间。隶书将水改为三点水，两足成步，人形作页，跳出象形而成今文。
			岁	岁	岁由古代兵器钺演变而来。借指岁星名，即木星。因为十二月运动一周，故称一年为一岁。甲文或写作斧形兵器形状，或上下各加一止表示岁月在运行、行走。金文篆隶保留了戌和步字根。书法家要特别注意繁体字岁上为止，不是山。山是止的讹变。由于积非成是，约定俗成，简化字岁用山字头。
			時	时	时间，时辰，季节之义。甲金文上为止，下为日，表示时间在走动。篆书加寸字代表计量。说明时是有量的。隶变止为土成今文。
			等	等	手持竹棍使之齐整，拟音。是竹简制作的最后一道程序。削竹为简，然后书写，汇编成册，用绳子编时等齐，放在几上为典。

			市	市	古时常用两个词：即乡野村夫和市井小人，一指乡下人，一指城里人。市就是集中进行交易的场所，市场、集市之义。甲金文由呼的省文和止组成，起源于串走叫卖。也表示集市上人来人往。篆书从止、门、人，会意人从店铺门口进进出出。隶书省略较大，基本变形。
				正	古文与足相近，上为口，下为止。但要注意，此处的口应为口，是方框之形，不是口字。会意直对着城邑进发，是征的本字。金文将城邑填实，篆文将城邑变为一横。隶变后为正。构字征、政、整。 正本义为直对城邑进发、远行、出征。由正对着引申指正直、符合标准方向、不偏斜。又指处在中间的，正中，如正殿、正房。
				征	征表示征伐，也表示远行。征还是徵的简化字，如魏征、文征明，其征字均由徵简化。徵从微壬声，表示行微而闻达，征召之义。
				徵	但是，徵读作zhǐ时不简化，是古代五声音阶"宫商角徵羽"的第四音，相当于简谱的"5"。
			之	之	甲金篆均是下边一横代表地，上边是一止字表示行动。会意从此地走出去。李白有诗《送孟浩然之广陵》，之就是出去的意思。金文篆书也像草木的枝长出地面，故有出生、生长、滋长之义。隶书变形较大，楷书从之，成为今文。
			先	先	甲文上部为人足形状，下为人形，原义为走在人前，引申为先后、向前。
			出	出	出是从里面到外面。甲文上部是表示足的行动符号"止"，下部为古人穴居的洞口"凵"，会意表示脚从洞口出去。篆书变形，洞口呈不规则形。隶楷成为两山重叠，更非原义。出去二字下部均是古人穴居的洞口"凵"，类似字还有凶、凹等。

屫	屩	屈	屈	屈身。远在旧石器时代，人类就有了羞耻感。早期的衣服只是遮蔽裆部，即后人所说的遮羞布，也是布字最早的来历。因无遮羞布而露出生殖器官会感到耻辱。屈字正是这一现象。金文篆书字形相似。上边是尾，下边是出。尾是古人挂在股后的装饰或遮挡物，是以禽兽皮毛裹体的遗风。《说文》解屈为无尾，就是说无遮羞物而露出阴毛。露出阴毛正是人身体弯曲时的形象。隶书省去尾之毛，成为尸出合体。
茾 六	處	處	处	《说文》解为止，表示坐在凳上，暂时停下来休息。金文像戴虎头面具的人坐在凳上的形状。此形表示位置，应是源于祭祀活动，表示人坐在神位上代表祖先接受祭祀。篆书有两字。一用夂（止的反写，表示脚）在几（凳）旁，会意在几上歇脚。二是在处字上面加虎头。既与金文相合，又可表声符。处为简化字，源于篆书。
夒 夒	寏	澴	复	右部为宁字，即死去的人的陵墓。复即为死去的人招魂，人在穴居进出。或说祖先从亚世界回来如做梦附身，与附、敷同音。
夒夒夒 疑	餞	陵	陵	甲骨文陵字应是刖字，锯子锯腿之形。根据甲骨文字典再查证，陵本是陵迟之义，表示锯脚。 夌字甲文上为六（庐的本字，表示草庐，后六字借用为数字，另造庐字表示此义），下为人，表示人从地下穴居的草庐登上来。金文另加夂，表示脚的运动。篆书省掉人形，只有六、夂。甲金篆都有加阜表示升登之义。隶变后楷书分化成两字。陵为正体，右部只作偏旁。从文字演变可知其表示脚部运动，从低到高。《说文》解读为越，从夌的字或表声，或兼表意，有突出、超过之义。构字棱、凌、菱。

			畯	畯	左边为田，古今同形。右边变化较大，甲骨文上为厶下为卩，或上为厶下为人（即允字），厶可理解为头上戴着高高的帽子。联系左边的田字，畯字可以理解为头戴高冠、跪坐在田边的人。商周时平民仅是束发或戴较低的盘形帽，遮阳蔽雨，不戴高冠。冠通官，肉食者之流。跪坐于田地，肯定不是锄禾耕种的农夫，而是在田边发号施令的人。可能因此由上厶下卩变化为上厶下人，成为允字。由此可以推测，畯字本义就是古代管理农田、监督农奴劳动的田官。金文中右边为允字。篆书中允字下边加夊，与企字的构成相似，表示踮起脚远望。与其他埋头做事的人相比，踮脚远望身形自然高于其他人，同时他的地位也高过他人，因此甲骨文中引申出高过于人之义，通峻，表示山势高耸；通俊，表示才高于人。此后，右部作为声旁兼表意。构字很多，均可从此义理解。
			降	降	会意字。甲金文左为右侧倒的山字（阝），右为上下结构，两个止，表示行走，且方向是向下，表示从山上下来。篆隶双脚变形。
			傑	杰	桀本指鸡或鸟站在树木上，后演化为人的两脚蹬在木上。桀也是夏时君主，最后一个帝王。后加人作傑，表示才智超群的人。傑简化为杰，桀未简化。
			乘	乘	甲文象人乘木之形，也有人将下部解为一个倒立的人，有的写法还像一个双手与头同时着地采用三角倒立法的人。一人倒立，另一人踩在其双脚上，有升、登、承载等义。篆书下变为木，还增加了双脚。隶书将双脚变化为北，将大和木合并为禾。
			韋	韦	字根无变化，中间是表示范围、疆域的圆圈（不是口），周围的止是脚，表示绕城护卫。为加强行走义，金文又增加了行字，表示巡逻四方。同时，在韦外边加口成围字。又因韦是几只脚在不同方向走动而表示违背之违。可以看出，韦、围、卫、违四字同出一源。
			登	登	攀登，即由下而上地升高。登在不同时期的字形字义有差别。甲文是双手捧着食物，双脚登阶向上敬献神祇的形状。金文多形，基本字根仍然具备。篆隶省去双手，仅存两止。《说文》解为上车也，象登车形，非初义。

手手	毛毛	毛	毛	毳（cuì）字金文是三毛，会意丛生的细毛。本义就是鸟兽身上的细绒毛。也泛指人表皮长的汗毛。又通橇（qiāo）。 橇，左形右声。古代一种泥路交通工具，如现代的雪橇。古人陆行载车，水行乘舟，泥行乘橇，山行则梮。 撬，会意兼形声。会意用手拨开细毛，本义为用棍棒、刀锥等工具拨开、挑起。又通翘，指一头翘起、举起。 耗字在《说文》篆书中为秏。楷书俗体变禾为耒即成耗。今以耗为正体。本义为一种稻类植物，后表示庄稼歉收，引申泛指亏损、消费。又表示音信、消息（多指不好的），如噩耗。 毯，形声兼会意。会意能给人温暖的毛席。		
稀	竞	競	兢	上为二玉下为二兄，以玉的抖动表人的战战兢兢。		
皆	皮	皮	皮	左为突出头部和肚子的兽体，右为手形，表示剥除下来的皮。又说手拿皮铲形象。皮铲是上古先民用以剥制兽皮的工具，金属制皮铲的形状，铲柄上还有一个穿指的环耳，右边是拿皮铲的手。 波为水之皮，坡为山之皮，滑就是水之骨了，冰为水之骨，冰上不滑吗？皮其实有不平之义，如水不平有波，山不平有坡，脚不平为跛，头不平为颇。 皮构字菠、婆、披、疲、彼、被、玻、破。		
夕	肉	肉	肉	甲金文像一块肉，篆书变形，隶书变得比甲金篆更为复杂，应是为了区别月字。篆书月和肉不同，要注意区别。肉中间两点连上边，不连下边。月则是中间一点两边不连，第二点两边都连接。		
胡	胡	胡	胡	胡原指牛脖子下的肉。牛喝水时脖子下的肉抖动，吞水发出古古之声，胡就是指这块肉。引申指人这个部位的肉，即颌下。胡子、胡须即是此处长的毛。因为胡人的狐臭或牧羊人的羊膻味，胡也指游牧民族。而冄则是两鬓垂下的鬓发。构字湖、糊、葫、蝴。		
肥	肥	肥	肥	篆书从肉从卩，会意人肌肉丰满。隶变右部变形，智永写作巴，后定形为巴。本义是人胖脂肪多，泛指丰、满、富等。		

	股	股	股	股	从肉从殳，会意挨板子的地方，就是人的屁股，或持棍打大腿以驱使。股指腿，即胯到膝盖的部分。
肖	肖	肖	肖	肖	从小从肉，会意剁肉时飞出的肉末、肉屑。借用为相似、相像后，用屑表示肉屑。构字消、硝、销、宵、削、梢、稍、悄、俏、峭、屑。
赵	赵	赵	赵	赵	赵从走肖音，指地名或人名。篆书为左右结构，隶书改为半包围结构。今简化字以万能简化符号乂代替肖。
	肴	肴	肴	肴	篆书上为爻，作声符，表示做熟的鱼肉等，如美酒佳肴。构字淆，混淆。
肙	肙	肙	肙	肙	肙本为象形字，篆书象一条屈曲蠕动的小肉虫形。上象头下象身。后来肙作偏旁，于是加虫旁组成蜎，构字捐、鹃、绢。
	绢	绢	绢	绢	绢从糸肙声。绢是麦青色的丝织品，引申为薄的丝织物、生丝织品，泛指丝织品。
胃	胃	胃	胃	胃	甲金文上部为胃的形象，下部加肉表示器官。是人和动物的消化器官。构字谓、猬。
脊	脊	脊	脊	脊	篆书上部为象形，是脊椎和肋骨的形象。下增加肉字表示器官。
散	散	散	散	散	金文一为手持酒器之形，左边是甲文罪形，右边攴是手持之义。金文三左边是披麻之形，右边攴表示以手剥麻，使之散开。篆书一将金文之形混合，将酒器写作肉字。篆书二承接金文三并整齐化，从甲文来看，传承有序。隶书沿袭篆书二形，俗作散，今作正体。本义指将肉块打成肉糜或将麻打成细丝，分开、分散。构字撒。
然	然	然	然	然	火炙肉后狗寻味而来自然而然。另外祭也是手持肉祭祀之义。
		燃	燃	燃	然被借用表示自然之义后，加火旁表示燃烧之义。
炙	炙	炙	炙	炙	上边是肉块，下边是火，十分形象地表现了火上烧烤肉食的情景。《说文》解炙为烤肉也，会意字。

𣇲	𣇲	多	多	多	多是数量大，与少相对。甲文像切好的两块肉，用一块又一块会意增多，二和三在甲文都可表示多的意思。金文篆隶字形基本未变。构字哆、移、侈、夥等。侈、移的读音变化，如同池、迤等。
		𦣻	夥	伙	夥篆书从多，果声。隶变后左右换位，是伙的同源字。本义为多，今规范化，除表示多这一本义和用作叹词外，其他引申义皆由伙来表示。 伙是后起字，是火的加旁分化字，本义是军营中同炊煮饭的那个人或饭食。如伙夫、伙食、伙伴。
			夠	够	《说文》无，楷书从多，句声，异体字左右互换位置。本义为多，引申指数量可以满足一定的限度。
		𣴎	滑	滑	王安石曾写一本书叫《字说》，他主要是运用象形和会意两法解字，所以有些字解起来就怡笑大方。前面讲到麤与粗，还有一个本字。苏东坡问他波字何解，王安石说水之皮也。苏东坡就说，那么滑就是水之骨也。于是众人大笑。其实滑乃水之骨也不无道理。水之骨即是冰，冰上即滑。所以滑为水之骨也。
		體	體	体	篆书从骨，豊声。今简化借体来表示。作为体的本字，本义是粗劣、愚笨，此义后用笨表示。體字本义是人或动物全身的总称。引申为事物的形状、形态、本身或整体、主要部分、根本。
𣏚 金	𠕁	𠕁	肎肯	肯	剮，以刀剔除棒骨上的肉。骨、咼、另三字相互联系。骨字上为骨头，下为骨头上附着的肉。咼字上为骨头，下为半边肉，即残缺的肉，表示骨头上的肉已被剮除一部分。别字上的另字则肉更少了，表示骨肉分离。还有一字肯，上部分的骨头没有了，只有下部的肉。表示啃骨头就是啃下骨头上的肉。此外，娲字也可联系到女娲与夏娃。夏娃是用男人的肋骨即残缺的骨头做的，而娲字正可表示为女人，残缺的骨头，即残缺骨头做的女人。看来东西方人类的女性祖先都是用残缺骨头做成的。
			咼	咼	
𠬝		剮	剮	剮	
𠬝	𢀒	𠠟	别	别	
𠙴	𥚠	禍	𥚠	祸	灾难。甲文都是在占卜用的牛胛骨上出现卜文的形状，表示预测到有祸降临。金文左边是与祭祀活动有关的示字，右边是骨，仍是以卜骨问祸之义。篆隶沿袭金文。

过甲	過	過	过	呙构字还有锅、娲、过、窝、涡、蜗等。 过字金文中是内里有口相通的骨腔。篆书为形声字。今简化。锅、娲的呙应是从鬲变形而来，鬲就是煮饭的锅。	
	另	另	另	别字省掉刀为另，是利用减法造字的典型。别是用刀使骨肉分离，另就是指分开的一部分，单、独。如另外。	
		拐	拐	拐，从另从手，表示棒骨从肉块上扭折支出为手拐，又指支出把手的拐杖。	
歹甲		歺	歹	古今字形相近，本为歺，隶变为歹，均像有裂缝、残缺不全的骨头形状。这种情况对人对动物都表示死亡，所以歹有恶、坏、死等义。从歹的字多与死有关。如死、残、殃、歼、殓、殄等。歺构字如粲、燦、餐、熸、蜃等。	
葬甲	死甲	肌	死	死甲文为一人垂首跪着，右为朽骨。像人在尸骨旁祭拜，表示死亡。金文从歹匕声，字形为篆隶楷沿袭。	
		斃	毙	篆书上部为敝，今简化为比，形声字。在先秦古书中还有"獘"字，在流传中往往被改成斃。	
葬甲		葬	葬	会意字，藏也，掩埋尸体。甲文多种写法，基本字根是人在口中，表示人去世后放在坑或棺木中。另上加草头，或下加双手，或左右改为小点表示尘土，会意埋葬。篆隶将人在棺中变形为死字。并将上草头下双手都组合起来，表示用双手将死人葬入草丛中。	
列六		列	列	古文或篆书从刀，会意以刀分解。俗写作列，今为规范字。本义是分解，引申为行列、排列。构字例、咧。	
粲六		粲	粲	粲，形声字。也可会意把有壳的谷物去壳或炒煮使之成死物。构字燦，简化为灿。	
心甲	心	心	心	甲为心脏轮廓形象，金文无变化。篆文心字拉长，位于左边作偏旁时变成竖心。隶楷简化为忄。隶书强调横势，最末一笔演变为卧钩。在恭、忝下部变形为变心底。	
	態	態	态	狗熊的直立憨态表示心态姿态，简化为形声字，以太代替能。	
念甲	念	念	念	上边的今字为倒口形状，类似字有合、贪、含。表示一人自言自语，因思念而诉说不断。	

312

			恭 龔	恭 龔	恭，甲文是双手（共）捧龙之形，表示向龙祭拜。此时为龚字。楚帛书省去龙形，下加心字，表示内心恭敬。为下形上声字。篆书分为龚、恭两字。
			牡	牡	在甲金文中，雄性动物在动物的形象上增加士字，雌性动物则增加匕字。因此，士与匕成为雄雌的区别符号。牡字现从士从牛，但在甲文中，动物形象有牛有羊有犬有鹿，篆书统一为牛，因为牛比较常见。《道德经》："含德之厚，比于赤子。骨弱筋柔而握固。未知牝牡之合而朘（zuī）作，精之至也。"
			壮	壮	士还构字如壮、庄。壮是形声字，爿为声旁，构字如牂、戕、妆等。壮表示成年男子，强壮、壮丁。构字装、奘。
			庄	庄	庄从声旁爿。篆书从草从壮，表示草芽之壮也，也表示草木茂盛的田野，如村庄、庄园。
			吉	吉	上为男性生殖器，下为表示祈祷的口。表现了远古人类对男性生殖器的崇拜。因为强壮的生殖器是繁衍族群的保证，所以在古代祭祀中吉是重要内容。至今民间对男女结合仍称吉日吉时。特别注意，不能将士写成土。构字结、秸。
			乃		乃为奶的初文，甲金篆均可看出正是乳房的侧面形。隶书增加一撇，变弧为直。构字如孨。
			酒	乃	酒甲金文上部是容器，下部是乃省形。今规范为乃。
			奶	奶	乳字甲文形象生动，像母抱子哺乳。女字突出胸前一点表示母亲乳头；子字与普通子字不同，增加了张口向母乳，表示吮吸母乳。典型的会意字。金文将女变成侧面的人形，同时增加一手抚子之头。篆隶将爪、子变成孚，侧身之人变成乃，表示乳房的侧面曲线。用乳房和一只爱抚的手代表母亲，很有表现力。隶书将右侧乳房之形简化为竖弯钩，失去象形。
			乳	乳	
			盈	盈	充盈的乳汁挤入器皿为盈，禾苗抽穗灌浆为秀。乃构字还有扔、仍。盈甲文与浴同源，是人在盆中洗浴，水充盈之形。古文省水，篆书将人足上移到胸前，人变为乃，成了奶水充盈，会器满之意。

瞬	瞬	娅	姬	姬	臣与臣字形相近，但在甲文中不单见，只作偏旁，如姬字。源于何形，徐中舒先生认为是梳比（篦）之形。类似梳子但要细密，从前可用来梳掉头上的虮子。也有学者认为是两乳之形。
	郾	熙	熙	熙	姬是突出乳房的女人，会意哺乳期乳房大的女人。或是用篦梳头的女人。总之指姬水，黄帝居此，以姬为姓。周王也是姬姓。古代姓从女较多，如姬、姒、姜、嬴。
		頤	颐	颐	熙是婴儿贴近乳房吸吮乳汁，从火，会意兴盛、光明。颐也是婴儿头靠近乳房，故有养之义，如颐养天年。
𠃌	𠃌	已	巳	巳	甲金篆书是胎儿形象，也象蛇（也、它）形，故借作地支第六位，对应十二生肖的蛇。隶书变圆头为方形，身体变为长弯钩，失去胎儿形状。已是巳的变形，表示胎儿已经成熟将生，怀胎已止，引申停止。厶是倒巳。
			已	已	
𠂤	帛	包	包	包	包，甲文像胎衣中包一人形。篆隶改为半包围结构，中为巳，是胎儿形象。构字胞、苞、饱、抱、咆、泡、跑、炮、刨、鲍。
𠃌	𠙴	㠯	𠙵	厶 以	厶是倒巳之形，即甲金文巳字右旋一百八十度为厶。 厶后来加人为以。表示小孩与大人相似，是似的本字。以被借用后，以加人旁为似。
𠃌	佀	似		似	韩非子认为厶是私的本字，称自环者谓之私，也就是说厶是个环形。厶作偏旁后，加禾为私，与公相对。公是厶的基础上加八，八表示分开、相背。私的相背就是公。
	𥝖	私		私	厶下加口为台，本义是胎儿的胎衣，与包同义，是胎的本字。怀胎是人生之始，故台加女为始，表示开端、开始。怀胎心情高兴，加心旁为怡，如怡然自乐。
𠙴	台	𦣞	台	台	台构字冶、治、苔、怠等。台还有一来源，是臺的简化字，表示高台、平台。
𥄎	矣	矣		矣	矣从矢以声，表示命令或请求，也表示感叹，而唉本义是应答声，也表示叹息声。矣构字埃、挨。

		冥	冥	冥	有两说。一说上部为宫字简写，表示子宫。下部是人形，表示子在母体内待分娩，故有幽冥、黑暗之义。另一说是外部为房屋、幕布等遮挡物，下面是日、月等，再下面是双手。表示日月等光线被挡住，光线黑暗，用双手摸索。金文篆书双手变形，隶楷直接将双手简省成六字。构字嫇、螟。
		宇	字	字	古今字形相近。上为房屋形，表示女性子宫，下边是子。表示女性生子。因为生育是出嫁后的事情，所以古时对未嫁之女称为待字或未字。一说与孕相近，表示女性怀胎，孕育子嗣。
		子	子	子	甲文像裹在襁褓里的孩子形状。古代不论男女子侄均可称子，商代为父辈对子辈的通称。构字仔、孜。
		了	了	了	了是篆书将子省略了双臂的形状。用小儿双手双脚都包裹在襁褓之中表示收束之义。本义是收束，引申为结束、明了、明白。
	六	孕	孕	孕	甲文正是大腹中怀有一子的形状。与身近似（身是在人腹部画一半圆，有的还加上一点，都是指事符号）。金文用一乳房的侧面形乃和子表示怀孕。篆隶楷将乃放在子的头顶。当然，也有将乃字解读为弯腰的人字，或者子宫。
		孔	孔	孔	孔与乳同源，金文像小孩吸吮乳汁的情景，会意可流出乳汁之孔或小孩之口。本义当为孩子吃奶，引申指洞穴，又特指孔子，我国古代思想家、教育家，是儒家学派创始人，后世尊为文圣。孔还作副词，表示很。如孔武有力、德音孔昭。
		孟	孟	孟	兄弟姐妹中排行最大的称孟或伯。字形像小孩子在器皿中，是为新生儿洗澡，俗称洗三。孟为姓，有孟子，儒家重要人物，称亚圣。孔曰成仁，孟曰取义。因为洗三是人生下来第一件事，故有开始义。构字猛、锰。
		孙	孙	孙	从系从子，会意脐带一脉相承的后代儿孙。构字逊、荪。
		勃	勃	勃	孛是勃的初文，本义是蓬勃有生气。甲文上是草木上长形，下是子，为小儿形，会意字如同草木和小儿的生长充满生机和活力。小篆上边是初生的小草形，下边是小儿，两侧表示向上生长的动态线，如同粼字。为表示强劲，篆书另加力字，成为勃。隶书据此分为两个字。构字渤、荸。

				悖	甲文像两个戎对抗形，戎是盾（或甲）与戈，会意战乱。金文是上下颠倒的两个或字，或在古时即国字，两国颠倒自然是国家混乱的情形。悖即是昏乱、叛乱，引申为违背、荒谬等。篆书左为心，表示心情慌乱。字作声旁。隶从篆。
			脖	脖	后起字，《说文》无。从月孛声。月表意，是肉字的变形，表示属于身体器官，肉体的一部分。本义是肚脐。肚脐处在上下身之间，而颈项在头和身之间，元代以来，脖指颈项。
			育	育	ㄊ，倒子之形，构字育、毓、流。 育，胎儿头部和胎盘一块肉下降表生育。另有毓字，表示女人生小孩出血。 弃是抛开、废除。甲金篆书是双手执簸箕向外抛弃一子的形状。子是倒过来的，脚上头下。因为古代条件简陋，小孩刚生下来时用簸箕接住，由于新生儿死亡率高，死婴要抛弃。隶书变形较大，成为今文。简化字源于《说文》古文，省略了簸箕，上为倒子之形，下为双手。
			弃	弃	
			囟	囟	新生儿头骨未完全闭合，称脑门囟，这就是囟的形象。构字如傻。而细、思等字本从囟，今变形为田。
			细	细	细篆书从糸从囟。正是婴儿头上的毛发，柔弱、纤细如丝。我们看过《三毛流浪记》，三毛脑门上有三根毛，正是囟。囟作偏旁后，篆书加人形为𥅀，俗改匕为月（肉字旁），今简化作脑。构字还有烦恼的恼。鼠，与鼠不同，是小孩的形象。保持原形未简化的有玛瑙的瑙。
			脑	脑	
			长	长	甲金文是一个弓腰扶杖、长发被风吹起的老人形象。头发修长就是长的本义。古人不剪发，发长就是长者、长辈，引申为生长、首长等义。篆书下匕应是拐杖的讹变。构字账、胀、帐。有学者解为马头人，想象丰富。
			套	套	《说文》无，楷书原从长从大，会意又长又大，引申为罩在物体外面的东西，如手套、被套。

		髮	髪	发	古有两字，一是头发之发，二是发射之发。从弓为发射。从髟犮声为头发。犮，与拔、跋等形声字相同声符。原为狗腿被打，走路跛。 古人不剪发，小孩头发长了，就紧靠发根扎在一起，类似现代的凤尾头散披于后，称为总发。如果扎成两束，类似羊角，就称总角，也像树丫，称为丫头。成年时，男二十而冠，加笄为夫，女十五加笄为每。戴冠就要束发，束发也表示二十岁。之前未束发称垂发，称为鬓。 剃去胡须为耐刑，剃去头发称髡。
𦫳	耂	耂	老	老	甲文是一个伛偻着背拄着拐杖的老人形象。本义是老人，引申为年老。引申为久远。构字姥、嗜。
𦥯	耋	耋	耋	耋	指六十至八十岁的高龄。甲文右边是一长发驼背的老人形象，表示人老了；左边是一支到达目的地的箭，表示到头，终结。会意人老寿到头。篆隶将甲文左右结构变为上老下至，字形不直观。
考	考	考	考	考	考老同源，指老、高寿，后指死去的父亲。甲金文与老混用，均象长发、驼背、挂杖的老人形象。篆书与老分开。隶书将头上长发拉平，失去象形。构字铐、烤、拷。
孝	孝	孝	孝	孝	孝上为老字头，下为子。会意子辈尊老扶老之义。孝构字哮醇等。中国首重孝道，百善孝为先。在家能尽孝，在朝能尽忠。故汉代有举孝廉制度。教现在从孝，在甲金篆书中，教左上部原为爻，表示学习知识，后楷书如王羲之、王献之都将左边写作孝字。看来，学习的主要任务不仅是知识，更是做人，首在孝。
失	失	失	失	失	遗失。金文篆书均象"老"字失去手中拐杖或匕之形。隶书将一捺拉直，完全变形。构字跌，跌倒，即失足。
医	医	醫	醫	医	医是醫的初文，又作为其简化字。甲骨文像用钩把矢从人体上剔出来，表示医治箭伤（匚也可解读为挡箭牌，未受伤预防，受伤医治。遮挡之义由翳表示）。古玺文和篆隶增加了手持器具殳，可能表示针灸；下部加酉，表示百药之王的酒，进一步说明医包括针灸和用药。医字的发展演变也说明了医疗手段的进步。

				亡	亡	亡羊补牢的故事老少皆知。亡是失去、逃跑之意,当然也有死亡之意。甲金文像人被截去手的形状。是对奴隶逃亡的惩罚,失去手也有亡义。篆隶已变形。也有说像刀(匕首)上一撇表示断失。构字芒、盲、疒、荒、慌、谎。
				妄	妄	妄从女亡声,会意不安现状妄图出走跑掉的女人。
				忘	忘	忘从心亡声。表示无事记于心头。 忙也从心从亡。但《说文》未见,本意为内心慌急不安,引申为行动急迫,匆忙。又引申为事情多,没闲空。如农忙。
				丧	丧	甲文早期像众口在桑树上的形状,一说是采桑,借指丧事,一说是从口桑声的形声字;一说是古人办丧事以桑木为神位。后期甲文中间是长,左右各一口字,表示面对老人哭泣。金文沿用此形,四口中间夹一长字口,亡字尾。处于会意向形声过渡。篆书上边是哭,下边是亡。既是会意哭死亡之人,也是哭形亡声的形声字。隶字将哭之大字变形为土(类似变形有赤、去等),下部夸张了捺笔。
				匃		甲文是表示砍去手的奴隶亡向一站立的人做乞求状,金文基本同形。篆书是站立的人把亡人抱在怀里。隶书分化为两字,即匂和丐,今多用丐。
				曷	曷	从曰从匃(与匈不同,匈内为凶,歇下内为亡),大声喝止他人逃亡,转揭、喝,构字偈、竭、碣、歇、遏、褐、揭、竭、蝎、葛、渴、喝。
				歇	歇	会意字,指休息。欠是人跪坐着张嘴打呵欠。曷有止义,人休息也有止义。
				衣	衣	甲金均为上衣形状,有领、襟、袖。楷书在左作"衤",如袖、衩,在右和上下不变,如依、裘、袭、裔,分成上下如衷、裹。
				哀	哀	会意字。口表示人悲伤时张口哭叫、悲号。衣表示泣下沾巾,打湿衣衫或以衣袖擦拭眼泪。
				衰	衰	古文象蓑衣形,上为帽子或斗笠,中为领口,下为下垂的衣摆。篆书保留草编之垂衣,另加衣字。本为蓑衣,因蓑衣为败草编成,引申为衰败,另加艹头表示蓑衣。

				裹	裹、褢、褒等字相同，外为衣，内为声符，哀、衰则为会意。裹是形声兼会意。
	衷	褻	褻	亵	以执的移裁禾谷表解除私处胸腹内衣，同卸音。亵为贴身穿的上衣，即亲身之衣。也就是中衣、衷衣。衷即贴身穿。《说文》解为私服也。
衣	镶	表	表	表	内为毛字，外为衣字，表示有毛的衣服。古人穿皮衣，毛在外，故表指人的外衣。
衣	求	裘	裘	裘	与表同源。甲文像皮毛在外的兽皮制成的衣服，表示这是有毛的皮衣。金文加求为声符表读音，篆以求为声符。古人穿裘毛为表，即毛向外。因为兽毛外露通体一色不好看，贵族正式场合穿裘要罩上增加服装美观的外衣，即是袭。 做裘的毛皮多种多样，以狐、豹为贵。而狐腋下皮毛最为轻柔暖和，因而最高级。狐腋纯白，价值千金。李白《将进酒》"五花马，千金裘"。狐腋很小，所以必须集腋成裘。《慎子·知忠》："故廊庙之材，盖非一木之枝也；粹白之裘，盖非一狐之皮也。"
衣	袭	襲	襲	袭	古人穿狐裘时，都要罩上与狐裘颜色相宜的罩衣，即是袭。金文为衣上双龙，会意衣上加衣为袭。也有人理解为双龙一衣，表蛇蜕皮，沿袭之意。
衣	襄	襄	襄	襄	篆书襄字，衣内双口表双乳，口下为乳汁流淌，指母亲，作声旁后加女字表本义，即孃，今简化为娘。俗话说"有奶便是娘"，十分贴切本字字形。
		讓	讓	让	构字嚷、壤、攘、镶。让是讓的简化字。
衮	衮	衮	衮	衮	从衣公声，为古代帝王或三公穿的有龙的礼服。即王公所穿之衣。构字滚。
初	初	初	初	初	与终相对，刀与衣组成，表示用刀剪裁衣料，指制作衣服的开始，引申为刚刚、当初。衣简化为衤。
		袍	袍	袍	包声兼会意，衣服包有东西，即里子与面子中间有填充物乱麻和旧丝绵。《诗经》：岂曰无衣，与子同袍。袍是普通战士所穿，是比较低级的御寒之服。

衞	襟	襟	襟	衿、衿同义。古代中原地区交领衣襟向右掩，即左襟在上，右襟在下。可能也是右手方便灵活。而边远地区则是左衽。所以《论语》说：微管仲，吾其被发左衽矣。襟位于胸前，所以说胸襟宽阔、襟怀坦荡。
	裠	裙	裙	篆书从衣或从巾，上下结构。隶书改为左右结构。为下装，同裳。
袖	袖	袖	袖	又称袂。一般是臂长的1.5倍，垂臂时手不露出，向上反折可达到肘部。因其长，故称长袖善舞；修长同义，又称修袖。袖不但修长而且宽大，故称广袖。毛泽东有词：寂寞嫦娥舒广袖。
衫	衫	衫	衫	出现较晚，实为《说文》褋字，指衣服博大穿着宽松，没有袖端穿着方便。因为古代衣袖特别长，如京剧中的水袖。后代泛指长衫。
裕	裕	裕	裕	形声兼会意。从衣谷声（如欲、鹆、浴、峪），谷（山谷，现也用作穀的简化字）也兼表容纳多之意。本意为衣服多，即富饶、富足，引申为知识丰富、宽宏等。
衞	褘	袆	袆	古代王后参加祭祀活动时穿的绣或绘有雉鸡图案的礼服。甲文外围是衣，里边是衞，是形声字。篆书改为左右结构，将衞省作韋。隶书将衣简写为衤，简化字将韋作韦。
卒 卒	卒 卒	卒	卒	原是古代服役者穿的有标记的衣服，因服役者多为奴隶，所以也指奴隶和士兵。又因士兵的衣服多为仓猝应战而制，所以卒也有猝义。甲文外形是上衣，衣内有标志符"爻"，金文篆书将标志符改为一斜画。隶书将标志符拉平拉长成为长横。构字翠、粹、碎、萃、悴。
袁 袁	袁 遠	袁 遠	袁 远	会意字。篆书外为衣，中为环形璧玉，上为系带。会意当胸处衣服上悬挂环形的璧玉。隶书上部变平直成为土字。本义是环璧，后来此义用環字表示。因挂在衣上，又表示长衣貌，现专用作姓。简单一点理解，衣领口为袁，鼎口为员。袁构字猿、辕，在远、园简化为元。
園	園	园		

320

				乍	与初同义，刚开始。风乍起，吹皱一池春水。甲文是衣领之形，表示刚开始做衣服。或理解为刚编席子。
				作	作与乍同源，篆书之前甲金文无人旁，与乍通用。原像衣服领子，本义是开始和起的意思，引申为创作、制作、操作、发作、作品。 乍为声符，构字为诈、炸、窄、榨、怎。
				冠	冠指实物，是冠、冕、弁等帽子总称，指身份是贵族，指年龄是成人。 古代头衣又称元服，元即是首，现在称一个国家的领导人就是元首。篆书冠字就是手（寸）持元服"冖"戴在头上（元）的形象。古代男子二十而冠，女十五而簪，表示成年。在当时贵族社会中，当冠不冠是非礼的，正像我们今天出席正式场合要着正装，如果便服就显得不庄重不礼貌。因为贵族到了一定年龄必冠，冠就成为年龄代称，弱冠就是指二十多岁。既然贵族成年戴冠，不戴冠的就是小孩、平民、罪犯和异族。
疑				蒙	蒙甲文是人戴帽或鸟佳被覆盖之形。金文增加了草字头。篆书将下部人为豕，会意猪钻入草堆被蒙盖。构字朦、檬。
				冕	从月免声，天子、诸侯、大夫祭服的帽子。后来只有帝王才能戴有旒的冕。旒也写作塗，是冕顶上吊下来的一串串小圆玉。看阎立本所作《历代帝王图》，都戴冕，冕上有垂下的小珠。冕成为地位身份的象征，帝王即位称加冕。
六				免	免是冕的初文，本指帝王、诸侯和官员所戴的礼帽。甲金文均可看出上边是帽子，下边是人形。篆隶变形。另一说免是娩的初文，表示女人产子。上面是子宫，下边是小孩。免构字娩、晚、勉、挽。
			娩	娩	
			攓	挽	挽右部原为两兔叠合，讹变为免，参见馋。
			冒	冒	金文和篆书上部为帽子或冠冕，下为目，表示遮住眼睛的头衣。冑则是上为声旁，下为冃，即帽子之形。特别注意：冒、冕上部不是曰。
			帽	帽	《说文》无帽字，上古文献中也没有帽字，直至秦汉时期，头衣还没有定名为帽。
六					

		冕 冣		最	篆书上冃下取，用冒敌而取会意总合军功上等。篆书还有一形，上冂下取，楷书为冣，会意聚集到一块，取也兼表声。今规范化为最。构字撮。
虫	日中国	冕	曼	曼	篆书源于金文二，上为冃，为覆盖物，下为手蒙住眼睛摸索而行。会意动作慢。构字幔、慢、漫、蔓、馒。
𢍏	𢍏	弁	弁	弁	弁是古代贵族戴的比较尊贵的帽子，特指武官戴的皮帽。由几块拼接成，缝制形式类似后代的瓜皮帽。甲金文（一说为供字，存疑）上边是圆口的帽形，下边是双手。会意双手戴帽。篆书下边是儿字，上边仍是尖顶的帽子。隶书变形较大。
		拚	拚	拚	拚表示舍弃，后统一为拼。
𢏚	𢏚	允	允	允	《说文》解为信也，诚信，公正；允许，许可。甲文像一个头戴高冠的人形，因为商周时平民不戴高冠，仅束发或戴较低的盘形帽，以此表示说话算数的人。金文篆书沿袭。隶书将帽子变形，高冠不明显。衍生字根有㽙、夋，组成俊、晙、峻等字。
巾	巾	巾	巾	巾	古代衣指上衣，裳指下衣，似后来的围裙，巾专用来系住并盖住围裙，称佩巾，甲金文像布巾下垂之形。从巾字如帐、帽、幕，与布巾或覆盖有关。 贵族戴冠，平民罩巾，称为帻。古代说的头巾，指的是经过制作类似现代的帽子，与手巾、毛巾不同。
图	圂 六	席	席	席	甲文是长方形席子的形状，上边的爻是编织纹路。金文上为厂，下为巾，表示席子像一幅布的形状，也表示用布帛制成的铺垫物。后来席字主要表示座位，篆书在席上加草头表示席子。隶沿用。相关字有茵、宿等。
		簾 簾		帘	篆书从竹廉声。指门帘，如垂帘听政。今简化字借用帘表示。帘本指酒家挂在门前做招牌的一种旗帜标志。
朵	朵	布	布	布	从父从巾，成年男子遮挡私处的吊布，古人前布后佩，上衣下裳。构字如怖。

			佩	人凡巾三字根组成，凡表音，古人前布后佩。会意遮蔽人臀部的吊布，也表示佩挂、佩戴。
			帛	上白下巾，白是白色，是丝未染前的本色。巾是一幅布的形状，来自人类早期的遮羞布。人类有了礼服，腰部以下仍保留着一条称作巾的布幅。隶书仅是将白字化圆为方，变化不大。构字棉、绵、锦。
			希 （稀）	《说文》无，从稀字看，当从爻从巾。爻像篱笆交错如网之形，会意织得像篱笆一样稀疏的麻布。本义为稀疏，引申为稀少。这两种含义后来用稀表示。物以希为贵，少见之物人所好，故引申为盼望、企求。构字烯、稀。
			带	带是系佩之形，上是系结，下像垂巾。《说文》解为绅，即腰带。如衣带渐宽终不悔，为伊消得人憔悴。构字滞。
			黹	黹（zhǐ）像用针将布缝连在一起。指针线活，特指除单纯用针缝以外的活，如刺绣、编结。
			敝	敝甲文左边是手持棍棒敲打，右边为巾，加小点表示破碎掉落。会意破旧的衣服，引申衰敝。构字弊、蔽、憋、撇、毙（斃）、币（幣）、鳖。
			糸	糸甲金文均像一束丝，上下端都留有散开的束余丝头。在左为偏旁时简化为纟，源于行草书，如线、绵、红、绿。位于下部时不简化，如系、鲧、亲、紧、累、絮、紫、索。
			系	系，甲金文象用手把两束丝系在一起的情景。鲧则是以丝线鱼钩钓鱼的情景。
			紧	紧从臤，表抓牢固，从糸，会意丝弦拉紧。本义为拉直，引申为拉直的紧绷状态。臤构字如堅、竪、賢，今简化为坚、竖、贤。
			索	索，甲金文都是用手正在拧编向前延伸的绳索。篆书简化，两边为向上延伸之形，与粥字两旁相似。构字嗦。
			素	将麻织成丝，未染色是白色，即素字。染色之后就是绿、红、紫等彩色。素是本色，平素即平时。素是白色，如银装素裹。

绣	繡	綠 綠	绿		绿表示草和树叶春夏时的颜色，也是染丝帛的色种。表示颜色的词有青、赤、黄、白、黑，源于人本身和木、土、火。后来纺织技术提高，染色出绿、红、紫，故都从丝。甲文绿左为丝束，右是沥滤颜色的布袋，或是用植物叶子榨汁做染料，同时用作声符。楚简上为山丘形，下为水，表示有水的山岳是绿色，反映了楚地自然面貌。篆书变形较大，隶书简化右部，右下为变水底。
		紅 紅	红		
甾	絕	絕	绝		金文为一刀割断丝的形状，篆书变成左右结构，左为丝，右上为刀，右下为人形。引申为断绝、绝交。
召	紹	紹 紹	绍		绍是从绝到继发生变化的字，字形变化较大。甲文像刀断丝形，与绝字相同。金文增加了口、攴、卩等字根，变成继承、缠绕和介绍等义。篆书变成糸旁召声的形声字。《说文》解为继也。继则是抽茧为丝时的接续。今简化。继的糸旁换为斤，则是以斧斤砍断丝之意。
絲	繼	繼	继		
叕	綴	綴	缀	六	叕像几段短绳互相交叉连接之形，表示连缀之义。隶变后写作四个又，与表手的又无关，是类化的结果。叕作偏旁后加糸表本义。叕构字掇、剟、惙、辍。
8	玄	玄	玄		《说文》解为幽远也，黑而有赤色者为玄。金文像一束丝，与甲文幺字相同，表示细微，有幽义；篆隶上面加一横，表示横梁等物，丝束悬挂于物上，与悬相通。有人认为篆书上面是爪字，表示用手提丝线，也可。
		8	幺		甲文为丝之象形，以丝的纤细表示微小。隶书化圆转为方折，改连为断。
8 8	麼	麼	么		象形字。甲金文中幺与幺本是一字，象一把细丝形。由于幺作了偏旁，篆书才另加声旁麻。俗体讹变为麼。今除用于幺麼一词及作为姓不简化外，均简化为么。本义为细小，后本义用幺字，么用于语气词。
帅 帅	率	率	率		甲文象牵引绷紧的大绳形。小点象绳子绷紧时立起的毛刺。金文加行表示动作。篆隶规范化。本义是拉紧的大绳，引申为牵引、带领、沿着。构字摔、蟀。

				畜	甲金文上为丝的形状，表示用绳子拴住野兽，下边是田，表示田间种满了庄稼。反映了古人一边在田间种植农作物，一边狩猎，并将捕获多余的兽类用绳子拴在田里驯养。畜牧业由此而来。篆书上部有两种写法，一是写作玄，二是写作兹（兹是草木滋生之义，与田组成草头畜声的形声字，同时会意田猎活动是增加储备动植物的方法，与蓄同义）。隶书上部作玄，变形为今文。
				后	从幺从彳从止，表示血脉相连的后代，也指时间先后、空间前后；与皇后、后羿的后不同，今简化字与后合一。
				胤	从八、幺、肉。肉表示肉体，幺表示血脉相连，八表示分开、分枝。合起来会意后代、后嗣。作人名如宋太祖赵匡胤，清朝雍正皇帝胤禛。
				丝	两系重合而成。篆书丝与兹像上下对称。构字联（聯）。
				兹	兹构字磁、滋、孳、慈等。幽甲金文为会意字，上为丝，下为火，表示像丝一样细小的火光；或者物品像丝一样细小，需要点火照明才能看见。篆隶将火讹变为山。
				幽	
				联	联篆书象耳上串系的饰物。右部简化为关。
				关	关原指关门，即将门闩住。金文一是用木头将门顶住；农村老屋还在使用这种关门之法。金文二门内为串，表示把两扇门串联起来，会意关门。篆书则是先用绳索将两扇门拴在一起，再用木头顶住。隶楷变化不大。今简化字作关。
				乱	乱字金文上下为手，中间为绞在架子上的幺，表示一团乱丝。篆书增加了乙字，表示从乱麻中理出头绪。大乱则大治，故《说文》解为治也。楷书将幺变形，下部为厶，上部为厶左旋一百八十度之形，即予字上部。今简化为舌。
				辞	辞左部同乱。金文右为司，篆书一承之。篆书二右为辛。隶楷沿袭。司与辛表示与刑罚有关，辞本义指诉讼，打官司。即通过司法手段理清乱麻。今同乱简化为辞。古代也有将左边写作受字的，去掉了中间的幺。

				冬	冬的甲文是古文终字，因为冬季是一年之终，金文也有把日光封起来的写法，表示冬天没有温暖、寒冷。构字如终、疼、苳。
				终	终甲文像绳子末端打的绳结，缝补衣服时先要打一个结，缝好后再打一个结。以绳结表示终止之义。后假借为冬天的冬字，又加系旁表示丝绳终结之意。
				鬲	鬲是三条袋状腿的炊具。作声旁如膈、隔。
				融	以鬲煮虫，逐渐融解变化，引申抽象的融化。虫也表音，篆书右边还有蟲的写法。
				粥	会意字。篆书两边的曲线表示热气。中间上为米，下为鬲，是一种锅；米在锅里煮，冒出热气，表示粥。隶书将两边热气变成弓。今简化省掉煮粥的鬲。
				彻	甲文左为表示炊具和食器的鬲，右边是一只手，会意吃完饭，撤去餐具。金文下加带小点的舌，表示不仅吃光，而且用舌头舔得连渣都不剩了。此时已具有彻底之义。《说文》古文在左加一彳，表示行动，强调动作。篆书将中间鬲字改为育字，形义全失。彻是简化字。
				鼎	
				员	古代青铜炊器，一般圆身双耳三足，后成为只有帝王才可拥有的象征政权的立国重器。鼎既重又大引申为盛大，又比喻三方鼎足而立，如三国鼎立。
				陨	鼎上加圆圈表示鼎口部圆形、圆周。篆书将鼎形简化为贝，员构字陨、损、圆。
				具	具字甲文是双手抬鼎之形，与共同意。篆书将鼎形简化为目。隶楷为具，表示具备，转为俱，引申为器具。构字惧、俱。

326

貞	貞	眞	真	真	鼎中直接取出食物表示真实之义，构字填、镇。
	杳	愼	慎	慎	慎，《说文》解为懂。金文和《说文》古文写作杳，上是草头，中为火，下为日。会意烈日和火对草极易燃烧，天干物燥，注意防火，要十分谨慎。篆隶随古玺文另制形声字，字义不直观。
	辨	斯	財	则	以刀刻模具表示另外一侧或另一个，转为侧，则引申为规范。其次表示用刀在鼎上刻出文字。契与则同理，契是刀在玉上刻出文字。就像郑国子产、晋国赵鞅铸刑鼎，公布成文法。春秋之前，法不可知则威不可测。刻出的东西具有效力，契约，或称盟书，如侯马盟书就是刻在玉上。则即规则、法则，也是要人遵从的东西。构字铡、测、厕。
ㄈ	傶	傶	側	侧	甲文像一人在崖壁旁侧身而过的形状。此字后来写作仄。金文像二人站在鼎的两边，两人抬鼎一般是侧面的身形。均属会意字。篆书改鼎为贝，将抬鼎的两人一人作人，另一人误作刀（形近易混）。隶书同篆。
曾	曾	曾	曾	曾	曾是用来蒸的炊具。上部是冒出的蒸汽，下部表美味。中间是主体部分，即装有食物的蒸锅。构字如增、憎、蹭、赠、僧。
	屬	層	層	层	层篆书从曾从尸。今简化为层。
會	會 會	會 會 會	會 會 乞	会	甲文下为仓体，中为仓门，上为仓顶。参见仓字。用储藏谷物的粮仓表示聚集汇合之义。金文在仓中加上小点，聚合储粮之义更为明显。篆书将仓体变为日，隶书从之。今改为简化字会。本义是聚焦，引申为集会、帮会。作声符或兼表意可组成绘、刽、脍、侩、哙、荟、桧、浍、烩。
		楚帛书			我认为会字源于做饭的炊具。金文三非常明显。下为甘，中为两耳锅，锅内装水或米，上为盖子。加肉为脍。
𠤎	𠤎	𠤎	勺	勺	舀东西的用具，古时多用于舀酒，柄有长短。各种字形大同小异，都像勺中有物。构字芍、钓、灼、约、哟。约，用丝绳系连起来的勺子，指约束、限制。
	昀	的	的	的	的，篆书从日，勺声。隶变后为旳，俗作的，今为规范字。会意日光下或白色光明的勺子，表示将食物舀到目的地。的即目的，无的放矢。
𠤏	𠤏	𠤏	匕	匕	母畜生殖器、倒立之人、匕首之象形。也是汤匙的匙右半字，原指古代专门在煮肉的鼎内取肉的一种长柄汤匙，如勺。甲文象匕首形，也象汤匙形。

		匙	是	匙	形声字，匕表意，即汤匙；是表声，也有正义，表示舀取东西时匙应平正不宜倾斜。本义是舀取食物的小勺。
		召	召	召	甲文非常复杂，象双手持匕（匙）从酒坛酉中舀酒招待客人之形。金文沿袭，或简化为上刀下口，会意刀扎起食物召唤或招待他人。构字超、招、昭、照、沼、邵、笤。
		旨	旨	旨	品尝匕上的美味，转为脂。构字指、脂、稽。
		斗	斗	斗	升斗均为象形字。斗是有柄有斝斗的一种用来舀酒的器具，后发展作量器，一斗十升。又把天上布局如斗形的七星称北斗星。构字科、蝌、料、抖、蚪、斜。
		升	升	升	升金文像有柄的勺形，中间的小点表示量米时掉落的米粒。篆隶变形较大。
		爵	爵	爵	爵是古代一种两柱三足的饮酒器，甲金文均很形象，构字嚼。爵形如雀，所以音近雀。
		鬯	鬯	鬯	鬯（chàng），甲金文字形相同，像古代盛酒的大口尊，点表示花纹，或未酿成的米糟。爵为字根。篆隶将酒器的足写成匕形，失形。一说是古代祭祀、宴饮用的香酒。用黑黍加郁金香酿制而成。本是香草名，即郁金香。
		壶	壶	壶	壶和壹均源于古代专用以盛酒的器具，上有盖，细颈有耳。壶中装满东西表示壹壶。篆书壹从壶从吉，构字懿、罍。
		壹	壹	壹	
		畐	福	畐	畐与福同源，是酒坛形象，构字幅、副、辐、蝠。
		福	福	福	福本义是求神福佑。金文多将酒放在示前。篆隶沿袭金文，左示右酒，隶书将酒坛变形为一口田。

				富	富是储备有雄厚的财富。甲金文上边是表示房屋的宀，下边是装饮食的容器。有房住有吃喝，在生产力低下的古代自然是富足的表现。篆书将饮食器改为一口田，把富足的标准提高到田地和人口。沿用至今。
				酒	酒乃粮食之精华，古代温饱问题都没有解决，酒属于奢侈消费品。 酒是在酒坛酉的基础上增加小点，表示液体。后演变为水字旁。酉构字酿（釀）醅（酛）。
				酋	酋，《说文》解为绎酒，即陈酒。甲文同酉。因为古代酒为贵重之物，要向祖宗神灵献祭，故掌酒官地位高。如国子监祭酒就相当于国立中央大学校长。所以酋又指部落首领，酋长。金文篆隶下边是酒坛形状表示酒，上边是水字的一半，也指溢出的酒香气。古时酿酒有沉淀法，即发酵酒渣下沉，酒液上浮，溢出容器者为陈酒。
				尊	尊，甲金文均是双手捧酒器的形状。引申为尊卑、尊敬。卑则是一只手持面具之形，无脸见人表卑下。卑音近鬼畏。也有人认为卑是手持酒坛为人斟酒服侍人，故地位卑下。尊构字蹲、遵。
				奠	祭奠，即将祭品摆好奉献给神灵。甲文上为酒坛形状，下或为一横表示祭台，或为双手表示捧起，会意明显。金文篆书在酉上加两点，表示酒香外溢成为酋字（因祭祀时掌酒人负责指挥，有首领之义，故用来表示指挥族人的首领即酋长）。隶书则将双手变形为大（类似还有遷等）。另外尊下为一只手，奠下为双手。构字郑（鄭）。
				郑	
				覃	覃源于装酒的容器，故也读作坛，引申为酒味醇厚，此义转为醰，构字谭、潭。覃也读作秦，姓。
				卢	甲文像有炉身及足的炉灶形，上加虍声。金文改为从皿，膚声。篆书从金文，省掉膚下的冃。隶楷从之。今简化为卢。卢本义指取暖的火炉，引申指酒家安放盛酒器的土坛，如文君当垆。构字垆、颅，均从卢简化，驴、炉、庐、芦等字，户也是盧简化。

329

			皿	皿	皿是古代盛东西有耳的器皿，如盂、盆、盘、盛、簋、盅、盏等与皿有关。
			血	血	血本义是指古代祭祀用的牲畜之血。字根无变化。下为皿，表示容器，上或为点，或作圈、作横，都是代表血液。隶书将器皿的圆弧变作一横，成为今文。血构字如衅、恤。
			盟	盟	盟与血同源。古代盟誓，杀牲后割左耳盛于玉盘，牲血盛于玉敦，用血写盟书，再歃血于神前读盟书起誓。盟甲文从皿，皿中物象牛耳耳窝状。金文大同，或改为从血从明，明兼表声，也会意明誓。篆文承接甲金文。杀牲歃血为盟，字形由会意向形声发展。
			恤	恤	恤异体为卹，从卩，表体恤。今以恤为正体，从心，表忧虑。引申为同情怜悯。也指救济、抚恤。
			盘	盘	一种大口浅底的容器。古时也用于沐浴、盥洗。古人还有将器皿兼做打击乐器的习惯，如秦王击缶、庄子丧妻鼓盆而歌。甲文像手持工具敲打盘子的形状，此字是盘的初文"般"（参见般），也是制盘工艺的动作。金文篆书字根相同，成为皿旁，般声的形声字。下部还有将皿旁改作石或木、金等，表明盘的材料多种多样。特别注意，磐字篆书为槃。
			盛	盛	《说文》解为祭祀时将谷物放在容器中。后泛指将东西放在容器中。甲文左为容器形，四周加几个小点表示盛满东西溢出之物。右为成字，是斧钺形。篆隶成字变形较大。既是形声字，又是用武器保卫和参与祭祀活动，以示盛大的会意字。故胜声时表示盛大、隆重，成声时表示装、放入容器。
			盂	盂	形声字。古代饮食器具，多用于装液体。下为皿，表示属于器皿，上为于，表声。金文中有的以鼎代皿，均是盂字。
			盍	盍	上为盖子，指盖与器皿合一。构字礚。盖篆书从艹从盍，隶变后楷书作蓋，异体作葢。今简化为盖，是盍的加旁分化字。
			盖	盖	杜甫忆李白："冠盖满京华，斯人独憔悴。"盖指车上一根木柱支撑的伞状物，遮阳蔽雨。冠通官，冠盖都是身份地位的象征，代表士大夫。倾盖用以形容两车途中相遇亲切谈话。白头如新，倾盖如故。

盗				盗	篆书从皿，上为水欠。会意人流口水。表示垂涎他人的器物，偷窃。隶变后作盗，俗体将左上三点写成两点，今为规范字。本义为偷窃。古代盗指小偷，偷指苟且，不指小偷，贼指强抢强盗、乱臣贼子。今盗指强盗，偷与贼均指小偷，几乎相反。
				盥	以手接水冲洗。象形字。甲文像手在皿上，四周的小点是水。金文篆书像两手中间有水冲下，下面是皿。隶书皿字变形较大。
				温	昷是温的初文。甲文由日人皿组成，像人在太阳照晒下的盆内洗浴，以此会意天气温暖，水温和。金文将日写作囚形，表示窗口进光，仍有日光义；或增水表示水温。古玺文将人写在日内，篆书在此基础上加水成温，先指河名，后取代昷表示水温、气温。隶变之后，常用温、溫，昷构字如瘟、蕴、酝（醖）。
				益	溢的初文。本是水装满容器，从上面流出来。字形均可看出：上面是水，或用两个滴水点表示，或用水字表示，篆书将水横放，很有创意，而且就是八卦的坎卦，正是代表水。下部都是器皿。
				溢	
				易	会意字。甲金有两种字形。一是将一个容器中的水倒给另一容器，有交易、给予之义，同时也引申为双方从交易中互通有无，各自受益。二是像一个容器中水满外溢，与益（溢）字近似。区别在于益是上下结构，皿是平放，易是左右结构，皿向左侧九十度。篆隶皿字变形较大，成为日与右侧弧笔。三撇是原来三点的加长，表示溢出的水点。《易经》是中国文化的源头，称作百经之母。夏有《连山易》，商有《归藏易》，周为《周易》，此为三《易》。易同时也有三义：即不易（不变）、互易（阴阳转化）、变易（变化）。易讲变化之道，易则益，需重视。构字惕、踢、剔、锡。
				赐	赏赐，即上级给予下级的赏赐。从贝从易。贝代表财物，易表示给予、易手。会意将贝易手他人。注意易与昜形近，但字源字义不同。

			凡	凡	皿右转九十度形成凡字。构字帆、矾。矾古写作礬。
			凬	风	风凤同形，甲文以凤代风。篆书则从虫凡声。凤则从鸟凡声，两字区别开来。构字枫、疯、讽、飒。
			同	同	上部是凡形，下边是口，为容器口。表示盘与其他容器相同，是汇合各种东西的器物。篆隶凡中一横变短，盘不象形。构字铜、桐、筒、洞。
			旁	旁	《说文》会意不明。从凡方声，指皿发出的响声。拟声字。构字膀、螃、榜、傍、谤、磅。
			豆	豆	古代食具豆或油灯的轮廓描摹，古代一种高脚的食肉器皿，甲金口中有一点，表示这里有食物，引申为植物豆。构字痘、逗。
			豊	豊	甲文豊与豐为一字，上为双刀，刀一下下挥砍表示有节奏敲鼓以步调一致，转作礼；或为双玉，以玉的抖动发声表示急促快速敲鼓，拟音，义为繁多。
			丰	丰	篆书分为两体，隶变后为豊与豐，表意有别：豊表致祭，豐表丰满。豊作偏旁，构字澧、醴、體，豊本义便加示为禮表示，今简化为礼。另一个丰字繁简相同，表示草木茂盛之意（参见丰）。
			豈	岂	将豆上的盖子翻转向上，以没有食物反问怎会如此，又构成凯，抢人食物。
			卿	卿	卿与乡同源，甲文都是两人面朝食具张口共食的情景，会意宾主对食。隶变后卿字从卯。指古代的一种贵族阶层，即公、卿、大夫、士。由共食之人引申为乡党。乡构字如響，简化为响。
			鄉	乡	
			皀	皀	bī，古代食具簋（guǐ）的轮廓描摹，与豆相近。

				食	上为倒口下为食具表进食，有的两点表示唾液或上面器具的盖子。另有甲文像高脚的器具中堆满了食物。构字飧、饕、飨、蚀、饴，今作偏旁时简化为饣。
				饰	《说文》解为刷，是刷拭、收拾，使之整洁完美之义。甲文是人在食旁，表示以食饲人。金文饰则是在人下加一巾字，表示收拾食物。金文写法不一，篆隶规范为食人巾，擦拭之义明显。本字可解为会意字，也是形声字。
				卤	盐的初文。从甲文看应是《说文》所说，西方盐田也，外框是各种规则的盐田形状，区别于规整之农田，里面的小点代表晒出的盐粒。金文篆书变形，仍有田的痕迹，当然更像装盐的陶罐等容器。表示盐盛于罐中。隶书变下部圆容器
				盐	为方形。
				卤	葫芦形盛酒容器。甲文下有凵或皿，凵应是皿的省略。篆书八源自金文丄或土。《说文》无卣，卤与卣应为一字，隶变后楷书作卣。
				臼	臼像石制舂米器具的纵断面，内有齿纹、沟槽。后把像臼形的后槽牙也称为臼齿。臼也可理解为喜鹊、乌鸦等树上的巢穴，还是捕捉鸟兽的陷阱之形。作声符如舅。构字如舂、插、陷等。
				舀	舀，一只手从舂米的臼中掏取米的形状，会意字。构字韬、蹈、滔。
				插	从手从干从臼，会意手持干进入臼内，表示刺入、插入、扎进去、加入等意。
				春	象双手持杵在臼内捣谷米的形状。隶书上部变形较大，完全失去象形。
				毁	《说文》解为缺也。指破坏、毁损。金文左边是有齿痕的舂臼和挺立的人形，右边是持器械的手，会意砸坏别人吃饭的家伙。篆书将人形改作土，亦可会意毁坏别人的食器和土地。隶书将土改为工。
				午	午的原形是舂米用的杵，是杵的本字。后借用为地支，表示一天之中的正午，即中午11~13点，是一天中阳气最旺的时刻，所以古代砍头行刑是推出午门斩首，时间是午时三刻。午对应一年的五月，生肖为马，午加木表示本义杵。
				杵	

				许	从言午声，也会意肚腹用力发出的声音，引申内心的应许。构字如《水浒传》的浒。
				者	者是煮的初文，与寮同源。甲文下边是火，上为黍及脱落之粒。金文把火改为口或甘，表口感甘美。篆书规范。者用作代词或助词，煮之义则在者下加火。者构字诸、储、猪、著、暑、署、曙、薯、堵、赌、睹、屠、奢、绪。
				煮	
				庶	金文上石下火，是烧火炼矿石的情景，周使商人冶炼金属，故称其为庶民。因此，炼石为庶，烧饭为煮。徐中舒先生认为是古代烧石煮饭的方法，故与煮音近。火将石头烧红，放入炊具的水中加热，用以煮熟食物。
				遮	庶构字如遮、蔗、度。遮是会意字。辶表示和道路、行走有关；从庶，庶指平民百姓有众多意，人多则不易行走。本义是遮挡，拦住。
				度	篆书从又，表示手，庶省声。本义表示伸张两臂量的长短，应是庹的本字。引申指计量、计算，再引申指抽象的揣测、谋算。以小人之心度君子之腹。这些意义都读作duó。度还读作dù，由度量之义引申为计量长短的器具或标准、单位。如长度、温度、弧度。又引申指气量、胸襟、宽容的程度。如置之度外，人们常说的量小非君子，无毒不丈夫，实际上毒应是度。这句话也是说君子、大丈夫应当度量大，心胸宽广，类似于宰相肚里能撑船。前人的经典话语，后人在引用中断章取义，以讹传讹，原义则变化了。度还有跨过之义，对时间如度假、度日如年，如贺铸《青玉案》"锦瑟华年谁与度"。对空间如"但使龙城飞将在，不教胡骑度阴山"。度与渡都有越过之义，在古汉语里有时通用，但现在表意有明确区别。度由度量而来，如今只用于时间上的跨度。渡由跨过水而来，只用于渡水，不用于时间。用于跨过较长时间，如过渡时期，是特殊用法。
				家	家字上为房屋形状，内是猪的形象。生动真实地反映了古代人类与家畜同居的情况。家不仅是一个居所，能够遮风蔽雨、给人温暖，还应该养有牲畜，解决吃饱吃好的问题。构字嫁、稼。

			宫	宫	上为房屋，内为两个以上的房间或窗口，会意房间很多很大的房屋，专指帝王住所。
			宦	宦	最初指贵族的家奴，后专指宫廷太监，泛指为君主做事的官员。王勃《送杜少府之任蜀州》："与君离别意，同是宦游人。"古人的人生理想是少年游侠，中年游宦，老年游仙。甲文像封闭的房屋内有一目，是跪姿人的眼形，是奴隶的象征，会意内臣。金文篆隶房屋变成宀形，眼睛为臣字。已为定形。
			宾	宾	宾，上为房屋的形状。甲文内为人或女、止，表示有客人自外走来，人或女在房屋外迎接宾客。金文内为人和贝，贝代表货币或贵重物品，表示主客之间礼尚往来。篆书分化出宾、傧、嫔三个字，隶书亦同。构字滨、缤。
			客	客	客，均由向（有门窗口的房屋形）和止组成。用有客人走进房屋内会意。
			安	安	安，女在屋中。古时男人外出打猎危险，女人在家相对安全。篆书有加一人旁的，是强调安指人的形态，因意义不大，故不常用。作声符如氨、桉、按、鞍、案。
			實實	实	实，从贯，家财万贯为殷实。
			宋	宋	宋与余、舍等一样，是房屋的整体。也可看做由木支撑起来的房屋。后做国名、地名、人名。
			宽	宽	宽，上形下声。宀表示房屋形状，莧（huán）表声，本是细角山羊，性喜宽阔山野。宽表示房屋宽大。泛指宽阔，面积大。今简化为宽。要注意的是，莧作偏旁时简化作苋，与苋菜的苋字相同。书写繁体字时不要混淆。
			定	定	《说文》解为安也，即安定。甲文上边是房屋的形状，也表示家；下边是门口的口和代表脚的止组成的正。会意走到家门口心里就安定了。金文将口填实，并逐渐演变为一横。篆书沿用金文上宀下正，隶书将正字下横变为捺，成今文定。构字如淀、锭、绽。
			宕	宕	甲金篆隶字形相似，均是宀和石构成。宀是房屋形状，石是岩崖下的石块形状，表示石屋、石洞或缝隙。

				容	甲文从入公声，会意可纳入物品。篆书从宀从谷，会意像山谷、房屋一样能容纳。构字溶、榕、熔、蓉。
				颂	容与颂有联系，均可指容貌。颂金文篆书从页公声，是容貌的本字。颂本为仪表相貌，现以容侧重指面部表情，神情神色，貌指外部形状，即面相形态。颂为颂扬。
				晏	日安为晏，表示晴朗、和柔。如言笑晏晏，信誓旦旦。作人名，晏婴，齐景公之大臣。
					相似字有宴，表示宴席。匽构字堰、郾等。
				六	数字，本为庐。最初是房屋形，与宀同源。而且指田野中临时居住的简易房，如南阳诸葛庐、杜甫草堂等。因读音与六接近，故借作数词六。原义另由庐字代替。篆隶变形。篆书应与穴字区别。
				穴	穴甲文是象形字，房屋下有人，有的人边有小点，表示掉土的房屋，有的人边有小口，表示石头洞穴。金文在房中加了一个八字，应是两个小弧形，像有石褶的岩洞（参见石字甲文，转折处也加了斜线成为三角形）。篆隶从之。《说文》解读为形声字，宀形八声，至少现在看来不准确。
				窠	窠是巢之省形，表示崖畔上的鸟巢。
				穿	《说文》解为通也。古玺文和篆隶都是穴和牙组成，表示用牙咬穿东西成为洞穴。就像老鼠打洞偷盗东西。一说牙上蛀洞一点点挖掘洞穿。
				窜	下原为鼠，会意老鼠四处打洞乱窜，流窜。后改为形声字。
				突	突然。上为洞穴形状，下边是犬形，表示狗从洞中蹿出。本字在甲文中下为豕，即野猪。由于驯化后家猪变得温和，因此改为犬。
				荧	金文下像古人穴居之洞室，上像两个交叉的火把。表示室内灯烛明亮。篆文下又加一火，成为从门从焱的会意字。简化字上变为草头。本义是灯烛明亮，引申为光亮闪烁、容光艳丽。构字如萤、莹、荣、莺、营。
				向	像房屋墙上有口，楷书门源于宀的变形。本义是朝北的窗子，引申为风向、面向、奔向。构字如响、尚。

336

㞿	尙	尙	尚	尚	尚与上同音，也有向上增加、加高、高之义。下部为向，即有门窗的屋顶形状。上部增加两画表示在屋上增加高度。既是用加高屋顶表示高的会意字，也是从八、向声的形声字。构字倘、淌、躺、堂、膛、棠、敞、趟、掌、撑。
㝅	賞	賞	賞	赏	甲文与商同字。金文下加贝，表示物质奖励，成为从贝商声的形声字。金文还有以尚代商作声旁。篆隶上尚下贝，形声字。赏是上级将财产官爵奖励给有功劳的下级。《说文》注为赐有功也。
		裳	裳	裳	《说文》裳为常的异体字，一为巾一为衣，如裙字篆书两种写法帬、裙。本义下裙。裙者群也，连接群幅，仪礼要求，前三幅后四幅。
㡧	常	常	常	常	女性围在下身的裙布，即裳，常作为数词，指面积长宽四尺。 寻本是一排，即人的两臂张开的长度，等于身高。人的身高通常八尺，所以八尺为寻，两寻为常。
	當	當	當	当	以手阻止侵犯。构字挡、裆、档、铛。
㡬	廣	廣	廣	广	广，甲文像厂下有屋形，本义为就着山崖建造的敞屋。字形未变，今将廣简化为广。廣是形声字，表示大屋、大。构字较多，如庄、床、库、庇、庐。
	庭	庭	庭	庭	庭，《说文》解为宫中，即房屋的正室、厅堂。是室中最高大的房间。远古人类穴居或半穴居，房屋低矮，部落中最高大的房用来聚会议事。甲文上是房屋形，下是耳和口，会意在大房子里说和听。随着物质条件的提高，建筑规模扩大，金文庭字像人登上很高的台阶进入厅堂。篆书综合甲金文字根，分化成廷和庭两字。人和土合成壬字，左部表示台阶或彳字。注意的是，篆书中不是辵字，而是彳字下面的一竖变为竖横折。
㡫	廷	廷	廷	廷	
㡨金	廟	廟	廟	庙	金文从广朝声，也有个别从广苗声。篆书从朝声。俗写作庙，为苗省声。今为规范字。本义为设置祖先牌位以供祭祀的建筑，即祖庙，后成为寺庙通称。
	廛	廛	廛	廛	篆书从广里八土。会意里中之屋，分土而居，即里巷的宅居，古代城市平民一户人家所居的房地。作偏旁时简化，如缠。

				府	原为付（参见付），后期金文在付基础上加表示敞口房屋形的广和表示财物的贝，成官府的府。也可会意民众向官府交纳财物。篆隶去贝成形声字。构字俯、腐。
				高	像一所高房子，上有屋顶下为基层，中间的层次还有窗户的形状，本义是高低的高，引申出高尚、高寿等多种意义。构字篙、搞、稿、蒿、镐、嵩、膏。
				京	甲文像筑起的高丘，也像重屋的形状，本义指人工所筑的高土台。构字谅、晾。
				景	从日京声，本义指日光。引申指风景、景致。也用作影子之义。隶楷分化，加彡为影。构字憬、影。
				掠	会意字。手表示用手抢夺。从京表示形如建筑在土堆或山丘上的亭台。有移他土增高自己的意味，表示以抢夺增加自己的财物。
				亭	亭子的形象，下部中间一竖像矗立的亭柱。《说文》解为从高省，丁声。本是古代设在大路旁、供旅客停宿的公房。十里一长亭，五里一短亭。所以古人长亭送别。
				停	停止、静止下来。甲文上面是中空的器皿，下面是祭祀用的供桌牌位。表示祭祀完毕，将已空的器皿搁置起来。表示活动停止，会意字。篆书保留这一字形，又衍生一个形声字停，表示止意。现多用停字。
				享	亭、享也是高台、牌坊或阙的形象。享构字淳、醇、谆、敦、郭。亨构字烹、哼等。
				厚	厚是厂下倒享的形象。房屋向上是高，向下就是土厚。本义是山陵高厚，庞然高大。也指物体上下面之间的距离。引申为情谊深、浓。
				台	台有两字，一是厶口合成，是胎的本字。二是臺的简化。臺是高台，即一种高大建筑物的形象，如铜雀台。

余	余	余	余	余	余是以木支撑的简易房舍形，今也是餘的简化字。但在可能混淆时仍用餘的简化字馀，如馀年无多。馀用于人姓名。余构字涂、途、徐、叙。
涂	涂	涂	涂	涂	涂，甲篆隶均是左为水，右以木支撑的简易房舍形（余），金文左为人，将水横写于余字下方，表示有人活动的地方。甲金文涂即指涂水河名，也表示道路、途中。篆隶下加土字作塗，《说文》解为泥。可见，涂与塗在古文字中是两个字，今简化字统一作涂，书法中要注意区分（类似的还有很多，如只、斗）。
		除	除	除	除，从阝余声，也会意表示宫殿的台阶。引申为去除。
舍	舍	舍	舍	舍	舍的初文是余。金文像侧面的一间小屋，上有屋顶中有梁柱斗拱，下表四周的石基。表示馆舍、住宅。
		伞	伞	伞	伞是后起象形字，是伞的形状，也是古代房屋侧面形状。现在农村房屋俗称穿斗房子的木结构房屋，也是这种形状。
户	户	户	户	户	双扇为门，单扇为户。甲文门户两字非常形象。门构字闩、们、闷、闽、闵、悯。
门	门	门	门	门	问，《说文》解为讯也，从口门声，口表示说话，询问。门也可解为形符，即生活中常见的敲门问事。会意字。
问	问	问	问	问	
间	间	间	间闲	间閒	间、閒、闲有别，上古没有间字，后代写作间的，上古都写作閒。后代把读艰和见的写作间，把读闲的写作閒。闲的本义是栅栏，在一般情况下，閒和闲是不通用的。只有在空閒的意义上有时写作闲。汉字简化后，空閒的意义写作闲。
闲	闲	闲	闲	闲	閒的本义是门中间隙月光透进。今作间，构字涧。

		門	闩		"一"象门闩形，是横插在门后使门推不开的棍子。闩可作名词指门闩，又可作动词指闩门。
戌	畈	啟	殷	启	闩门是关门，开门可称启。 启字甲文非常形象，一手放在户即门上，表示开门。金文逐渐复杂，增加口字，会意门开户露出裂缝，即裂开口。又改为支，表示手上取下门闩。
		扇	扇	扇	鸟扇动翅膀，一开一合，正像门的开关。故扇既指扇动，又指一扇门、两扇门。还指扇子，摇动时像鸟翅或门的开合。
		房	鸦	房	房的本字为旁，以户换凡表示小门，是正屋两边的侧房，即厢房。堂、房、屋、室都是形声字。
所	脈	所	所	所	篆书从户从斤。户字在楷书中保持原形，上面一横没有变作点。斧斤敲击门户表示大门安装完毕或门钉死，与锁同音。表示处所、所在。
	肩 俗体	肩	肩	肩	现在肩上部为户，但在篆书中，上部比户多一横，是肩部的象形。可能书写麻烦，故类化为户，逐渐取代原字成为正体。
日		雇	雇	雇	小鸟落小门上环视左右，本是雇字，加页转为顾，表示转头、左顾右盼。
		顧	顧	顾	雇则表示专门担任放哨任务、为大家服务的鸟，引申指出钱让人给自己做事。
		囟	囟	囟	甲金文囟像窗的形状。篆书囟讹变近由字。像古代竹木交叉做成的窗户形象，隶变后楷书分化成囟与匆两个字。也有学者认为匆源于心，是心的变形，指急促。
		匆	匆	匆	窗早期为囟，后期为窗。人类穴居时代，房屋半在地下，在屋顶开一洞口，用树枝略加遮挡，以便排出烟气和潮气。甲文和篆书囟都是这一洞口的象形，这时就称为囟。篆书加穴字头成窗，又称牖。《说文》解为在墙为牖，在屋为囟。
	六	窗	窗	窗	
		開	開	开	与关字对照可以发现，关是把两扇门的门闩用丝绳套在一起。开是把丝绳解开，把门闩放下来。 开，金文是双手移动门闩之形，篆书二沿袭。篆书一则将内部写作两个门闩，更象形，门闩一头大，一头小，像女性的发笄，又像行刑的刑刀辛。幵构字刑、妍、研、邢。

					妍	妍，左为女，右为开，开是两支女性用的发笄的形状。所谓男簪为夫，女笄为每。发笄一头大一头小，形如门闩。门闩可关门，发笄可捆发，故用作开门关门的门闩。
					形	簪下为芆，形旁。茧也是简化，乐就是蚕茧或网架。 笄和簪为一物，先秦为笄，汉后为簪。用于横插过头发与冠冕使之固定。主要用竹子所做。但穷苦人家，甚至只能用骨、荆条制作簪钗。用荆做钗是贫穷妇女，古人就用拙荆对人谦称自己妻子。后来条件好如帝王用金玉。
					刑	甲文为人在井中会意。井是古代一种四面囚禁罪人的土坑，将罪人放到坑中加盖压牢，以防逃窜。也是最早的牢房。后来有的字也把人写在井外，成了人形井声的形声字。甲文刀与人形似，在演变中人就变成了刀字（到字类似），成为刀形井声的形声字。另有人理解为人在井中，外有武器代表武装的人把守；或者将人用刀杀死弃尸于井。篆书左部也是刑刀辛的简化。构字型。
					良	良是房屋中走廊的形象。也像半地穴式居室顶上的通光透气通道，与亮同音。总称表示透光的通道、走廊。引申为良好之义后，本义用廊表示。构字如郎、椰、廊、朗、狼、琅、浪，位于左部时，按照左紧右松原则，最后两笔撇省略，捺缩为一点。在汉字简化时，良也作为声符替代量，如粮。
					廊	
					郎	郎，城邑中的光亮通透处，即曲折弯道形成的走廊，转为廊，郎表廊内近侍之臣，引申为青年男子。良这种变形还有朗。
					冏	与尚构字相似，两点在外为尚，两点在内为冏。像窗子透亮的样子，本义为光明，引申为明亮有神。古同炯。炯也写作烱。冏构字有商、裔、橘。
					井	井是水井边栏的形象。构字阱、刑。 丹，古今字形无多大变化。外框像矿井，里面一点像丹砂。自然界天然铜块，呈红色，表皮有绿蓝等色。一说甲文像一个盘子，中间一团有颜色的类似朱砂类的矿石，既指丹砂，也指赤色、红色。
					丹	
					彤	丹右加彡成彤字，彡表示声音弥漫、光芒四射或须发开张之意。彤表铜的闪闪发光，光彩耀眼，与铜同音。

				东	東是橐（古代有底的口袋叫囊，无底、用绳扎紧两端的叫橐）的初文。简化为东。构字栋、冻。
				囊	囊，金文像扎口有底的袋子。篆书另加声符襄，变成襄声橐形的形声字。本义是有底的大袋子，泛指口袋。
				曹	甲文上为两个東字，下为口字。東是装满东西的口袋，两个口袋并列表示平等、相同、对偶。甲文下加口字，金篆加曰字都表示平等的双方对话。隶书将两東合并简省而成今文。本义是偶、同、类、相匹。《说文》解为狱之两曹也，即诉讼中的原告与被告在对话。构字槽、遭、糟。
				糟	曹还有一解。是糟的初文，后曹被借用，加米表示原义，指酒糟。米表示原料，右上两个東表示装有米发酵的口袋，两端扎紧。右下的口表示容器，接水用。另有人认为是朝这个音，像两个东朝一个方向。
				重	重，早期金文上是人形，下是東形（表示两头扎住绳子，装满东西的口袋），用人背负大口袋表示沉重的重。属会意字。后期金文在下面加土字，以天高地厚之义使重具有厚重之义。篆书将人和土合成壬字，成为从壬東声的形声字。隶书变曲为直成为千里组合，不仅含有厚重之义，还增加了广大之义。通过字根组合的演变可以看出文字意义的变化、延伸和丰富。构字動（动）董、懂、锺（钟）。
				量	重量。量字甲文从东从口，会意行囊的容量。金文口中加一点，下加土，更强调可往里装东西。篆书整齐化。我们常说肚量、酒量、容量。量本义是容量，借作量具、数量、估计。
				用	用本是像桶一样的容器，古人日常使用物品。构字佣、拥、庸、墉。被借用后，上部变形为甬，也像桶上部安装一个手提的把手、手柄，构字俑、桶、捅、涌、蛹、踊、诵、痛。
				甬	
				甩	甩是近代新造会意字。表示把用过的东西扔掉，抛弃。从用，表示用过的东西，竖弯钩表示抛弃。
				通	通即达。形声字。甲文彳和止表示脚的动作，用为声符。金文将用写作甬。篆书将彳和止组合成辵。隶书简省辵为辶。

	勇	勇	勇	形声兼会意。篆书左像桶，右为力。因桶装水装物，非常沉重，力可举桶者必为勇士。金文篆书中也有改力为心或戈者，加心会意勇由心生，加戈表示作战勇猛。
其	其	其	其	其是箕的古字，甲文像以竹子编成的簸箕。后来增加声符几。其字用作代词后另加竹头为箕字，表示竹编器具。构字箕、簸、期、欺。
	箕	箕	箕	
	簸	簸	簸	箕加声旁皮为簸。皮有不平之义，如波、坡、跛、颇。会意用簸箕盛粮食等上下颠动，扬去糠粃尘土等物。
棋	棋	棋	棋	琴棋书画是古代文人修身养性的四艺。古人称玩物丧志，玩人丧德。因此，休闲娱乐要以健康的方式。琴棋书画就是四个最主要的方面。棋从木其声。古人断木为棋，梡革为鞠。甲文上木下其，篆隶上其下木。后隶变为左右结构。
基	基	基	基	《说文》解为墙始也。即墙脚、根基。甲文是簸箕里有土的形状，表示用簸箕撮土夯墙的建筑场景。金文篆隶相似。簸箕下加几垫形，也表声。下加土，表示夯土。隶书上简化为其，下为土。特别注意：几垫的几是战国后期出现的象形字。上像承面，下像支撑。
甚	甚	甚	甚	金文上甘下匕，会意用匙送美味入口。篆书匕讹变为匹，成了沉溺声色了。隶楷将上部类化为其。本义是异常安乐，引申为过分、超过、非常。构字湛、斟、勘、堪。
勾	勾	勾	勾	勾是句的俗写。甲文从口，表语音，从丩，表勾曲。会意语调曲折。金文将中间的口移到下部，隶变后写作句。为区别字义，语句、句读仍用句表示，曲折之义则用勾表示。句构字拘、驹。
	句	句	句	
丩	丩	丩	丩	丩甲文像藤蔓纠结之形。丩作偏旁后，本义加糸为纠。
纠	纠	纠	纠	纠表示像丝一样缠绕，如纠缠、纠纷。丩构字收、叫。

343

				帚	帚是长枝植物束扎成的扫帚形状。
				妇	妇，女持帚之形。古代女人操持家务，持帚打扫清洁。甲文左部也可能是梳子的形象，会意女人以梳梳头，会意头发长了的成年女子。
				扫	扫，手持帚之形，表示用扫帚清除尘土。甲文还在手或帚上画有小点表示尘土。《说文》无扫字，只有埽字，表示清扫尘土。隶书将手作提手旁。今简化为扫。
				彗	彗，因彗星拖有长长的光尾像扫帚，故俗称扫帚星。甲文既像扫帚，又像彗星。《说文》古文综合了扫帚和彗星的双重字义，在羽上加竹，其下加日（日和星同为天体，星是小日。白为日讹变）。从日者指彗星，从竹者指扫帚。篆隶写成彗和篲两字，均指扫帚。
				慧	构字慧，从心彗声，表示聪明，如智慧、慧心、慧眼。
				几	古人无桌椅（至唐代才有高脚凳，称为胡凳），只有一种炕几，长方形，较矮。坐时可靠伏几上。甲金文中未见几的单字，只在合成字中出现。现在也是幾的简化字。构字凳、肌、凭。
				凭	凭篆书从任从几，会意依几。今又作了憑的简化字。本义为身体靠在物体上，倚着。用作憑的简化字，本义是心满，表示盛怒。
				巽	巽，本义是祭祀时摆齐所需要的物品。有的金文比较复杂，但金文篆书基本形由下边的祭台和上边的祭物（两人）组成。隶书下部变成共字底，失去象形。借用为八卦中的巽卦，代表风。
				撰	巽构字選，今简化为选。撰还保留原形，篆书从言，巽声。隶变后有的改言为手，今规范为撰。譔本义是专心教导，现表示写作、著述。
				选	
				舟	甲金均为俯视的船形。航、舸、船、舷、舵与舟有关。
				航	驾舟渡水。古通杭。甲文象人持篙驾舟之形，典型的会意字。篆书分成杭和舫，均为形声字。隶书作航，也是形声字，以舟代木，说明不是独木舟，时代进步。杭也分化出来，今为浙江省杭州市简称。
				杭	

甲金文左为舟，右表示向前的一弯流水。会意水上行舟。隶变后作俞。今将右下类化为刂。本义为水上行舟，也指挖空树木做的原始独木舟。构字渝、愉、逾、愈、榆、喻、输、偷，与通、行、变有关。如渝水，即现在嘉陵江，渝表示变化、流动，如忠贞不渝。重庆因处渝水下游，称渝州。宋时有人造反，皇帝便改渝为恭，不让变化。后来恭王做了皇帝，双重喜庆，更名重庆。			俞	俞	
车是两轮车的形象，不断简化而失去象形。古代车使用较多，故构字很多，如库、轻、轼、辙。		車	車	车	
三车重叠为轰，简化方式与聂相同，以万能简化符号又代替下面的车。会意多车行驶发出轰鸣声。		轟	轟	轰	
软本指丧车，此义现已不用。今取代奱字，下为大，表示人，上为而，表示胡须。奱表示人的长胡须柔软、下垂。读音与冉相同，形象也相同。		輭	軟	软	
库从广从车，会意停车的房屋，正是我们今天所说的停车库。古代车是财富的象征，故库房也泛指储藏财物的地方。		庫	庫	库	
车和丝组成。丝表示连接车和马的几条绳索。篆隶将车下之糸变为口，与车一起指代车。从而也是从丝的形声字。《说文》解为马辔也，即车上驾驭牲口的缰绳。		繺	轡	辔	
古代的车没有制动装置，即刹车，为防止车轮自己滑动，停车后用木头阻碍车轮，木头称轫。后以发轫为出发、启程。泛指以物阻挡车轮滚动。今天停车后还在车轮后垫块石、木以防车滑动，源于古代的轫。		軔	軔	轫	
古代马车管住轮子使其不能脱落的部件。		轄	轄	辖	
秦汉之前一般用陈表示，晋代王羲之将东旁改为车旁，沿用至今。解为从车，陈省声，会车陈列之意。本义是军队行列，引申为战场。又指一段时间。		陣	陣	阵	
左为梯子或台阶，右为东，即古时的棍囊，会意将囊卸下紧靠台阶摆放、陈列。现作姓。		陳	陳	陈	

軍	軍	軍	军	金文篆书都是车和勹（俯身人形，也源于人曲臂环抱之形）组成的会意字。隶书改勹为冖，完全失去初形。本指以战车围成的军阵。引申并泛指军队和军事编制等。古时（特别是春秋战国时期）冲锋时战车在前，驻扎时战车围成圆阵而防卫。构字荤、浑、挥、辉、運（运）。
	軍	軍	荤	
連	連	連	连	从车从辶，会意人拉车。指人拉的车。人拉车时人与车相连，故引申为转接、连续。构字莲、链。
戹	戹	厄	厄	厄是车轭，卡在马脖子上，危则为扼住人脖子。厄构字危、轭、扼。参见危。
	軶	軶	轭	车辕的前端拴着一根横木叫衡，其上加轭，卡在马颈上。轭是个叉形的木枝，稍稍外曲。轭也作扼。
兩	兩	兩	两	两是古代马车独辕车轭的形象。也有学者认为两是两个钱币相并的形象。二钱为二十四铢，即两。引申为并列成对的两个。辆是两马俱全的车辆。
	滿	滿	满	㒼与茧尔同源，像蚕吐丝结蚕之形。表示遮幔无缝隙。构字如瞒、满。满为形声兼会意水满。
行	行	行	行	行是十字路口的形象。行分成左右两半，则为彳和亍，是减法构字的典型。彳表示小步行走，亍表示停步。彳亍一词表示走走停停、慢走。
	彳	亍	彳	行构字街、衔、衔、衡、衍。行构字有时简写为彳，如德、徒。
	衝	衝	冲	十字路口中间一个重字，表示很重要的道路，本义就是交通要道。要冲、冲要则通常专指军事上重要的地方。衝今简化合并为冲。
沖	沖	沖	冲	冲甲金篆隶从水中声，也会意河中流水奔腾向前。俗体改三点水为两点，今为正体。引申水流撞击。
德	德	德	德	右部上直下心，一心往前直行。德与驾御都是古代赶车命令语，引申品行端直不走歪门邪道。今指道德、品行，引申为恩德、德惠。此为演进义，初文为值，甲文由表示行走的行和表示直视的直组成。当时是指酋长或帝王等有德之人循行察视的意思。金文下加心字，表示心正行端。篆书沿用金文，但在心上加一横，成为《说文》所说的形声字。隶书应源于金文，无一横。楷书如钟繇《荐季直表》也无一横。

				御	彳和止在一个字中时，隶变后一般组合简化为辶。但有的字由于约定俗成更由于审美上平衡需求，不作简化。一般情况是彳在左边，止在右下。如御、徒、徙。
			卸	卸	御，甲文像人通过缰绳对马和车的驾驭。金文改幺为午，并增加彳、止表示行动。篆隶从之。 卸是御作减法构成。表示卸货、拆卸。
			徒	徒	徒步即是步行。甲文上是土块形，小点表示灰尘；下边是止。合起来表示脚走在土地上，尘土飞扬。金文将土块逐渐写成土字，另加彳表示行走。篆书写成左辵右土，隶书重新组合三个字根，变成左彳右走。
			徙	徙	从彳从步，表示行动，即迁移。也指调职。
			微	微	甲文为散，左为长发之人，右为攴，会意梳理长发。篆书加彳表示行动，会意行动隐蔽。表示隐蔽、细微。构字薇、徽。
			建	建	建，甲文是人持杆竖立之形，故有树立、建立之意。演变中持杆之人讹变为聿。篆书将彳末笔拖长为廴，表示延长、建立。类似字有延、廷。构字健、键。
			延	延	廷，左为彳竖笔的拖长，至某地停止休息，上一撇表继续前行。构字蜓、涏、诞。
			道	道	金文道由行（表示四通八达的十字路口）、首（代表人）、止（表示行走）三个字根组成。表示人在道路上行走。篆改行止为辵（chuò），隶简省为辶。下加寸表示以手指引道路，故是向导、领导、导引之意。道与路不同，道往往指宽、直的大道，远远可见对面走来的人的头部，抽象意义也指大道理。路则侧重指小路、门路，往往不是光明正大的大道，而是旁门左道。路是自然而然走出来的，道则是人为修理出来的。
			导	导	
			逼	逼	甲金文像人和酒器形。古代祭祀以酒敬神，驱除邪恶，保佑平安。为表示驱走，将人旁改为走旁，改畐为逼。本义是逼近、逼迫。引申为驱逐、追赶。
			边	边	甲文上为鼻子，下是上嘴唇，表示唇是口的边缘。金文下加方字，方是旁的初文；还有加彳和止字，都是表示行走，进一步强调走到边缘。篆隶源自金文。

			遲	迟	甲文有彳旁，表示行走；有尼字，是两个人臀部相摩的形状，亲昵自然，缓慢缠绵。也可解读为人背负一人，行走缓慢。金文增加了表示脚的止字，将彳改为辵；将尼改为辟，即受了刑的奴隶形。会意受了刑的奴隶行走迟缓。篆书有三个写法。遲为正体，犀或是犀牛，或是尾下一牛，表示人身后有牛，动作不快。或体一是尸下为辛二是将尸下的辛写为二，属古简化字。今简化为迟。
			還	还	《说文》解为复也，即返回，归还。甲文由行和眉、方三个字根组成。表示人走到路口用眼睛寻找回去的方向。金文增加止和口。篆书将彳和止组合成辵，将其他合成瞏。隶书简省成今文。
			進	进	前进，向前行走。甲文上是隹，鸟形，下是止，表示脚。因鸟只能前进不能后退，用来表示进非常精到。金文加表示行动的彳。篆书合并彳止为辵，隶书将辵改辶。
			送	送	左为辵，右部，金文为持篙撑舟之形。篆书变形为双手捧手。隶变后俗体为送，今为正体。表示送亲，即结婚时女方亲友陪同新娘去男方家。引申为陪同一起走。
			逼	这	篆书为適，因为篆书商与言相近，故隶变后俗体写作这，也写作这。表示迎接。唐代后表示"者"，作指示代词，指"此"，即距离近的时间、地点、人物，遂分化。
			遷	迁	简化字为形声字。本义是登移，即向高处移动。《说文》解为登也，引申为升迁、迁移、搬移。繁体字形复杂，但基本都是表示搬家之意。金文多种写法，篆书基本综合所有字根。左为表示行动、迁移动作的止和彳，右边上下四只手表示传递，右边上部中间是鸟巢形，表示鸟的家，也借指人的家，表示四只手传递的是鸟巢。下边的巴是邑的简省，表示将家迁往其他城镇。隶书将四只手简省，只留下一双手，简化为大字，鸟巢写作西（参见西字），邑字简化为巳。彳止简化为辶。
			達	达	《说文》解为行不相遇也，指大道宽敞，行人互不相遇，本义是通畅、到达。甲文左为彳，右为大，表示一人在大道行走；或加止，强化脚的动作。金文在大下加羊。篆书将彳止合为辵。隶书将辵之简化，大字隶变为土（类似的隶变还有去、走、赤等）。简化为达。

甲骨文	金文	小篆	隶书	楷书	
		褪	退	退	甲文为退之初文，从皀从夊，会意就食完毕退席之义。退为增繁字。甲文二从内、从止，后演变为从辵从内，是《说文》或体来源。构字腿、褪。
		貝	貝	贝	甲金文中贝字像海贝的形状。后期金文下部两短竖加长，不再象形，篆隶楷源于此。简化字则源于草书，其他含贝的字均相应简化。同时，要注意，我们现在楷书中从贝的字，有些是由鼎演变而来，如员、则等。贝是重要的财产，加声旁才构成财字，表示财物，是金钱和物资的统称。贝作为原始货币，充当一般等价物，可以换取其他财物。贝字加声旁化构成货字，化兼表贝通过交易、变化为其他财物。货本义是财物，引申为商品、买卖等。
		財	財	财	
		貨	貨	货	
		賒	賒	赊	形声字。篆书从贝，余声，隶变后楷书作赊。俗改为赊，从余声，今均简化为赊。本义为购买物品延期交款，如赊销、赊账。
		貴	貴	贵	古时海贝稀少，人以为宝，自然珍贵。贝字加声旁构成贵字。要特别注意，楷书贵字上部不是虫字，而比虫少最后一点。甲骨文贵字上为两只手，下为土，中为农具、田器、草筐，有时省略中间。会意双手持农具清除杂草、击碎土块整治田地。金文未见独立的贵字，在遗字的偏旁中，土块变形。《说文》小篆将贵上误作臾，简隶书将臾字左右合二为一，中间人字变形为丄，楷书上部再次简化。该变形可参见遗字。
		饋	饋	馈	
		潰	潰	溃	贵与贱相对，本义为价格高，引申为地位高。如《易经·系辞传》"天尊地卑，乾坤定矣。卑高以陈，贵贱位矣。"贵构字时作声旁，兼表意时与钱财、丢失、破碎、器物有关。
		遺	遺	遗	馈字金文从食从辵，会意以食物送人，表示馈赠之义。篆书改为形声字，形旁为食，声旁为贵，异体字声旁为鬼。隶变后楷书写作馈和餽，今规范简化为馈。潰从水从贵，贵表声，并会意水遗漏。本义作漏，引申指冲破。如千里之堤，溃于蚁穴。遗金文从彳从贵，有的金文增加止字，表示贝从筐中落下。篆书从辵从贵。遗字本义为丢失、落下。读作卫时，表示赠送、给予，又通匮。

	琐	琐	琐		贠在《说文》中为单字,上为小,下为贝。会意许多小贝放在一起相互碰撞发出的声音。我认为,若贠表示贝声,上部小字可能如皇字头部、易字下部、彭字右部一样,是表示声音,并不是小字。因为缺乏甲金文资料,无法确认。现只作偏旁,不单用,本义用贠加玉旁构成琐字表示,如琐碎。贠作声旁还可构成锁、唢等字。
	负	负	负		篆书负字上部与色、危等字一样,都是表示俯身的人;下为贝,会意人俯身背着海贝。负字本义是背、驮,如廉颇向蔺相如负荆请罪。此义还引申为承担、担当。人出门在外,只要背上的行囊里有货币(海贝),就有了依仗、有所恃。当我离开故乡到外地求学时,父母告诉我,出门时包里一定要带点钱,衣服要整洁。钱是人的胆,衣是人的脸。包中有钱,心里不慌。因此,《说文》解负为恃也,即仗恃、依仗。
癞	赖 赖	赖	赖		
癞	癞	癞	癞		赖字比较有意思,贝形剌声。与腾、旗等字一样,右下角是一字,其余部分是一字。篆书赖字为了字形美观,声旁剌字的刀缩写到贝上,与负字上部的人字不同。隶楷书右部变形为负字,也有碑帖将右部写作页字,现规范简化为赖。赖本义为赢利、利益。因为财物是生活的依靠,故引申为依靠、依仗。赖作字根时为声旁,有时也兼表依赖之义。
懒 六	懒	懒	懒		《说文》未见癞字,楷书为形声字,病字旁表示疾病,本义为恶疮;在方言中又指生在头皮上的皮肤病,痊愈后留下疤痕,不长头发。 懒字篆书女形赖声,赖兼表依赖之义。隶变后写作嬾,异体字为孏,俗体字为懒。简化字以懒为正体。本义为懒惰、不爱做事,与勤相对。
得 得贝 得贝	得贝 得贝	得	得		人背贝为负,手持贝为得。得字甲文为手拿贝的形状,表示得到。也有甲文加彳,表示在行动、行走中拿、取。金文沿袭甲文,或有彳,或无彳。篆书将贝误作见,隶书贝字变形较多,最后定形为旦,失形。《说文》解得为行有所得,即在路上捡到宝贝。得字右部与碍字右部不同,参见碍。

350

				贾	看过《红楼梦》的都知道男主角叫贾宝玉，贾除了作姓外，还读作古，表示商人。商贾古代也有区别，行曰商，止曰贾。即定点做生意的坐商称为贾，而走南闯北、走街串巷的行商称为商。古文字贾上为冃，与冒字上部相同，表示遮蔽、覆盖之物；下为贝、古，是形声兼会意字。篆书从贝从两，会意货物遮盖存放之意，表示坐商。简书近似小篆，但两下面一横写长，楷书将两写作西字。
				价	贾加单人旁构成價，会意兼形声字，表示物值，即物价、价格，现简化为价，与原价字混同。价篆隶书也是形声字，左人右介，表示披甲之人，读作jiè，古时也指受派遣传递东西或传达事情的人。
				买	经商俗称做买卖，即低价买入高价卖出。 买字甲金篆书从网从贝，隶楷将网变形为罒字头，如罗、罪等（参见网）。简化字可能源于卖字草书。两根会意以网捞取海贝，引申为获取财物，后来引申指拿钱换取东西、购进。
				卖	卖字有两个来源。一是金文，从贝从省，会意将货物展示给人看。篆书一源于此。篆书二从出从买，会意有人购买，货物出去，即卖出。隶楷书简化字形。今简化为卖，源于草书，从賣的字相应简化。卖构字时均是篆书一之形，作声符，有时也兼表意，如赎。
				赎	赎从贝从卖，形声兼会意，表示用财物换回人身自由或抵押物品，如赎身，将功赎罪。
				续	续从糸从卖，形声字。异体字为赓。赓从庚从贝，形声兼会意，表示贝的声音如庚(庚为中有吊坠的挂钟，参见庚)的钟声连续不断。现两字表意有分工，赓多表示歌咏、吟诵的接续唱和；续表示丝线连续不断，引申指连接、继承、增添等。如狗尾续貂、续弦、续茶等。
				赓	
				读	读、牍、渎、犊、椟都是形声字。读从言，表示诵书。朗诵时有停顿，长的停顿叫句，短的停顿叫读，全称句读，今天用句号和逗号表示。读字表此义时读作逗，今天也写作逗。
				牍	牍从片，本义为古代写字时用的可写几行字的狭长木片；较窄只能写一行字的称为简。也有说法称根据材料竹为简，木为牍。

				质	前文说到赎字，指赎回人身自由或抵押物品。抵押物品称为质。质篆书从所从贝，所如今不单用，只作偏旁，古时为独立用字，为斤的叠字，如吕、林、炎等，会意两物相当。质是所的加旁分化字，表示以财物相抵作保证，即抵押。如人质、质押。现在质多用引申义，表示事物的内在特性或根本属性，即本质、品质。
贪			贫	贫	孟子说"贫贱不能移，富贵不能淫，威武不能屈，此之谓大丈夫"。贵与贱相对，贫与富相对，家中有酒是富的象征，而一个铜板分成两半来用肯定是贫。贫从分从贝，分表声兼会意，表示把钱分开用，指衣食缺乏，生活困难。现在贫穷二字是同义词，在古代则不同义。贫与富相对，指缺乏钱财，生活困难。如《论语》"贫而无谄，富而不骄"。穷与达相对，指不得志，仕途无出路。如孟子说"穷则独善其身，达则兼善天下"。
			贪	贪	把钱财分开是贫，把钱财不择手段纳为己有、恨不得吃到肚子里，那就是贪财了。贪字上为今，会意兼表声。今在此处不是指钟，而是倒口（参见口含念等字），含贝入口表示将财物占为己有，即贪之本义。
		贤		贤	若有财物自然不能吃到肚子里，但肯定要保管好，看护好。贤字甲金文像一只手搭在眼上做看守状。后期金文下加贝（表示财产），表示看守财物，篆隶楷沿用。篆书和楷书省去了眼中的瞳孔，而汉简汉碑为了书写快捷把瞳孔与上下短竖合为一长竖，臤写作臣。今将贝字简化，臣字改为两竖（类似的还有临、监等），简化为贤，源头应是行草书。贤字最初指看守人。看守财产的人一定是眼疾手快、忠诚可靠、能力突出的人，因此，贤引申为多才之人。
		贺		贺	人有喜事，我送去礼物为他增加"贝"表示祝贺；被贺人增加了财物值得庆贺。中国乃礼仪之邦，请客送礼非常频繁。你送礼我要还礼，因为来而不往非礼也。送礼即贺，不在礼之多少。千里送鸿毛，礼轻情义重。

		贊	讚	赞
			攢	攒
		鑽	鉆	钻

人有喜事我去贺喜，接待人员接过礼物，与客人一前一后去拜见主人，这就是赞字。从兟从贝，兟表声兼会意，两个先表示一人在前引见另一人，赞本义是见，进见、谒见。引申为称赞、夸奖；赞助、帮助。赞构字时作声符，如加扌为攒，表示积攒；有时也兼表意，如加金为鑽，后借用鉆来表示，今简化为钻，表示打眼穿孔的工具，也可作动词表示打眼穿孔。俗话说"没有金刚钻，别揽瓷器活"。

责	责	責	責	责
		債	債	债
		積	積	积
责		績	績	绩

君子爱财，取之有道。小人则总想不劳而获。

责字甲金篆书上为束，表示荆条；下为贝，表示货币和财富，会意以粗暴的行为获取他人财物。《说文》释为求也，本义为强行索取、要求，引申为责备、批评、质问等。现多指分内有义务去做的事，即责任，如责无旁贷；天下兴亡，匹夫有责。隶楷上部逐渐变形。

责由责任又引申出债务之义，此义后加人旁构成债字，债为形声兼会意。

责构字时多作声符，如渍、啧、积、绩、蹟等。积表示禾苗谷物聚集，引申为聚集、积累。用作积极是日语借词，表示主动向上之义。绩指缉，把麻或丝搓捻成线或绳子，引申为劳动成果、成绩、功绩。

		貣	貣	
贷		貸	貸	贷
		賊	賊	贼

甲金文从戈从贝，会意以武力索取钱财。康殷先生解为贼的初文。《说文》篆书讹变为三个字。一是贳，戈在贝上，意为向人求取财物，指借入。二是贷，贳加人，人与弋成代字，下为贝。表示给别人，施予。这两种变形都将戈变形为弋。今两种变形均简化为贷，正是分久必合。

第三种变形则是贼，字义也独立。此形源于金文，由人、戈、贝三个字根组成。金文贝在戈下，实与贷字相同。篆隶则贝在左边，人与戈组成戎字。表示以武力夺人财富，破坏、伤害。后引申为作乱、盗窃。

要注意的是，古代盗贼有区别。唐代杨倞注《荀子》："盗贼通名，分而言之，则私窃谓之盗，劫杀谓之贼。"今俗称则正好相反，强取曰盗，私偷为贼。

			赋	持戈（戈）而行（止），收取财物（贝），就是赋字。《说文》解赋为敛也。《广雅》解为税也。古代统治者横征暴敛，老百姓苦不堪言，孔子说"苛政猛于虎"、柳宗元《捕蛇者说》也反映了老百姓宁愿冒生命危险捕捉毒蛇也不愿面对官府的赋税。因此，赋与贼，实相近。 赋也是一种重要文学体裁，介于诗歌和散文之间。我国文学作品丰富，先秦散文汉魏赋，唐诗宋词元代曲，明清小说接白话。唐代武则天、唐玄宗以诗赋取士，吟诗作赋成为文人雅事。初唐四杰之首王勃的《滕王阁序》是赋之极品，中国人不可不读。
			败	甲骨文像手持杖击打贝之形，表示有毁坏、败坏、失掉之意。金文叠为二贝，有学者认为指敲碎浇铸后的范模，将铜器取出，亦可参考。篆隶省去一贝。注意败字的右边是反文旁攵，是手持物的形象。与降字右上方的夂不同，夂是止倒过来的形象。 败字又特指战争或竞赛失利、输掉。但同时，败也有使动用法，败表示使失败，即打败之义。《水浒传》七十九至八十一三回的标题讲宋江一败、二败、三败高太尉，我当时读小学，看小说的内容是宋江打败了高俅，但就搞不明白标题为什么说宋江大败呢？后来读中学，学到孟子《得道多助，失道寡助》"既来之，则安之"，才知道古文的使动用法。现在，有些报纸仍然这样使用。有一次，一位英国朋友问我：昨天晚上中国队与韩国队足球比赛，今天早上看两份报纸，一张的标题是"中国队大败韩国队"，另一张的标题是"中国队大胜韩国队"，是怎么回事？是不是哪张报纸搞错了？我讲了小时候读《水浒传》的困惑，他才豁然开朗。
陶文			婴	贝是货币，同时也是装饰品。就像人们喜欢穿金戴银一样，古人也喜欢佩戴贝。婴字就是人戴贝的形象。甲文像女人有贝的形状。金文在女人颈上加一小圈作指事符号，表示戴在颈上的饰物，同时明确饰物是贝。古陶文和篆书改单贝为双贝，表示多贝穿成。賏古时是单字，在甲金文中字义同朋。《说文》解为贝串成的颈饰，賏今不单用，只作偏旁，是婴的声符兼会意。因此，婴也用两义，一是戴在人颈上的贝饰，二是颈戴贝饰的女孩儿，也泛指初生的小孩子。其实，在古汉字中，女字旁和单人旁均可表示人，并不一定特指女人。在江浙、巴蜀一带的农村，家长将贝佩挂于孩童的颈上希望其健康成长，驱邪生财，称为婴儿，就是戴有婴饰的儿童；更有父母干脆直呼为"宝贝"。

			珏
	班	班	班
	辬	斑	斑
	瓊		琼
璧	璧	璧	璧
環	環	環	环
	玦	玦	玦
璜	璜	璜	璜
珪	珪	珪	珪
璋	璋	璋	璋

珏为两串相并的玉。汉字在隶变过程中，改变小篆注重左右对称、均衡布局的结构特点，注重左紧右松、上紧下松，两个相同字根构成的叠字就是典型。如炎、吕、多、圭、林、珏等字。我们看到，炎字上面火字最末一笔是反捺或长点，下面火字最末一笔则是长捺；林字两个木字最末一字也是如此。

班字从珏从刀，会意用刀将玉一分为二，本义为分玉，引申为分开，还指回军、还师，如班师回朝。

斑字篆书为辬，从辡从文，形声字。表示色彩驳杂，如斑马。隶楷书俗改作斑，表示玉上花花点点的驳纹。

形声字。异体字作璚、瓗、琁等，今简化为琼。《说文》解为赤玉，泛指美玉。如玉树琼枝、琼楼玉宇。引申为美好的，精美的。

平而圆，中心有孔的玉较多。根据《尔雅》注解：内孔直径是边宽两倍的为瑗；内孔直径与边宽相等的称为环；边宽是内孔直径两倍的称为璧。但从古代文物来看，这种要求太精细，实际上将边宽孔小的称璧，边窄孔大的称环。

玦是玉佩，有缺口，即有缺口的玉环。

半璧形的玉为璜。过去按郭沫若的观点，认为黄是璜的本字，是人佩璜之形。现在一般认为黄是患黄肿病的人形，肚大如鼓，面如黄土，全身水肿。璜是形声字。

本字是圭，会意字，上圆下方的玉器，是上古标明等级身份的重要礼器，圭后来作了偏旁，加玉作珪。

半圭为璋。

			玺	中国人对璧非常熟悉，朋友结婚时恭贺珠联璧合。而最有名的璧当数和氏璧。据说卞和在湖北荆山发现璞玉，两代楚王不识真玉，幸有楚文王赏识，琢磨成器，命名为和氏璧。经历战乱，落入赵王之手。秦王以城换璧缺乏诚意，蔺相如完璧归赵。秦始皇统一六国，因为象征周王朝正统地位的九鼎不知所终，便造了十二铜人；同时，以和氏璧制成玉玺，刻"受命于天既寿永昌"。此后，此玺成为国家权力的象征。得传国玉玺者得天下，虽然王朝更迭、帝王变换，但玉玺代代相传。直至唐末五代时，天下大乱，和氏璧所制的玉玺不知所终。 玺字是形声字，籀文从玉尔声，表示玺是玉制作的印章。篆文改为土，表示封泥。今简化为玺。本义是印章，秦以前民皆以金玉为印，均可称印为玺；秦以后天子之印独称玺，且以玉为之，官员百姓均不能使用。
			全	全字古文像玉饰之形。上像系玉，下像悬垂饰物。篆书简化省略悬垂饰物。隶变后楷书作全与仝（与同的古文仝不是一字）。本义是无瑕疵的纯玉。泛指纯粹、完整、齐全、保全。全做声符组字诠、佺、荃、栓、拴等。
			宝	宝是简化字，家有酒为富，家有玉为宝，可见今人对玉也有偏爱。宝字甲骨文是屋内放有贝、玉。贝玉在古代做过货币，象征财富。金文在屋内放有贝玉缶酒等，缶也兼表声。篆隶在屋内放有贝玉缶。人类到了二十世纪，贝已不贵，缶更常见，但玉仍是奢侈品，故简化字保留贝。宝即珍，指珍贵的东西。
			金	金文一左边像两块铜锭，右边上为矢下为斧，会意从铜锭中冶炼而出可做矢和斧的材料，即金属。金文二、三逐步变形，两块钢锭向右合并，右上部的矢变为今，作声符兼表意，指可制作钟的金属材料。篆书整齐化，讹变为土中有金块，今声。隶楷基本沿袭。 金在左边作偏旁时下边一横写作提，如玉字。今简化为钅，如银、铜、铁、铅、锡。金作声符如锦、钦、崟等；金作义符构字二百多个，皆与金属有关。
		鑫	鑫	三金叠字，会意多金，表示财富兴旺。旧时商店字号、人名用字。

		鐵	鐵	铁	形声字，截声。隶变后写作鐡。简化作铁。读音与跌、迭同韵。
鎛	鐘	鍾鐘	钟	简化钟字有两个来源，鐘和鍾。均是形声字，从金。鐘是乐器，表示金属材料所做、发出咚咚声音。常说做一天和尚撞一天钟，因此，鐘与撞相关，都用童作声旁。古代常用盲童持杵（或辛）打钟。鍾是盛酒的容器，比盅略大；也作姓氏，如楷书之祖钟繇。
金重	鐘	鍾	钟	
	鉏	鉏鋤	锄	篆书从金，且声。隶变后楷书作鉏，俗作鋤。助表声兼会意，是助的分化字(参见助)。今规范简化为锄。
厥		鍫	锹	《说文》无，隶楷为鍫，异体字作鍪，今规范简化为锹。指挖土或铲东西的农具。篆书右为兆，后改为秋。
鍼 箴	針 箴	针 箴		篆文从竹，咸声。后从金，咸声。说明针最初用竹做，后用金属制作。俗写作针，十像针形，会意字。如今规范简化之后，鍼不使用，针表示缝衣针、针灸所用之针，还表示用针刺，如针砭时弊。箴专用来表示由针砭治病引申出来的抽象意义，规劝、告诫。如箴言。
鑊 鏊	鑊	镬		甲骨文从鬲从隹，表示烹煮鸟兽的锅。金文从金蒦声，篆隶楷沿袭金文。本义为古代无足的大锅，多用来煮肉。也特指烹人的刑具。常见演义小说中，江湖义气就要为兄弟两肋插刀、赴汤蹈火。古代汤指沸水，可能就是指到镬中，如同下油锅。
	串 古文	串	串		串与册同源。甲骨文像绳或棍从物品中间的孔贯穿的形状。古文明确所穿之物为贝。《说文》小篆无串字。串是源于古文的俗体。本义是把相关的事物连贯起来成为整体。作声符兼义符构窜字，作声符构患字。
申 申 串 六	串 貫	貫	贯		贯在古文字中最早是毌。金文像绳穿两贝。篆书结合两个字根，上毌下贝，隶书基本相同。主要表示穿、串之义，所以有贯穿、连贯等词。贯也是货币单位。串与贯字义相近，串强调连，串连；贯侧重通，贯通。作声符构惯字。惯篆书从辶从贯，隶变后楷书作遦，俗作惯，今为正体。是贯的分化字。本义为行走，转指习惯。

357

			罗	甲文像用网或以丝罟捕鸟的情形，古玺中有加丝及丝罟的，篆书也加了丝符。本义是以网捕鸟，如门可罗雀。借转为名词，本义用罹表示。构字啰、萝、逻、锣、箩。
			罹	捕鸟是网，但对被捕的鸟兽来说，被网住就是灭顶之灾了，这就是罹字。表示遭遇灾难或不幸，也指苦难。如《诗经》"生逢百罹"。
			罢	网不仅捕鸟，也捕捉大型野兽。熊虽然是无所不能的动物，但一旦落网也无计可施，只能罢了。罴（今简化为罴）就是熊被网住的情景，表示完结、罢休。罢构字摆、罴。
			羁	骑马时马如果边跑边吃草就跑不快，因此，要把马嘴笼住。这就是羁字。表示给马套上笼头，也表示束缚、拘束。
			罪 皋	罪字古文为皋，上为自，表示鼻子；下为辛，表示刑刀。会意对罪人用刑具割鼻。据说秦始皇统一六国，自称始皇帝，皇字与皋字篆书相似。于是改皋为罪。即干了非法的事，落入法网。也可理解为《道德经》所说：天网恢恢，疏而不漏。
			罚	从网、言、刀，会意言语犯法受轻刑处罚。本义是罪过、过错，引申为动词惩罚、处分。
			毕	毕是上古所用长柄猎网，捕捉小鸟的工具。上加田表示田猎，反映当时的生产已不完全靠狩猎，逐步进入了田猎阶段。后假借为完毕、结束。
			离	离本义是捕获。甲文上边是鸟，下边是长柄网（即毕字），用捕捉鸟表示擒获。金文改鸟为林，长柄网加手，表示在森林中捕猎，并非仅指捕鸟。篆书综合了甲金文字根，改林为草，与手持网三者合为离，改鸟为佳（鸟指长尾鸟，佳指短尾鸟）。因为被捕的鸟离了群，本义是失群的鸟。故离字由擒获而引申出失群、分开之义。构字璃、篱、漓。 康殷先生认为，离字是把毕上网住的鸟用手分离开，篆书上部草形应是又的讹变。

				禽	甲文像捕捉鸟兽用的有柄的网形工具，金文在网上加了一个盖子，也是声符今。篆书在柄上增加了手。本义为捕捉鸟兽的工具，引申为捕捉的对象——鸟兽的总称，又专指鸟类，是擒的初文。
				擒	禽表示捕捉的对象后，捕捉之义加扌为擒表示。篆书从手金声，俗作擒，今规范为擒。
				卓	是罩的本字，是用一种毕的网捕捉动物。因捕鸟时高举网，引申为高。甲文下为毕（即有柄网），上为人或鸟。金文网抽象，有人认为是小草结硕果。篆书将毕写作早，上部写作匕，改变了字形。后在卓上加网成罩。隶书上下变形较大，改圆为直。卓构字罩、桌、棹、绰、悼、掉。
			桌	桌	桌字本作"卓"。卓有高而直立之义。后来人们又根据"棹"是木制的特点另制"桌"字。本义桌子。棹读照音时指长的船桨。
				单	单原是古时狩猎作战的武器。最早是树杈（丫），后来在枝头上绑上石块或绳套，用于砸或套；后来又在分叉处绑上捕网，作战时改为盾牌。从甲文演变可看出这系列变化。金篆隶逐渐演变，一脉相承。单后加戈成战字，加犬成獸（狩，甲文）字。构字蝉、掸、阐。
				掸	掸异体字作撢，与担同源。
				蝉	蝉即知了，一般不能过冬，故庄子说"夏虫不可以语于冰者，笃于时也"。甲文是象形字，头身翼足俱全。篆隶为形声字，虫表示蝉属于昆虫类动物。古人认为蝉餐风饮露，所以是高洁的象征，唐代诗人虞世南、骆宾王、李商隐都写过咏蝉诗。从周朝后期到汉代的葬礼中，人们总把一个玉蝉放入死者口中以求庇护和永生。蝉叫声响亮，也是儿童玩物，故经常用单这种工具捕捉。这可能是虫与单合为蝉的原因。
				狩	本义是捕猎野兽。甲金文狩字即兽字，均是在犬旁加一个单形的狩猎工具，表示捕猎。犬在兽时表示被猎的对象，在狩时表示猎犬，是捕猎工具。篆书将獸与狩分开。狩成为犬旁守声的形声字。
				兽獸	

				弔 吊	弔原为弔，甲金文像人被蛇缠住。篆书整齐化，变蛇为弓。隶变后楷书作弔，俗体为吊。今以吊为规范字。上古蛇多，人们见面问候：无它（蛇的本字）吗？即问人有没有被蛇咬伤，故吊有问候、吊唁之义。人被蛇缠住，又引申为悬挂，人上吊是被绳子缠住，正像被蛇缠住一样。
				弟 第	本义是次第、次序。由次序排列引申为兄弟的弟。甲文像绳子缠绕弋形，因一圈圈次第缠绕，所以就产生了先后次序的字义。金文篆书都是用缠绕表示次第的会意字。隶书将缠绕变为弓字，弋字完全变形。并加竹字头表示次第的第，两字独立。作声符如递、梯、剃、涕。
				弗	甲文像不平直的两支箭矢，用绳索捆缚后加以矫正，本义是矫枉拂正，后借作副词表示否定。作声旁如拂、沸、费、刜、佛等。
				弋	甲金篆近似，是拴绳而未缠绕的箭，缠绳子为弟。也像一头削尖、一头有树杈的木橛形。因为在木橛上拴绳子悬挂物品，隶书将树杈分开并写作点。
				贰	弋作声旁构字忒、贰等。贰是二的大写字，表示两个木弋。后在下部加贝，都是为了防止改写而写复杂。 构字腻。
				式	从工弋声，表示建筑有法度有规矩。本义法度，引申为榜样、规格、仪式。构字拭、试、轼。
				代	从人弋声，表示以此易彼，替换，更换。也可会意弋箭射出后捡回再射一次又一次，因此有更替之义。
				马	甲文完全是马的一幅画。马耳、鬃毛、尾、长腿等特征一应俱全。此后是逐渐简化、线条化。隶书完全变形，但仍可看出演变痕迹。 构字很多，如妈、玛、码、蚂、骂、吗、驮、骡。

360

駁	駁	駁	驳	本是马的毛色不纯。历来字根都是马和爻组成。爻是古人占卜时用的卜具及算数时用的竹子，交错之形像篱笆，以这样的花格映在马身上表示马的毛色驳杂，既形象又直观。
	篤	篤	笃	从竹从马，马行缓慢，故以竹鞭击打马使之快走之意。作为竺的借字，引申指深厚、敦厚。
駆	驅	驅	驱	《说文》解为马驰，本是驱赶、驱使动物。甲文像手持棍棒驱赶老虎的情形。也有甲文改虎为马。篆隶左为马，右为区，为形声字。金文和《说文》古文写作殴。古文中殴和驱相通：驱侧重驱赶、驱使和逐，殴侧重击打。马和区今都简化，故驱为简化字。
駛		駛 馭	驶	骏马奔驶，驶就是疾驰之意。甲文右为马的象形字，左边是吏（甲文吏、史、事、使为一字）。篆书左右互换，隶书改吏为史。形声字。有人认为吏、史表示公务，因为办理公务乘马也有疾驶之义。因马字简化，故驶字也为简化字。
馭	馭	馭	驭	同御。现代人常说驾驭能力，事实上古人学习六艺，即礼乐射御书数。御即驾驭车马的能力。古人驾车要吆喝，前进为驾声，停止为驭声。此为音。同时，驭还是会意字。左为马，右是持有鞭策（皮为鞭，竹为策）的手在驱赶马。古文字驭还与御混同，御是迎祭，像人在街上跪迎形。
	駕	駕	驾	
(示意图) 奇	奇	奇 奇	奇	奇为骑的初文。源于一个人骑马的形象，如康殷先生所作示意图。后将马简化，人也站到马背上了。奇借用于表示奇怪、奇偶之后，另造骑字表示骑马。
騎	騎	騎	骑	构字崎、畸、倚、椅、寄。
廌 (牛)	廌	廌	廌	廌是传说中的一种神兽，能判断疑难案件。《说文》解读"独角，令触不直"。甲金文看像头生双角尾多毛的野牛。
法 篆	灋	法	法	篆书法从水，表示法要公平；从廌，因为这种兽能断案；从去，因为要去不公平。也有篆书简化，去掉廌，从水从去。也有人解读为马怕水，但一马入水，则群马入水，因此法有效仿之义。
薦	薦	薦	荐	荐金文像马在草丛边走边吃的场景。篆书简化。本义指喂牲畜的饲草。今简化与荐合一。荐本指由喂牲畜的草编成的席子，或席子下的垫草。引申为推举、介绍。

				牛	牛字是牛头象形，突出了弯角、横耳、长脸。牛构字时在左为牜，在右或在下为牛。
				牟	牛张口叫为牟。厶应是口的变形。牟借用为牟取暴利之义后，再加口为哞表示牛叫。拟声字。
				犀	金文篆书上为尾下为牛，指犀牛。隶楷从尸从水从牛，应更接近原义。犀牛喜欢湿地，经常滚得一身泥。
				牲	本指古代祭祀时用的全牛或羊。甲文左为被绳子绑住的羊，右为声符生。金文改为牛形生声。篆隶沿用。
				物	物，弓弦颤抖发声，其音为无毋，其定为勿字，表示否定之义。勿还有一个来源，即如物字右部，甲文是刀上有小点之形，或是以梳子为牛梳理之形。牛常作为家畜形象代言人，所以物成为动物植物万事万物总称。
				牧	牧，左为牛，右为手持鞭，表明人放牛。正是牧的本义，即放牧，喂养牲畜。甲文中除了牛，还有羊。说明古代牧牛牧羊为多。
				告	告，牛仰头长鸣，表示拖长声音的祭告。也会意将牛作为祭品，人开口祈祷、祷告。汉代帛书简书中，上部还是写作牛字。但楷书牛字一竖变短了。有个字谜"一口吃掉牛尾巴"，就是告字。这是源于书法上紧下松原则。类似字还有羔，可谓"一火烧掉羊尾巴"。羞、看等字，虽未减短笔画，但竖笔变成撇，偏向左方以避让下面。
				造	告构字浩、皓、酷、窖、造、糙。造会意告诉他人如何行走，同找。引申为制造。造金文从舟从宀从告，会意乘舟造访。
				羊	羊字是羊头形象，突出了两角下弯特点。构字很多，如详、祥、样、羴、痒、漾，大多与美好相关。
				羖	羖，甲文为羊与攴组成。正是放羊的情景，与牧字造字法相通。篆隶作羊形攴声的形声字。其义也指黑色的公羊。
				羌	头上有羊角装饰的大人为美。头上有羊角的侧站之人为羌，下为女则是姜字。因此，羌、姜应是同源。羌族现是少数民族之一。

				羞	手抓羊腿表示不舍。又引申独享珍馐的羞耻。另有着字，上也是羊字，因为避让下部字要，所以竖画变为撇，如同看字。
				养	本指饲养牛羊，引申供养、养育。甲金文为会意字，左边羊头形，右为攴，像手持鞭挥打之形。与牧同源，左边牛头形，右为攴。篆隶改为上羊下食，以食表示喂养，成形声字。
				羔	羔，火烤羊之形，烤羊以小羊为主。故引申为小羊羔。上为羊字，隶书中一竖都写出头，但比较短。楷书就直接不出头了。
				羹	羹，《说文》解为五味香羹，即用肉和菜加五味调料烹煮的有浓汁的食物。甲文像皿内有羊形，古文以羊为美味。金文将食器明确为鬲，或在左右加两条徐徐上升的动态线表示煮羹发出的热气或香气。如粥字。篆隶改鬲为美，表示美食，改以形会意为以义会意。
				义	义，甲文从羊从我，表示屠宰牛羊以祭祀。隶变后，俗借义来表示，后又加点作义，今为正体。本义为杀羊以祭祀，也指祭牲，此义后作牺。杀牲祭祀是古代大事，由此指公正合理的事中举动。也指合乎伦理道德的原则。
				牺	牺篆书从牛从羲，今简化以西代羲。本义为古代宗庙祭祀时用的毛色纯而不杂的牲畜。今也指为正义事业、崇高目的而献出生命或损失利益。
				善	羊的目光、叫声温顺和善，受人喜欢。善字从羊从言，会意连连赞美。本义是膳馐美好、美味，膳之本字。引申泛指好、美。
				犬	犬是狗的形象。犬叫为吠。正如羊叫为咩，牛叫为牟（哞）。犬构字飙、状、狂、逛等。位于左边简化为反犬旁。
				莽	古代草木茂盛。甲文双木为林，林土为野。林犬为莽，会意犬在林中奔跑。金文改林为草，篆书为犬在茻中。茻兼表声。隶楷沿袭。本义是犬逐于草丛，引申指茂密的草、草木繁茂、广阔无边。
				献	甲文从犬从鬲，表示以狗肉献祭，或者狗围绕不去表示鬲内盛肉长久献祭。

𤟩	厭	厭厭	厌	肉在犬口而不食表吃饱厌食，构字如压（壓），为厌字下加土字。
𦥑	伏	伏	伏	人与犬组成。或说人如犬匍匐形状，或说犬趴在人脚边。均有趴下义，引申为埋伏、屈服。夏天天热，需要隐伏避暑，故称伏天。构字袱。
	跋	跋	跋	犮即走犬。犬右下加一撇，即曳其足，则剌犮也。表示腿被打或受伤，走路一拐一拐。跋则是爬山一脚高、一脚低，正像跛足之形。
尨		尨	龙	máng，今文比龙字多两撇，实与龙无关，是长毛狗的象形文字演变而来。篆书字形应是符合造字精髓。
猲		狽	狈	贝的圆曲表夹尾巴狗即挨打后的丧家之犬。狈是传说中的一种兽，狼属。前腿特别短，走路时要趴在狼身上，没有狼，它就不能行动，所以用狼狈形容困苦或受窘的样子，"狼狈为奸"则指互相勾结做坏事。
狄狄	狄	狄	狄	北方少数民族。甲金篆隶都有一个犬形，犬是犬戎族，犬是狗，戎是持武器的人。合起来就是拿着武器带着狗的牧猎民族。金文篆隶的左旁是火，反映了猎人带着狗围着火生活的场景。也有人解说为火烤动物肉的情景，也是猎人的生活习俗。甲文狄犬旁是大字，大是正面站立的人形，反映了该民族与狗形影不离的关系。
狐	狐	狐	狐	狐狸。看过《聊斋》的人都知道些狐仙鬼怪。古人以为狐是妖兽。甲文象形，尖嘴、直耳、长尾，准确生动。也有甲文形声字，形符是犬，声符用亡（古也读无）。金文犬形不直观，亡写作人足下加短横（甲文是断手形状，金文是断足形状）。篆书误将金文的亡作瓜，隶书沿用。
獄	獄	獄	狱	从言从两犬，会意两犬吠咬一样争讼不休。本义为讼，即打官司。构字如岳的异体字嶽。
猶猶	猶	猶猶	犹	吃过多酒的醉狗摇晃向前不听指挥。篆书纵势，上紧下松，隶书横势，左紧右松。楷书综合二者特点，取方正之势，重斜笔，正中求奇。如犬字，在字的右边则写作犬，在左边则写作犭。还如水字，在字的右部和下部为水，如冰、漆；在左部为氵。还如木字，在字右边和下边右捺写作长捺，在左边则右捺写作一点，如林、柏。

				苟	苟，古读既，是警、敬、儆的初文。甲文和金文像人机警地竖起狗一样的耳朵。或说是狗坐着的形象。表示警惕、恭敬，故有敬、警、儆义。金文后来加口或表示手持武器的攴，会意武装警戒。篆书规范为四个字。《说文》解敬为肃、警为戒、儆为戒、苟为慎言。隶书将分开的两耳形状隶定为草头，遂生歧义，实与草一点不相干。
			狗	狗	
			敬	敬	敬甲文是狗的形状，突出了卷尾立耳形象。金文更像投影画。篆隶规范、简略而失形，成为犬字。另造形声字狗字。敬构字警、擎、惊。
			豕	豕	豕字是猪的形象，突出了猪长嘴大肚特点。 毅右为殳，手持棍或针之形。左上为辛，左下为豕。表示手持棍给猪刑罚，即杀猪，杀猪不能心怀慈悲、不忍，故有严厉之义，引申为果断、刚强。毅还可理解为兽医为猪治病打针，与医同音。
			毅	毅	
			豪	豪	古文从高从豕，豕即野猪，高是声符，也会意长毛豪猪。篆文整齐化，异体字由高（洞穴）和豕（猪）组成。隶书将高简省为高字头，省去下部口字。表示穴居啮齿类动物豪猪，也称箭猪。全身黑色或褐色，藏身洞穴，昼伏夜出；肩至尾密布黑白相杂的长刺，遇敌时刺竖起，并转身以臀部倒退迎敌。豪本指豪猪，引申也指豪猪身上硬而尖的长毛，或泛指长毛。又引申为细而尖的毛。豪猪凶猛，又引申指杰出之人。构字嚎、壕。
			毫	毫	毫是豪的分化字。本义是长而尖的毛，引申泛指细毛，如明察秋毫。又特指毛笔、毛笔头。如狼毫、羊毫、挥毫泼墨。因为毫细小，所以比喻极细微、细小的物品。老子《道德经》：合抱之木，生于毫末。
			逐	逐	逐即追也，是从后面追赶野兽。甲文下为止，表示脚的行动，上为猪、鹿、兔等，会意追逐。金文动物统一为豕，同时将止加彳为表示行走的辵。篆书规范为豕声辵形的形声兼会意字。
			遂	遂	甲文下边是豕，表示野猪；上边是八，表示分。会意野猪在草丛中分开道路逃窜。金文篆书增加了表示行走的彳和止，强化逃跑。隶书简化走之底。构字隧。

365

			豕	豕	甲文豕下多一横，表示阉割。《说文》解读篆书是猪两足被捆，行走艰难。构字啄、琢、涿、椓、冢。
			冢	冢	古代称帝王之墓为陵，如黄帝陵、乾陵、十三陵。称圣人墓为林，如孔林、关林。而一般老百姓就是坟。冢则指高大的坟墓，如昭君墓称为青冢。金文上为房屋形状，下边是猪狗等家畜，反映了古代人畜同居。此字与家同源，生时为家，死时为冢。篆书在中间的豕上加一画变为豖，表示被捆住腿，是死者的陪葬品，同时将房屋写成勹（包形，应指坟将死者、陪葬品包入其内）。隶书变形时将房屋变为秃宝盖（如军字变形）。
			象	象	猪宰杀后挂起的形象（或解为蚕或毛毛虫的形象，𦝠、彔也有人解读为毛毛虫，彔也像虫被压流水。𦝠彔上部都解为虫头，此只是根据今文来解读，未根据古文字演变分析，依据不足）。象构字缘。
			田	田	田字是田地形象，外框表范围，中间十字表田间阡陌小道。构字界、畔、畦、畺、偪、畋。由字也可把中间一竖解读为延伸到田外的路，由此出入田地。
			甸	甸	甸与佃同音近义。本义是给王种田或管理农田的人。都是人和田组成，演变过程中，人演变为亻和勹，两字都是形声兼会意字。
			亩	亩	亩最初为畮。金文篆书均是田形每声的形声字。用每而不是母作声符，仍含有草禾茂盛的会意因素（每表示女或母头上有草饰）。篆书还写作田、十、久合文。田表示田地，十表示阡陌纵横的田垄和地界。久是甲文量具的升、斗之形，表明此字是量词。隶书将十字省略作亠，难识古意。
			僵	僵	人表意，畺表声，畺是田界义，田界不能移动，僵指人像田界一样不能动弹，引申为僵硬，不灵活。
			裏	裏	里在古代有两个字。里指有人居住的土地，泛指村落和城镇的巷弄、胡同。现在北京很多胡同称某某里。古今字形相近，都是由田、土组成的会意字。里作为度量单位，五百步为一里。作声符构字哩、理、鲤。裏则指衣服的里层，是在衣字中间加里字的形声字。表示里外要用裏，表示地名、里程用里。
			里	里	

366

用	𗈬	周	周	周	周是朝代名，之前更是指周部落或周地。甲文像一块整治好的农田里密密麻麻种满作物，有遍布、周全、紧密、周密之义。（在殷商时期，周部落就擅长农业，属于农业经济，此后秦国居于此地，也以适宜种植禾而得名。）故以周字代称周地、周部落。武王伐纣，周灭商后，周部落统治中国，普天之下莫非王土，率土之滨莫非王臣，遂下加口表示口出政令的王者之义。篆隶基本未变形。要特别注意，周、用、甫、曰等字，在小篆、汉简中上面一横均较短，只封闭右上方，左上方是缺口。用可能是古时盛水容器，半边有盖子，减少运输时水荡出或物品掉落；半边无盖子，便于盛水倒水取放物品。周构字绸、稠、调、雕、碉、凋。
甫	甫	甫	甫	甫	甫是田中作物初生之形，上为草，下为田。金文在外加"口"，反映农艺不仅在大田的现象。篆隶甫圃独立成字，种菜称圃，甫则是男子美称。甫构字埔、浦、蒲、哺、捕、铺、脯、敷、补（卜替代甫简化）。
圃	圃	圃	圃	圃	也有学者认为甫字是狩猎捕鱼所用撒网，上为手，下为网，后加手为捕。能捕鸟兽鱼的人都受人尊重，故作为男子美称，古人取名多用，如杜甫。
𭃂	𤴐	搏	搏	搏	手持网用力抛撒一片为搏。类似字有膊、傅、缚、簿、薄。
𣓀	麦	麦	麦	麦	来是麦株的形象。麦则是麦株下加止之形，表示来。使用过程中，两者互换，来表示来去，下加足的反而成为麦字。可能是因为来用得多，就用简单的字。来构字莱、睐。
来	来	来	来	来	
	差	差	差	差	差在金文中是以手搓揉麦穗的形象，转用搓表示，差表示不好。差作声符构字如搓、磋。
𨤲	釐	釐	釐	厘	厘，金文篆书都是手持棍击打来麦使之脱粒的形象。里表示田地，也是声符。篆书将来讹变为未，将人讹变为厂。今简化作厘。本义是为麦子脱粒，引申为丰收喜悦、幸福吉祥。还指治理、整理。

367

				韭	韭是韭菜的形象。篆书中上部与非不同，韭左右的横画都是向上，会意韭菜叶子片片向上生长。书写时注意与非字区别。隶楷书逐渐类化为非。韭构字如韱、齑。
				韱	韱（xiān）从韭，本义为山韭菜，由于纤细可割，故引申为残割。作偏旁后，本义加歹为殲，今简化为歼。细小之义则另加纟，用纖表示，现简化为纤。韭菜尖尖向上，则用韱加金旁表示，后简化，以后造会意字尖表示。
				不	不字是种子生根发芽，但还未长出地面之形。
				否	否，金文篆隶都是上不下口，表示张口说不。不也是声符，也会意表示否定。作声符组字有痞、嚭、音等。其中音是变形，立字应是不字加一点的变体。
				部	部，右为阝，为邑，表示城邑，人集中居住的城市，引申为一群人。左为音。篆书音是否上加一点，点表示断然否定时唾沫飞溅。音表示否定。音后来作了偏旁，另造形声字呸来表示本义。
				屯	屯是幼芽破土而出的形状。构字囤、邨、吨、纯、肫、炖、钝、顿。
				纯	纯，甲文作屯，因草木长大后或绿或黄，颜色错杂，新芽则多是绿色，以此表示纯色、单一的颜色。因刚抽出的蚕丝颜色比较单纯，所以纯又指蚕丝。后期金文和篆隶书均加丝旁。既是从丝屯声的形声字，也是用纯丝和新绿表示纯色的会意字。
				村	村篆书从邑屯声，也会意人们扎根聚集的村落。
				生	生是幼苗出土，新叶初开的形象，引申为生长、生命。构字性、姓、甥、笙等。
				青	青金文篆书上为生，下为丹。生为草木初生之色，作声旁，也可会意为铜上生锈为铜绿，即青色。青是生命活力的象征。如青山绿水、青春长在、长青等。从青之字多与生命、活力、精华有关。构字清、精、情、晴、睛、靖、蜻、静、猜。

368

				齐	齐是麦穗齐出、整整齐齐的形状。构字济、剂、挤、跻、荠、脐等。
				斋	斋金文右为齐，左为示，会意祭祀时的衣冠和行动整齐划一，引申为典礼前洁净身心。
				力	《说文》称力象人筋之形，即手臂的肌肉形。后之学者多认为是原始农具耒形。因耒耕属粗重劳动，需强力而引申力量。从历代字形看，后期金文和篆书象手臂，其余时候象耒形。构字勒、劣、肋、胁、励、荔。
				男	田力为男。表示男人就是在田中用力的人或耕田的人。因为古代男耕女作（即织衣），分工比较明确（女一般不外出，故女常在家，危险较小，会意安全）。耕田用力的人肯定是成人，故《说文》解为丈夫也。
				幼	丝力为幼。丝表示细小、微小；力表示手臂，或表示耒，引申为力量。会意力量像丝一样细小，成人可能手无缚鸡之力，但那是汉代以后职业读书人、门阀世家出现以后的事了。古人都要劳动，因此，丝力之人是小孩子，即幼儿。金文有用幽和子组成的形声字。构字拗。
				协	甲文是三个耒并耕，或加口表示三个耒同口一心。金文是用动物代替耒。篆书写成三个字，《说文》解为劦，众之同合；恊，同心之合；勰，同思之合。所以，协是众人合力之意。从三力构字的还有胁、荔。
				劳	劳，篆书上为火，中为房，下为力，会意夜间在火光下辛苦劳作。构字捞、唠、涝。
				加	加从口从力。表示口用力说话，于是大话套话谎话全部出来了，犹如滔滔江河不可断绝。《说文》解为语相增加也，本义为夸大、诬枉。引申为增多、增加，把几种东西合在一起。加构字很多，如驾、架、袈、痂、伽、茄、枷、咖。
				耒	与力同源，是原始的手持农具，耕耘之用。最初只是梢部磨尖的树杈，后来逐步改进。前端装上石、铁锐角，成为犁、铧等器具。甲文同力，金文有加手表示手持，篆隶变形。作义符构字如耕、耘、耙、耦、耤、耩。耕从耒井声，也可会意像打井一样深挖土地。
				耕	

				乂 刈	形如剪刀的除草工具。 持剪在手，以之除草，便是甲文刈字。有的篆书将双手改为刀，强化割杀之义，即今之刈字。刈是强调割杀动作，艾则是强调割杀对象。草头表示草本植物，乂表声，又像剪刀，指割草，表示割取艾蒿入药或针灸。哎则是形声字，也可会意除草累了出口长气的伴随音。
				艾	
				辰	辰是振和震的初文，源于手指上绑贝壳做的镰刀。变形较大。构字振、震、晨、農（农）、唇、辱。 晨与农同源。甲文用辰星落入草中，或用双手持辰劳作，表示星星依稀可见，农人开始劳作，正是清晨务农情景。金文开始分化。
				晨	强调劳作的时间为晨，便突出天上的日或星。篆书上部或作晶，或省写为日。本身就是星（夜）日（昼）交替的意思。隶书上部只保留了一个日。
				农	强调劳作本身为农，便突出草木、田地和双手。字形变化大，一般为上曲下辰，今规范简化为农。构字浓、脓。
				辱	初文为蓐，会意手持辰这个农具割草。以减法造字，省草为辱。持辰不去除草，无所事事就是失耕，古代重视农业，引以为耻，会受处罚。辱即羞辱，构字褥、薅。
				啚 鄙	鄙甲文作啚，是郊野收藏谷物的仓廪形象。金文沿袭，后来加邑表示地点。引申为离城较远的地方，郊野。常用于谦称，如鄙人。诸葛亮《出师表》："先帝不以臣卑鄙，三顾臣于草庐之中。"卑鄙是谦称。今天称卑鄙无耻，则是贬义。观古今历史，成者为王败者为寇，王寇为达目的不择手段。英雄追求过程公正无愧于心，虽说不以成败论英雄，但往往英雄输得冤枉死得悲壮，常常小人以弱胜强得志猖狂。司马迁歌颂项羽英雄盖世儿女情长，贬斥刘邦翻脸无情无赖流氓，仍改变不了事实：卑鄙是卑鄙者的通行证，高尚是高尚者的墓志铭。
				墙	啚构字墙、穑、图（圖）等。墙不是形声字，从啬爿声，爿也会意木板为墙。后来以土为墙，遂改爿为土。这种与时俱进的造字法还有：炮古为石旁，航古为木旁。
				图	图从啚从囗，会意根据地上事物分布情况绘制图形，本义是地图，引申为图画，画图。

稟	稟	稟	稟 （禀）	稟、亶上部都源于啚，是简易的粮仓形象。稟金文是粮仓与米或禾组合，隶楷将禾演变为示。本义为粮仓。后引申为赐予、报告，本义则加广为廪表示。管仲强调礼义廉耻乃国之四维，但他认为"仓廪实而知礼节，衣食足而知荣辱"。稟构字檁、凛。
	亶	亶	亶	仓廪越堆越高，人在上面可观日出（旦），也可能两股战战，吓得颤抖，此为亶字，旦为声符。本义是仓中粮多。构字擅、檀、坛（壇）。
	顫	顫	颤	颤，从页（人的头部）亶声，亶本指粮多。头部不停摇动也有多之义。
仓	仓	仓	仓	仓字为仓库象形，上有盖，中有门，下有垫石或出口。构字沧、苍、疮、疮、创、呛、枪、抢。
	蒼	蒼	苍	天苍苍，野茫茫，风吹草底见牛羊。苍本是草的深绿色，后引申为青黑色并借指天，也指野外苍莽广阔的景色。字形上为草丛，下为一个仓房的形象，既是草形仓声的形声字，也可会意苍莽、苍凉的情景。此意古与沧同。李商隐诗句：沧海月明珠有泪，蓝田日暖玉生烟。就是以沧为苍，与蓝相对。
惠	惠	惠	惠	惠上为叀，是纺锤之形。下为心。会意一心一意涤除杂念、思维有条理，表示聪慧。此义后来用慧字表示。惠引申为仁爱、给人好处、赠送。 构字繐、穗。
专	專	專	专	专甲文是以手搓动纺轮，使之转动的情景，本义为转。纺织时要一心一意、专心致志。专表示专心后，本义加车旁为转，会意车轮滚滚转动。专是简化字，从专的字有转、砖、传、团，为形声兼会意。
传	傳	傳	传	字根由人、手、纺锤形三个组成。表示人用手在转动纺锤。本指古时的驿站和客舍，也指驿站的车马。又因驿站是中转和传递文书、信息的机构，所以兼有转和传两个音、义。即多音多义字。 隶书写法中间没有一横一点。直到唐楷出现横与点，唐隶如李隆基写传字同楷法。

				癸	纺锤的旋转。篆隶下部为矢，因矢的撇与上部的撇重复，故省略，成为天。洪字右边有写作癸的，表示水流滚滚。
				葵	葵是一种草本植物，花盘随着太阳光转动，因此称为向阳花、向日葵。
			暌	暌	暌表示一双眼睛的来回转动，如众目暌暌。
			予	予	予、幻、杼是用同一物表达三个不同意思的字。杼是织布的梭子，予是将织梭来回穿送于经间，因两手互相推来接去，故有给予义。篆书予像交叉的两束丝和抽出的线头。幻是奇异的变化。因枳梭在经线中间来回穿动，忽隐忽现，使人眼花缭乱，如真如幻。幻字恰是予旋转一百八十度之形。予构字预、序、抒、舒、野、墅。
			幻	幻	
		綠	綠	绿	录篆书左为金，右为录。录在甲金文都是过滤的情景（参见绿字甲文右部）。上是挂在梁上的东西，下是滴下的水。隶变后楷书写作录，今规范为录，又作为錄的简化字。录构字绿、渌、碌、禄、氯等。
		鎵	錄	录	录本是记录之意，古代记录载体是龟甲、兽骨、玉石，要用金属工具锲刻，故录繁体从金。今不用，故省。
工	工	工	工	工	工是工具之形，如同带柄的铲或工字尺，引申是指用工具的工匠，使用工具的工艺、工作。构字多，如江、肛、缸、杠、功、攻、巩、恐、筑、汞、贡、扛、空、控、腔、项。
			虹	虹	雨后日照水雾出现的彩色圆弧蒸汽。红色在外紫色在内叫虹，紫色在外红色在内叫霓。古人认为其体弯似虫而以为是天上的动物，现代民间还把彩虹出现说成是虹这种动物出来吃水，把江河的水吃干，预兆大旱。甲文象两端有首的虫形。篆隶改为虫形工声的形声字。有人将工解说为表示贯通、连通的字根，虹就是两头连通的虫，此说与甲文吻合。
			巠	巠	经金文为巠，既可理解为工的衍生字，也是纺织时丝线与纺车的整体形象。从上往下的纵线称经线，正像巠字上部。纬则相对，指从左到右的横线。古人常说经天纬地，天是上下，地是左右。我们看地图，也有经纬线。经线从上到下，区别东西。纬线从左到右，区分南北。巠今简化，构字劲、颈、径、氢、茎、泾、泾。
		經	經	经	

巫字金文与甲文癸相似，不同在于巫字横平竖直，有稳定之感。癸全是斜线，有旋转之感。巫本是工匠，而且不是一般的工匠，是大工匠，故用两工字交叉之形，后指能沟通天地的人为巫师。构字诬、灵（靈）。灵是简化字。					巫
壬与工同源，甲金文写作"工"形，也有在"工"中间竖画上加一点，以示分别。篆隶书将一点变成一横。壬应是工具或纺锤的形状。借指天干第九位。加人旁，表示人抱纺锤或背负工具，表现担负、负担之义。 从壬的字有任、妊、饪、廷、庭、呈、程、逞、赁、淫。					壬
					任
妊娠，即妇女怀孕。壬表声，同时，壬本是工字中间加粗演变而来，如纺锤形，中间缠线后圆形突出，也可会意孕妇腹部隆起。					妊
孟子说："不以规矩，不能成方圆。"规用来画圆，现在称为圆规。矩则用来画方形，故方形过去称作矩形。矩与巨是同源字。金文像正面站立的人手持一工字尺，表示工人用的工具，属会意字。有的金文省去人形，在工字中间画一个圆圈，成指事符号，也可理解为方圆规矩。篆隶略有变形，巨、矩字义也发生变化。巨指大，矩指丈量田地长度的弓尺和标杆，也指抽象的规矩。 从巨的字有拒、炬、距，柜（櫃）字篆书从匚从贵，柜为简化字。					巨
					矩
规左为古人丈量土地的弓尺，可量长可画圆，也会意人目视一圈表示圆。构字窥。					规
一种劈砍木头用的斧子，现称锛。斧刃与柄平行，斤刃与柄垂直。现借用失去原义，表示重量的斤两。构字如斧、断、斩，保留原义，与斧砍有关。作声符有昕、斫、近、芹、沂、欣（掀、锨）、斯（嘶、撕）等。					斤
本指木工，泛指有专门技术的工人。后指某方面造诣或修养很深的人。匚是装物品的箱子，斤是木工用的锛斧。以木工工具代表木匠，正如镰刀斧头表示农民和工人。					匠
古代车夫必带斧头，车辆翻倒后砍断绳轭放马，本义为断开。引申为斩刑，即砍头。构字惭、崭、渐、暂。					斩

杁	粃	粃	析	析	甲文左木表示树木，右斤表示斧头，表示斧头从上到下劈开树木，引申为分开、分辨、分析、辨析。构字晰、淅。
打	斷	紤	折	折	折则是从左到右砍断树木。折字甲文右为斧头，左为两草或断开的木字，篆书讹变为手旁。本义折断，引申为弯曲、挫折。构字哲、淅、逝、誓。
		庠	庠斥	斥	斤下加一点为斥，但这是今文。篆书从广从屰，会意将房屋向外扩展，屰兼表声。由于篆书中广厂相近、屰干相似，故隶变后讹变为厂下干字。干字下横再变形为点，就成了斥字。本义是扩屋，引申为开疆拓土。又指排斥、指责。
口□	■●	个	丁	丁	丁是钉的初文，甲金文像俯视所见的钉帽形状，篆隶楷则是钉子的侧视图。丁借用为天干第四位后，本义加金旁为钉。其实古代丁多用竹。参见针。
口	口	釘	釘	钉	丁作声符构字钉、叮、盯、顶、订，会意字则有打、可。
	帄	打	打	打	从手从丁，表示以手击打钉钉，拟声字。钉钉要用手反复敲打才能进去，因此，打字由此会意，意义丰富。如打造、打算、打架、打车、打气、打针、打交道。
可可	丂可	可	可	可	可从丁从口，丁为钉，口表示声音，是劳动时发出的号子或助力声。比如现在传承的川江号子，就是古时拉纤的纤夫们为统一步调和用力节奏的劳动号子。小时候也常听石匠和推鸡公车运石的人喊号子。可本义是歌，可字是歌的初文。可被借用为可否、哥被借用为哥们，遂以歌表本义。歌是劳动号子的延伸、美化、升华。可构字阿、啊、呵、坷、苛、柯、哥、歌。
阿	阿	阝可	阿	阿	阿字从阝为阜，山字侧倒之形。阿本义指大山。秦皇有阿房宫（阿读作婀，房读作旁），王勃《滕王阁序》："访风景于崇阿"。
		丵	丵	丵	丵是木工或石匠用来打磨、凿孔的工具。构字凿、璞、对（對）、业（業）、丛（叢）等。
對	對	對	對對	对	对字甲金篆书正像手持凿子对准画线凿眼之处。隶书早期左下有口。据说汉文帝时去口。今简化左部，以万能替代符号又代替丵，为对字。

		鑿 六	鑿	凿 鑿	从《六书通》凿字可见，右部为殳，表示手持物击打，左上为举，下为臼形，表示用凿子这个工具打造舂米的臼。凿就是打孔、雕凿之意。
廠		樸	璞	璞	甲文上为山或山洞的形状，下是手或双手持工具开采玉石放到容器筐中的形状。金文未见，篆书以樸代璞，表示未经雕琢的木头。隶书作璞，即未经雕琢的玉石。为左形右声的形声字。
鳞	僕	僕	僕	仆	古时把人分为十等，仆为第九等，是供役使的侍从。《左传》说，天有十日，故人有十等，即王、公、大夫、士、皂、舆、隶、僚、仆、臺。甲文像身有尾饰、手捧工具做粗贱活儿的人，人头上有辛符。辛是奴隶身上刺字的尖刀，表明这是已受了黥刑的奴隶。金文写法多，但均具有人双手捧工具劳动的字根。今简化声旁为卜。樸（朴）扑类似。
蕃 糕 六		叢	叢	丛	篆书从举，取声，今简化为丛。以举上端聚集小齿会意聚集。也可能源于丛生的草木之形，类化为举。丛本义为聚集，也指密集丛生的草木，引申为聚集在一起的动物或人。
屑	段	段	段	段	左上是打铁的墩子，下两点表示铜锭；右为殳，表示持锤击打。本义是锻造，引申为切分之后，加金表示本义。缎表示一段一段的丝绸。
田		眃	疇	畴	已经耕作好有田界的农田。甲文是耕田时往复的田垄形，此形与浇铸时的液体流动相同，故也释为铸。篆书或另加田旁，表示农田，也成为田形寿声的形声字，寿也兼表意。隶书变形较大。寿、畴、铸可互见。
禺	虋	畴	壽	寿	《说文》解为久也，指人年老，活得长久。字一大堆，从甲金文到篆书，笔画越来越多，越来越复杂，恐怕是认为笔画越多代表越长寿。现在寿字成了简化字，人反而长寿多了。字形解读各说不一，或说像液体蜿蜒流动形，或说像水流田畴形，或说像带汁肉块形，总之表示人寿如流。构字有铸、筹、祷、涛。

		鑄 鑄	铸	《说文》解读为销金也，即熔化金属注入范模成形。甲金文是象形和会意，后变为形声。甲文有两种写法，金文合二为一。上部为手捧坩埚向下浇注，中部是熔化的金属汁在模具口流动形状，下部是模具或铸件。有的金文加金旁，并省去手和坩埚形，表示浇铸金属，变成形声字。篆隶随之确立了从金、寿声的结构。
		禱	祷	祈祷、祷告，向神祈求顺利和幸福。因祷是一种口说的动作，甲文与祝是同一字。像人跪在神前比手画脚、念念有词形。《说文》籀文用示、真和止、寿组成，意在以真诚祈求顺畅的到来。篆书保留了表示祭祀的符号示字和长寿的寿，成为形声兼表祈求长寿的会意字。反映了当时人类已把长寿放到了重要位置。
	陶	占	占	古代生产生活条件艰苦，非常缺乏安全感。无论打猎、战争、畜牧还是种植，不确定性很大。因此，他们往往寻求精神寄托。占卜吉凶是一种方式。占就是占卜。下为口，表示询问吉凶、解说卜辞。上为卜，是占卜时出现在龟板上的裂痕形状。古人从火烧龟甲骨上的裂纹形状来揣测吉凶。构字沾、乩、粘、苦、点、店、怙、掂、毡、钻、贴、帖。
		貞	贞	甲文象鼎形，鼎为炊具，后为权力象征。也象征吉祥、端正不移。或另加义符卜，会意卜问吉祥，鼎兼表音。金文沿袭。篆书将鼎讹变为貞。今简化为贞。引申为坚定不移，忠贞不渝。又引申为忠诚、贞节。贞从人为侦，侦查。
		外	外	外由夕和卜两个字根组成。夕最初是月字，后混淆，但兼有月和夜晚之义。卜是烧烤骨板出现的裂纹，根据纹断吉凶。外本义是指占卜一个月内发生的事情，表示远卜。故《说文》解外为远也。另一种说法是占卜都是在白天，如果夜晚占卜，就是例外。故外有例外之义。
		卦	卦	卦从卜圭声，两土会意蓍草累积堆放，以蓍草卜卦。

(甲骨)	(金文)	(篆书)	示	示	示是祭台形象，构字祈、祷、社、神、福，表示祭祀的对象、用品或目的、方式。
	社	社	社	社	示加土为社，表示对疆土的祭祀或祭祀的地方。古代一个聚居点就有一个祭祀的地方，故以社代称人的聚居点，现在也是中国最小的基层组织。
	神	神	神	神	示加申为神，表示祭祀闪电。古人认为闪电是天火，威力巨大，故祭祀。后成为神灵的通称。
	祭	祭	祭	祭	祭，甲文是手持肉之形，点表示肉上的血。金文加示字，会意持肉于祭台上祭祀。篆隶从之。今规范字要注意：右上角不是又字，而是乂，因下面有示字，所以又字的撇变短未从捺画穿过。祭构字有察、际（际）、蔡。
	蔡	蔡	蔡	蔡	蔡与杀同源。甲文像割杀的动物之形。金文形似，也像人断腿之刑（大表示人，右下表示锯腿，与陵相似）。篆书从艹从祭，成了割草了。《左传》："（周公）杀管叔而蔡蔡叔。"蔡应是锯腿。（一般认为此甲金文为求字）
	礼	禮	礼	礼	中国古代以德治国，德主刑辅，强调礼之重要性。所以周公制礼，吕侯制刑。又言刑不上大夫，礼不下庶人。礼乐征伐自天子出，社会动乱称为礼崩乐环，孔子说："克己复礼为仁"。礼本义是祭神以求福。甲金文由珏（两串玉，是贵重装饰物，表示财富）和豆（食器，多用作祭祀的盛器）组成。表示用最贵重的东西送给神作礼物。有的金文加示字，表示祭祀。篆隶楷字形相似。唯《说文》古文礼字简化，是示旁一个躬身礼拜的人形，《衡方碑》《爨宝子碑》《玄秘塔碑》随之写成礼，即是现在的简化字。
	祀	祀	祀	祀	祀，对胎儿的祭祀，希望胎儿不要作祟母子平安。同义的还有巽字。巽是胎儿放在供桌上。后借用为八卦的巽卦，表示风。
	祝	祝	祝	祝	《说文》解祝为祭主赞词。即祭祀时男主持人（男巫）向神主祈祷求福。因此，祝也指男巫。甲金文均像人跪在祭台前张口做祷告状。示是祭台形，下是跪着的人形，上边的口表示人在说话。篆隶变形，字义未变。

		祟	祟	祟	古人认为人害病是鬼神作祟，祟从示从出，表示祭祀的鬼神出来作怪导致的祸患。如鬼鬼祟祟，与崇不同。 崇从山宗声，兼表山高值得祭祀，崇高、崇拜。
宗	宗	宗	宗	宗	宗从示从宀，表示祭祀的房屋。同一祖先的后人到同一个祖屋祭拜先人，这些人称为同宗。古代长子继承祖屋祭拜祖先神位，表示宗法社会中的大小宗。 宗构字综、踪、棕、琮。
帝	帝	帝	帝	帝	甲文像结扎柴草一束的形状，中间小两头大（像篝火晚会堆的柴火），燃烧以祭祀大神。金文在上加一横代天，祭祀沟通天地。篆书沿袭并整齐化，隶变后楷书作帝。
禘	禘	禘	禘	禘	帝构字蒂、缔、啼、蹄。禘从示，表示祭祀的对象是天帝。后成为古代帝王、诸侯举行各种大祭的总名。
且	且	且	且	且	有男根、牌位、墓碑等说。商周时且与祖通用。甲文像一座祖庙的形状，左右为两墙，下为地基，据说是以土形转化的，先民由崇拜自然神进而崇敬祖先。构字诅、阻、组、租、沮、蛆、姐。
且	祖	祖	祖 祖	祖	祖原是供奉、祭祀祖先的宗庙，也指祖先。甲金文字形近似，均是祖先牌位形（也解为墓碑形，均源于男性生殖器）。金文或加示、手或俎等与祭祀相关的字根。篆隶则将祖定格为示、且。
且	俎	俎	俎	俎	俎甲文像桌上摆有两块肉。金文则像桌的侧视图，左为桌腿，右为桌面，既用于祭祀，也是切肉的案板。篆书左右断开，桌腿变形为仌，桌面变形为且。
		狙	狙	狙	狙是形声字，也用卧在肉案旁的狗会意伏击。
宜	宜	宜	宜宜	宜	宜与俎的古文字相同。本是用肉祭祀神或祖先。甲金文像两块肉放在供桌上。后期金文和篆书加宀，表示在屋内常年祭祀。隶书与篆书字根相同。构字谊、叠。
	叠	叠	叠	叠	叠字金文像物体堆放在宜或俎上。篆书从晶从宜，会意多而重叠。隶变后楷书本写叠。据传王莽时以为从三日太盛，改为三田，遂写作叠，晶实为雷声连续滚滚而来的形象，兼表重叠，今规范为叠。

		醜	丑	鬼是人戴着面具之形，厶表示私。鬼构字槐、魁、瑰、愧、傀、魄、魂等。 醜字从鬼酉声，表示戴着面具很难看，丑陋。今简化与丑合一。丑是扭的本字，是手指扭曲之形。书法家要注意，子丑寅卯的丑没有繁体字。（见299页）
		冑	胄	胄有两个来源，一是金文，下为目，上为头盔，演变为篆书一，上变为由，兼表声，下目讹变为冃（冠、冕、冒上部），隶变为胄。秦汉以后叫兜鍪，后代叫盔。因为其形像鍪，像现代的锅。戴胄是打仗的装束，戴时不摘冠，胄不但保护头顶，也能保护面部，像面具一样。甲胄在身不识真面目，见到尊长就要摘掉。另一个来源是篆书二，从肉，由声，本义为古代帝王或贵族的后代。隶变后合一。
		由	由	由是面具之形，也有人解中间一竖指示田中有路，由此进入，或解为口中喝水，由此而入。构字油、宙。
		畀	卑	上为面具之形，下为手。手持面具表示人在面具后，没有露脸，地位卑贱、低下之义。有人解读为打扇。构字碑、婢、啤、脾、牌。
		婢	婢	女表女性，卑表示地位低下。是古代将罪人的眷属或战俘没入官府服役的人，又特指富人家的侍女。甲文左为姜，姜在古时是地位低下的女奴。金文则是上下结构，女人头顶一个器皿。
		畏	畏	甲文像一个人头戴恐怖面具、手持树枝欲击打的形状。金文树枝下移，篆书进一步讹变。《说文》误认为是鬼头虎爪。隶书变形成为今文。戴面具形的字还有异、戴、鬼等。本义指丑恶，引申泛指恐惧。构字喂、偎。
		異	异	异古为二字，异为举也。異则是两手举起将面具戴在头上的形象，今简化与异合并。原形在翼、冀、戴等字保留。
		戴	戴	戴本义是顶、套在头上。初文为異。異是古人在重大事件前举行的祭祀活动中，将所供神主的面具用双手举在头上（后改为套在头上），供人拜祭。甲金文正是双手戴一面具的形象（因为戴了面具，与本人不同，故異有差異之义）。篆隶另加戈（表示灾祸的苗头），合起来表示发生兵灾祸乱的意思。这正是举行祭祀的原因。

				恶	亚是四通道墓地的形象，也有学者认为是房屋地基的形象，或者是窗子的形象。总之与土建有关。亚构字如娅、桠，读亚。恶、垩则读作饿。
				恶	恶从心亚声。也会意强压在心总想发作的情绪或感觉，也可指丑陋。如《道德经》："天下皆知美之为美，斯恶也。"恶与美相对，指丑陋。后指凶恶，与善相对。
				垩	垩从土亚声，指白色的土。也会意墓地下未曾振动的原生土壤。
				贮	宁是墓的形象，也可理解为仓库的形象。甲文是将贝埋入宁的情景，会意贮存。金文成上下结构，篆隶楷为左右结构。
				南	古代南方的一种钟形打击乐器，故称南。甲金篆形似，上为吊挂乐器的绳索，下边是乐器。
				庚	与南相似的钟形乐器，下部中间多了一竖，表示吊坠。构字康、唐、赓等。
				康	与庚、唐同源。本义是安康、安乐。甲金文相似。是庚这种乐器吊坠击打出声的形象。小点表示声音，如彭等字的彡。篆书将下部规范为米。隶书将下部的小点简化为水形。构字穅、慷、糠。
				唐	唐是广大、大话的意思。甲文写法多样，但上边均是庚字，下边是口，表示庚这种钟的声音。金文承袭。篆书上部写成双手持干，失去原形。隶楷变化也大。后作为国名、姓名。构字塘、糖、搪。
				声	甲文左上为乐器磬，右为手执棒槌敲磬状，中为代表耳朵及声音的形状。本义指敲磬乐发出的声音。
				和	龢从龠禾声。龠是我国最早的吹奏乐器。上为倒过来的口字形，表示往下吹。此乐器为竹管编扎而成，上端有吹口，后发展为排箫。多管出声，其音必要相和。龠构字籥，今简化为钥。龢今规范为和。
				和	和金文左为木，可能是禾的笔误。篆隶从禾。和指声音相应和，龢指音乐和谐，本义不同，但常交叉使用、通用。

				于	于字甲金文右部像发吁声时鼓起之肚，省后表吁出的长气。构字吁、芋、迂、宇。
			竽	竽	于加竹头为竽，表示乐器，也是滥竽充数的竽。
				丂	从于字篆书去掉一横为丂，可理解为一种乐器，像牛角号。构字朽、巧、粤、聘、娉。
			號	号	丂上加口为号，表示吹奏号角发出的声音，号角声声，呜呜长鸣，如痛哭。故号表示大声痛哭，引申泛哀号。 号是號的古字，今又是號的简化字。号从虎号声，表示虎叫，即大声喊叫。
				亏	亏篆书从于（像楷书亏），雐声。隶变后楷书写作虧，今简化作亏。也会意鸟隹被虎捉住失去自由有气无力。本指气损，泛指亏损。
				兮	兮像号角向两边发出长音表示集合或召集同伴。古代楚地兮与呵应是同音字，所以现在《道德经》很多版本有的用兮有的用呵。
				乎	乎，甲骨文字形在号角丂（丂）上加三点指事符号川，三点表示吹奏的气流通过号角发出的声音。本义指号角吹得紧急、响亮，代表部落的紧急"呼叫"，"乎"是"呼"的本字。金文加一撇。篆文加一撇减一点。隶书写成乎（于，号角）加两点。
				夸	誇的初文。《说文》解为奢也，即虚夸、奢言、炫耀。字形为大、于合成。大是人展开四肢、显示自身长大的形状。于是表示呼出气体，用人出大气、吹大气会意自夸。现在也常用吹大气、吹牛讽刺自夸、说大话的人。篆书另加言作誇。构字跨、垮、挎、胯。
				平	下为于，表示吹气。会意吹气平均用力，平和、平缓。不平则是皮，以皮作字根的跛、波、坡、颇，都表示不平、不正之义。构字评、砰、坪、萍、苹。 有人认为平像天平图形，下增一横表示手的握持使用，转为秤。

（金文）

			壴	壴	壴是鼓的形象。鼓字甲文左部是上有饰物的鼓及承鼓的支架，右边是手持鼓槌的手，即以槌击打的意思。壴作偏旁后，鼓表示乐器，同时引申为动作，鼓劲、鼓掌、鼓动。因为鼓肚子突出，所以鼓也指突出、胀大。
				鼓	
				彭	甲金文像鼓架上有一只有饰物的鼓，旁边的三点表示击鼓时发出的彭彭彭的声音。构字澎、膨。
				喜	甲文像把鼓放在专门安置鼓的台座形上。表示有喜庆的事要奏乐庆贺。上为鼓的本字。构字熹、嬉。
				嘉	《说文》解为美也，原是喜庆欢乐，引申吉祥美好。甲文从女从力，会意尽情娱乐、欢乐。金文字形变化大，或用龠表示喜庆欢乐，或用不同形状的鼓作形符，用加作声符。篆隶从后者。
			尌	尌	尌表示将鼓树立起来，后转作树。构字还有厨、橱。
				树	十年树人，百年树木。树原为立义，即树立。后引申为木本植物的总称。甲金文是在鼓上插饰物，表示树立。篆隶加木旁表示树木，专表木本植物。此字还可解为手在器皿中栽种草木或育苗，表示树有种植、栽种之义。
				教	教，甲文像一手执教鞭、给孩子讲解知识（爻形，代表知识，本是用竹木块摆出数字，即算筹形象）。金篆沿袭。隶书爻形变化最大，成老字头，左边成为孝字。也可理解为教育的核心是培养孝道。教本义是教育，是上行下效。
				学	学，甲文像手把手教授学习建造房子的情景。金文增加了学习的主体——子。有的金文还增加了支，表示棍棒下学习。篆书有繁简两体，繁体多支旁。隶楷从简体篆书。今简化，源于草书。

				觉	觉是觉醒之义。白居易《长恨歌》有"云鬓半偏新睡觉，花冠不整下堂来"，睡觉就是睡醒之义。觉还有觉悟之义，佛教用语里非常多。如大足石刻就有一个圆觉洞。修行的层次就是觉悟的层次。圆觉就是功德圆满。还用作自觉，正觉等。构字搅。
				二	二历来均是两横，源于算筹，即用竹木片摆放记数。贰是大写，防止涂改。贰字金篆隶书均是用二戈、二贝、二肉会意数量。参见弍部。
			祘	祘	祘像古代算筹的形状，现规范为算。祘构字蒜，草头表意，表明属于草本植物；祘表声，可能蒜叶青而扁平与算筹相似。
			蒜	蒜	
				匀	金文像臂弯里有两物的形状。篆书改为勹二组合，会意平均分为两份，隶书将两横变为两点。由平分之义还引出分、让出、均等、涂抹使均匀等义。有人认为上为长伸之人，下为两铜锭，一分为二。 匀的勹与匊相同，是手捧之形。 匀作声符，构字如均、钧。
				均	
				三	三个横画，表示三个短棒。大写的叁字是假借星宿名参星而来。由三个字根相叠的字很多，金木水火土马牛羊犬豕鹿鱼等有几十个字。
				四	甲金文均是四横，像四枚算筹横排的形状。春秋战国时借用涕泗的四。《说文》古文写法像鼻涕形，为表现泗是鼻液，篆书加水成泗，泗又借指河名。以后四、泗分流，四只作数词。

六

区	区	区	五	五	甲金篆书均是上下两横（上一横代表天，下一横代表地），中间有交叉形。《说文》注解，表示五行，阴阳在天地间交午也，即交错。
		伍	伍	伍	后世学者认为许慎所说太牵强。据考证，五行学说应是战国末期才出现。我赞同一些学者的观点，认为五是叉形，即×。表否定，与"不"音近，与勿、毋、无同音。后来五被借用表示数字。
区口 金	吾	吾	吾吾	吾	五构字如伍，也是五的大写。我们现在军队还是五人为一个班，据说始于商鞅变法。 吾，即我，自称。构字如、悟、晤、捂、梧、语。
丨	丨	十	十	十	数词。古今变化很小。古人用筹码记数，一至四横放，五交叉，十竖放。所以用一竖表示十。后来中间加肥，后来成为圆点，最后改点为横。与壬、生等字变化相同。在西汉隶书中，十和七形似。十为长横短竖，七为横加长竖或斜竖，后来七字竖变形为竖折钩，两字区别开来。十作声符构字如什、汁、计等。
	叶 六	什	什	什	
牛	氏	氏	氏氏氏	氏	甲文是以字。人身上掉下来一块肉，即胎儿。胎儿与父母相似。所以氏表示后代。我们经常看到姓名排序，常说按姓氏笔画排序。古人有姓氏名字。今人只有姓名。姓是大概念，分化出氏。名是父亲所命，字是尊长在后辈成人时根据名的涵义所赐。氏构字纸、祇。 也有人认为甲文像人俯身提水之形。人俯身就变低，是低的本字氏。氏作偏旁后，构成底、抵、砥等字。
王	氐	氐	氐	氐	与氏相比，氐在金文中下部多一横，应是指事符号，表示人俯身于地，很低。
		只 祇只	祇只	只	手指插入口中出哨声。另有隻，与雙相对，表示鸟一只，是量词。只则是副词。
		活	活	活	活由水氏口三个字根组成，表示有水有根人才能活。隶书将右部简化为舌，相似构字有话、括、刮、阔。

				廿	数词，廿为二十，卅为三十。 古代计数，以一根算筹横放表示一，竖放表示十，两丨即廿，三丨即卅。金文在每竖上有一个点，应是源于结绳记事。单个的一为一个小结，十个小结为一个大结。几个大结连起来就是几十。随着点向横变化，篆书写成三个十重叠。隶书则将横合并，成为卅。
				卅	
				七	七是切的初文。后分化为两个字。七构字柒、切、砌。 七甲金文均写作十字，像一横从中切断的形状。借指数字六加一的和。要特别注意古时七和十写法相似，区别在于十要么横长竖短，要么竖长横则为一点，七的一竖长，楚简、篆隶将竖弯曲。篆隶另加刀字写作切，将七、切分开，各表其义。
				切	
				八	一刀两断，切开自然分开。所以七与八相连，七表示切开的动作，八表示切开的结果。分开即分别，故八有别之义，捌是八的大写，从扌从别，表示分别。
				捌	
				乖	参见乘。乘由大木合并为禾，双止变为北。乖的北则为两个八，表示意见相左。中为羊头。
				分	古今字形未变。上为八，左右分开，表示分开、分别、分离之义。下为刀，表明用刀分开。 构字吩、纷、芬、氛、粉、份、忿、盆、盼、扮、颁、与、班、岔。
				半	甲金篆上为八，为分之初文，表分开之义。下为牛。会意将牛从中分开，各一半。金文中偶有用八千或八升会意半字，可能与半斤八两一样，表示一半之义。 牛字左撇没有了，与癸下为矢去掉左撇一样，因为上面有撇了。未没有撇是与朱区别。另外先、朱是将弧形变为撇横。矢上为人字形，与京、高相同。半构字判、叛、伴、拌、绊、畔、胖。
				判	形声字。左为半，右为刀，用刀分开，有分之义，引申为分辨，评判，裁判是非、曲直、对错。

				叛	形声字。左为半，右为反。表示与过去的一半相反，站在对立的一半。
				公	篆书上面是"八"，表示相背；下面是"厶"（私的本字）。合起来表示与私相背，即公正无私的意思。本义即公正，无私。这也是韩非子所说的自环为私，背私为公。甲金文上部与沿铅右部、兑上部相同。 公构字蚣、讼、颂、松、翁、嗡。
				必	必从八从弋。以弋箭来回晃动瞄准目标会意必定射中。构字泌、秘、密、蜜。 心字底是类化的结果。文字演变如同衣食住行的发展，都是双轮驱动。一是实用化。首先是楷化即直化，变曲为直；然后简化即草化；最后是类化即同化，合并相似字根，减少字根数量，便于书写。二是艺术化，即美化。
				兑	兑是悦的本字。有说有笑，表示喜悦。下为人形，上为八中为口，表示口八字形分开，表示人在说笑。后另加心字成悦，表示喜悦的心理活动。加言为说，表示说笑。 构字阅、锐、税、蜕、脱等。
				乙	乙是绳索的形象。绳子可直可曲可环，已也是绳子的形象，弟、弔、弗等字中的弓也源于绳子，是已的复杂化变形。乙构字如乱，从一团乱丝中理出头绪，拉出一根丝。扎，以手捆绳子扎紧。札是古代专用书写信件的木札，因要捆扎并封泥，转为扎字。轧，绳子形如车辙，表示车轮顺着车辙再次辗过。宅指放绳子下穴表示探穴或深挖，加扌为挖。 忆、亿中的乙原为意（憶、億），今简化，为声旁替代。
				札	
				轧	
				挖	
				丙	各说不一。或说是钻木取火用的木片，五行对应火，所以民间有"丙丁遭大旱"之说。或说是石上有洞的形状，用以安装手柄。丙即柄的原字。或说是鱼尾。或说是房子，中间两斜竖为支撑加固的柱子。我认为是乐器，像锣。构字后变形如更、商。更为打更的锣，商是乐器的宫商角徵羽。构字如柄、炳、陋。 陋从山（阝），指山体上的山洞或黄土坡上的窑洞，裸露和丑陋。
				陋	

				卯	常说丁是丁卯是卯，丁卯有联系。现在铁路上还有铆钉，就是放入卯眼的钉子。卯则是孔、洞。两物相衔接时，一者凸出，一者凹陷，为使衔接更紧密，把钉放进孔中，再击打外端、压出另一头。卯字有一个圆孔，孔中还有两竖，表示压进孔中的铆钉。
				贸	从卯的字有连接、保留之义。如留、柳、刘（劉）、铆、聊、贸等。
				柳	贸从贝卯声。表示贸易、交易，贸然、突然之意。 柳从木卯声。柳音通留，古人送别时，常折柳枝相赠，表示挽留之意。《诗经》：昔我往矣，杨柳依依。柳树插地可活，到新地方可以栽种。也可以睹物思人。古时杨柳常见，杨花上扬，柳枝下垂。下垂正如流水向下之形。
				留	留从田卯声。卯有留之意，会意田间收割时遗留。引申泛指不带走或停在某处不动。构字溜、馏、榴、瘤。
				卵	篆书是水草茎叶上附有鱼卵的形象。隶变后从卯，以点表示卵。
			聿	聿	聿是笔的初字。是用于书写画图的工具。甲金为象形字，上为手形，下为笔形。篆隶加形符竹字，表示笔杆竹制，成为上形下声形声字。
			笔	笔	
			逮	逮	甲文为手持一兽形，会意捕捉一兽加以整治。金文左只剩兽尾。篆书整齐化，隶变后楷书隶是逮的本字。今又作隶的简化字。
			隶	隶	隶左为木示，表示木在火上，义为黑墨在简帛上书写的文字。
				书	上为聿，即笔，下为者，声旁（者构字如煮、箸、著，与书相近，为声母流转）。简化字从草书。

387

			画	甲文像手持笔画花纹形状。金文将所画之形改为田地，遂有划分田界之义。《说文》古文有加一刀字成划，使之与绘画的画成为字形不同的两个字。篆隶书也沿用。隶书将画字简省。今简化字画源于古代简化字。如傅山、郑板桥即有简化字。画本义是划分土地界限，今表示画图、图画。	
			划		
			肆	肆与肄同源，甲文左为聿之形，右为又。表示宰杀牲口。其本义也是杀牲以作祭祀。引申为古代死刑后陈尸示众，又引申为陈设、店铺。又借作四的大写。	
			肄	甲金文左为聿之形，右为又或巾，表示手持巾，仿佛今天的西班牙斗牛士手持红斗篷与牛相斗之形。本字与毅有些相似，都是人持物击打动物的情景。古代王者因事举行祭祀，例须预习威仪，谓之"肄仪"。可能就是斗兽表演。肄于是有练习、学习之意。金文二将聿变形为人张口的形象，右边则像船上一支竹竿，与津有点相似，表示人撑船。可能撑船需要左右不断划水，故有不断练习之意。	
			律	本义是普遍遵循、效法的东西，如法律、音律。由手持笔形状的聿和表示行动的彳组成，合起来会意制定和执行法律。	
			津	《说文》解为水渡，本指江河的渡口，后引申为水边，又特指口水。甲文像人持篙撑船的情景，由渡河会意渡口。金文由水、舟、隹三部分组成。表示船在水上像鸟一样飞快驶过。此时的津属会意字。篆书保留水旁，将舟和隹改为聿。隶书将水字改为三点水，将聿字简省并变得平直。篆隶是形声字。	
			册	纸张未产生前，古人写字主要是用竹木简牍，再串编成册。甲文册字正是一绳串联的根根竹片。隶楷也有此痕迹。又因栅栏的制作与编简册相同，故册也是栅的初文。	
			删	古人简上写好字后，若要修改，用刀刮掉，为删字。	
			编	古代用绳子将简牍穿连起来。篆隶为形声字，扁音。甲文左是编好的简册，右为绳子，是形声兼会意字。	

388

				扁	象门前有栅栏之形，或者是门上有简所做的门牌之形，是匾的本字。构字篇、遍、偏、翩、骗、蝙。
				仑	上为倒口，以栅栏表示阻止，口不吐不言表示禁忌之义，转为伦。构字沦、论、抡、轮。
				典	甲文上为绳子编扎的竹木简册，下有双手，表示双手捧册。金文册下加横表示放置简册的架子。篆书是将册供在几上，表示很重要的册，即经典。构字碘。
				国	古代安邦定国平天下，天下是指当时的中国，邦和国均是当时诸侯的封地。大称邦，小称国。甲文国和或是同一字，像以武器"弋"守卫封地"口"的形状。金文或加"一"表示地，或在口旁加指事线，表示城围。篆隶楷同形。外围表示疆域，中间戈表示武器，一口表示人口。表明国要有人口，要有疆界，还要有武器保卫。
				或	中、各、邑、正、韦等口表示城邑，两横表示两极，戈指对邑的攻占和保卫，转为国、域。或构字域、惑。
				域	或是本字，也是国的初文。本义是区域、邦国。甲文像持戈守卫在口（围城，地域）的形状。金文或在口下加一表示土地；或在口四周画直线表示城围。篆书则组合成三个字，即或、域、国。隶书同篆书。
				疆	从土彊声。彊是强的异体字。疆表示疆域、疆界。
				囚	口表示界限、围墙等。人在口中表示人在地穴或房屋中，表示囚禁。构字泅，表示人在水中，即游泳。
				困	木在口中，表示房屋中长出木来，说明是荒弃的房屋。《说文》解为故庐也。引申为困难。构字捆。
				园	甲文是象形字，像有围墙的田里长满草，表示用墙或栅栏围起来养禽兽或花草树木的园子，与圃相似。金文篆隶是形声字，内部改为有表声。
				邑	邑是人在城墙下，表示城市。作意符时与国名、城市、区域或地名有关，常简化为右阝，放在字的右边。如都、郊、鄙、耶、椰、爺（爷）。

	邾	郵		邮	驿站。简化字，右形左声。原为郵，会意字。指左边是边陲之地，右边是城邑，会意城市和边陲之间传递文书的驿站。简化字改垂为由，由表声，还有经过义，可以理解为传递文书的驿站设在城邑之间的必经之地。
	巷	巷		巷	古文二邑相向，从共，表示共有的街道。篆书省去一邑并改为上下结构。隶书沿袭。俗体作巷，今为正体。本义是狭窄的街道，即胡同，是人们共走之地。构字港。
王	王	王	王	王	王字甲文是一把象征奴隶主无上权力的大斧形状。谁拥有这杀戮兵器就可称王称霸。文字演变过程中线条化。构字汪、旺、枉。要注意与玉字区别。
丰	王	王	玉	玉	玉字甲文是一根绳子串连着多块玉片的形象，金文篆隶楷省作三片玉。为与王字区别，王字上两横间距小，下两横间距大；而玉字三横间距相等。但行草书仍不好区别，所以俗体于其旁加一点写作玉。今单字为玉，作偏旁时写作王，在字左边时下边一横作提。
𡗡	往	往	徃	往	常说来来往往，礼尚往来。往即是去、到。表示空间上由此及彼。引申为时间就是从现在到过去，表示过去的时间。甲文上为止字，表示脚和走。下部或解为土，会意脚从这块土地走出去。有人将下部解为王字，成为上止下王的形声字。金文增加了表示行走的彳。篆沿袭金文。隶书右边变形较大，止字基本被省略。
皇	皇	皇		皇	皇是煌的本字。金文上边是皇冠形（也是日光四射形状，皇冠造型即喻示太阳），下边是表示王权的斧钺形。篆书将上边的皇冠误作为自。另加火表示光芒，成煌字。隶书源于金文，上简省为白字（白也可表示日光），更近本来的形义。皇与皋在篆书中近似，故传说秦始皇改皋为罪。皇构字凰、惶、煌、蝗。
学	皋	皋		皋	
宰	宰	宰	宰	宰	字根上为表示房屋的宀，指家或宫室。下为辛，以为罪人行刑的尖刀代表罪人。最初是充当家奴的罪人，后指辅佐帝王的长官，即宰相。因宰有生杀大权，故也指杀牛羊为宰牛羊。
	辦	辦		办	从力辡声，会意致力办理。辡构字瓣、辩、辨、辫。

		辟	辟	《说文》解为法，中国古代的法律主要是惩罚，所以法最初称刑。故辟即刑法。由表示为罪人施刑的尖刀"辛"字和表示跪姿的人形组成。后来又增加口字，有人说表示讯问罪人。但辟字金文中是一个圆圈，应该不是表示嘴，而是表示头。行刑后人身首异处，因此，辟有分开、断开之义。如开辟。此外，辟因有执法之义而指君主、王朝，如复辟。构字避、僻、譬、霹、壁、璧、臂。辟加刀表示用刀劈砍、劈开之义。
		劈	劈	
		親	亲	金文从见，辛声。表示常见。篆书改辛为亲。隶楷相应变形。今简化字去见为亲。本义是关系密切感情深厚。引申指父母双亲，亲密的人，有直接血缘关系的人。又特指婚姻，如相亲，成亲。
		新	新	新是薪的本字。甲金有两种写法。第一种由斤、木、辛组成。斤是伐木的工具横刃斧，木指树木，被砍的柴；辛本是为罪人行刑的尖刀，代表罪人或奴隶。合起来会意罪人或奴隶砍柴伐木。第二种省去木，斤是劳动工具代表劳动者和劳动内容；辛是劳动者的社会属性，也是声符。作为形声字，篆书写作斤木辛的形声兼会意字，同时在新上加草头作薪，专指烧火用的柴草。隶书简化。
		薪	薪	
		童	童	金文中间是人，头上有刑刀辛，身上有行囊東，会意男子有罪受髡刑为奴之意，東兼表声。《说文》注：男有罪为奴，奴曰童，女曰妾。因此，童本指男奴，髡刑削发，像小孩子的头发一样短，故引申为未成年人、小孩子。构字潼、僮、瞳、撞、幢。妾与童相对，女削发为妾。也引申指妻妾。构字接。
		妾	妾	
		商	商	商是商部落、商王的称呼。甲文上部是王的倒写，是王冠之形。类似字有龙凤。下是丙，即钟形或锣形乐器。指商部落，也指五音中的商音。加口表示商量之义，加贝表示商业、经商之义。

				啻 商	啻从口帝声。帝是天帝，故会意高声，隶变后分化为商、啻、啼三字。商只作偏旁，啻指高声，啼指啼叫。
				敵	构字有敵、適、嫡、滴、嘀、摘。敌、适是简化字。商与啻字形相近，但意义区别很大。书写时要注意分辨。
				幸	甲文是古代一种刑具的形状，相当于现在的铐，将被拘人的两腕夹在中间，两端用绳扎紧。因为被铐是不幸的事，所以有警示作用。金文篆隶稍有变形。篆书有大羊、夭屰两种写法。从隶书看，幸可解为大羊组合。羊大为美，大羊为幸。
				圉	甲文像一个双手被铐的人跪在口中。表示监狱，也称圉。现少用。
				报	甲金文都是左边一个刑具幸，右边是一只手抓住一个人给其加上刑具。会意治人之罪。本义是按律判决犯人。引申为报复、答复、酬答。如以德报德，以直报怨。
				择	睪从目从幸，会意眼睛盯着刑具，表示抓捕罪犯、侦察之义。构字泽、译、绎、铎。
				执	执与报、挚同源。甲文是一个屈膝在地、手被刑具（幸）铐上的人形。其义应是被捉的罪人。金文篆隶人与幸分离，但人的双手加了指事符，表示手部被铐住，同时表示用手拿刑具，执就有了握、持、拿的意义。金文下加双手、篆隶改为手，变为挚字，表示捉住人。构字挚、势、垫。
				热	甲文象人持火把形，或省略人，只留手持火把形，表示热、烧之义，会意字。篆隶字形复杂，为形声字。今作简化字。
				孰	甲文是一人向宗庙献祭之形。金文增加一女，表示女善于烹饪。篆书变女为羊，表示所献为熟的羊肉。是熟的本字。本义为食物烹煮熟。后借用作疑问代词。如是可忍孰不可忍。

			艺	本指种植。甲金文均是一人蹲于地，双手捧一秧苗在栽种。有的金文在秧苗或木下加土，强化了栽种在土上。篆书中人的双手变形，艺字作埶。隶书加草头（有的为竹头，隶变初期，两者常混用），成为形声字。现在见到的小篆下加云字，是后人根据隶书结构附会的。
			央	殃的本字。字形一直变化不大，像一人（大）颈上有一个口形，是古代给人戴枷或锁颈的一种刑具。因刑具戴在脖子中央，故用来指中央之义，另加一个歹（表示死亡或残骨）表示残害义。
			殃	央作声符构字有殃、秧、鸯、英、映。
			英	上形下声。三国时期刘劭《人物志》说："草之精秀者为英，兽之特群者为雄。是故聪明秀出谓之英，胆力过人谓之雄。"英的本义是指花，如落英缤纷。引申为美好，又用来比喻杰出的人物。汉代刘向《淮南子·泰族训》云：智过万人者谓之英，千人者谓之俊，百人者谓之豪，十人者谓之杰。英字常用于人名。以前多为男性用名，如十大元帅的叶剑英，新四军政委项英。现在多用为女名。英作声旁兼义符的字有瑛、暎（映）、横、蝾等。
			映	左形右声。本义为照耀、照射。引申指因光线照射而显现出来。如接天莲叶无穷碧，映日荷花别样红。反映与反应有区别。反映指反照，指主体把客体的形象、本质表现出来。如反映了事物本质、反映情况。反应指主体受客体的影响而产生的变化，如某一事件引起的社会反应，又特指物理、化学反应。
			沈	沈与沉同源。沈是古代祭祀水神的仪式，将牛羊甚至人沉入水中当祭品。甲文是会意字，均象牛羊被沉入水中之形。金文被沉物像戴枷的人形，即尤字。篆书确定为从水尤声的形声字。隶书变形成今文。沈字在隶变中也写作沉，在沉没、沉重一义上与沈相同，后在使用中逐渐分离。
			沉	
			忱	尤构字有忱、耽、枕，作声旁兼表进入之义。
			冗	沉字右边源于尤，与冗字不同。冗字篆书像人在屋下，会意无田事，指多余之人。如冗员。

				方	解说很多。一是戴枷说，像罪人肩颈有枷形。二是耒耜说，像古时翻土的农具。三是挑担说，象人行前后，担在左右形。四是船舫说，象两船相并成舫形。篆书像人行走甩动双臂的形象。奔、走上部与方相同。隶书将甩动的双臂变成一横。构字如芳、坊、防、妨、肪、仿、访、放。
				亢	甲骨文为大字下部加一横，是人两腿之间加着桎，应是桎的初文。金文更形象。篆书变形。因为脚上有桎，两腿只能挺直行走，挺直则高，故引申为高。《说文》解读其形为大字省略，象人颈脉。解其义为颈项，又指咽喉。应是颃字之义。亢字本义应是刑具桎。构字如杭、肮、抗、炕、吭、坑。
				刀	甲金篆均象古代早期有柄的刀形。隶书变曲为直，去掉刀柄，只余刀身。古文字中刀刃相同。刀刃处加一画作指事符，即是刃字，表刀刃。构字忍、纫、韧。
			刁	刁	
				刃	以刀扎取物品为刁，构字叼。
				契	人以刀雕琢玉器为契。在纸竹上写是书画，在鼎上刻是则，在玉上刻是契。参见文化章书画一节。契表刻的内容，锲表本义。构字楔、锲。
				梁	蘸水在石上磨刀，引申为河流水中的踏脚石。 刅：刀与两断棒，表示斩断。是古代披荆斩棘的写照，创的本字。本义为劈断，引申为创伤。梁是水上之木，桥。俗作樑，今规范为梁。 梁从米梁省声，参见米部粱字。
				剥	刀变形为立刀，构字剑、刻、剥、刖。剥甲文左为卜，声旁。有人认为左为倒挂的人形，右为刀，表示远古割裂人体的酷刑。会意通过割裂使物的外壳或表皮脱落。后演化为录，表示用刀割时，流出血水。
				黎	右上是刀，而且比刀字更接近篆书。上部为利，表音，禾相当于两用，与右组合为利，与下组合为黍。黍米粘结力强，做鞋帮时需用黍米裱糊，故《说文》解黎为履黏也。
				勿	从刀，甲文刀边有短画，像刀上沾血迹或碎屑，读音与毋、无、五相近，借作否定词。金文刀形更明显。隶楷从之。甲文也象弓形，小点表示弓弦颤动，发出声音，拟声字。

物	物	物	物		物，本指杂色牛，绰指毛色，泛指万物。忽本指忘记，绰为忽略、忽视。吻本指嘴唇，引申为用嘴唇碰。
干	干	干	干 丫	干 丫	干本是树干，上面两个分杈，用于战争的武器。金文下面一点是指事符号，表示是树干。丫头的丫字与此类似，最早也指树丫，后小女孩两个羊角辫子与此相似。构字杆、肝、竿、秆、赶、罕、汗、刊、轩。
奸	奸	姦	奸		姦和奸在古文字中字义相近。姦为私，三个女字组成，表示女人是奸私的根源。奸在《说文》《古文》中由曰、干、心会意，篆隶写作女形干声，形声字。
戈	戈	戈	戈		象形，甲金文均是古代主要的长柄武器形状。戈构字能力强，如戍、茂、戌、戍、伐、阀、筏、戎、戒、械、成、城、我、戟、戳、找、战。说明古代戈应用多。
戟	戟	戟	戟		装有矛头的戈，可刺可砍，很重。一般要力大者方可使用。如项羽、吕布、薛仁贵。
戰	戰	戰	战		化干戈为玉帛。干戈相见即是战。左边的单字是从干这个原始武器——树杈发展而来，右为戈，是常用兵器。两武器的碰撞就是战斗。有的金文左边为兽，兽也是单的变形（是持单打猎之义，后借此打猎的收获，即野兽）。
戲	戲	戲	戏		以戈击破没有食物的空豆（古文字中豆是盛食物的容器）表示戏弄。另有剧也是从虎，以虎豕相争表示剧烈。戏也可能指军中将帅身边的长戈，带有标志性，戏下即麾下。引申为游戏。
幾	幾	幾 幾	几		幾下为伐，上为丝，会意用武器砍丝，灭绝同一血族群团所有人，使之血缘中断，表示殆危，几乎。今简化为几。与表示凳子、茶几的几合而为一。构字机、饥、叽、讥。

			戋	戋	两戈叠合为戋，现用作字符，简化字省掉了一个戈为戋。构字如残、钱、贱、溅、浅、践、饯、线、栈。
			殘	残	残，两戈相斗表战斗残杀，加歹表骨肉分离。
			賤	贱	贱，贝古代曾做货币，表示价格。右表声，因有小义，表示价钱低。
			盞	盏	盏，篆文从玉，戋声，且有小之意。盞是异体字，今简化为盏。本义是小而浅的杯子。如三杯两盏淡酒。旧时油灯似盏，故引申为油灯。
			武	武	止戈为武的说法源于《说文》，其实止在甲金文中都表示行动，戈是古兵器，代表武装、战争。止戈不是我们现代人说的制止刀戈，反而是刀戈行动，武装行动，泛指军事、技击等舞刀弄剑的动作。隶书中戈的一撇写在横上变成武。
			威	威	从戌从女，举戌以威吓女人，使其顺从，会意为使人害怕、畏惧，后转指令人畏惧的力量、仪态。
			戚	戚	本义为斧。悲戚之义的戚本应从心，被省略。亲戚的戚本为蹙，本义是走近、迫近，读作促。亲戚就是走得近的人。构字嘁。
			臧	臧	以武力保护臣服之民。构字藏，脏、赃（臜、臟）右部从藏，今简化。
			咸	咸	殷商时巫师的名字，初义是诅咒杀人。甲金文是口字旁边一柄大斧，合指诅咒、杀伐之义。也可理解为杀人灭口，并引申灭绝活口，斩杀殆尽。故咸有全、皆、都的意思。如咸阳，既在山之阳，又在水之阳；如老少咸宜。篆隶字根未变，但斧头形象线条化了。表五味的咸是简化字，繁体从咸从卤。构字感、喊、憾、撼、减、碱。
			栽	栽	把戈像草木一样竖立在地上，即为栽字。构字载、哉、裁、截、戴。
			弓	弓	象形，甲文像张了弦的弓形，自金文起，有的加弦有的不加弦。构字如弦、弧。追内部可能源于弓的变形。

				弹	本指古时的弹弓和弹弓发射的弹丸。因弹丸靠弹弓弹射出去，所以引申弹拨或用手敲击。甲文用弓形表示，或在弓上加一丸形表示弹丸，或弓弦为虚线表示颤动，表示弹的动作。因易与弓字混淆，篆隶加单字作声旁，形旁则直接用弓字，成形声字。
				弼	本是矫正弓弩的器具，引申辅佐。两张弓，一为矫弓器，一为弓。后增加的字原为因，即席子形状。表示弓矫正后放在席子上晾干定型。后因字讹变为百。
				强	从虫弘音。本为虫名，借为强弱的强。金文彊字，从弓畺音，指弓强劲有力。疆从土彊音，指边界。
				弱	软而无力即弱。甲文左为水，右为弓，会意弓浸水中，松弛疲软。秦简上为弓，下加羽，羽毛柔软，表示弓力软弱，会意也很准确。篆隶将弓下部与羽字合并简省，成为现在字形。徐中舒先生认为弱字的一半像人撒尿，是溺的本字。参见溺。
				弘	会意兼形声，甲金从弓，从口，弓亦声。甲文口多在弓外，也有在弓内。篆书厶是口的讹变。本义是弓声，特指声音洪大。
				张	古代为了防止弓久张变形，平常都把弓弦取下，用时再把弦挂上。张是给空的弓绷上弦，使弓处于有弹力状态；弛是拆解紧绷在弓上的弦，使弓处于没有弹力的休养状态。挂为张，取为弛，即松弛。故张有紧张、绷紧之义。故有成语叫"文武之道，一张一弛"。
				弛	要注意区别弛、驰，弛为松弛；驰为奔驰、驰骋，与马的行动有关。 弓长会意，表示将弓弦拉开，准备发射，即张弓，俗话说开弓没有回头箭。故张也有开弓射箭之意。
				弥	弥也是解下弓弦，使弓放松。弛强调解弦，弥侧重弓身因解弦得以舒展，因此有足、满之义。

			引	引
			射	射
			發	发
			知	知
			智	智
			疾	疾
			矦	侯
			候	候
			至	至
			到	到

徐中舒认为引字甲金文像正面站立的人（大）持弓的形状。篆隶将大字改为丨，成为从弓丨声的形声字。但引甲金文应是从弓从丿，丿表引弓，篆书变为竖。《说文》解为开弓也，即把弓拉开，引申为拉、提、导、延长等。

开弓为"引"；箭支横穿弓上为"射"。
甲金文像张弓发箭形，由弓和矢（左横）组成。金文有加手表示手拉弓。因为弓呈反背形，篆书误为身字，分化为身、寸和身、矢两个字。隶书沿用。

常说引而不发、发射。发与射同义。古时发有二字，各不相同，一为头发之发（髮），从影发声。二为发展之发。此发字是发射之义。甲文是手在弓旁，表示手放后，箭已发出，弦在颤动。也有甲文省去手。金文为弓、支（持箭的手）、癶（双脚）三字根组成，会意箭向前走去，或脚像箭一样出发。篆书改左右结构为上下结构，隶书拉直笔画。发构字有拨、泼、废。发均是相应简化。

知智同源。甲文从口、于、矢，开口说话如矢，会意言词敏捷。金文另加曰字，表示言词。篆书有繁简两体，隶变后为知和智。二者古为一字，今表意有别。知构字痴、蜘、踟。知用于知道、知识，智用于智慧、智力。

会意，甲文像一个人中了一箭（矢），古代人中箭（兵伤）是疾患的疾的初意，侧重指外伤，病指内伤。后泛指一切疾病，引申为痛苦、痛恨、快速。构字嫉。

甲金文从厂、矢，厂像幕布，顶部前伸，有覆盖之形。幕布上鹄，即箭靶。古代举行的射仪叫射鹄、射侯。篆书在金文上加人形，变成危字头，写作矦，后讹变为侯。诸侯在天子面前射箭，射中则为诸侯，射不中则不得为诸侯。因此侯引申为公侯。构字如候、喉、猴。

候从人，从侯。候中间一竖是侯左边简化而来。

会意字，下部一横表示地面，上部为一支箭矢从上向下落至地面。至表示到达。篆书加一个人形，表示人到，后隶楷将人旁作为刀旁，成为到的今文，也是从至刀声的形声字。古时还在至旁加止的变形"夂"，表示动作到达，成为致字。构字另有侄、窒、屋、握、倒。

			畀	畀	矢的箭头部增加空心开口形，表古代的鸣镝，拟音字。构字如鼻、痹。
			晉	晋	甲金文上像两支箭到达某目标；下边的日表示太阳升起。兼有进、升义。后期金文将下边的日改为容器形，像箭插入，是古代博具掷壶的形象，强化了进入义。篆书下为日，上为至至。隶书简化变形较大，成为今文。注意与普区别。《说文》解为进，有升义。如晋升、晋级、晋京。
			函	函	甲金文都是箭在壶中的形象，表装箭的箭函，引申为装信的信函。构字如涵。
			楯備	备	备甲金文为会意字。像在有格的架子上放着箭备用。故常说有备无患。金文后来加人旁，并将下部变为用，表示备是人的意识。
			憊	惫	篆书惫是将人旁改为心旁，表示人的心理。如身心疲惫。
			寅寅	寅	早期甲文写作矢字，表明源于箭矢。甲金文主要字形是箭杆两侧加双手或限制符号，表达矫正之义。篆隶变形较大，尤其是沿用后期金文，变形出了宀。借用为地支第三位，对应生肖是虎。构字演。
			甲	甲	甲壳，包括战士的盔甲。借指天干第一位，泛指第一的事物。古时传说天上有十日，名字就是十个天干。甲太阳，就记作甲日。十个太阳轮流一遍叫一旬。甲金文甲有多个写法，有十、田等，后为了区别写作甲。构字匣、钾、押、闸。
			盾	盾	盾是古代作战时遮挡对方刀箭的防护用具。金文由豚、又、甲三部分组成。会意用手执猪皮制作的盾甲。篆隶上为盾和把手，下边的目表示遮住半边脸和眼，即蔽目也。构字循。

甲骨文	金文	篆书	隶书	楷书	表示方位在中央，或在某范围内。由一个圆圈或方框加一竖组成。圆圈表示古时部落族人聚集的地方。划定一个范围后，在中间竖立一个旗帜。一竖表示旗杆，竖上边和下边的曲线表示旗帜的飘带。因此，中表示中央、内部、集中之义。表示仲裁之义，做中间人时，竖上边和下边一般无飘带，会意中间画一直线，不偏不倚，公正公平。后为了区别，左边加人旁，表示仲裁，成为仲字，与中分用。构字盅、仲。
			中	中	
			忠	忠	
			旗	旗	旗与旅都是旗帜，旗专指上面有熊虎图案的军旗。旃专指画有双龙、竿头系有铃的旗帜。甲金文为象形字，有旗杆和飘带。篆隶在右下加其作声旁成为形声字。旃为旗的异体字，加其为形声字。构字如旌、旅、族、游，在甲金文中都非常形象生动。
			旃	旃	
			旅	旅	旗下二人。会意军人跟随旗帜，因此指军队。右下为二人，即从字，隶书一个写作单人旁，一个写作人，如聚字下面的三人变形。楷书将右下与派字右下类化为一。
			游	游	古本无水旁，像一人手执迎风飘扬的旗帜，指古代旌旗的下垂饰物，后加三点水变成形声字。另有加彳和止，其义相同。
			族	族	箭矢是军队携带最多之物，旗下有矢，表示众矢集结于旌旗之下，有集结之义。古代同姓聚居称家族。构字簇。
			旋	旋	《说文》解为周旋，旌旗之指麾也。即军事行动中，听从旗令，旗动人动，旗止人停。字形是旗下有止，表示人的行动。有的甲文在止上有圆形，表示转圈。篆书将口与止合写，隶书简化为疋。构字漩。
			施	施	甲文像将人的尸体吊在旗杆上。当是祭旗。篆书加也字，表示被吊的人像旗子飘动，也是表音，读作移或义。隶书沿用。施有推行给予之义，源于甲文从也、攵的字，后来两字合一。

			師 師	师	甲金文⟨弓⟩是弓的形象，有学者认为是兵符的形象，总之与军事有关。后来增加右部（表示从远处走回来），会意外出打猎、作战之人集体回来。又指领队的人。构字狮、筛。
			帥	帅	金文一左部为寻初文，会意拉着绳子或盯着走在前面的人的佩巾前行，表示率领。金文二左部也像⟨弓⟩，是兵符或弓的形象。有学者认为金文一是双手在巾上擦拭之形，本义为擦手的佩巾，同音假借为率，因此表统帅之义。
			薛 薛	薛	薛上为草字头，下部左边为⟨弓⟩，右边为辛。会意不明，可能与军事、刑罚有关。用作地名，也用作姓。如唐代名将薛仁贵。构字孽。
			歸 歸	归	甲文从帚从⟨弓⟩，会意用扫帚打扫弓或兵符上的污物，以便收藏。可能是这样的场景：打猎归来，兔死狗烹，鸟尽弓藏；或打仗归来，马放南山，刀枪入库。金文二增加彳和止，强化行动、行走之义。篆书省掉彳，保留了止。表示归来、回归之义。
			追	追	甲文从⟨弓⟩从止，金文增加彳，隶楷彳与止合并简化为辶。表示追赶。引申为追求、追究。
			遣 遣	遣	甲文从双手，从⟨弓⟩，金文增加彳和止，金文一还有甩动双臂的人形。双手分⟨弓⟩，表示分派军队，即调兵遣将。彳和止表示行动、行走。遣后来泛指差遣、打发、调动。今天将打发时光叫消遣。新媳妇头一次做饭，心中没底："不知婆滋味，先遣小姑尝。"构字谴。
			官 官	官	官从宀从⟨弓⟩，会意出征或打猎临时休息的棚屋。本义为政府、官府，引申为官职、官员。官又喻为人的器官，每个器官各有功能，源于官的各司其职。作声符构字管、馆、棺。

书法常用易错繁简字表

　　书法作为中国的传统艺术，创作都是使用繁体字。而许多汉字的繁简写法不是一对一，而是一对几，而且是区别字义的，这就使得书法创作中的繁体汉字书写容易出现谬误。

　　《汉字简化总表》的简化方式大致有四种：一、简化原字。把繁体字笔画简化或部分保留：业（業）。或局部简化：报（報）。或整字改换：书（書）。 二、简化偏旁。如言旁等。三、废除后起字，如：云（雲）。四、合并同音字。只要音同（甚至不同），不论意义，强行合并。把几个字合并，由一个字形表达这几个字的所有意义。这就造成了一简对多繁的情况，这种就是最易被写错的一类。合并同音字的简化方式有两种：1. 选择笔画最少的字作为简化字，其他几个字则被作为繁体字而淘汰。因此，这个简化字不仅具有它的原有意义，而且还兼有其他几个被淘汰的繁体字的全部意义。如：丑、醜，繁体中是两个字，有不同的意义，而在简体字中，使用意义合并，只作丑一个形。2. 另造一新字，其他的几个字则被作为繁体字而淘汰。这个新字具有被淘汰的几个繁体字的全部意义。如"發""髮"两字合并，简化另用了一个新字"发"。

　　"一简对一繁"比较好办，用电脑可直接转换。而"一简对多繁"，问题就比较复杂了，就需在具体的语境下，判断究竟应用哪一个字，这就需要特别学习和记忆，不然一不留神就写错，造成书法创作所谓的"硬伤"。因此，特列举书法常用繁体字对照表于后，以供参考：

辟：复辟，開闢，精闢；
表：手錶，外表；
别：告别，别人，差别，彆扭；
虫：昆蟲，毛蟲，長虫（注："虺"的本字，毒蛇）；
丑：醜怪，子丑寅卯；
党：党項（注：姓氏），黨員；
斗：車載斗量，煙斗，北斗星，鬥牛士，鬥智鬥勇；

发：發達，頭髮；	
范：模範，范仲淹（注：姓氏）；	
丰：豐富，丰采；	
复：重複，繁複，複雜，復查，復習；	
干：干戈，天干地支，干涉，乾燥，幹部；	
谷：五穀雜糧，稻穀，山谷，進退維谷；	
刮：颶風，搜刮；	
后：後面，皇后；	
胡：鬍須，胡闹，胡亂；	
划：划船，划得来，刻劃；	
回：迴旋，回頭，回報，回族；	
汇：匯合，匯款，彙聚，詞彙；	
伙：夥計，團夥，伙食，伙房；	
获：捕獲，獲得，收穫；	
几：茶几，幾乎，幾個；	
家：家庭，家乡，科学家；傢具，傢什，傢俬	
借：藉口，藉題發揮，借錢；	
尽：儘管，盡力，前功盡弃；	
据：占據，據點，凭據，拮据；	
卷：風捲殘雲，讀書破萬卷，試卷；	
克：攻剋，剋期，克勤克儉，千克；	
困：睏倦，睏覺，困苦，圍困；	
累：纍贅，罪行纍纍，纍计，連累；勞累；	

漓：灕江，淋漓；	
里：表裏不一，這裏，里程，鄰里關係；	
历：歷史，日曆；	
帘：窗簾，垂簾聽政，酒帘（注：旧时酒家、茶馆作店招的旗帜，用布做成）；	
了：了卻，受不了，瞭解，一目瞭然，不甚瞭瞭；	
面：麵粉，麵條，當面，表面，反面；	
蔑：污衊，蔑視；	
仆：前仆后繼，僕人，公僕；	
朴：朴刀，樸素；	
千：鞦韆，一千，千秋基业；	
秋：鞦韆，秋季；常用异体字：秌、穐	
曲：彎曲，戲曲，麴酒；	
舍：捨棄，施捨，宿舍；	
涂：涂（注：水名；姓），涂月（注：农历十二月），生靈塗炭，塗改；	
胜：勝利，名勝，胜任；	
松：鬆散，松樹；	
苏：紫蘇，江蘇，蘇维埃，甦醒；	
台：天台（山名又地名），兄台（注：称呼）；亭臺樓閣，舞臺，寫字檯；颱風；	
团：團结，團體，師團，團員，湯糰，飯糰。	
系：嫡系，派系，體系，關係，係列，聯繫；	
咸：鹹菜，老少咸宜；	
向：嚮前走，方向；	
佣：雇傭，傭人，佣金；	

犹：猶未雪（还仍然），鴻猷（谋画）；
余：業餘愛好，余（注：第一人称代词，我）；
郁：鬱鬱葱葱，濃郁；
御：抵禦，御驾親征；
云：雲彩，雲南省，子曰詩云；
折：奏摺，摺叠，曲摺，折本，折斷；
征：遠征，徵召，象徵；
制：節制，制度，製造；
致：細緻，致敬，致力；
钟：時鐘，鍾意，锺（注：姓氏）；
朱：硃（注：朱砂），朱紅色；
筑：建築，筑（注：古代乐器）；
准：準則，瞄準，准許；
板：老闆，木板；
姜：生薑，姜子牙（注：姓氏）；
种：种（注：姓氏），物種起源，種田；
蜡：蠟燭，蜡（注：古代一种年终祭祀）；
术：技術，苍术、白术（注：中草药）；
坛：天壇，花壇，設壇，論壇，體壇，罈罈罐罐，罎子；
须：必須，須知，胡鬚；
脏：肮髒，內臟，五臟六腑；
只：隻言片語，一隻，衹不過，衹有。

作者书画作品选登

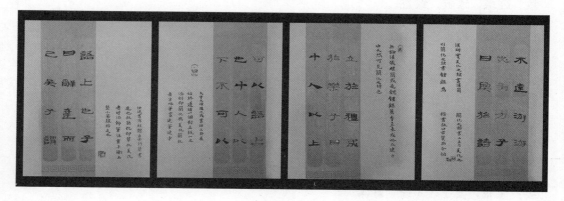

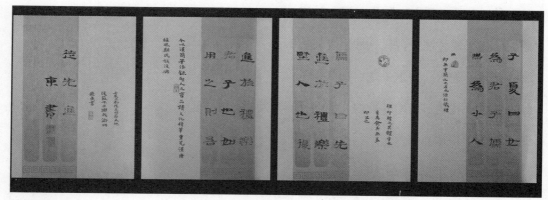

谢飞东册页

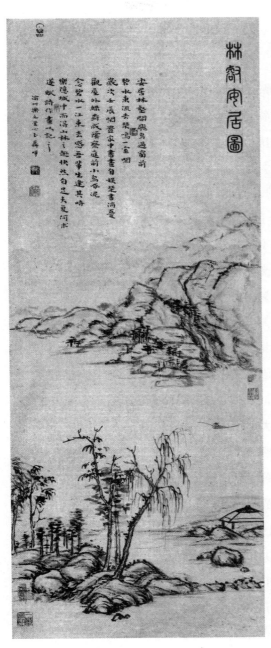

聂晖《林壑安居图》

聂晖《自作诗抚琴》

主要参考书目

徐中舒：《甲骨文字典》，四川辞书出版社（2006年）

王本兴：《甲骨文小字典》，文物出版社（2006年）

唐冶泽：《甲骨文字趣释》，重庆出版社（2002年）

徐无闻主编：《甲金篆隶大字典》，四川辞书出版社（1991年）

容庚主编：《金文编》，中华书局（1985年）

许慎：《说文解字》，中华书局（2009年）

董莲池：《说文解字考正》，作家出版社（2005年）

谷衍奎：《汉字源流字典》，语文出版社（2008年）

王力主编：《古汉语常用字字典》，商务印书馆（2005年）

王力主编：《中国古代文化常识》，江苏教育出版社（2005年）

高明：《中国古文字学通论》，北京大学出版社（1996年）

齐冲天：《书法文字学》，北京语言文化大学出版社（1997年）

王元军：《汉代书刻文化研究》，上海书画出版社（2007年）

孙鹤：《秦简牍书研究》，北京大学出版社（2009年）

毛峰：《汉简临摹与创作》，江西美术出版社（2010年）

王晓光：《秦简牍书法研究》，荣宝斋出版社（2010年）

郑培亮：《一笔一画：关于隶书的书写状态》，荣宝斋出版社（2011年）

司马迁：《史记》，中华书局（1999年）

冯梦龙、蔡元放：《东周列国志》，人民文学出版社（1990年）

施耐庵：《水浒传》，人民文学出版社（1997年）

吴承恩：《西游记》，人民文学出版社（1990年）

罗贯中：《三国演义》，人民文学出版社（1985年）

许仲琳：《封神演义》，人民文学出版社（1991年）

曹雪芹：《红楼梦》，人民文学出版社（1980年）

邓球柏：《白话帛书周易》，岳麓书社（1995年）

丛文俊：《商周金文》，荣宝斋出版社（1993年）

丛文俊：《春秋战国金文》，荣宝斋出版社（1997年）

丛文俊：《丛文俊书法研究文集》，中国文联出版社（1999年）

周俊杰：《周俊杰书学要义》，西泠印社（1999年）

周俊杰：《书法复兴的寻绎》，河南美术出版社（2004年）

周俊杰：《书法美学论稿》，大象出版社（2011年）

李刚田：《书印文丛》，河南美术出版社（2004年）

西中文：《书法传统与现代论纲》，河南美术出版社（2004年）

王蕴智：《字学论集》，河南美术出版社（2004年）

裘锡圭：《文字学概要》，商务印书馆（2012年）

郭在贻：《训诂学》，中华书局（2013年）

于省吾：《甲骨文字释林》，中华书局（2009年）

许嘉璐：《中国古代衣食住行》，北京出版社（2011年）

李学勤主编：《字源》，天津古籍出版社（2012年）

黄德宽主编：《古文字谱系疏证》，商务印书馆（2007年）

李宗焜：《甲骨文字编》，中华书局（2012年）

陈梦家：《汉简缀述》，中华书局（1980年）

张改琴、徐祖番主编：《武威汉简选》，中华书局（2005年）

后 记

　　从识字开始，我们就与文字结缘。无论讲话发言、阅读书籍，还是诗文写作、书法创作，都须咬文嚼字、炼词造句。时间越久，思索亦多。文化之根在文字，字中有乾坤，字中有古今；字中有大道，字中有人生。诗画陶情、琴书自娱之时，挥毫泼墨、激扬文字之余，常常追溯文字之演变，探求文化之发展；分析造字之法，感悟汉字之美。每有所得，记之于册；多年积累，终成此书。

　　付印之际，首先要感谢中国书协书法培训中心教授、重庆书画院院长毛峰先生，著名美术评论家、四川大学教授林木先生，马来西亚国际现代书画联盟总会会长符永刚博士，中国三峡博物馆古文字学研究专家唐冶泽先生，西南政法大学教授徐梦立先生，古文字学专家、郑州大学博士生导师王蕴智先生，古文字学专家、吉林大学博士生导师丛文俊先生，汉语言文字学博士李义海，重庆报业集团高级编辑朱晴方等师友的帮助和鼓励。感谢父亲、母亲的支持和期许。感谢中国作家协会副主席何建明先生的鼓励，感谢作家出版社资深编辑林金荣的辛勤付出，以及金石开、盖启天等多位朋友的厚爱和支持、帮助……

　　工作、学习和生活是生命的自然状态，写作无论如何重要，也不是人生的全部。因此，写作过程时断时续，希望和痛苦同在，挫折与欢欣齐来。写作目的也在最初的纯学术、理论性和后来的大众化、文学性之间犹豫。最后确定以学术为基准，采用通俗化、普及性的科普方式和语言表达，总算统筹兼顾。

　　关于学术性：写作过程中，学术性是我们一直坚持的原则。面对学术上有争议的问题，仁者见仁智者见智，我们坚持有源可查，有据可依，大量参考近、当代出土甲骨文、金文、简帛汉字。汉字流传千年，这一过程中解读汉字的人为数不少，但每个人受所处历史时期、个人视野、学识积累所限，解读各有所长亦有所短，如许慎的《说文解字》，应当说是历史上汉字学最权威的文献，但古代文字学家许慎没见到后来出土的大量古汉字，解读难免出现错误。当今社会是信息时代，海量的出土文物（甲骨文、金文、简帛）、快捷的检索手段（电脑、网络），使当代学者的研究视野超越之前任何时代。因此，我们能够不迷信权威，不囿于成见，客观考察，谨慎筛选，采用我们认为更科学、更合理的学术见解。

410

关于创新性：首先是本书的系统性。我们不可能像徐中舒先生《汉语大字典》那样用2000万字去解说5万多汉字，但我们希望本书兼具字典的功能，那就要找到打开这几万汉字的钥匙——字根。经过拆分3500常用字和500古汉语常用字，反复比较，本书选择了240字根。本书附录文字表还介绍了480个衍生字根、重要会意字，读者可以按照我们的方法举一反三，解读领会更多的汉字。其次，我们在读字过程中，融入自己的理解，提出自己的观点。比如对"会、更、庚、琴、乐"等字的解读，对"商、龙、凤"等字与"王"字的联系，都简要进行论证。对于"大、心、鬲、教、舟、金钱、禽兽、牛羊、制造、占卜、音乐"等，也从文化的角度进行了分析、梳理。一己之见，欢迎读者朋友批评指正。（联系邮箱：smile292221@163.com）

关于可读性：汉字既然来源于大众的日常生活，自应复归于日常生活的大众。我们或以神话故事，或以生活常识，或以旅游见闻，或以古典诗词，力求以我们熟悉的事物、规律入手，分析其产生原因、发展脉络，使大家知其然，更知其所以然，在轻松的阅读中将知识系统化、条理化，温故而知新。在用语方式上，我们注重口语化，力求以讲座或聊天的形式展开叙述，消除隔阂感。

学无止境，达者为师。愿与读者朋友们共同探讨，共同进步。

谢飞东　聂晖
于乐之堂
壬辰仲夏成稿，甲午新春修订

笔画与拼音检字表

笔 画 检 字 表

一画

字	页码
一	83, 124, 131
乙	83, 124, 133, 386

二画

字	页码
丁	96, 100, 133, 160, 374
万	381
七	125, 131, 155, 385
丩	343
乂	92
乂刈	370
乃	37, 313
九	131
了	315
二	131, 383
人	8, 279
儿	281
入	151, 155
八	125, 131, 385
几	58, 344, 395
刀	150, 394, 394
刁	92
力	369
勹	8
匕	38, 51, 327
区	56
十	19, 132, 155, 384
卜	102
卩	9, 13
厂	196, 39
厶	83, 314
又	19, 295
阝	199

三画

字	页码
万	132, 262
三	131, 383
上	195
下	195
丫	153, 395
丸	140, 279
久	38
毛	94
么	324
义	89, 363
乞	171
也	257
习	242
乡	332
于	113, 120, 381
亏	121, 381
亡	38, 318
兀	282
凡	52, 63, 332
刃	394
勺	51, 327
千	132, 279
叉	295
口	15, 16, 161, 290
囗	16, 139
土	193
士	37
夂	23
夕	168, 8
大	10, 272
女	9, 13, 285
子	37, 134, 315
宁	59
寸	296
小	196
尸	8, 13, 283
山	199
川	186
工	96, 98, 372
己	77, 83, 133
巳	37, 39, 134, 314
巾	47, 48, 322
干	150, 395
幺	324
广	56, 337
廾	20
弋	77, 154, 360
弓	83, 150, 396
彐	19
彡	15, 289
彳	346
才	94
门	57, 59, 339
飞	241
马	85, 360
不	92, 94, 368
与	20, 303
丏	318

四画

字	页码
丑	134, 299, 379, 371
专	151
中	151, 400
丰	94, 332, 341
丹	251
为	306
之	231
乌	387
书	96
予	372
云	172
互	95
五	131, 384
井	57, 341
亢	140, 394
什	384
仁	12, 280

414

417

贷	353	**十 画**		射	398	泰	185	秤	267
贸	387			展	284		227	秦	219
贺	352	举	96	席	322	流	186	秩	220
赵	310		374	弱	397	浴	187	积	353
轻	65	乘	308	徒	347	海	287	称	267
迹	277	俺	180	恭	313	涂	339	笋	213
追	401	候	398	恶	380	涅	194	笑	274
追右	151	债	353	悖	316	涉	24	笔	387
退	349	兼	218	扇	340		305	素	323
送	348	菁	266	搴	145	涕	289	索	323
逆	272	冢	108		149	烛	191	紧	323
选	344		366	拳	223		260	绢	310
酋	329	冤	252	挐	300	烟	194	绥	300
重	342	冥	315	捌	385	烦	288	继	324
钞	196	准	239	捣	234	烬	189	罢	250
钟	116	剥	394	效	298	热	392		358
	357	剧	247	敌	392	爱	293	羔	363
闻	294	卿	332	斋	369	爹	296	羧	362
阀	59	原	188	旁	332	牺	86	羞	363
陟	24	叟	190	旄	400		363	翅	243
除	339		296	旅	156	玺	356	耄	317
陨	326	哭	291		400	珪	355	耕	369
面	14	唐	116	晋	399	班	355	耗	309
	17		380	晏	336	留	387	聂	294
革	26	唤	301	晒	166	畜	325	能	249
韦	23	圃	367	晕	167	疾	42	脂	152
韭	92	埋	193	朔	169		398	脊	310
	368	壶	51	朕	301	病	38	胲	55
音	117		328	朗	169		42	脑	316
	292	夏	288	栖	244		60	臭	293
须	15	套	316	栗	206	益	331	舀	333
	289	奚	272	样	89	盍	330	航	344
食	52	姬	314	栽	396	盏	396	般	297
	333	娩	321	桃	207	盐	333	茶	203
首	14	娴	29	桌	359	监	283	莫	164
	17		53	桑	208	真	327	获	240
	287	宰	390	桓	195	智	256	莽	363
香	219	害	292	桧	55	祢	383	虑	246
骨	27	冢	58	桩	205	祟	105	蚕	259
	28		334	殷	43		378	蚩	258
鬼	103	容	336		282	祥	89	衮	319
	107	宽	335	毙	312	离	79	衰	318
鸦	231	宾	335	氧	89		358	袁	320

拼音检字表

426

427

428

未	134	兮	121	乡	332	刑	148	旬	165
未	208	兮	381	相	289	刑	341	旬	213
位	278	西	244	香	219	行	24	讯	149
畏	107	希	323	襄	319	行	62	讯	241
畏	379	昔	165	祥	89	行	346	汛	241
胃	310	昔	184	翔	89	形	341	迅	241
尉	44	析	98	翔	243	杏	207	巽	105
尉	285	析	374	享	338	幸	140	巽	344
温	331	奚	272	向	336	幸	145		
文	275	牺	86	巷	390	幸	392	**Y**	
纹	275	牺	363	象	251	兄	281		
闻	294	悉	270	枭	234	熊	249	丫	153
问	339	犀	362	嚣	291	休	42	丫	395
蜗	259	熙	314	小	196	休	280	鸦	231
我	154	膝	185	孝	317	羞	363	牙	15
斡	162	习	242	肖	310	秀	216	崖	198
乌	231	席	322	效	298	袖	320	厓	304
呜	232	袭	319	笑	274	戌	135	雅	231
巫	373	玺	356	歇	318	戌	153	亚	103
无	276	徙	347	协	369	胥	304	亚	108
毋	287	喜	122	写	233	须	15	烟	194
吴	274	喜	382	泄	212	须	289	焉	233
吾	384	戏	395	泻	233	虚	247	延	347
五	131	系	323	卸	347	需	176	严	197
五	384	饩	171	褺	319	许	334	妍	341
午	52	细	316	懈	268	旭	299	言	292
午	134	舄	233	燮	44	恤	330	沿	187
午	333	隙	199	蟹	268	畜	325	炎	189
伍	384	峡	277	心	27	续	351	盐	333
坞	232	辖	345	心	312	宣	195	颜	198
武	396	下	195	辛	134	玄	324	檐	198
鹉	230	夏	288	辛	140	悬	287	奄	180
舞	276	先	306	辛	144	旋	400	眼	17
兀	282	鲜	265	新	391	选	344	厌	364
勿	394	鐩	368	薪	391	薛	401	彦	198
戊	133	闲	339	鑫	356	穴	336	砚	197
戊	153	贤	352	囟	37	学	40	晏	336
物	87	咸	396	囟	316	学	128	雁	238
物	362	显	166	屾	303	学	382	燕	241
物	395	韅	66	兴	20	雪	175	央	140
		县	287	兴	303	血	330	央	393
X		臽	282	星	164	熏	190	殃	393
		献	363	刑	143	巡	186	鞅	66
夕	168							扬	163

433

羊	85	夷	80	翳	43	由	379	驭	361
羊	362	夷	272	因	60	犹	364	聿	387
阳	163	宜	105	因	277	邮	390	聿 書	125
易	163	宜	378	阴	172	游	157	育	39
洋	89	怡	39	垔	194	游	400	云	316
洋	186	遗	349	茵	65	友	20	昱	243
印	285	颐	314	音	117	友	295	狱	364
养	86	疑	304	音	292	有	20	浴	187
养	363	彝	302	殷	43	有	295	域	389
氧	89	乙	83	殷	282	卣	333	御	347
样	89	乙	124	尤	140	酉	20	裕	320
幺	324	乙	133	寅	134	酉	51	毓	39
夭	273	乙	386	寅	399	酉	135	豫	251
妖	274	已	314	尹	44	又	19	鬻	53
腰	286	以	39	引	398	又	295	鸢	81
爻	124	以	314	饮	293	右	19	冤	252
爻	128	矣	314	印	285	右	295	智	256
尧	282	义	92	印	301	幼	369	渊	187
肴	310	义 刈	370	胤	325	圉	389	元	282
杳	162	义	89	应	239	于	113	员	326
舀	333	义	363	英	393	于	120	园	320
药	43	弋	77	婴	354	于	381	爰	20
要	286	弋	154	鹰	239	予	96	爱	300
耀	243	弋	360	茎	108	予	372	原	188
也	257	艺	393	盈	313	余	57	袁	320
野	193	亦	277	荧	336	余	339	辕	65
业	112	异	106	嬴	261	於	232	远	320
叶	212	异	379	嬴	261	盂	330	昌	310
页	14	役	297	映	393	鱼	264	苑	256
页	17	抑	285	庸	116	俞	345	曰	161
页	288	邑	139	雍	84	竽	381	曰	194
夜	277	邑	389	镛	116	渔	265	曰	292
枼	212	易	331	雛	84	虞	246	月	28
一	83	益	331	灉	84	舆	303	月	168
一	124	翊	243	永	185	与	20	戊	154
一	131	翌	243	甬	342	与	303	岳	200
伊	43	逸	252	泳	185	羽	242	阅	59
伊	299	雄	81	勇	343	雨	174	跃	243
衣	46	溢	331	用	58	禹	297	龠	113
衣	318	肆	388	用	342	圉	148	龠	120
医	317	毅	44	幽	190	圉	392	云	172
医 醫	43	毅	365	幽	325	玉	70	匀	383
壹	328	劓	16	尤	299	玉	390	允	47

434

允	322	斋	369	直	289	帚	344	子	315
陨	326	翟	243	跖	197	昼	165	字	39
孕	39	债	353	夂	23	胄	106	字	315
孕	315	斩	373	止	23	胄	379	自	15
晕	167	展	284	止	304	朱	209	自	293
		盏	396	只	236	蛛	260	宗	105
Z		占	376	只	384	竹	213	宗	378
		张	397	旨	152	烛	191	走	24
杂	236	章	292	旨	328	烛	260	走	274
灾	189	璋	355	咫	283	逐	365	奏	302
甾	186	召	152	觯	323	主	191	足	23
栽	396	召	328	至	398	煮	334	足	304
宰	390	兆	102	豸	211	麈	253	卒	320
再	266	赵	310	豸	248	贮	380	族	400
攒	353	罩	79	制	98	壴	113	俎	105
赞	353	遮	334	制	210	豆	382	俎	378
臧	396	折	98	炙	310	祝	377	祖	105
葬	312	折	374	质	352	铸	100	祖	378
糟	342	辙	65	陟	24	铸	376	钻	353
凿	375	者	52	秩	220	爪	20	嘴	268
鑿	375	者	334	智	398	爪	299	最	322
早	163	这	348	鹰	361	专	371	罪	358
枣	210	贞	376	鹰	248	撰	344	皋	16
灶	261	针	357	稚	235	妆	286	皋	390
造	362	真	327	雉	235	庄	313	尊	329
臊	207	箴	357	觯	268	桩	205	左	295
噪	207	阵	345	中	151	壮	313	作	321
躁	207	朕	301	中	400	撞	117		
则	138	争	20	忠	400	佳	235		
则	327	争	298	终	326	追	401		
择	392	征	306	钟	116	追右	151		
责	353	拯	285	钟	357	坠	199		
仄	279	正	306	冢	108	缀	324		
昃	163	郑	329	冢	366	准	239		
昃	279	政	298	众	280	卓	359		
贼	353	之	306	重	342	桌	359		
曾	50	支	297	州	186	举	96		
曾	54	知	398	舟	61	举	374		
曾	327	脂	152	舟	63	兹	325		
甑	54	戠	292	舟	344	淄	186		
札	386	执	20	周	367	滋	167		
轧	386	执	140	粥	326	子	37		
乍	46	执	392	帚	58	子	134		
乍	321								

435

图书在版编目（CIP）数据

读字 / 谢飞东，聂晖著 .—北京：作家出版社，

2012.9（2021.10 重印）

ISBN 978-7-5063-6606-9

Ⅰ.①读…　Ⅱ.①谢…②聂…　Ⅲ.①汉字—通俗读物

Ⅳ.① H12-49

中国版本图书馆 CIP 数据核字（2012）第 211455 号

读字

作　　者：	谢飞东　聂　晖
责任编辑：	林金荣　桑良勇
装帧设计：	合和工作室
责任印制：	李卫东　李大庆
出版发行：	作家出版社有限公司
社　　址：	北京农展馆南里 10 号　　邮　　编：100125
电话传真：	86-10-65930756（出版发行部）
	86-10-65004079（总编室）
	86-10-65015116（邮购室）

E-mail:zuojia @ zuojia.net.cn

http://www.haozuojia.com（作家在线）

印　　刷：	三河市北燕印装有限公司
成品尺寸：	185×245
字　　数：	517 千
印　　张：	28
版　　次：	2012 年 9 月第 1 版
印　　次：	2021 年 10 月第 6 次印刷

ISBN　978-7-5063-6606-9

定　　价： 68.00 元